21世纪高职高专规划教材
通识课系列

省级精品课程配套教材

主　编　张绪娥
副主编　金惠红
参　编　陈许红　杨丽萍
　　　　钱亚畅　孙　薇

应用统计方法

Applied Statistical Methods

中国人民大学出版社
·北京·

前言

Preface

统计学是一门数据搜集整理、数据描述、数据分析的学科。应用统计方法侧重于将统计学的基本原理与方法运用到社会、经济、科学研究的各个领域以解决各学科的具体问题。数据资料搜集整理、数据分析等统计素养及统计技能是高职高专人才尤其是高职高专经管类专业人才应当具备的基本能力。本书以教育部高职高专院校专业基础课程教学的基本要求为基础，广泛吸收国内外研究的优秀成果，总结编者多年的统计教学实践经验，结合高等职业教育教学特点，由高校、统计行业企业合作开发编写。

本书在内容上主要包括认识应用统计方法、统计调查方案设计、统计调查组织与实施、统计调查资料整理、统计数据分析、统计分析报告撰写，同时与计算机软件应用紧密结合，主要有 Excel 在统计数据整理、统计数据分析中的应用。

与其他教材相比，本书具有以下三个显著特点：

(1) 突出理论与实际的结合，理论以“必需、够用”为度，以“简明、易懂、会用”为原则，集知识性与应用性于一体，注重可操作性和实践性，便于读者学习与应用；同时将统计方法在企业管理、日常生活中的应用作为重要内容融入其中，增强适用性。

(2) 按统计工作过程来组织教材内容，更加充实、适用，采用贴近经济生活与社会实践的案例，易于理解，更能激发读者的学习兴趣。

(3) 采用项目化编写体例，适用于项目—任务驱动式教学，教、学、做一体化，符合高职高专的教育要求，便于组织教学活动。

本书由张绪娥拟定编写大纲，同时负责全书的总纂、定稿，由浙江嘉兴职业技术学院“应用统计方法”省级精品课程组成员共同完成，具体分工如下：项目一和项目二由张绪娥编写，项目三由浙江省嘉兴市秀洲区统计局孙薇局长（高级统计师）编写，项目四、项目五中的子项目一由陈许红编写，项目五中的子项目二由杨丽萍编写，项目五中的子项目三、子项目四、子项目五由浙江交通职业技术学院金惠红编写，项目六由浙江省嘉兴市统计局钱亚畅副局长（高级统计师）编写。

编者在编写中参阅了大量资料和著作，并吸收了一些同行的成果，在此表示感谢。由于编者的水平有限，本书中难免有疏漏甚至错误之处，恳请读者提出批评和建议，以便今后修改与完善。联系邮箱为 727869683@qq. com。

张绪娥

2012 年 4 月 20 日于南湖

前言

目录

Contents

项目一　认识应用统计方法 …… 1
任务一　认识统计与统计数据 …… 2
任务二　认识常用统计软件 …… 13
项目二　统计调查方案设计 …… 18
任务一　明确调查目的与内容 …… 20
任务二　选择调查方式与方法 …… 24
任务三　设计统计调查问卷 …… 30
任务四　撰写统计调查方案 …… 40
项目三　统计调查组织与实施 …… 47
任务一　组织调查队伍 …… 48
任务二　培训调查访问技巧 …… 51
任务三　监控调查实施过程 …… 56
项目四　统计调查资料整理 …… 62
任务一　审核、录入调查资料 …… 63
任务二　分组与汇总资料 …… 65
任务三　绘制统计图表 …… 73
任务四　用 Excel 进行数据资料整理 …… 80
项目五　统计数据分析 …… 97
子项目一　统计数据描述 …… 97
任务一　总量指标与相对指标描述 …… 98
任务二　数据集中趋势描述 …… 106
任务三　数据离散趋势描述 …… 116
任务四　用 Excel 进行数据描述分析 …… 120
子项目二　动态数列分析 …… 127
任务一　编制动态数列 …… 128
任务二　分析动态数列水平 …… 131
任务三　分析动态数列的发展速度 …… 138

任务四　分析动态数列发展趋势 …… 143
任务五　用 Excel 进行动态数列分析 …… 154
子项目三　统计指数与因素分析 …… 172
任务一　统计指数编制 …… 173
任务二　指数体系与因素分析 …… 186
任务三　用 Excel 进行指数与因素分析 …… 191
子项目四　概率与抽样推断分析 …… 198
任务一　抽样推断 …… 200
任务二　概率与抽样在经营管理中的应用 …… 222
任务三　用 Excel 进行抽样推断分析 …… 237
子项目五　相关与回归分析 …… 241
任务一　相关分析 …… 242
任务二　回归分析与预测 …… 249
任务三　用 Excel 进行相关与回归分析 …… 255

项目六　统计分析报告撰写 …… 264

任务一　了解统计分析报告基础知识 …… 266
任务二　撰写统计分析报告 …… 268

附　录 …… 279
参考文献 …… 281

项目一 认识应用统计方法

导入案例

1. 据教育部公布的统计数据，我国2010届高校毕业生超过630万人，比上年增加近20万人，创历史新高。在庞大的就业人群中，记者调查发现，高职毕业生普遍比本科生更容易找到工作，有些省市高职毕业生就业率甚至超过了研究生。（摘自中国高职高专教育网，2010-04-27）

2. 中国北京——二零零九年十月二十九日——中国石油化工股份有限公司今日公布截至二零零九年九月三十日止三季度业绩。按照中国企业会计准则（ASBE），二零零九年前三季度实现营业收入人民币8 934.48亿元，同比下降21.7%。归属本公司股东净利润为人民币497.14亿元，基本每股收益为人民币0.573元，两项均同比上升230.30%。前三季度本公司累计资本支出为人民币602.80亿元。公司预计二零零九年全年业绩将同比增长50%以上。（摘自《中国石化公布二零零九年三季度业绩》）

3. 2009年是新世纪以来我国经济发展最为困难的一年。……国内生产总值达到33.5万亿元，比上年增长8.7%；财政收入6.85万亿元，增长11.7%；……全年汽车销售1 364万辆，增长46.2%；商品房销售9.37亿平方米，增长42.1%；社会消费品零售总额实际增长16.9%，消费对经济增长的拉动作用明显增强。（摘自《政府工作报告——2010年3月5日在第十一届全国人民代表大会第三次会议上》）

问题思考与讨论：

（1）上述资料涉及哪些数据资料？

（2）这些数据资料从何而来？

（3）列举一些发生在你周围的统计现象与统计数据。

项目描述

本项目从统计的重要性出发，学习统计的含义、统计工作过程的几个阶段，对统计数据来源有较直观的认识，并学习统计总体、总体单位、样本、标志、指标、变异与变量等统计学中的一些基本概念。

项目目标

能力（技能）目标	知识目标
1. 能区分统计工作过程。 2. 能区分描述统计方法与推断统计方法。 3. 会区分统计总体、总体单位、样本、标志与指标、变异与变量。 4. 会计量统计数据。	1. 掌握统计与应用统计方法的含义。 2. 理解统计的重要性。 3. 熟悉应用统计方法的分类。 4. 掌握应用统计方法中的几个基本概念。 5. 掌握统计数据的计量尺度。 6. 熟悉常用的统计软件。

项目实施

认识统计与统计数据

一、统计的重要性

我们生活在一个充满统计的世界。我们每天出门上班或上学时，会关注天气预报信息；学生族在每学期或学年要对自己的学业进行综合评价；走在大街上经常会遇到工作人员请我们配合填写一些调查问卷、调查表之类的情况；去商场或超市购物时，会关注价格信息；对股票或基金等投资时，需要了解其价格信息、大盘走势、公司财务信息等；每日通过电视、报纸、网络等媒介都会耳闻目睹一些有关统计的报道或说明，如“据统计”、“统计显示”、“统计表明”等，它们会告诉我们某产品销售量上升了多少、利润增长了多少、GDP 增长了多少、CPI 指数等。可见，统计就在我们的身边。

“计山计水计经济囊括四海，统天统地统社会包揽五洲。横批：天下归一统。”这副对联是统计工作的真实写照。随着市场经济的不断发展，特别是我国加入 WTO 后，统计工作在国民经济中的重要性尤为突出，大到国库收支，小到柴米油盐，事事都离不开统计。设想，如果一个家庭不知道有多少收入，不知道家里需要多少开销，那么日子怎么过？如果一家企业弄不清生产了多少产品、获得了多少销售收入、需要用多少原料、能有多少利税，那么企业怎么维持？一个地区如果对有多少城乡人口、有多少就业岗位、人均收入有多少、物价水平有多高等问题糊里糊涂，那么如何发展经济？如果一个国家不知道自己有多少生产总值、有多少财政收入、有多少能源供应、有多少外汇储备，那么这个国家将如何面对激烈的世界竞争？可以说，统计工作几乎能触摸到国民经济的每一根神经，它的重要性非同寻常。

统计常常能为国家、企业决策提供重要的参考依据。在许多国策，如实施计划生育政策、开展全民素质教育、坚守18亿亩耕地、保护生态环境等的制定过程中，统计数据的参考价值都是功不可没的。统计工作不仅对政府部门如此重要，对企业的经营管理同样重要。对一家企业而言，各方面的统计数据能及时反映企业存在的一些突出问题，以便企业作深入调查，查明原因，大胆提出一些新的建议和设想，还能为企业领导的经营管理决策提供重要依据。如果没有科学的统计依据，企业的各项管理就将如空中楼阁，虚而不实，管理过程中就不能很好地找到切入点。

统计工作和统计数据信息是如此重要，然而，在现实生活中，不是每个人都能读懂这些信息。学一些统计方法、养成统计思维对每个人都是必要的，正如 H. G. 韦尔斯所说，“统计思维总有一天会像读书与写字一样成为一个有效率公民的必备能力”。我国著名的经济学家、教育家、人口学家，原北京大学校长马寅初先生曾说过：“学者不能离开统计而研究，政治家不能离开统计而施政，企业家不能离开统计而执业。”事实上，我们每天都会从各种渠道接触到大量的信息，学会应用统计方法可以帮助我们从纷繁复杂的信息中找寻出有规律性的东西，从而更正确地理解所碰到的许多事情和问题。而对于要知道导入案例中的“国内生产总值比上年增长8.7%左右”的预期目标是如何得出的，就更需要学一些统计方法了。科学地运用统计方法能帮助我们认识事物的本来面貌，帮助我们更加有条理地管理事物。

二、统计的含义和统计学研究对象的特征

（一）统计的含义

由于人们认识的角度不同，统计一词有多种含义，常见的有下面三种。

1. 统计工作

统计工作是指统计实践，是对社会、经济及自然现象数量方面的资料进行搜集、整理和分析的活动，如开会时主持人要统计一下出席会议的人数、板球比赛中教练员要计算击球的平均数、医生为了判定一种医疗方法和某种药品的疗效要记录临床试验过程等。这时的“统计”是一个动词，意为统计工作或统计活动。

2. 统计资料

统计资料是指统计工作过程所取得的成果，是反映被调查研究的客观事物及其过程的数字资料、相关的文字资料和图表资料等，如公司的销售量、利润额及国内生产总值（GDP）、居民消费价格指数（CPI）等。

3. 统计学

统计学是指研究如何进行数据资料的收集、整理、分析和推断的科学。

在另外一些场合，人们还把从事统计工作的人称作“统计”、“统计员”，把从事统计

学研究的人称为“统计学家”。可见，“统计”一词在不同的场合有不同的理解。统计资料是统计工作的成果，开展统计工作需要运用统计方法，而对统计方法的研究形成了统计学，它们之间是工作与成果、理论与实践的关系。

（二）统计学研究对象的特征

统计学的研究对象是大量客观现象的数量特征和数量关系，以及所反映的客观现象发展的规律性。统计学的研究对象具有数量性、总体性、具体性三个特征，它是区别统计认识研究活动与其他认识研究活动、区别统计学与其他科学的根本标志。

1. 数量性

数量性是统计学研究对象的基本特征，因为统计学总是在和数据打交道，因而我们也称统计学为“数据的科学”。其数量表现包括：数量多少，如一个国家或一个地区人口多少、耕地多少等；各种现象之间的数量关系，如人口中男女的比例；质与量互变的界限，如农村居民生活收入的贫困线是多少。统计不仅要研究这些数量的现状，而且要研究其过去和未来的变化。可以说，没有数量就没有统计。但是统计的数量都是在一定时间、地点、条件下的现象的具体数量表现，而不是抽象的数量，这是与数学不同的。

2. 总体性

总体性又称大量性，即以整体客观现象（总体）的数量方面作为研究对象所得出的特征。统计活动是对总体普遍存在的事实进行大量观察和综合分析，得出能够反映现象总体的数量特征的活动。例如，对居民状况进行统计，其目的在于了解一个国家或者一个地区居民的总体特征，即总户数、总人口、男女比例、年龄构成、文化程度、职业构成、平均收入等。社会的个别现象有其特殊性、偶然性，而总体现象有其相对的普遍性、稳定性。统计活动研究事物的总体特征，有助于认识客观事物的整体及其发展变化。

3. 具体性

统计研究的数量特征和数量关系都是社会经济现象在特定历史条件下的具体表现，带有明显的社会性。

三、统计工作过程与统计数据来源

（一）统计工作过程

一个完整的统计工作过程可分为统计设计、统计调查、统计整理和统计分析四个阶段。

统计设计是统计活动的准备阶段，主要确定研究目的、研究对象和研究方法等。它不但包括统计实践之前的计划，也包括对统计调查、统计整理和统计分析三个环节的整体考虑和全面安排。此阶段标志性的工作成果是统计设计方案。统计调查是指为实现研究目的而根据统计设计的要求开展原始资料搜集工作。统计调查是统计工作的基础环节，也是后续分析的前提和保障。统计整理是对调查所得到的原始数据按研究目的进行分组、排序、汇总等再加工工作。统计整理是统计调查的继续，也是统计分析的基础。统计分析是指根据整理结果进行数据描述、推断、预测和决策的过程和方法。

比如，某省要核实高校应届毕业生的就业情况，就必须首先对该省的高校应届毕业生有一个全面的了解，然后才能设计出一套搜集高校应届毕业生的就业情况的方案，这种定性工作，统计上把它称为统计设计；然后，在确定方案的基础上去搜集资料，这一环节称为统计调查；对由调查取得的统计资料进行审核、分类、汇总等工作，整理成各种各样的统计表、统计图，这一环节称为统计整理；另外，要通过对毕业生的就业情况进行分析，以寻找存在的问题，提出改进办法等，这一环节称为统计分析。

（二）统计数据来源

1. 调查数据与实验数据

从统计数据本身的来源看，统计数据源自直接的调查和实验。通过调查获取的数据称为调查数据，如为了了解大学生的就业状况，对某一部分大学生进行调查，登记大学生“是否已签就业协议”、“性别对就业是否有影响”等方面的状况，通过调查登记得到的这些数据就是调查数据；通过实验获取的数据称为实验数据，如为了检验某种药物的有效性，用小白鼠来做实验，在对每组小白鼠注射不同的剂量后，观察每组小白鼠的各项指标，这些观察结果便是实验数据。

2. 直接来源数据与间接来源数据

从使用者角度看，统计数据的来源分为直接来源和间接来源。来源于专门组织的调查或试验的数据，是第一手资料、初级资料或直接的统计数据；来源于他人所做的调查或试验的数据，是第二手资料、次级资料或间接的统计数据。

（1）直接来源数据。专门调查是取得社会经济数据的主要渠道，如统计部门进行的统计调查、调查公司或研究机构进行的市场调查和民意测验等。就全国范围的专门性调查来说，如 1953 年 7 月 1 日零时、1964 年 7 月 1 日零时、1982 年 7 月 1 日零时、1990 年 7 月 1 日零时、2000 年 7 月 1 日零时、2010 年 11 月 1 日零时我国进行的六次人口普查工作；另外还有经济普查、农业普查、抽样调查等。就各省、市、自治区及更小的范围来说，这种专门调查（如小型普查的抽样调查等）就更多了，如在杭州市进行家用电器购买愿望的抽样调查、对某一种商品市场需求的抽样调查等。通过这些小型的调查搜集必要的数据资料，为我们的专题研究提供数据。

科学试验是取得自然科学数据的主要渠道。例如，为了研究某种农药的药效，选用两块自然属性及可能影响因素几乎相同的农田做对照实验，以研究唯一不同因素对农产量的影响。通过科学实验获得的数据在新产品的开发、新药的疗效等方面有着广泛的应用。

在社会经济管理问题的研究中，统计调查是获取第一手资料的主要来源方式。本课程主要学习怎样通过统计调查方式（而不介绍怎样通过科学实验）来收集数据。实际工作中，常用的统计调查方式有统计报表、普查、抽样调查等，这些方法将在后面的统计调查方法项目中予以详细介绍。

（2）间接来源数据。间接来源数据一般属于第二手资料、次级资料或间接的统计数据，一般来自公开出版物（官方网站）。对于我国的国民经济及社会发展统计数据，国家统计局和各级统计部门都定期地通过各种媒介，如统计公报、经济形势报告、中国统计信息报等向社会公开发布。同时，中国统计出版社和其他一些出版单位还定期出版《中国统计年鉴》、《中国统计摘要》、《中国农村统计年鉴》、《中国科技统计资料》、《沿海经济开发区经济研究和统计资料》、《国际经济和社会统计摘要》等。各省、市、自治区的统计部门都向社会提供各地区的统计数据，如《浙江省社会经济统计年鉴》、《浙江省物价调查统计年鉴》等。若要了解世界各国的统计数据，可以在各地图书馆查阅《联合国统计年鉴》、《美国统计摘要》等公开出版物。以上这些公开出版物为我们进行统计研究提供了大量的数据，这是统计数据的一个主要来源。一般来说，第二手资料的形成具有特定的产生背景，因此我们在利用第二手资料时一定要特别注意资料的适用性问题。

四、统计学的研究方法

统计学的研究方法是指统计学研究和认识客观事物总体数量方面的各种方法。在统计工作过程的各个阶段，统计学运用了多种专门方法。统计学研究的基本方法有：大量观察法、统计分组法、综合指标法、统计推断法和统计模型法。

（一）大量观察法

大量观察法是指从社会现象的总体出发，对其全部单位或足够多数单位进行数量观察的统计方法。社会经济现象的发展是在诸多因素错综复杂的作用下形成的。总体内的各个单位，由于各自的具体条件不同，既受到共同起作用的因素的支配，也受到某些特殊的、暂时的因素的影响，使得它们的数量变化带有一定程度的偶然性和随机性。因此，统计不能任意抽取个别或少数单位进行观察，而是要调查研究总体的足够多数单位，消除偶然性，这样才能揭示社会现象的特征和规律性。例如，为了研究城乡人民物质生活的提高程度，就要观察足够多数的职工、农民家庭的收支情况，这样才能得出正确的结论。统计研究在防止任意抽选个别单位进行观察的同时，并不排斥从现象联系中选择典型单位进行调查。社会经济统计要把大量观察和典型调查结合应用。

（二）统计分组法

统计分组法是指根据统计研究的任务，将所研究的社会经济现象总体按照一定标志划分为若干组的方法。统计分组的主要任务在于划分复杂的社会经济现象的不同类型，借助于类型分组，可以确定研究对象的同质总体，并划分总体的不同类型组，从而运用统计指标揭示现象发展的特征和规律性。此外，利用统计分组还可反映总体的内部构成及其变化情况，以及研究各种标志之间的相互依存关系。统计分组要事先对研究对象的特征和发展规律进行理论分析，由此才能做出具体的分组分析。正确选择分组标志，是进行科学分组的关键。

（三）综合指标法

综合指标法是指运用各种综合统计指标，从具体数量方面对现实社会经济总体的规模及特征所进行的概括和分析的方法。在大量观察和分组基础上计算的综合指标，基本排除了总体中个别偶然因素的影响，反映出普遍的、决定性条件的作用结果。

（四）统计推断法

统计推断法是指从总体中抽取部分样本，通过对抽取部分所得到的带有随机性的数据进行合理的分析，进而对总体作出科学的判断的一种方法。

（五）统计模型法

统计模型法是指根据一定的经济理论和假定条件，用数学方程去模拟现实经济现象相互关系的一种研究方法。

五、应用统计方法的含义与分类

（一）应用统计方法的含义

应用统计学是将统计方法应用到社会、经济、科学研究的各个领域以解决各学科的具体问题的一门学科，所采用的这些统计方法即为应用统计方法。

（二）应用统计方法的分类

1. 按研究对象的范围分类

统计方法应用非常广泛。例如在政府宏观管理需要对人口、土地、国民财富等进行调查时，对经济运行及其结构的变动进行测量和数量分析，就称之经济统计学；对犯罪现象的数量表现及其关系进行统计调查和分析，就产生了犯罪统计学；工商企业的经营管理者运用统计方法进行市场调查与预测、财务分析与决策、工序管理与质量控制、生产要素记录等，就形成了商务统计学；此外，在气象观察与预报、生物试验、人类心理与行为分析、民意测验等问题的研究中，都广泛地应用着统计方法，也就有了气象统计学、生物统计学、心理统计学等。

2. 按研究现象的特性分类

尽管统计广泛应用于各领域，但根据研究方法的特性不同又可以分为描述统计方法和推断统计方法。描述统计方法是阐述确定性现象数量特征（如百分数、平均数、标准差、指数等）的方法，主要是对现象的某一特征的变化加以记录、整理和显示。这种记录、整理和显示最主要的方式是通过表格和图形，然后给出百分比、平均数等特征值，以帮助汇总和概括。借助于这些概括性数字，人们从杂乱无章的资料中取得有意义的信息，便于比较从而作出结论。

【例1—1】企业有一台机器，每天连续不断地生产加工若干件产品。由于在加工过程中受到许多偶然性因素的影响，生产出的产品的重量不会完全相同。我们在称出每件产品的重量的基础上，计算出当天生产的产品的平均重量、符合要求的产品件数占全部产品的百分比等。

【例1—2】某银行营业部向当日来办理业务的200名客户询问其是否对银行所提供的服务满意，汇总结果如表1—1所示。

表1—1　　200名客户对银行服务的意见

意见	客户人数	百分比（%）
十分满意	36	18

续前表

意见	客户人数	百分比（%）
满意	154	77
不满意	10	5
合计	200	100

例1—1和例1—2有一个共同点，即用当日生产的全部产品、当日的全部客户来描述自身，属于描述统计方法。

推断统计方法主要是阐述随机性现象数量特征的，即从现象总体中随机抽取一部分个体（构成样本）并根据样本数据对现象总体作出判断、预测和估计。推断统计需要概率论作为方法论基础。

【例1—3】 某学生即将参加计算机等级考试，想要预测在这次考试中他能否通过，为此搜集了该学生计算机水平方面的数据。根据这些数据对该学生通过本次等级考试的可能性作出了预测，这就属于推断统计方法。

【例1—4】 某企业需要检测所生产的灯泡的使用寿命。由于不可能将所有灯泡一一进行测试，因此只需要选择一部分灯泡来进行检测，并以检测数据来推断全部灯泡的使用寿命。这也属于推断统计方法。

推断统计节约人力、物力和时间，因而得到广泛应用。如医生用少量的比如5～10毫升血液或尿样进行检测，对被检测人员的身体健康状况作出估计；企业在质量管理中，对所有产品进行质量检验，而只需要随机抽取一部分产品组成样本进行调查，以样本的合格率来估计（推断）全部产品的合格率。不难理解，以样本合格率来估计全部产品的合格率肯定存在误差，因此要采取措施控制。

描述统计方法是应用统计学的基础和统计方法应用的第一步，推断统计方法是应用统计学的核心和统计方法应用的关键，推断统计方法必须以描述统计方法为基础，但这二者都是某个变量特征及其规律性的研究。

六、应用统计方法中的几个基本概念

（一）统计总体、总体单位

1. 统计总体

（1）统计总体的含义。统计总体，又称全及总体，简称总体，它是指根据研究目的和要求确定的研究事物的全体，是由具有某种共同性质的许多个别事物组成的。例如，要了解全国饮食服务业企业的经营情况，总体便是全国所有的饮食服务业企业；要了解某所大学的学生参加体育锻炼的情况，这所大学的全体学生就是总体。

（2）统计总体的特征。统计总体必须具备客观性、同质性、大量性和差异性四个主要特征。

1）客观性。是指总体和总体单位必须是客观存在的，可以实际观察和计量的。统计总体应该由具体的单位构成，并非抽象或虚构的。例如，要调查全国国有企业职工的收入情况，国有企业的每一个职工是一个总体单位，国有企业所有职工就构成了统计总体。

2）同质性。即构成总体的各个单位必须具有某一方面的特性。如全国饮食服务业企业总体的共同特性在于每一个都在从事饮食服务业经营活动，全国国有企业职工总体的共同特性在于每一个职工都属于国有企业人员。至于究竟需要个体在哪些性质上相同，才能构成一个统计总体，即总体的同质性，决定于统计研究的目的。

3）大量性。即总体由许多单位组成，仅仅由个别或少量单位不能形成总体。因为统计的研究对象是现象总体的数量特征与规律，个别现象可能会具有特殊性和偶然性，所以不能代表和说明总体特征。统计要从大量单位或事物中得出规律性，例如，研究全国饮食服务业企业经营情况时，只调查一家企业或少数企业是不能准确得出我国饮食服务业企业的经营情况的。

4）差异性。即构成总体的各单位在同质性之外还存在的差异。例如，每个服务企业从事的活动内容不同，企业法人不同，员工人数不同等；又如某大学的学生总体中有男、女的性别属性差异，有 19 岁、20 岁、21 岁、22 岁、23 岁等年龄标志数值的差异。正因为存在差异所以才有必要进行统计分析研究。

（3）总体的分类。总体根据其单位数是否有限分为有限总体和无限总体。总体所包含的单位数是有限的，称为有限总体。在进行社会经济现象中，统计总体大多是有限的，例如人口总数、企业总数等都是有限总体。总体所包含的单位数是无限的，称为无限总体。例如，在连续大量生产中的某种产品，其总产量是无限总体，大海里的鱼资源数是无限总体。在进行科学试验时，每一次试验结果可以看做单位，而随着试验反复不断地进行，这些试验结果就组成无限总体。对有限总体可以进行全面调查，也可以进行非全面调查；但对无限总体只能抽取一部分单位进行非全面调查，据以推断总体。

2. 总体单位

总体单位，简称单位，又称为个体，是构成总体的个别事物。如上例中的每一个饮食服务业企业、每一名学生就分别是一个总体单位。

统计总体和总体单位是多种多样的，而且统计总体与总体单位不是固定不变的。总体与总体单位具有相对性，随着研究任务的改变而改变，这与研究目的和要求有关。例如：要了解某一地区上市企业的生产经营情况，总体是该地区的全部上市企业，每一个上市企业是总体单位；要了解某一上市企业职工的工资情况，总体是该企业所有职工，总体单位是每一位职工。

（二）样本

当总体数量多或是总体属于无限总体时，没有必要或不可能对每个单位的数量特征逐一加以调查。通常从总体中抽取部分单位作为总体的代表加以研究。从总体中抽取的部分单位所组成的整体，称为样本总体，简称样本。样本中所包括的单位的个数称为样本容量。通常样本容量用 n 表示，全及总体的单位数用 N 表示。n 可以是 N 的几十分之一、几百分之一、几千分之一或几万分之一。样本单位数达到或超过 30 个的称为大样本，30 个以下的称为小样本。如上文所述的“5～10 毫升血液或尿样”就是样本，又如全国 1%

人口抽样调查中1%的人口就是样本。

样本与总体、单位的区别是：样本是总体的一部分，是由采用一定的方法从总体中抽取的部分单位构成的，样本不能涵盖所有的总体单位。

（三）标志与指标

1. 标志

（1）标志的含义。标志是说明总体单位数量特征或属性特征的名称。例如以学生为总体单位时，性别、年龄、专业等都是每个学生具有的标志；以企业为总体单位时，企业的经济类型、企业规模、职工人数都是每个企业具有的标志。没有标志就无法表现总体单位的特征，而没有单位，标志也就无法依附。

（2）标志表现。标志表现是标志的具体表现，即在标志名称后所表明的属性或数值。例如，某学生的性别是女，民族是汉族，身高是165厘米，这里的“女”、“汉族”是“性别”、“民族”标志名称的属性，“165厘米”是“身高”标志名称的数值。

（3）标志分类。标志按表现形式不同分为品质标志和数量标志。品质标志表示事物的质的特征，不能用数值表示，如人的性别、民族、职业、文化程度等；数量标志表示事物的量的特征，用数值来表示，如人的年龄、工资、企业总产值等。

标志按变异情况分为不变标志和可变标志。不变标志就是总体中所有总体单位具有相同具体表现的标志；不变标志体现了总体的同质性，一般在一个总体中，往往只存在一个不变标志。可变标志是指在总体中各总体单位之间具有不同的具体表现的标志，在一个总体中往往存在多个可变标志。

2. 指标

（1）指标的含义。指标是说明总体的数量特征的名称。例如，2005年年末我国总人口为130 756万人，某企业年末职工人数为800人，2008年我国财政收入增长19.5%等。统计指标一般由指标名称和指标数值两部分组成，如“职工人数800人”中“职工人数”是指标名称，“800人”是指标数值。在实际工作中，要完整地表述统计指标必须包括指标名称、指标数值、时间、空间、计量单位这5个基本要素。例如，2009年我国商品房销售面积为93 713万平方米。

（2）指标的分类。指标按其所反映总体现象的内容不同分为数量指标和质量指标。数量指标反映总体绝对数量的多少，用绝对数表示，如人口数、工资总额、货物运输量等；质量指标反映总体内部的数量关系，如人口的性别构成、年龄构成、平均工资等。

指标按计量单位的不同，可以分为实物指标和价值指标；指标按表现形式的不同，可以分为总量指标、相对指标和平均指标。这些内容将在后面项目中学习。

（3）统计指标的特点。统计指标具有数量性、综合性、具体性和客观性四个特点。数量性，即统计指标是用来说明总体数量特征的名称，都能用数量表示，不存在不能用数量表示的统计指标；综合性，即统计指标是总体各单位数量标志值的综合与概括，反映的是总体中各单位的综合性一般数量特征；具体性，即统计指标反映的是现象在一定时空条件下，具有一定实际内容的数量特征；客观性，即统计指标反映的是客观存在的现象的数量特征，也即统计指标是对已经发生的客观现象的数量描述，对于一些还没有发生的现象不能用统计指标去描述，因此统计指标与计划指标和预测指标有区别。

(4) 统计指标体系。当所研究的现象较复杂时，用单一统计指标不能全面反映总体，则需要采用多个指标来共同反映。由一系列相互联系的统计指标所构成、用来说明所研究现象各个方面相互依存和相互制约的关系的有机整体，即为统计指标体系。例如，要分析研究商品销售额变动的原因，需要“商品销售量”和“商品销售价格”两个统计指标，即“商品销售额=商品销售量×商品销售价格”，这就构成一个统计指标体系。

3. 标志与指标的关系

标志与指标两者既有区别又有联系。两者之间的区别表现在：一是指标说明总体特征，标志说明单位特征；二是标志有不能用数值表示的品质标志和能用数值表示的数量标志，而指标都是用数值来表示的。两者之间的联系表现在：一是统计指标的数值是从总体单位的数量标志汇总而来的，二是指标与数量标志之间存在变换关系。

(四) 变异与变量

1. 变异

可变标志的表现可不相同。标志或指标的具体表现之间的差异称为变异，例如年龄标志表现为 18 岁、28 岁等，性别标志表现为男、女。变异是普遍存在的，否则就不用统计了。变异分为属性变异和数值变异。属性变异是指现象品质标志具体表现的变异，数值变异是指现象数量标志具体表现的差异。如教师职称有教授、副教授、讲师、助教等差异，即为属性变异，而教师工龄的不同则为数值变异。

2. 变量

可变的数量标志就是变量，所有的统计指标都是变量。变量的数值表现就是变量值。例如，班级学生人数是一个变量，甲班 50 人、乙班 45 人、丙班 48 人等，都是班级学生人数这个变量的不同取值，也就是其变量值。变量按其变量值的连续性可分为连续变量和离散变量。连续变量的数值是连续不断的，如身高、体重、年龄等；离散变量的数值是以整数位断开的，如人数、机器数、企业数等。

七、统计数据的计量

对数据进行计量，必须确定数据的计量尺度。数据计量尺度要根据数据所衡量的客观事物的不同特征加以确定；同时，不同的数据计量尺度也就决定了所要应用的不同的统计方法。从对客观事物加以精确计量的角度分类，由低到高、由粗略到精确可以分为如下四种计量尺度。

1. 列名尺度（定类尺度、定序尺度）

列名尺度是一种最粗略、计量精度最低的计量尺度。它是指对数据进行平行的分类或分组，分组或分类后形成的各组、各类之间关系平等。例如，我国省、市、自治区行政区划分类可将大陆土地面积、人口等分成 30 个组，即 30 个行政区划，每个省、市、自治区可有一个代号，如北京为 01，河北为 02……大陆的人口、企业、县等都可按这一标准分在不同的组内，每个组内分配的是单位的个数，如 2000 年浙江省有 9 230 687 人，上海市有 53 005 875 人……这些分组都是按列名尺度的分组。所谓列名尺度，是指分组标志（即分组的标准），是对一些客观事物的名称进行排列，如浙江省的地（市）通常按杭州、宁波、温州……的顺序排列。这些排列不分大小，都是并列的关系。该种计量尺度在社会经济现象中有着广泛的应用，对其进行分析的统计量主要是计算各组次数占总体（即全部）的频率（即各组比重）。

2. 顺序尺度（定序尺度）

与列名尺度相比，顺序尺度稍精确一些，表现为它除具有列名尺度所具有的性质和特征外，各组之间还可以比较大小，是对事物之间等级差别和顺序差别进行测度。例如，产品的等级可以分为特等品、一等品、二等品等，对企业进行综合评价后可以分为一级企业、二级企业等。由于各组之间能够进行排序和比较，在分析中就可以应用较多的统计方法。顺序尺度的统计量不仅可以用频率进行分析，而且可以大致计算出总体的众数和中位数，以及四分位数、十分位数等，分析和处理的办法更多一些。但是这种尺度不能测量出各类别之间的准确差异，只能比较各类别的大小或优劣，不能对各类别进行加、减、乘、除数学运算。

3. 间隔尺度（定距尺度）

间隔尺度是一种较列名尺度和顺序尺度更高级、更精确的计量尺度，它以某一种客观存在的计量单位作为其分组标志，如考试的百分制成绩、温度等。在考试成绩中，总分为 100 分，每分与每分之间的间隔是相等的，也就是说，80 分与 90 分之间的差距和 90 分与 100 分之间的差距是相同的，即都差 10 分。温度也是一样，以摄氏温度为例，温度每提高一度其温度差也是相同的。显然，由顺序尺度的五级分制到间隔尺度的百分制，其计量尺度更精确了，也就是在五级分制的每个等级中又细分出若干个等级，而且其等级之差是间隔相等的。

由于间隔尺度中每一间隔是相等的，因而各数值之间不但可以比较大小，而且可以用加减法准确地给出差异大小的数值，作为其适用的统计量，除频率、众数、中位数等外，还可以计算数据的均值和标准差，这样对其数据的分析就更加精确了。

4. 比率尺度（定比尺度）

比率尺度与间隔尺度属于同一等级的尺度，它们的细微差别是间隔尺度没有绝对零点，而比率尺度有绝对零点。换句话说，间隔尺度中的“0”只表示某一个数值，即 0 数值，不表示没有；而比率尺度中的“0”则表示没有。应用比率尺度计量的客观事物很多，如人的身高、体重、产量、产值、物价等。如果一个人的身高为 0 米或者体重为 0 千克，则此人不存在；如果一个企业某月产量和产值均为 0，也表示该月份没有生产活动。然而，“0”在间隔尺度中的含义就不同了，它表示的是某个 0 水平，不是没有或不存在。例如某个考生在研究生入学考试中数学得了 0 分，它表示在该种难度的考试中他的成绩是 0 分，但不等于他完全没有数学知识；又如温度中的 0℃，它表示冰点这一特定温度，不表示没有温度。由于绝大多数的客观事物都是按比率尺度计量的，间隔尺度只是其中的一些特例，因此某些教材不对它们进行区分也是有道理的。

在比率尺度中，由于“0”表示不存在，因而其数值的比较不仅可以比较大小、计算其差异的具体数值，而且可以计算数值之间的倍数。换句话说，不仅可以应用加、减法进行计算，而且可以应用乘、除法四则运算处理。我们可以说体重 100 千克的人其重量是体重 50 千克的人的 2 倍，但不能说研究生数学成绩为 80 分的考生其数学知识是 40 分考生的 2 倍，其道理在于是否存在绝对零点这一细小差别。

在统计研究中，统计数据是采用上述某种计量尺度对事物进行计量的结果，采用不同的计量尺度会得到不同类型的统计数据。从不同计量尺度计量的结果来看，我们可以将统计数据分为以下四种类型：

定类数据：表现为类别，但不区分顺序，是由列名尺度计量形成的。

定序数据：表现为类别，但有顺序，是由顺序尺度计量形成的。

定距数据：表现为数值，可进行加、减运算，是由间隔尺度计量形成的。

定比数据：表现为数值，可进行加、减、乘、除运算，是由比率尺度计量形成的。

定类数据和定序数据说明的是事物的品质特征，不能用数值表示，其结果均表现为类别，也称为品质标志；定距数据和定比数据说明的是现象的数量特征，能够用数值来表示，因此也称为数量标志（即变量）。

认识常用统计软件

一、Excel 的统计分析功能

Excel 作为 Office 电子表格文件处理工具，不仅具有进行相关电子表格处理的功能，而且带有一个可以用来进行统计数据处理分析的宏程序序库——“分析工具库”。通常计算机安装了 Office 后，如果 Excel 电子表格“工具”项的下拉菜单中没有“数据分析”命令，则 Excel 并不能直接用来进行统计数据的处理分析，需要通过加载宏，启动“数据分析”宏“分析工具库”系统后才能运行统计数据的处理分析。

操作步骤：

（1）点击 Excel 中的“工具”菜单，选择“加载宏”，弹出“加载宏”对话框，如图 1—1 所示。

（2）选中“分析工具库”及“分析工具库-VBA 函数”，然后点击“确定”。数据分析宏程序加载后，会在 Excel 的“工具”菜单里出现“数据分析”的命令选项。

（3）完成了 Excel 数据分析程序宏的加载后，点击工具菜单中的“数据分析”命令，即会弹出 Excel 的统计分析工具对话框，如图 1—2 所示。在整个分析工具宏程序库中设有各种数据处理分析的工具宏程序，包括用于进行描述统计分析的描述统计和直方图分析工具宏等，也包括可以进行推断统计分析的方差分析、相关和回归分析、统计推断和检验以及时间序列指数平滑法等分析工具宏。

可以运行 Excel 数据分析宏中某一分析功能，并根据分析工具对数据进行分析。Excel 的数据分析结果通常以统计表格和统计图的形式直观地显示，其主要功能及使用方法将在以后各项目中介绍。

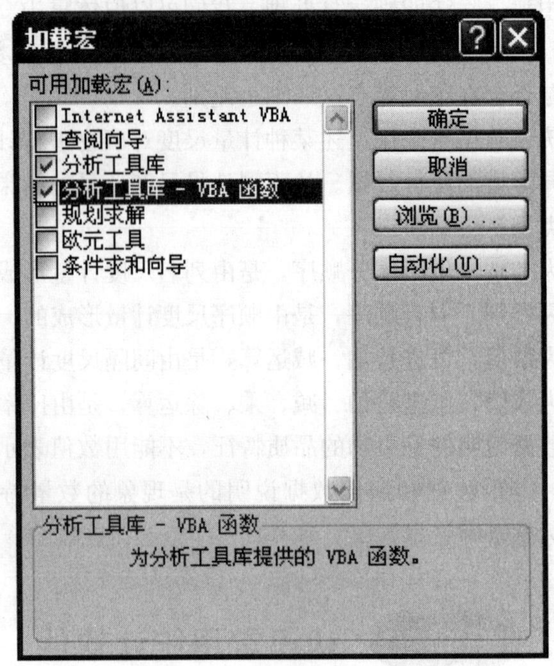

图 1—1 “加载宏”对话框

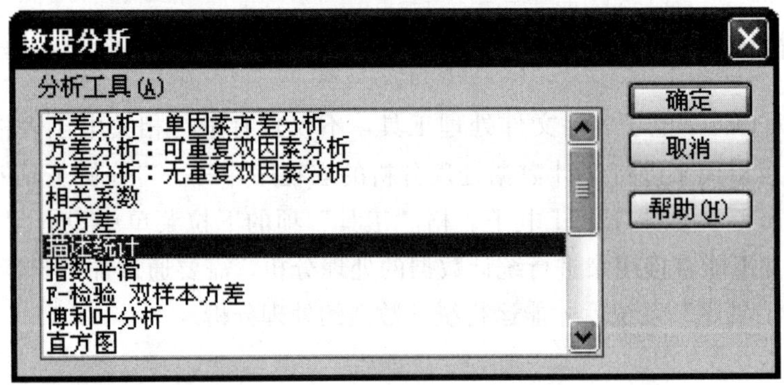

图 1—2 “数据分析”对话框

二、SPSS 统计软件

SPSS 意即“社会科学统计程序包”（Statistical Package for the Social Sciences），是当前国际上公认的最为强大的统计分析软件包之一。SPSS 原为在大型机器上运行而开发的，其版本为 SPSSx，20 世纪 70 年代微机问世以后，SPSS 公司抢先推出了 SPSS 微机版本 SPSS/PC，成为第一家占领微机统计分析市场的专业统计分析软件包。随后，其版本又不断得到更新，于 1987 年推出了 SPSS/PC＋1987 版，2009 年又研制推出了 Windows 环境支持的 SPSS17.0 版本，又称 SPSS for Windows，如图 1—3 所示。SPSS 统计软件包由于其功能齐全、操作简便，近年来已为我国经济、管理、卫生医疗、体育、教育、心理等领域工作者广泛使用。

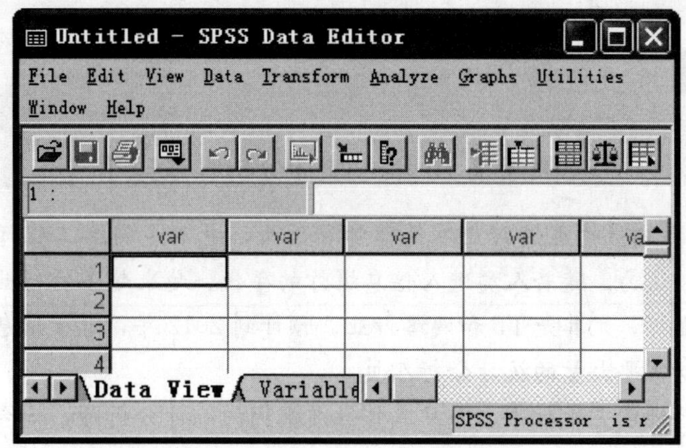

图 1—3 SPSS 数据编辑界面图

三、其他统计软件

SAS 系统早期的全称是 Statistical Analysis System，意即“统计分析系统”。经过 20 多年的发展，SAS 系统以其卓越的数据处理能力为在线数据分析、数据仓库、数据挖掘和决策支持提供了全面的解决方案，已成为一个用于决策支持的大型集成信息系统。

Eviews（Econometric Views）是由美国 QMS（Quantitative Micro Software）公司研制的在 Windows 操作系统下专门从事数据分析和建模预测的工具，其前身是 1981 年推出的 MicroTSP。Eviews 拥有数据处理、图形制作、统计分析、模型拟合（包括单一方程模型、联立方程模型、时间序列模型、动态回归模型、分布滞后模型、向量自回归模型、误差修正模型及离散选择模型等）、经济预测和政策模拟六大功能。

项目总结

1. 统计一词有多种含义：统计工作、统计资料和统计学。统计工作过程分为统计设计、统计调查、统计整理和统计分析四个阶段。统计数据来源于专门组织的调查和科学试验。

2. 应用统计方法是将统计方法应用到社会、经济、科学研究的各个领域以解决各学科的具体问题的一门学科，这样就形成了各种各样的应用统计学。按研究的现象特性不同又可以分为描述统计方法和推断统计方法。

3. 统计总体是指根据研究目的和要求确定的研究事物的全体。总体单位是指构成总体的个别事物。总体具有客观性、同质性、大量性和差异性。样本是从总体中抽取的部分单位所组成的整体。

4. 标志是说明总体单位数量特征或属性特征的名称，标志分为品质标志和数量标志；指标是说明总体的数量特征的名称。标志与指标两者之间既有区别又有联系。

5. 变异是指标志或指标的具体表现之间差异的特性。可变的数量标志就是变量。变量按其变量值的连续性可分为连续变量和离散变量。

6. 目前常用的统计软件有 Excel、SPSS、SAS、Eviews 等。

知识拓展

美国未来10年　统计分析师最抢手

美国未来10年内最吃香的行业不是律师和医生，也不是网络工程师，而是统计分析业。美国各界一致认为，随着人类进入信息爆炸的年代，越来越多的行业需要聘请统计分析人员分析电子数据，尤其是IT和网络行业。预计到2012年，电子信息的数量将是现在的5倍，社会迫切需要大量的统计分析人员。

向来被视为只懂埋首于数字，而且工作性质沉闷的统计分析师，如今的待遇可是十分优厚，刚拿到博士学位的专业人员年薪12.5万美元。谷歌的首席经济师瓦瑞安称，统计分析师在未来10年内是最让人羡慕的工作。

统计分析师这一行业地位的提高，与现代生活的变化有很大关系。麻省理工大学的经济学家布里恩·约夫松说，世界正在急速走进信息时代，已到了任何事情都可量化和分析的地步，然而数据只是原始的知识形式，只有通过整理才有意义，人类如何善用数据改善未来生活就成了重要的课题。在现代社会，不管是电子数据充斥的网络业，还是保安、公共记录以至医疗中的基因研究，各行各业都已离不开统计学。在实际应用上，对国民影响最大的统计莫过于国家的经济施政。

以高薪网络统计专业为例。谷歌聘请了250名统计分析师，目的是希望透过数据分析，提升搜寻工具中的“履带”软件的表现，从而加快搜寻器的效率。同样是科技界巨擘的IBM公司，也在2009年4月新设了统计部门，目前已有200名拥有数学、统计等相关知识背景的专业人才，估计未来的统计分析员人数会增至4 000人。

美国统计协会表示，2009年在首都华盛顿举办的周年大会有6 400人参加，为历年之最。专家指出，有意投身统计分析师这一行业的人，需接受经济、数学和计算机的专门训练，但与学历相比，还是计算和数字方面的天赋最重要。

资料来源：苑苑：《美国未来10年　统计分析师最抢手》，载《世界教育信息》，2009（9）。

统计的鉴往知来

每个人都经常会为了许多事情烦恼，会为了生、老、病、死担忧，至于统计人应如何利用统计的观点去面对人生呢，就我而言也许有点像三国演义的卷头语写的“滚滚长江东逝水，浪花淘尽英雄，是非成败转头空，青山依旧在，几度夕阳红；白发渔樵江渚上，惯看秋月春风，一壶浊酒喜相逢，古今多少事，都付笑谈中”。如同前面所提没有永远的永久，统计诉说的只是一个趋势，预测一个现象，这些趋势和现象会随着时间的变动，随着物换星移，永远无法有人能掌握永久，假使有人问我时间序列分析能不能预测到10年后、20年后甚至30年后，我会说你是疯子，那是不可能的！统计要掌握的是趋势，它能告诉你在不同时间内对不同变量有什么不同的看法，模式如何随之修正，所以只有在从纵切面或横切面去了解统计给你的趋势，进而掌握这个趋势后，才能作出比较正确的判断，这便是统计的人生观。以统计看人生并不是当个差不多先生，统计的人生观是：看得开，达观豁达，不争名，也不求利，心灵更富有。

资料来源：谢邦昌：《统计让您的人生更丰富》，载《中国统计》，2006（10）。

复习思考题

1. “统计”一词有几种含义，它们之间是什么关系？
2. 统计学的研究对象是什么？它有哪些特征？如何理解？
3. 统计的工作过程有几个阶段？它们的关系如何？
4. 统计学的研究方法有哪些？
5. 什么是总体、总体单位、标志、指标？它们的关系如何？
6. 什么是变量？分为几种？如何区分？
7. 什么是指标与指标体系？二者有何关系？

项目二
统计调查方案设计

导入案例

红海市统计局接受委托设计一份“2009年红海市新居民生活状况调查方案”，方案如下：

2009年红海市新居民生活状况调查方案

一、调查目的

通过对新居民的就业、劳动与社会保障、居住、医疗卫生、子女教育等内容的调查，了解新居民在红海市的生活状况，为各级政府制定有关政策、加强对新居民服务提供依据，更好地发挥新居民在全市经济和社会发展中的作用，进一步加强和谐社会建设。

二、调查对象

本次调查对象为户口登记地在红海市外、调查时居住在红海市内、年龄在16周岁及以上（1993年12月以前出生）、已办理各类居住证的新居民（不包括在校学生）。

三、调查内容

1. 基本情况：调查新居民的户口登记状况、年龄、性别、受教育程度、劳动技能、外出务工经商的原因和时间等基本情况。

2. 生活状况：就业、收入、居住、社保、子女教育、文化生活情况及对城市生活的看法、意见、建议等。

四、调查时间

本次调查时点：2010年1月1日。

入户调查时间：2010年1月上旬。

数据审核汇总时间：2010年1月14日前。

调查报告时间：2010年1月17日。

五、调查样本量

全市样本总量在3.5万份左右。

六、样本抽选与调查方法

以镇级为单位，按随机抽样方式抽取规定样本量（各镇、街道的样本量附后）。抽中样本中，已离开或找不到的，不再增补样本。本次调查采用调查员进行入户面访调查的方法。

七、组织实施方式

此项调查由市新居民事务局和市统计局联合开展。市新居民事务局负责调查的宣传发动、人员组织和检查指导，协助调查问卷设计、工作方案制定和调查数据分析；市统计局负责制定调查问卷、工作方案，编制数据处理程序和进行调查数据分析。……

八、成果运用

市、县（市、区）新居民事务局和市统计局可运用本地调查汇总结果进行分析，并将分析结果提供给当地政府。

九、调查费用

各县（市、区）开展调查工作所需的调查经费（调查员补贴、入户小礼品等）由各地负责，市级给予适当补助。

十、工作要求（略）

问题思考与讨论：

1. 案例中通过统计调查所搜集的统计数据从来源上看属于什么类型的数据？
2. 为什么要事先准备统计调查方案？其作用是什么？
3. 统计调查方案包括哪些内容？

项目描述

本项目要求明确统计调查目的；根据调查目的确定调查内容；根据调查目的与内容选择调查方式与方法；根据调查内容、调查方式与方法，设计调查表、调查问卷、调查提纲；按统计调查方案的结构要求撰写统计调查方案。

项目目标

能力（技能）目标	知识目标
1. 会确定统计调查项目的调查目的、调查对象、调查时间与调查期限。 2. 能根据调查项目选择调查方式与方法。 3. 能设计基本的调查项目。 4. 会设计问卷标题和封面信。 5. 会根据调查条目设计调查问卷的问题和问题的答案选项。 6. 会对调查问卷进行合理排版。	1. 了解统计设计的含义和分类。 2. 理解统计调查方式与方法的含义和分类。 3. 了解统计报表制度。 4. 了解概念的操作定义。 5. 熟悉调查问卷设计的基本步骤。 6. 掌握调查目的、调查对象和调查单位、调查时间和调查期限、调查项目和调查表的含义。 7. 掌握调查问卷的基本结构。 8. 掌握调查问卷问题与答案选项的编写。

任务一 明确调查目的与内容

一、认识统计设计

（一）统计设计的概念

统计设计是统计工作的第一步，是根据统计研究对象的特点，确定统计研究对象的概念和调查范围，明确统计指标、统计指标体系、对应的分组方法，并以分析方法指导实际统计活动。统计设计的基本任务是制定出各种统计工作方案。统计设计所制定的方案，包括统计指标体系、统计分类目录、统计报表制度、统计调查方案、统计汇总或整理方案以及统计分析方案等多方面的内容。

（二）统计设计的种类

1. 整体设计和专项设计

按统计研究的对象内容，统计设计分为整体设计和专项设计。整体设计是将统计研究内容作为一个整体，对其进行全面的设计。整体设计的范围可大可小，如一个企业、一所学校统计工作的整体设计等。专项设计是从研究对象的某一部分出发，对该方面的具体内容进行设计。例如，对于一个省来讲，全省统计工作的通盘安排就是整体设计，而其中的工业、农业等统计设计则是专项设计；对于一个企业来讲，整个企业统计工作的通盘安排就是整体设计，而人力、物资、资金、生产等方面的设计就是专项设计。

2. 全过程设计和单阶段设计

按统计工作过程，统计设计分为全过程设计和单阶段设计。全过程设计是对统计工作中经历的各个阶段所进行的全面设计，涉及从确定统计内容、统计指标体系到分析硬件全过程的通盘安排，其中包括统计工作阶段所有的设计方案及工作阶段间的协调统一。单阶段设计则是对统计工作过程中某一具体阶段所进行的设计，一般体现某一阶段具体的统计设计方案。

（三）统计设计的内容

统计设计的内容是对统计研究对象的内容和统计工作过程通盘规划和统筹规划的综合，是统计调查方案的主要组成部分。由于各项统计工作的研究目的不同，因此统计设计的内容会存在具体差异，但它们在主要内容上是具有共性的，一般包括以下几个方面：

1. 统计指标和统计指标体系的设计

无论是大范围还是小范围的统计设计，都要确定其统计指标和统计指标体系，主要是确定需要从哪些方面的数量状况、用什么统计指标来反映。主要对以下几个方面进行设计：

（1）确定统计指标体系。包括哪些或哪个指标是核心指标，统计指标之间具有什么样的联系。例如，在城镇居民住房状况调查中，其统计指标涉及住房建筑面积、建筑年代、占用套数、家庭人口、收入情况、需求面积、需求价格等；又如在企业科技活动情况调查中，其统计指标涉及企业产值、科技活动数、科技活动经费、科技活动人员等。通过这些指标的多少和变化去了解和研究城镇居民住房状况、企业科技活动状况。当然，在确定指标时必须确定哪些该作为核心指标，这些指标具有什么样的内在联系。

（2）根据实质性的科学概念和管理上的要求确定统计指标的名称、含义、内容和计算范围。这是统计设计的第一个要点。指标的计算范围规定统计指标的具体内容和界限，以及什么内容应计算在内、什么内容不应计算在内。例如，“城镇居民”如何界定，哪些人纳入“科技活动人员”，企业哪些经费支出纳入“科技活动经费”，等等。

（3）确定统计指标的计量单位。计量单位主要有实物单位、劳动单位、价值单位。对于实物量指标要用实物单位，如件、千克、吨等；对于劳动量指标要用劳动单位，如工时、工日等；对于价值指标要用价值单位，如元、万元、美元等。

（4）确定统计指标的计算方法。有的统计指标计算表现为点数、测量、登记和简单汇总，如产品生产量、职工人数等。而有些统计指标的计算方法比较复杂，如农作物间种或套种情况下的播种面积指标就需要加以处理后计算，有些分析指标甚至需要运用数学模型等加以计算。

（5）确定统计指标的空间范围和时间范围。空间范围包括地区范围，也包括组织系统的范围，如果发生改变要有规定的处理办法。时间范围是指统计调查时间，计算时间有两种：一是以一般的时期为计算的时间单位（如日、月、季、年等），二是以某一标准时刻为计算的时间界限。要注意区分统计调查时间与统计调查工作开展的时间。

2. 统计分类和分组的设计

以确定好的统计指标体系为基础，按经济现象本身的特点进行分类和分组。例如，人口分组、商品分类、职业分类、行业分类等。

3. 统计调查方式和方法的设计

统计调查方式和方法是多种多样的。例如，可以进行全面调查，也可以抽取部分样本进行调查后推断总体，还可以采用直接观察法、报告法、采访法、邮寄法、网上调查等多种方法。

4. 统计工作的组织与协调的设计

由于各个部门、各级对指标口径分类粗细等的要求不同，需要考虑这些问题的处理，以便能满足各方面的要求。

5. 统计力量的组织与安排

统计力量的组织与安排有广义和狭义的理解。广义而言，一项调查活动既会涉及统计调查机构，也会涉及非统计机构，因此需要将相关统计力量予以组织和安排；狭义而言，一项调查活动包括统计调查机构的各项工作安排、经费安排等。

二、统计调查方案的基本内容

统计调查方案是统计调查过程的指导性文件，其基本内容包括：调查目的、调查对象和调查单位、调查项目和调查表（调查问卷）、调查时间和调查期限、调查方式和方法以及调查的组织实施计划等。例如本项目的导入案例所给的调查方案。

（一）确定调查目的

实施调查项目首先应该明确调查目的、任务和意义，因此当承接用户委托的调查项目时，我们需要与用户沟通，了解其调查意图，将调查意图转化成调查目的。调查目的是调查所要达到的具体目标，它所回答的是为什么调查，要解决什么样的问题，调查具有什么样的社会经济意义等。

例如：民生问题民意调查，是“为了了解人民群众对改善民生方面的意愿，更好地为党委政府和有关部门科学决策、制定政策提供参考依据”；城镇居民住房状况调查是要“全面掌握住房存量、结构状况、居民消费的真实需求，为科学制定住房发展规划、合理调整住房结构、稳定住房价格提供依据”；2009 年第二次全国经济普查是“为了全面掌握我国第二产业与第三产业的发展规模、结构和效益等情况，建立健全基本单位名录库及其数据库系统，为研究制定国民经济和社会发展规划、提高决策和管理水平奠定基础”；企业员工满意度调查是“为了找出本阶段人力资源管理中出现的主要问题的原因、诊断本公司潜在的问题，以及评估组织变化和企业政策对员工的影响，为改进管理提供依据”；食品安全工作消费者满意度评价调查是“为了了解消费者对食品安全工作的满意程度和整体评价，检查各地食品安全监管工作责任的落实情况，深入实施食品放心工程，保障人民群众的饮食安全，研究分析食品安全存在的问题与原因，为政府制定相关控制措施和政策提供信息支持”；等等。

可见，调查目的是调查方案设计中应首先解决的问题，只有这一问题明确了，才能确定调查对象、调查单位以及调查方式等。

（二）确定调查对象和调查单位

调查对象是根据调查目的确定的调查研究的总体或调查范围。确定调查对象就是明确统计调查的范围和界限。只有把调查对象的范围界定清楚了，才能保证调查的客观性与真实性。调查单位是构成调查对象的每一个单位，它是调查项目和指标的承担者或载体，是搜集数据、分析数据的基本单位。调查对象和调查单位所解决的是向谁调查、由谁来提供所需数据的问题。

例如：某地区城镇居民住房状况调查的对象是该地区全部城镇居民和流动人员，调查单位是每位城镇居民和每位流动人员；第二次全国经济普查的对象是在我国境内从事第二产业和第三产业的全部法人单位、产业活动单位和个体经营户，而调查单位是我国境内从事第二产业和第三产业的每一个法人单位、产业活动单位和个体经营户；某市企业科技活动情况调查的对象是该市所有的企业，调查单位是该市的每一家企业；某市高等院校在校学生心理健康状况调查的对象是该市高等院校在校的所有学生，调查单位是该市高等院校在校的每一个学生。

确定调查对象时必须明确总体界限，划清调查范围，区别应调查和不应调查的现象。例如，调查城镇居民家庭收入状况，必须把城镇居民家庭与农村居民家庭的收入区分开来；调查城镇居民家庭中工人收入状况，除了明确城镇居民家庭的范围外，还必须区分工人的界限。确定调查单位既是一个理论问题，又是一个实际问题。从理论角度出发，就是要赋予调查单位以科学的定义；从实际工作出发，还要区分调查单位与报告单位（填报单位）。调查单位是调查项目的承担者，而报告单位则是负责上报调查资料的单位。两者有时一致，有时不一致。上述例子中，当收集城镇居民家庭收入状况的资料时，每一个城镇家庭既是调查单位，也是报告单位；当收集城镇居民家庭中工人收入状况的资料时，城镇居民家庭中的工人是调查单位，而城镇居民家庭则是报告单位。对工业企业进行普查时，调查单位是每一个工业企业，报告单位也是每一个工业企业；当进行工业企业设备调查时，每一台设备就是一个调查单位，而每个工业企业则是一个报告单位。

（三）设计调查项目和调查表（调查问卷）

调查项目，又称调查条目，是指调查的具体内容，即向调查对象收集什么数据。它可以是调查单位的数量特征，也可以是调查单位的某种属性或品质特征。调查项目一般要满足计算所涉及的统计指标的需要，以及便于统计分组的需要。如某地区城镇居民住房状况调查需要对每一个调查单位（居民户）登记下列调查项目：拥有的住房建筑面积、占用套数、家庭人口数、收入、需求面积。为满足分组的需要，还要对每一个调查单位（居民户）登记户主职业、文化程度、性别、年龄等调查项目。

调查项目通常以表格的形式来表现，称为调查表，见表2—1。在市场调查中，调查项目和调查表通常表现为调查问卷，调查内容是统计调查方案的核心。关于调查项目和调查问卷的设计将在本项目任务三中详细介绍。

（四）确定调查时间和调查期限

调查时间是指调查资料所属的时点或时期。在统计调查中，有的资料所反映的现象是在某一时点上的状态，这时必须规定统一的时点；有的资料所反映的现象是在某一时期内发展过程的结果，这时则必须明确所要收集的资料所属时期的起止时间，即所登记的资料应是该时期第一天到最后一天的累计数字。对普查来说，调查时间是指普查的标准时点。例如，我国第二次全国经济普查的标准时点是2008年12月31日，时期为2008年度。

调查期限是指调查工作进行的起讫时间（从开始到结束的时间），包括搜集资料和报送资料工作所需的时间。为保证资料的时效性，调查期限应尽可能地缩短。例如，我国第二次经济普查规定，2008年12月底前为准备阶段，2009年1月至5月为填报阶段，2009年2月至8月为数据处理和上报阶段，2009年9月至2009年年底为数据评估和发布阶段；我国第六次人口普查规定的时限为2010年11月1日至11月10日，则调查期限为10天。

表 2—1　　××市城镇居民家庭住房状况调查表

街道　　居委会　　编号（按职业分类目录编号）

户名　　性别　　年龄　　职业

项　　目	计量单位	本期实际	职业分类目录
甲	乙	1	
1. 家庭人口	人		
2. 现住房总建筑面积	平方米		
3. 房屋产权	—		
4. 建筑年份	—		
5. 购房时间（年份）			
6. 购房总金额	元		
购房实际支出金额	元		
7. 除了现住房，还有几处其他住房	套		
（1）出租房	套		
使用面积	平方米		
（2）偶尔居住房	套		
使用面积	平方米		
（3）其他用途房	套		
使用面积	平方米		
8. 家庭年收入	元		
9. 租赁房房租	元/月		
10. 需购房面积	平方米		

调查指导员：　　调查员：　　填表人：　　报出日期：　　年　　月　　日

选择调查方式与方法

统计调查方式与方法是指组织收集原始资料的形式与方法。社会经济现象错综复杂，又处于不断变化之中，根据不同的调查对象和调查目的，选择合适的调查方式与方法，是统计调查的重要问题。

一、统计报表制度和专门调查

按照调查组织方式的不同，统计调查分为统计报表制度和专门调查。

（一）统计报表制度

统计报表制度是国家统计系统和各业务部门为了定期取得系统、全面的基本统计资料而采用的一种搜集资料的方式，目的在于掌握经常变动的、对国民经济有重大意义的统计资料。通常是自上而下地统一布置，以一定的原始记录为依据，按照统一的表式、统一的指标项目、统一的报送时间与报送程序，自下而上地逐级定期提供基本统计资料。

（二）专门调查

专门调查是指为了了解、研究某种特定的情况或问题而专门组织的统计调查，包括普查、抽样调查、重点调查和典型调查等方式。

1. 普查

普查是一种为了特定目的而专门组织的一次性的全面调查。普查一般用来调查社会经济现象在一定时点上的总量，也可用来反映时期现象，通常是一个国家或者一个地区为详细调查某些不能够或不适宜采用定期的全面统计报表方式搜集的国情、国力方面的统计资料而组织的。我国普查实行规范化和制度化，每逢末尾数字为“0”的年份进行人口普查，末尾数字为“3”的年份进行第三产业普查，末尾数字为“5”的年份进行工业普查，末尾数字为“1”或“6”的年份进行统计的基本单位普查。

普查作为一种特殊的数据搜集方式，具有以下几个特点：普查通常是一次性的或周期性的，规定统一的标准时点和普查期限，规定普查的项目和指标；另外，普查的数据一般比较准确，规范化程度也较高，因此它可以为抽样调查或其他调查提供基本依据。普查的使用范围比较窄，只能调查一些最基本及特定的现象。

普查的优点是：由于普查是调查某一人群的所有成员，因此在确定调查对象上比较简单；所获得的资料全面，可以知道全部调查对象的相关情况，准确性高；普查所获得的数据为抽样调查或其他调查提供基本依据。普查的缺点是：工作量大，花费大，组织工作复杂；调查内容有限；易产生重复和遗漏现象；由于工作量大而可能导致调查的精确度下降，调查质量不易控制。

2. 抽样调查

抽样是指从调查对象的总体中，随机地抽选出一部分单位作为总体的代表，被抽出来的这部分单位就叫做样本。抽样调查就是以样本指标数值来推算总体指标数值的一种调查。所以，虽然抽样调查是非全面调查，但是它的目的却在于取得反映全面情况的统计资料，在一定意义上可以起到全面调查的作用。

抽样调查的优点是：调查方式的科学性，调查费用的经济性，信息获取的实效性，调查结果的准确性。其主要缺点是：抽样技术方案设计要求高，一般人员难以胜任；如果抽样技术方案设计存在严重的缺陷，往往会导致抽样调查的失败。抽样方法将在后面单独介绍。

3. 重点调查

重点调查是一种非全面调查，是指选择调查对象中的一部分重点所进行的调查。重点单位是指在总体中占举足轻重地位的部分。虽然这些单位可能数目不多，但是就调查的标志值来说，它们在总体中却占有很大的比重，能够反映出总体的基本情况。例如鞍钢、上钢、武钢、太钢、包钢等几个钢铁企业，虽然在全体钢铁企业中只是少数，但它们的产量却占绝大比重。对这些企业进行调查，就可以比全面调查更省时省力，而且更加及时地了解全国钢铁生产的基本情况。重点调查既可用于经常性调查（可以向重点单位布置定期上报），也可用于一次性调查。当任务只要求掌握调查对象的基本情况，而在总体中确实存在重点单位时，进行重点调查是比较适宜的。

重点调查的优点是：调查单位数目不多，可节省人力、物力、财力和时间；可及时获取信息，了解和掌握总体的基本情况；调查工作量小，易于组织。其主要缺点是：当总体各单位发展比较平衡、呈现均匀分布时，则不能采用重点市场调查；当总体中的少数重点单位与众多的非重点单位的标志值结构不具有稳定性时，重点市场调查的结果只能说明总体的基本情况，而不能用来推断总体的数量特征。

4. 典型调查

典型调查也是专门组织的一种非全面调查，它是根据调查研究的目的和要求，在对总体进行全面分析的基础上，有意识地选择其中有代表性的典型单位进行深入细致的调查，借以认识事物的本质特征、因果关系和发展变化的趋势。其中，有代表性的典型单位是指那些最充分、最集中地体现总体某方面共性的单位。唯物辩证法认为，一般存在于个别中，个别包含着一般。因此，只要客观、正确地选择典型单位，通过对典型单位深入细致地进行调查，既搜集详细的第一手数字资料，又掌握生动具体的情况，就可以获得对总体本质特征的深刻认识；特别是对一些复杂的社会经济问题的研究，典型调查可以了解得更深入、更具体、更详尽。

典型调查的优点包括：一是能够获得比较真实和丰富的第一手资料；二是调查单位少，可作深入细致的调查研究，以便深刻揭示事物的本质和规律性；三是调查范围小，调查单位少，可节省调查的人力、物力和财力；四是机动灵活，节省时间，可迅速取得调查结果，快速反映市场情况。典型调查的缺点包括：一是典型单位的选择依赖于调查者的主观判断，难以完全避免主观随意性；二是缺乏一定的连续性和持续性，不利于数据的动态分析；三是用样本数据推断总体数量特征时，推断的精度不够高，如果样本的代表性不强，往往会产生较大误差；四是对于调查结论的应用范围，只能根据调查者的经验判断，难以用科学的手段做出准确测定。

二、全面调查和非全面调查

按调查对象的范围不同，统计调查分为全面调查和非全面调查。

1. 全面调查

全面调查就是对调查对象中的所有单位进行无一遗漏的观察登记，这种方式适用于有限总体。例如人口普查，要对全国人口无一例外地进行登记。普查和全面统计报表都属于全面调查，这种调查方式能掌握所有调查单位的全面情况，但需要耗费较多的人、财、物，同时出现的误差较大，因而全面调查适合于有限总体，调查内容应限于反映综合国情国力的重要统计指标。

2. 非全面调查

非全面调查是指仅对调查对象中的部分单位进行观察登记的调查方式，包括抽样调查、典型调查和重点调查等方式。例如，为研究职工的生活水平，可以对一部分职工进行调查；为研究一批产品的合格率，可以对部分产品进行检查测定。对于非全面调查，调查单位少，可以用较少的人、财、物和时间调查较多的内容，搜集到较深入、细致的情况和数据。但它并未包含全面资料，因而常常需要与全面调查结合起来使用。

三、经常性调查和一次性调查

按调查登记时间是否连续，统计调查分为经常性调查和一次性调查。

1. 经常性调查

经常性调查是指随着调查对象在时间上的发展变化，而随时对变化的情况进行连续不断的登记。其主要目的是获得事物全部发展过程及其结果的统计资料，如企业产品生产量和销售量、原材料消耗量、企业总产值、住户收入情况的调查等。

2. 一次性调查

一次性调查是不连续登记的调查，对事物每隔一段时期后在一定时点上的状态进行登记。其主要目的是获得事物在某一时点上的水平、状况的资料，如固定资产总值、生产设备数量等。这些指标的数值在短期内变化不大，不需要连续登记。一次性调查又可分为定期和不定期两种。定期调查是每隔一段固定时期进行一次调查，如每月月初（或月末）登记职工人数、每半年或一年登记一次大牲畜存栏头数等；不定期调查是时间间隔不完全相等，而且间隔很久才调查一次，如我国的六次人口普查，分别是在 1953 年、1963 年、1982 年、1990 年、2000 年、2010 年。

四、文案调查法、询问调查法、观察与实验法、网络调查法

按搜集资料的方法不同，统计调查可分为文案调查法、询问调查法、观察与实验法和网络调查法等。

（一）文案调查法

1. 文案调查法的含义

文案调查法又称资料查阅寻找法、间接调查法、资料分析法或室内研究法。它是通过各种手段收集二手资料，利用企业内部和外部现有的各种信息、情报，对调查内容进行分析研究的一种调查方法。

内部资料主要是收集调查对象活动的各种记录，如订货单、进货单、发货单、合同文本、发票、销售记录、业务员访问报告等这些与调查对象活动有关的业务资料，反映企业生产、销售、库存等的各类统计报表资料，企业财务部门提供的各种反映成本、商品价格及经营利润等的财务资料，以及平时剪报、各种调研报告、经验总结、顾客意见和建议、同业卷宗及有关照片和录像等。外部资料是指统计部门以及各级、各类政府主管部门公布的有关资料，各种经济信息中心、专业信息咨询机构、各行业协会和联合会提供的信息和有关行业情报，以及国内外有关的书籍、报刊所提供的文献资料，包括各种统计资料、广告资料、市场行情和预测资料等。

互联网是将世界各地的计算机联系在一起的网络，它是获取信息的最新工具，对任何调查而言，互联网的发展使信息搜集变得容易，从而大大推动了调查的发展。今天，文案调查人员坐在计算机前便能轻松地获得大量信息，只要在正确的地方查寻就可能找到所需的信息，而且许多宝贵的信息都是免费的。从网上获取这些资料比上图书馆查找方便得

多。如果想要了解某些信息的具体细节，在图书馆中查找效率很低；如果利用搜索引擎查找，输入需要查询的关键字，电脑就能自动帮助查找包含该条文的原始文件的全文。

2. 文案调查法的特点

文案调查法有以下几个特点。第一，文案调查法是收集已经加工过的文案，而不是对原始资料的搜集。第二，文案调查法以收集文献性信息为主，它具体表现为收集各种文献资料。在我国，目前仍主要以收集印刷型文献资料为主。当代印刷型文献资料又有许多新的特点，即数量急剧增加，分布十分广泛，内容重复交叉，质量良莠不齐等。第三，文案调查法所收集的资料包括动态和静态两个方面，尤其偏重于从动态的角度收集各种反映调查对象变化的历史与现实资料。

（二）询问调查法

询问调查法是指调查者通过口头、电讯、网络或书面形式向被调查者了解情况、搜集资料的调查方法。询问调查法具体包括面访调查法、邮寄调查法、电话调查法等。

1. 面访调查法

面访调查法是指调查者同被调查者面对面接触，通过有目的的谈话取得所需资料的调查方法。

面访调查分为两种方式。一种是调查者按照事先拟好的调查项目（调查问卷），有顺序地依次发问，让被调查者作答，一一予以记录，或让被调查者自行填写。这种登记式的面访调查，内容明确，调查者易于掌握，一般适用于为了取得便于统计归类的数据资料而进行的各种调查。另一种是调查者通过与被调查者的自由交谈，了解所需情况资料。这种自由交谈式的调查，使被调查者有充分发表意见的机会，而且可以采取讨论的方式，弄清所调查问题的来龙去脉，有时还可以了解到未列入调查提纲的某些重要问题的情况。对于必须深入实际进行调查了解的问题，如了解消费者和用户的消费倾向、购买动机、他们对产品质量的意见等方面的调查，大都采用这种谈话方式。以自由谈话方式进行调查，要求调查者具有熟练的谈话技巧，善于启发引导被调查者，善于综合归纳谈话内容，同时做到边问边记。

面访调查可以采用入户访问、拦截访问和集体座谈方式。入户访问是指调查者到被调查者的家中或工作单位，直接与被调查者进行面对面的交流，获取被调查者对于特定事物、现象的意愿或行为等多方面的一手资料与信息的调查方式。入户访问的特点是：访问是在受访者熟悉的环境之中进行的，问卷回答率高；访问的问卷可以相对较长；易于进行质量控制；可以进行研究内容较为复杂的调查项目；调查成本较高；拒访率较高。

拦截访问是一种十分流行的调查访问方法，指的是在固定场所拦截访问对象，对符合条件者进行面对面访问。街上拦截访问，通常被利用在定量问卷调查的环节中，约占个人访问总量的 1/3。这种调查方法相对简单，超市、写字楼、街面、车站、停车场、医院等公共场所均可以进行这样的访问。拦截访问具有访问效率高、费时较短、费用较低以及质量控制容易，但回访难、数据的代表性不强等特征。

集体座谈也就是开座谈会，是最适用于集思广益讨论式的调查。一般应选择熟悉情况的人参加，人数不宜过多，以 7～8 人为宜。座谈会由调查者主持，提出所要讨论的问题。

主持会议的方法有两种。一种是让参加会议的人自由发表意见，除非讨论的内容超出了调查范围，一般不予干涉。这种方法能使被调查者畅所欲言，但所花费的时间比较长。另一种是在主持人的指导下，根据事先准备的要求，有步骤地展开讨论。这种方法可以使讨论的内容比较集中，也节省时间，但发言受到约束。座谈会的内容最好用录音机收录下来，这样主持人就能集中精力去控制座谈气氛。集体座谈的优点是被调查者可以互相启发，所花费的时间也比个别访问节省得多，但有时被调查者会相互影响，产生偏向，有些具有保密性的问题或不宜在公开场合发表的意见不易收集。

2. 邮寄调查法

邮寄调查法是将调查问卷寄给被调查者，由被调查者根据调查问卷的填表要求填好后寄回的一种调查方法。采用这种调查方法的最大优点是可以扩大调查区域，增加更多的调查样本数目，只要是通邮的地方，都可以进行邮寄调查。与面访调查法相比，邮寄调查法具有以下一些优点：调查成本比较低，只要花费少量的邮寄费用和印刷费用；被调查者有较充裕的时间填写问卷；可以避免被调查者受调查者的态度、情绪等的影响。其不足之处主要是：回收率比较低，回答的内容其可靠程度难予评价，发生差错无法当面澄清。

3. 电话调查法

电话调查法是指研究者就自己的研究内容，按自己的研究构思，设计调查问卷并通过查找电话号码簿，用电话向被调查者进行询问，以达到搜集调查资料目的的一种专项调查方法。这种调查方法的主要优点是：取得市场信息最快，时间节省，回答率较高。主要缺点是：被调查者仅限于能通电话者，询问时间不能太长，对问题只能进行简单的回答，有时不易取得被调查者的合作。目前，电话调查法主要采用计算机辅助电话调查（CATI）。计算机辅助电话调查是在专门的中央机房统一完成的，调查前先将问卷编辑在程序内，由计算机随机分配电话号码，并自动接通电话，调查员佩戴耳麦，坐在计算机屏幕前，面对屏幕上的问卷，向电话另一端的被调查者读出问题，并将被调查者回答的结果通过鼠标或键盘记录到计算机中；质控人员在监控服务器前对整个访问工作进行现场监控。计算机辅助电话调查是目前发达国家及我国民生民意调查中使用最普遍的一种调查方式。

询问调查法通常采用的几种调查方法各自的特点归纳如表2—2所示。

表2—2　几种调查方法的特点对比表

调查方法	时间	费用	代表性	回答率
面访调查法	长	高	高	高
邮寄调查法	慢	中	中	中
电话调查法	快	低	低	低

（三）观察与实验法

观察与实验法是调查者通过直接的观察或实验获得数据的一种方法。直接观察是指调查人员亲自到现场对调查单位的调查项目进行清点、测量、计量，以取得调查资料的一种调查方式，如为了了解农作物产量而进行的产量抽样调查，就是调查人员亲自抽选样本田，实割实测，脱粒，晾晒，过秤计量，并进行登记。通过观察与实验法取得的资料具有较高的准确性，但需要大量的人力、物力、财力和时间，因此，它的应用受到很大的限制。观察与实验法是一种特殊的观察调查方法，它是在所设定的特殊实验场所、特殊状态下，对调查对象进行实验以取得所需资料的一种调查方法。

（四）网络调查法

随着信息技术的迅速发展，利用电脑和网络的人越来越多，通过互联网进行资料搜集的活动越来越普遍。网络调查是指在互联网上针对特定营销环境进行简单调查设计、搜集资料和初步分析的活动。网络调查又分为网上直接调查和网上间接调查。网上直接调查是利用互联网直接通过问卷调查等方式收集一手资料；网上间接调查是利用互联网的媒体功能，从互联网收集二手资料。

网络调查法相对于传统的一些调查手段和方法，具有自身独特的特点和优势：

（1）及时性和共享性。网络调查是开放的，任何网民都可以进行投票和查看结果，而且在投票信息经过统计分析软件初步自动处理后，可以马上查看到阶段性的调查结果。

（2）便捷性和低费用。实施网络调查节省了传统调查中耗费的大量人力和物力。

（3）交互性和充分性。网络的最大好处是交互性，因此在进行网络调查时，调查对象可以及时就问卷的相关问题提出自己更多的看法和建议，可减少因问卷设计不合理导致调查结论有偏差。

（4）可靠性和客观性。实施网络调查，被调查者是在完全自愿的原则下参与调查，调查的针对性更强，因此问卷填写信息可靠，调查结论客观。

（5）无时空、地域限制。网络调查是 24 小时全天候的调查，这就与受区域制约和时间制约的传统调研方式有很大不同。

（6）可检验性和可控制性。利用互联网进行网络调查收集信息，可以有效地对采集信息的质量实施系统的检验和控制。

统计调查的方式方法多种多样，在实际应用时，可以根据调查目的、调查对象的特点及调查任务的要求，结合具体情况加以选择或者根据需要结合应用。

设计统计调查问卷

一、调查问卷设计的基本步骤

调查问卷是指为了调查和统计而精心设计的由一系列系统、按顺序且有目的的问题、备选答案及说明等组成的向调查对象收集资料的一览表，是最常用的一种调查工具，通常用来测量调查对象的特征、行为和态度等。它可以是用文字表述的具体题目，可以是用表格列示的一系列题目，也可以是以文字表述与表格相结合的方式列示的一系列问题。

调查问卷设计的基本步骤是由一系列相关的工作过程所构成的。为使问卷具有科学性、规范性和可行性，一般可以参照以下程序进行（见图 2—1）：

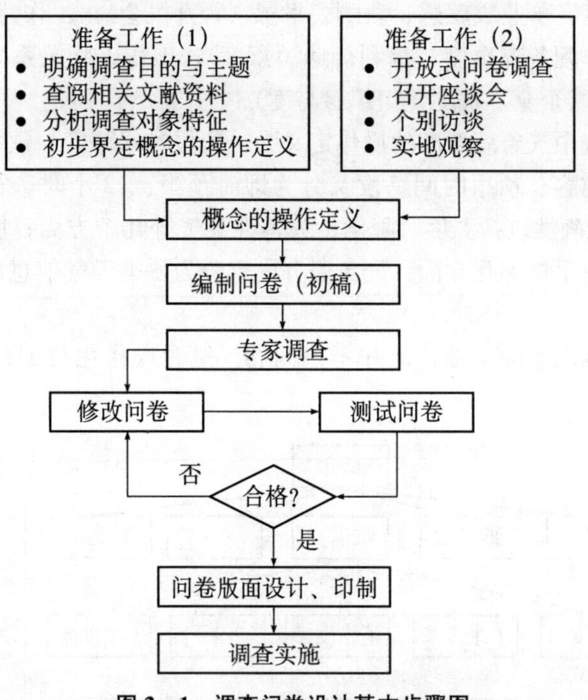

图 2—1 调查问卷设计基本步骤图

二、调查问卷设计的准备工作

调查问卷设计并非首先编写具体题目，而是要事先做好充分的准备工作，如明确调查目的与主题、查阅相关文献资料、分析调查对象特征、初步界定概念的操作定义以及一些探索性研究工作等。有些工作（如明确调查目的与主题、查阅相关文献资料）前面已提及，在此不再赘述。

分析调查对象特征，是指在设计问卷之前对调查对象的基本了解。有些调查总体是我们所熟悉的，而有些调查总体是不为我们所熟知的，因此对调查总体的年龄结构、性别结构、文化程度、职业结构等方面进行初步了解，有助于我们设计问卷时确定问题的形式、提问方式、语言风格等。获取的途径可以是深入到调查对象中调查，也可以通过委托单位或查阅相关文献等。

三、概念的操作定义

概念的操作定义是指对抽象概念作出界定和说明，也即将抽象概念的特征具体化。概念的操作定义有的是通过计算给出的，有的是通过可观察、可操作的描述性语言给出的。通俗地说，就是列出所研究问题的各个方面，以此来确定调查内容。例如，城镇居民住房状况调查中对“城镇居民住房状况”这一抽象概念的操作定义为现住房的面积、租住房的面积（租金）、家庭收入水平、家庭人口数、需要新增房屋面积数等。“员工满意度”是一个抽象定义，在问卷设计之前，需要将其可操作化，其操作定义可确定为五个维度，每个方面又可细分为：工作本身（工作合适度、责任匹配度、工作挑战性、工作胜任度），工作回报（工作认可度、事业成就感、薪酬公平感、晋升机会），工作背景（工作空间质量、工作时间制度、工作配备齐全度、福利待遇满意度），工作人际关系（合作和谐度、信息开放度），企业整体（企业了解度、组织参与度）。

气象满意度调查中气象满意度的操作定义为：预报时间跨度、预报准确性、服务途径和方式、气象服务内容。预报时间跨度又分为即时预报、12 小时、24 小时、48 小时、3 天、7 天等；预报准确性包括温度、降雨、灾害性天气等几个方面；服务途径和方式可分为公共媒体、网络、手机等几方面；气象服务内容分为各类天气信息的使用和需求等，并被逐层细化。

操作定义是编制问卷的基础，但并不是问卷。概念操作化与编制问卷题目的关系如图 2—2所示。

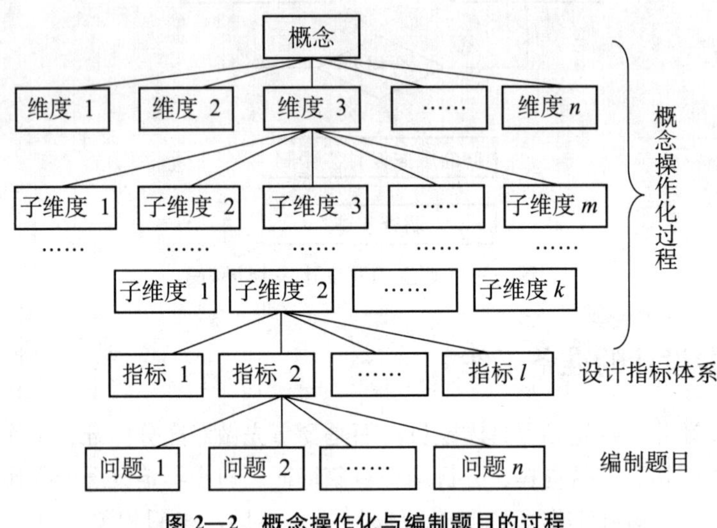

图 2—2 概念操作化与编制题目的过程

四、确定调查问卷结构

调查问卷的基本结构一般分为五部分，即问卷标题、封面信、指导语、问题与选项、结束语。

（一）问卷标题

“红海市民生民意调查问卷”、“大学生素质培养调查问卷”、“食品安全工作消费者满意度评价调查问卷”是问卷标题。问卷标题向调查对象概括地说明调查的主题。一般来说，在确定问卷标题时，既要简明扼要，又要让调查对象看到标题时，就大致明确自己要回答哪方面的问题，并尽可能引起调查对象的兴趣。

标题的结构一般是：调查对象＋调查内容＋“调查问卷”。例如，“上海市居民住房状况调查问卷”、“大学生体育锻炼情况调查问卷”、“杭州市企业科技活动情况调查问卷”等。切忌以“调查问卷”四字为标题，否则会使调查对象无法明确调查主题，甚至可能会产生不愿意参与的现象。

（二）封面信

在问卷标题之后需要向调查对象说明调查的目的和意义、调查对象的范围、调查对象做出回答的重要性等方面的内容，称为封面信，又称为封面语。封面信一般放在调查问卷的开头，采用简洁、亲切、开门见山的方式，在字数上不要超过两三百字，保证无文法错误。在信的结尾处一定要真诚地向调查对象表示感谢。如果采用邮寄或网络调查方式，还需要说明调查截止的日期。

例如，"××市民生民意调查问卷"的封面信如下：

尊敬的住户：

您好！我是××市社情民意调查办公室的调查员。我们正在全市开展民生问题民意调查，目的是了解人民群众对改善民生方面的意愿，更好地为党委政府和有关部门科学决策、制定政策提供参考依据。希望得到您的支持与配合。

根据《中华人民共和国统计法》第十五条"属于私人、家庭的单项调查资料，非经本人同意，不得泄露"的规定，我们对您提供的所有资料严格保密，希望您不要有任何顾虑。

谢谢您的合作！

××市社情民意调查办公室

××××年××月××日

又如，"大学生素质培养调查问卷"的封面信如下：

亲爱的同学：

您好！

为了充分了解目前大学生的素质状况，加强高校教育，我们开展在大学专科、本科学生范围内的大学生思想素质和学习状况的问卷调查。您是我们经过严格的科学抽样选中的调查代表，您的意见将成为我们进一步深化高校教育改革的重要参考资料。

本次调查工作采取无记名方式进行，您的回答不涉及是否对错，但务必请您按照实际情况逐一回答我们所提的问题。对您的回答我们将予以保密。

对您的合作与支持，我们表示衷心的感谢！

××课题组

××××年××月××日

下面是另一项调查的封面信：

尊敬的×老师：

您好！

据了解，高校教师的职业压力越来越大，越来越普遍，甚至影响到了教师的身体健康。为了了解高校教师的压力状况，分析产生压力的原因，以便找出最适合的、行之有效的解决办法，我们设计了此调查问卷。

这一封面信存在三个比较大的问题：

（1）"据了解，高校教师的职业压力越来越大，越来越普遍，甚至影响到了教师的身体健康。"作者的目的主要是说明调查研究的背景，以引起调查对象的注意。但是用"据了解”一词来描述，显得有点轻率，最好能有据可查并说明结论的来源，否则，这一提法违背了实事求是的基本原则。

(2)“以便找出最适合的、行之有效的解决办法”。作者的目的是说明调查目的和意义，但是用词夸张、未能恰如其分。从实践来看，仅靠一次调查活动，这样的目的是难以达到的。

(3) 封面信不符合基本格式，信中没有说明调查者身份、调查单位，在信的最后部分，没有对调查对象的致谢，也没有写明时间。

(三) 指导语

指导语是向调查对象说明调查问卷的填写方法、要求以及注意事项，用来指导调查对象如何正确回答问卷。例如，“大学生素质培养调查问卷”中的“下列项目各有几个答案选项，请在最能反映您想法的选项前打‘√’，第 1、2 题无指定选项，请根据实际情况填写”，以及“下列题目各有几个答案，请在问题前‘□’内填上最能反映您想法的答案”。

调查问卷的指导语较少时可与封面信写在一起，但篇幅较长时，就需要分开。有些指导语只是与问卷中的部分具体题目联系在一起的，一般放在题目的题干后面，用括号括起来，有的是用来告知调查对象本题目的选择项目有多少，有的是用来指导回答方法，有的是指导回答过程。

【例 2—1】 对电影市场状况的调查，题目是：

● 您观看电影的主要目的是（限选 3 项）： □□□

①欣赏电影艺术　②看明星、偶像　③陪同观看　④打发时间

⑤放松或寻求刺激　⑥娱乐　⑦其他（请注明）________

● 请您按喜好程度将下列娱乐项目排序（第 1 位～第 6 位）： □□□□□□

①看电视　②看电影　③看戏　④听音乐会　⑤听广播　⑥看书报杂志

【例 2—2】 对空调使用情况的调查，题目是：

● 请问您家中有没有装设空调？

□有　□没有（跳问第 8 题）

(四) 问题与选项

问题与选项是问卷的主体，问题与选项设计将在“设计调查问卷题目”中介绍。

(五) 结束语

结束语一方面向被调查者征询问卷调查的意见或建议，另一方面向被调查者表示感谢。

五、设计调查问卷题目（问题与选项）

问卷设计是根据调查目的和要求，将所需要调查的问题具体化，使调查者顺利获取信息资料，以便于统计分析的一种手段。其步骤一般包括：确定调查研究的目的和内容，搜集所需的相关资料，设计问卷初稿，小范围内问卷预试，修改并确定调查问卷。调查问卷

中问题与选项的设计是问卷设计的关键内容。

（一）调查问题类型的设计

调查问题的类型，按问题结构不同，有封闭式问题、开放式问题和半开放半封闭式问题。

1. 封闭式问题

封闭式问题是指在提供的问题后面列出若干可能的答案供调查对象进行选择，每种答案称为一个选项，调查对象在这些答案中选择一个或几个选项作为回答。封闭式问题按调查对象的要求，可分为填空题和选择题两大类，选择题又可分为单项选择题和多项选择题。

（1）填空题。填空题是要求调查对象直接填写的问题。填空题比较简单，通常只需要填写数字或简单的文字。填空题的格式一般是在问题的后面画一短横线或括号，让调查对象填写。

【例 2—3】

- 您的性别________。
- 您的年龄________岁。

填空题的最大优点在于如果所得结果是用数字填写且为比率数据，那么获得的信息充分，便于作比较深入的统计分析；但如果有些问题尽管简单，但结果需要用文字填写且用定类数据表示，当类别较多时最好不要用填空题形式。如“您所学的专业”、“您目前所从事的职业”，“专业”、“职业”的类别划分远比“性别”中“男性”和“女性”两类别要复杂得多，而且调查对象对于“专业”、“职业”的理解可能不一样，有的写得比较笼统，有的写得非常具体，不便于做统计分析。

（2）单项选择题。单项选择题是要求调查对象在题目给出的两个或多个选项中只选择一个选项作为答案。根据备选项目的多少，单项选择题又分为二项选择题和多项单选题。

1）二项选择题。二项选择题，也称是非题，一般只设两个选项，如“是”与“否”、“有”与“没有”、“同意”与“不同意”等。二项选择题的两个答案是相对立的，调查对象必须选择其一。其优点是简单明了，缺点是所获信息量太小，两种极端的回答类型有时往往难以了解和分析调查对象群体中客观存在的不同态度层次。

二项选择题可以用于各类问题，例如：

【例 2—4】

- 您的性别是：　1. 男　2. 女　□
- 您准备在今年购房吗？　1. 是　2. 否　□
- 您与父母发生过争吵吗？　1. 有过　2. 没有　□

2）多项单选题。多项单选题是指提出的问题有多个备选选项，但调查对象只能从中选择一个选项作为答案。从表现形式上来看，有文字表述式、表格式、矩阵式、尺度式。

【例 2—5】

- 您的学习成绩在班上如何？　□

A. 优秀　B. 良好　C. 一般　D. 很差

● 您每月的全部生活费花费大约是多少？ □

A. 200 元以下　　B. 200～300 元　　C. 400～500 元　　D. 500 元以上

● 您父母的文化程度是（请在空格内打"√"）

	初中及以下	高中或中专	大专	本科生	研究生
您父亲的文化程度					
您母亲的文化程度					

● 您对某商品的评价是（请在选项的方框内打"√"）

语句	非常赞同	赞同	一般	不赞同	非常不赞同
质量好	□	□	□	□	□
价格低	□	□	□	□	□
服务好	□	□	□	□	□
……					

● 您觉得家庭环境与家庭教育对大学生素质的影响是：

影响很小　　　　　　　　　　　　影响很大

1	2	3	4	5	6	7	8	9

（3）多项选择题。多项选择题是从多个备选答案中选择一个或两个以上的选项作为答案。这是各种调查问卷中采用最多的一种问题类型。依据要求不同，多项选择题可分为多项限定多选题、排序题和多项任选题。

【例 2—6】

● 你通常参加什么体育锻炼？（请从下列选项中最多选择 4 项） □□□□

A．篮球　B. 羽毛球　C. 足球　D. 游泳　E. 登山　F. 跑步

G. 跳舞　H. 太极拳　I. 散步　J. 乒乓球　K. 健美操

● 您每月的各项开支为（请排出你本学期支出的前三项） □□□

A. 伙食费　　B. 服装费　　C. 书本资料及其他学习用品

D. 日化用品（包括护肤、洗涤用品及其他日用小百货）

E. 娱乐休闲　　F. 其他

● 请问当初购买空调时所考虑的因素是？（在选项前的方框内打"√"，可多选）

□省电　□静音　□清凉　□口碑好

□赠品多　□价格合宜　□其他

封闭式问题的优点是：回答简单、方便；答案一致，容易分析；数据处理简单。缺点是：选项的设计要费较多的精力；如果选项设计不好，容易使调查对象无法回答；造成问题简单化，得不到更多的详细信息。

2. 开放式问题

开放式问题是指不向调查对象提供回答选项，调查对象使用自己的语言或提供精确的数字来回答问题，如："您对大学生自身素质培养方面有何建议？"

开放式问题由于对所设计的问题未提供任何具体答案，调查对象可以不受任何影响自由作答。其优点是：信息量大；可以获得精确数字，有助于进行统计分析；给调查对象自我表达的机会。缺点是：调查对象回答负担比较重；调查花费时间比较长；回答的内容有可能偏离主题，从而得不到有效信息；汇总统计工作量大。开放式问题一般在对问题可能的答案了解不多、问卷设计前期用于取得问题选项时使用，或者作为封闭式问题的补充。

3. 半开放半封闭式问题

半开放半封闭式问题因融合开放式问题及封闭式问题的特点，所以普遍使用在各式问卷中。

【例 2—7】

● 您最喜欢看的电视节目有哪些？

A. 新闻类　B. 经济类　C. 法制类　D. 生活类　E. 科技类　F. 军事类

G. 体育类　H. 综艺类　I. 其他__________（请填写类别名称）

（二）问题的编写

开放式题目只有问题，而封闭式题目是由两部分组成，即问题和答案，一般将问题部分称为题干。如何使用恰当的语言和提问方式是问卷设计至关重要的问题，它会直接影响调查对象对问题的理解和回答问题的情绪，也将会影响问卷的回收率和回收问卷的质量。调查问题及选项设计应注意以下“六要六避免”问题。

1. 语言要通俗，避免专业术语

在设计问题时，要考虑调查对象的语言能力，选择每个人都容易理解的词语。调查对象有足够的知识来回答被提问的问题。尽可能使用简单明了，通俗易懂的语言，而不要使用一些复杂的、抽象的概念以及专业术语。

【例 2—8】

● 您家的人口负担系数是__________。

● 您每天的阅读量为__________字。

“人口负担系数”也是一个比较专业的术语，并不是每个人都能理解，更不知道如何计算，这就会造成调查对象因无法完成本题目而影响问卷的回收率和质量。阅读量需要用多少字来计量，对于这样的问题，我们自己很难回答，每个人即使是每天只看一份报纸，也难以知道会有多少字。

2. 表达要具体，避免抽象笼统

问题的陈述越长，读起来越不顺口，就越容易产生含混不清的地方，会让人望而生厌，影响答题的情绪。陈述问题时不要用复杂句式，要用短句、少用并列词或句来突出核心意思。当然陈述要具体，不能含混不清。

【例 2—9】

● 在清明、端午、中秋等传统节庆日，您是否参加过本市组织的弘扬民族文化优秀传统的主题活动？

□是　　　　□否

● 近年来，本市各社区开展了形式多样的科教、文体、法律、卫生进社区活动，您是否知道?

□是　　　　　　　　　　□否

●您最近有无头痛或生病?

□是　　　　　　　　　　□无

●您最近上网吗?

□是　　　　　　　　　　□无

●您平均每天用于上课的时间大致为_________?

A. 0~4 节　　B. 5~6 节　　C. 7~8 节　　D. 其他(　　)

上述问题中,"最近"究竟是指什么时间范围内呢?在回答"平均每天用于上课的时间"这一题目时,学生需要根据每周的总课时量才能计算平均值,而且"平均"是相对多长时间内的平均,是本周,还是本月,抑或是本学期?这是较难确定的。

当然,在表述清楚的同时又不能过于笼统。如"您所在的学校属于________",这一题目让人无法回答,不知道是该从学校的性质,还是从学校的隶属关系,抑或是从学校的层次等方面回答。

3. 表述要客观,避免诱导倾向

在设计题目时不能隐含假设或期望的结果,不能带有偏向性,也不能进行诱导,一定要保持客观中立的态度。

【例 2—10】

●目前大学生就业形势比较严峻,您对找工作有信心吗?

●吸烟对人体危害很大,您准备戒烟吗?

●难道你不认为应该保护环境吗?

例 2—10 的三个题目实际已经隐含了"缺乏信心"、"准备戒烟"、"应该保护环境"的期望结果。这种带有倾向性的题目,会直接影响调查对象所给出的答案。因此在编写题目时,褒义词、贬义词、否定问题都应尽量避免,避免使用"很多人认为……"一类的词语,避免使用"您对……反对吗"之类的问法,避免引用权威人士或组织机构的言论。

4. 提问方式要恰当,避免过于敏感

涉及个人隐私(如收入、非法用药、艾滋病、偷税漏税等)的问题、某些政治性问题、对上级领导的看法等,都属于敏感性问题。对于这类问题如果直接提问可能带来两种结果,一是不愿意回答,二是答案并非真实想法。对于敏感性问题,不要直接提问,而是采用间接询问的方式,并且语言要特别委婉,让调查对象容易接受,并愿意回答;或者采用投射法,即将对问题的看法、某些行为转移到第三者身上的方法,以减轻调查对象的心理压力。

【例 2—11】

●您认为学生在考试时是否可以作弊?

A. 是　　　　　　　　　　B. 否

●对于学生考试时存在作弊问题,有的人认为不可以,有的人认为无所谓,有的人认为可以。您同意哪种看法?

A. 第一种看法　　　B. 第二种看法　　　C. 第三种看法

对于是否可以作弊，绝大多数人的回答是“不可以”，但是换成另一种提问方法，回答就会真实得多。

5. 答案要互斥完整，避免重叠遗漏

在设计题目的选择项目时应当不重不漏，即各选项不互相重叠、包含，也没有漏带的项目。

【例 2—12】

● 您现在从事的职业是什么________？

A. 工人　　B. 农民　　C. 干部　　D. 教师　　E. 中学教师　　F. 司机

● 您的生活费主要来源于________？

A. 家里供给　　B. 课外打工　　C. 借款

第一个题目的选项中，“教师”与“中学教师”就有重叠交叉，“干部”这一选项指意不明确。

第二个题目中，生活费来源漏掉了一些项目，如奖助学金、企业捐赠等项目。

6. 等级划分要明确、均衡，避免抽象、失衡

在问题的选项中，经常用到“经常”、“有时”、“偶尔”等量词，对于这些量词，每个人的理解都可能不一样。在问题的选项中，会用到“非常同意”、“同意”、“不同意”等各种不同程度的词语，对这种类型的选项设置时要注意均匀设置选项，使调查对象感到选项之间的距离是定距的，研究者没有任何倾向性。

【例 2—13】

● 您经常去图书馆查阅资料吗？

● 您对此种观点：

A. 非常同意　　B. 同意　　C. 有些同意　　D. 没想好　　E. 不同意

第一个问题中，“经常”一词具体指什么？每星期去图书馆查资料 3 次，有人会认为是属于“经常”的范围，而有的人会认为是“有时”，所以，在能够具体化、量化的情况下，尽可能地用数量的范围进行分类。

第二个问题中，调查对象选择“同意”的机会有三次，而选择“不同意”的机会只有一次。调查结果可能就会出现选择“同意”的比例高于“不同意”的比例，这就难以区分这是调查对象的真实想法还是由于选项设置不合理而造成的现象。

六、专家调查修改、试测

调查问卷初稿写好后，要先送给有关专家、学者、典型调查对象等，请他们对问卷进行评论。在综合专家意见修改问卷之后，对问卷作进一步检查，发现没有问题后进入试测。

进行试测是问卷设计中不可或缺的环节。试测方法是从正式调查总体中选择一个样本，将设计好的问卷初稿按试测人数打印出来，然后按正式调查程序进行测试。通过测试进一步查找问卷中存在的问题，如问题设计是否反映调查目的，问题措辞是否顺畅，调查对象对问题是否理解，选项是否包含调查对象的各种情况，对选项的理解是否有疑义，填

写说明、指示是否合理等。

七、调查问卷的编排技术

调查问卷不能任意编排，问卷每一部分的位置安排都具有一定的逻辑性。调查问卷题目之间的联系越紧密，调查者越可能得到完整而彻底的资料；同时，调查对象的答案可能思考得越仔细，回答得就越仔细。因此，为了让调查对象顺利作答和提高资料的准确性，要重视问题的排列顺序、问卷的排版与布局等细节。

1. 问题排序

问题排序的原则为由易入难，由浅入深，按时间顺序排列。调查问卷将较易回答的行为或事实问题放在前面，较难回答的态度性问题放在中间，而牵涉敏感性或隐私权的个人资料放在最后。按时间顺序排列可以让调查对象由最近的行为或态度慢慢回想到以前的行为或态度。另外，问题可按问卷主题归为几大类，明确地指出各大类所要收集的资料类别。

2. 问卷的排版与布局

问卷的排版与布局的基本要求是整齐、美观且便于阅读、解答和统计，具体要注意以下几个问题：卷面排版不能过紧、过密，字间距、行间距要适当；字体、字号要有机配合；对不同类型的问题要留足空格以便调查对象填写等。

撰写统计调查方案

以本项目导入案例“2009 年红海市新居民生活状况调查方案”为例，呈现一份比较完整的调查方案。

2009 年红海市新居民生活状况调查方案

一、调查目的

通过对新居民的就业、劳动与社会保障、居住、医疗卫生、子女教育等内容的调查，了解新居民在红海市的生活状况，为各级政府制定有关政策、加强对新居民服务提供依据，更好地发挥新居民在全市经济和社会发展中的作用，进一步加强和谐社会建设。

二、调查对象

本次调查对象为户口登记地在红海市外、调查时居住在红海市内、年龄在 16 周岁及以上（1993 年 12 月以前出生）、已办理各类居住证的新居民（不包括在校学生）。

三、调查内容

1. 基本情况：调查新居民的户口登记状况、年龄、性别、受教育程度、劳动技能、外出务工经商的原因和时间等基本情况。

2. 生活状况：就业、收入、居住、社保、子女教育、文化生活情况及对城市生活的看法、意见、建议等。

四、调查时间

本次调查时点：2010 年 1 月 1 日。

入户调查时间：2010 年 1 月上旬。

数据审核汇总时间：2010 年 1 月 14 日前。

调查报告时间：2010 年 1 月 17 日。

五、调查样本量

全市样本总量在 3.5 万份左右。

六、样本抽选与调查方法

以镇级为单位，按随机抽样方式抽取规定样本量（各镇、街道的样本量附后）。抽中样本中，已离开或找不到的，不再增补样本。本次调查采用调查员进行入户面访调查的方法。

七、组织实施方式

此项调查由市新居民事务局和市统计局联合开展。市新居民事务局负责调查的宣传发动、人员组织和检查指导，协助调查问卷设计、工作方案制定和调查数据分析；市统计局负责制定调查问卷、工作方案，编制数据处理程序和进行调查数据分析。

各县（市、区）新居民事务局负责样本抽取、调查员选配、组织开展入户调查、质量审核等工作；县（市、区）统计局负责数据录入和调查业务技术指导。

调查员原则上由新居民协管员承担，督导员由各镇（街道）新居民事务所工作人员承担，总督导员由县（市、区）新居民事务局、统计局的有关人员担任。

八、成果运用

市、县（市、区）新居民事务局和市统计局可运用本地调查汇总结果进行分析，并将分析结果提供给当地政府。

九、调查费用

各县（市、区）开展调查工作所需的调查经费（调查员补贴、入户小礼品等）由各地负责，市级给予适当补助。

十、工作要求

这次调查正值年底年初，时间紧、任务重。各地一定要高度重视此项调查工作，认真培训，认真组织调查。

调查员要按要求入户调查，据实填写调查表和访问接触记录表，不得编造调查表，不得随意修改调查表；每次调查完毕后，必须核对无误后结束调查，请受访人签名，再签上调查员姓名。

调查督导员必须对全部调查问卷进行审核，审定后签名。

县（市、区）统计局组织镇（街道）统计中心、新居民事务所的有关人员及时将调查表录入计算机。

附：

1. 2009 年红海市新居民生活状况调查问卷

2. 2009 年红海市新居民生活状况调查接触记录表（略）

3. 2009 年红海市新居民生活状况调查样本分配表（略）

2009 年红海市新居民生活状况调查问卷

您好！

我是红海市新居民事务局和市统计局聘请的调查员，我们正在进行一项关于红海市新居民生活状况的调查，便于为政府制定有关政策和加强新居民服务管理，以更好地发挥新居民在全市经济和社会发展中的作用，切实改善新居民的生活质量。希望能够得到您的大力支持和积极配合。

根据《中华人民共和国统计法》第十五条“属于私人、家庭的单项调查资料，非经本人同意，不得泄露”的规定。我们对您提供的所有资料严格保密，希望您不要有任何顾虑。谢谢您的合作！

红海市新居民事务局
红海市统计局
二〇〇九年十二月

居住地址：________县（市、区）________镇（街道）________村（社区）

地址代码：□□ □□□ □□□

问卷编号：□□□□

受访者签名：____________　　联系电话：____________

调查员签名：____________　　调查日期：____月____日

调查时间：开始____时____分，结束____时____分

审核员签名：____________　　审核日期：____月____日

一、基本情况

A1. 您何时来到本地？____年____月　□□□□ □□

A2. 您目前在红海的户别？　□

1. 多人家庭户　　2. 一人户　　3. 集体户

A21. 若选“1. 多人家庭户”，则现住地家庭人口：________人　□

A3. 您目前户口登记情况？　□□ □□

1. 红海市外浙江省内________　2. 浙江省外________省（自治区、直辖市）

A4. 您的出生年月？(填 1993 年 12 月以后的，终止访问)

19____年____月　□□ □□

A5. 您的性别？　1. 男　　2. 女　□

A6. 您的文化程度？　□

1. 不识字或识字很少　2. 小学　3. 初中　4. 高中（职高）

5. 中专　6. 大专　7. 本科　8. 研究生及以上

A7. 您是否有劳动部门颁发的职业技能证书，如有则属于哪一等级技能证书？　□

1. 初级工　2. 中级工　3. 高级工　4. 技师　5. 高级技师　6. 无

A8. 您是否有人事部门颁发的专业技术证书，如有则属于哪一等级技术证书？　□

1. 技术员　2. 助理工程师　3. 工程师　4. 高级工程师　5. 无

A9. 您目前持有哪一类居住证？　□

1. 临时居住证　2. 普通类居住证　3. 专业类居住证

4. 2009 年 10 月 1 日以后颁发的居住证

二、生活情况

Q01. 您目前是否有工作？ □

1. 有　　2. 无

若有工作，则：

Q011. 您从事的行业（单位性质）？ □

1. 农林牧渔业　2. 工业　3. 建筑业　4. 交通运输、仓储、邮电业

5. 电信、计算机服务和软件业　6. 商业　7. 住宿餐饮业　8. 金融保险业

9. 房地产业　10. 教育、卫生业　11. 文化、体育和娱乐业

12. 机关事业、社会团体　13. 居民服务业　14. 其他行业

Q012. 您现在从事的职业（个人工作性质）？ □

1. 企业业主　2. 个体业主　3. 各类专业技术人员　4. 管理人员、办事员

5. 工人　6. 商业服务人员　7. 废旧物品回收　8. 家政人员、家庭保姆

9. 保安、保洁员　10. 运输、搬运、装卸工　11. 农业生产人员　12. 其他

Q013. 您目前工作的单位类型？ □

1. 机关、事业单位、社会团体　2. 国有、集体企业　3. 民营企业

4. 港澳台或外商投资企业　5. 其他类型企业　6. 个体经营户（土地承包者）

Q014. 您目前的平均工作时间（保留 1 位小数）？

1. 一天________小时　2. 一周________天　3. 一月________天（三项都要填）

Q015. 您 2009 年平均月收入大约是多少？________元/月

Q02. 您是否参加以下社会保险？ □□□□□□

1. 养老保险　2. 医疗保险　3. 失业保险　4. 工伤保险　5. 生育保险　6. 无

Q03. 您是否缴纳住房公积金？ □

1. 今年开始缴　2. 已缴纳 1 至 3 年　3. 已缴纳 3 至 5 年

4. 已缴纳 5 年以上　5. 无

Q04. 您目前居住的房屋面积是多少？

________平方米（建筑面积）（集体户按人平均）

Q05. 您目前居住的房屋来源是？ □

1. 自购建　2. 租用　3. 单位提供　4. 其他

Q051. 若是自购建的住房，则自购建的住房费用________万元。

Q052. 若是租用住房，则月租房费用________元。

Q06. 随您来的学龄子女就学情况是？

	1. 公立学校				2. 民工子弟学校				3. 私立学校				4. 未上学
	幼儿园	小学	初中	高中	幼儿园	小学	初中	高中	幼儿园	小学	初中	高中	
人数													

Q07. 您子女是通过什么途径就学的？ □

1. 自己考进学校　2. 自家与学校联系　3. 通过亲戚朋友介绍

4. 由教育部门推荐安排　5. 其他途径（　　　　）

Q08. 您留在老家的孩子的就学情况是

	1. 幼儿园	2. 小学	3. 初中	4. 高中	5. 未上学
人数					

Q09. 当您生病时，您会选择？ □

1. 到镇及以上医院看病（医务所、站） 2. 到村（社区）医疗站看病（服务中心）

3. 到个体诊所看病 4. 到药店买药 5. 不看病，不吃药

6. 回老家再做打算 7. 其他

Q10. 您对目前当地的文化生活是否满意？ □

1. 满意 2. 较满意 3. 一般 4. 较不满意 5. 很不满意

Q11. 您平时参加哪些文化娱乐活动？

活动项目	1. 读书看报	2. 参加各类培训	3. 看电视	4. 上网	5. 看录像、电影	6. 打牌、搓麻将	7. 到娱乐场所活动
每天	1	1	1	1	1	1	1
经常	2	2	2	2	2	2	2
偶尔	3	3	3	3	3	3	3
从不	4	4	4	4	4	4	4

Q12. 您对目前在本地的工作和生活是否适应？ □

1. 适应 2. 比较适应 3. 一般 4. 不太适应 5. 不适应

Q13. 与几年前相比，您感觉现在的就业环境有何变化？ □

1. 变好 2. 差不多 3. 变差 4. 不清楚

Q14. 您是否有在现住地创业的意愿？ □

1. 有 2. 目前没有，以后再说 3. 没有

Q15. 你是否有在现住地（红海市域内）长期居住生活的意愿？ □

1. 有 2. 目前没有，以后再说 3. 没有

Q151. 若有，您是否有意愿将父母等亲属接来红海市生活？ □

1. 有 2. 目前没有，以后再说 3. 没有

Q16. 你是否有在现住地（红海市域内）购买住房的意愿？ □

1. 有 2. 目前没有，以后再说 3. 没有

Q161. 若有，您打算购买什么类型的住房？ □

1. 普通商品房 2. 拆迁安置转让的新房

3. 经济适用房（包含货币补贴） 4. 其他（ ）

Q17. 您最希望得到政府哪些方面的帮助？（最多选两项）依次是 □□

1. 得到更多的招工信息 2. 增加就业岗位

3. 提高住房和医疗保障水平 4. 子女教育享受与本地人同样权利

5. 降低各种收费 6. 解决收入被拖欠或克扣问题

7. 缩短劳动时间 8. 与用工单位签订劳动合同

9. 享受与本地人一样的养老、医疗等社会保险 10. 其他（ ）

Q18. 您是否有意愿将户口迁入现住地？ □

1. 有　2. 目前没有，以后再说　3. 没有

Q19. 您是否打算回老家就业或创业？ □

1. 想　2. 目前没有，以后再说　3. 没有

非常感谢您的配合！

项目总结

1. 统计设计是根据统计研究对象的特点，确定统计研究对象的概念和调查范围，明确统计指标、统计指标体系、对应的分组方法，并以分析方法指导实际统计活动。按统计研究的对象内容，统计设计分为整体设计和专项设计；按统计工作过程，统计设计分为全过程设计和单阶段设计。

2. 统计设计的内容是对统计研究对象的内容和统计工作过程通盘规划和统筹规划的综合，是统计调查方案的主要组成部分。统计设计主要包括统计指标和统计指标体系的设计、统计分类和分组的设计、统计调查方式和方法的设计、统计工作的组织与协调的设计和统计力量的组织与安排。

3. 统计调查方案是统计调查过程的指导性文件，其基本内容包括：调查目的、调查对象和调查单位、调查项目和调查表（调查问卷）、调查时间和调查期限、调查方式与方法以及调查的组织实施计划等。

4. 调查问卷是由一连串有系统、有顺序且有目的的问题组成的集合，它的目的在于收集调查研究者所需要的资料。调查问卷的基本结构一般分为五部分，即问卷标题、封面信、指导语、问题与选项、结束语。调查问卷中问题与选项的设计是问卷设计的关键内容。

国家法定节假日调整方案调查

为了完善国家法定节假日制度，国家有关部门经过一年多的多方研究论证比较，基本形成了国家法定节假日调整方案。从 11 月 9 日起，本网授权公布这一方案，开展民意调查。

根据公布的国家法定节假日调整方案，调整的主要内容包括以下三点：

1. 国家法定节假日总天数增加 1 天，即由目前的 10 天增加到 11 天。

2. 对国家法定节假日时间安排进行调整：元旦放假 1 天不变；春节放假 3 天不变，但放假起始时间由农历正月初一调整为除夕；五一国际劳动节由 3 天调整为 1 天，减少 2 天；十一国庆节放假 3 天不变；清明节、端午节、中秋节增设为国家法定节假日，各放假 1 天（农历节日如遇闰月，以第一个月为休假日）。

3. 允许周末上移下错，与法定节假日形成连休。

您对这次调整持什么态度，请参与在线调查：

1. 对于将国家法定节假日总天数由 10 天增加到 11 天，您的态度是：

○ A. 支持　　○ B. 反对　　○ C. 无所谓

2. 对于将五一国际劳动节调整出的 2 天和新增加的 1 天用于增加清明节、端午节、中秋节三个传统节日为国家法定节假日，您的态度是：

○ A. 支持　　○ B. 反对　　○ C. 无所谓

3. 对于保留十一国庆节和春节两个黄金周，您的态度是：

○ A. 支持　　○ B. 反对　　○ C. 无所谓

4. 对于将春节放假的起始时间由农历正月初一调整为除夕（大年三十），您的态度是：

○ A. 支持　　○ B. 反对　　○ C. 无所谓

5. 对于调整前后周末形成元旦、清明节、国际劳动节、端午节、中秋节 5 个连续三天的“小长假”，您的态度是：

○ A. 支持　　○ B. 反对　　○ C. 无所谓

6. 对于国家全面推行职工带薪休假制度，您的态度是：

○ A. 支持　　○ B. 反对　　○ C. 无所谓

7. 您的职业是：

○ A. 国企员工　　○ B. 外资企业员工　　○ C. 私企员工

○ D. 公务员　　○ E. 事业单位工作人员　　○ F. 其他

查看　提交　重置

资料来源：新华网，http：//www. xinhuanet. com/society/diaocha01. htm。

复习思考题

1. 什么是统计设计？统计设计分为哪些类别？
2. 什么是统计报表制度？它在我国统计调查组织形式中的地位与作用如何？
3. 试述普查的意义、特点和作用。组织好普查应注意哪些问题？
4. 什么是重点调查、典型调查和抽样调查？它们各自有哪些特点和作用？

项目三 统计调查组织与实施

导入案例

在恒泰管理咨询公司办公室内，经理肖伟正审定一份材料。10 天前，大华公司委托该公司做一项关于香烟消费的调查。调查方案部分内容如下：

××市居民香烟消费情况调查方案

（调查目的、调查范围与对象、调查内容、调查样本抽取范围与调查方式、调查日程安排略）

六、调查项目组织实施

本次调查由大华公司委托恒泰管理咨询公司统一组织实施。

1. 恒泰管理咨询公司主要负责：

整个调查方案、问卷的设计，样本抽取；业务培训，调查督导，数据审核、复查、抽查；数据处理、汇总、推算，提交文字调查报告以及相关业务解释。

2. 大华公司主要负责：

确定调查方案；监督整个调查工作，共同解决各地在调查过程中出现的各种困难，保证调查资料的准确真实和调查工作的圆满完成。

七、质量保障

为确保调查质量，最大限度地减少调查误差，要对调查的原始资料建立层层把关的质量检查制度，做到：

1. 现场调查中，调查员在对每户访问情况进行记录后，要对填写的内容进行全面检查，如有疑问，应重新询问落实，并据实改正，杜绝随意修改问卷答案。

2. 调查指导员对调查员经复核后上报的调查表，要在认真核实无误后，方可签字验收。

3. 要严格按照调查方案要求抽取调查户进行复核，对调查员完成的调查表必须进行

20%的调查质量抽查，不符合要求的，必须责令重新调查。

4. 经抽查确认，调查问卷不符合质量要求的，须重新调查。

5. 数据录入过程中，录入员若发现错误，要及时记录并报告指导员，必要时应通知责任人回访。

问题思考与讨论：

1. 项目调查方案确定好后，还需要做好哪些准备工作才能真正进入调查实施阶段？
2. 如何选择调查员并开展调查员培训工作，以确保调查质量？
3. 调查质量控制通常还有哪些方面？

项目描述

根据统计调查项目的需要制定项目执行计划，做好调查的前期准备工作，组织调查队伍，开展调查活动，实施调查质量控制。

项目目标

能力（技能）目标	知识目标
1. 会填写访问员登记表、入户接触登记表等表格。 2. 能灵活运用调查访问技巧，开展具体的现场调查活动。 3. 能对已调查的问卷进行审核和复核。 4. 能与项目负责人、调查督导员、调查对象等相关人员沟通，妥善解决临时突发事件。	1. 了解调查队伍的人员组成。 2. 熟悉项目负责人的主要任务。 3. 熟悉调查项目实施的前期准备工作。 4. 掌握访问员应具备的基本要求。 5. 掌握入户访问、街头访问、电话访问的含义与技巧。 6. 熟悉调查项目进度控制的要求。 7. 掌握现场问卷审核的内容。 8. 掌握问卷复核的方式与内容。

项目实施

在调查统计工作中，收集资料是一个比较重要的步骤，能否取得准确可靠的调查数据，对后续步骤有着直接影响。由于调查研究常常以大规模样本为前提，因此整个调查资料的收集工作需要进行很好的组织和实施，以确保顺利进行。统计调查项目的组织与实施工作主要包括制定调查实施方案、组织调查队伍、做好调查物品准备工作、培训调查人员、实施调查进度与质量的控制等。

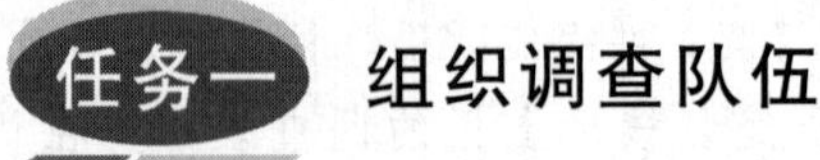

任务一 组织调查队伍

调查项目的组织与实施离不开调查队伍。在统计报表制度下，基层单位数据主要是由企业统计人员在网上直接上报来完成的，而专项调查则根据调查项目的需要组织调查队伍，如政府统计部门开展的人口普查、经济普查、1%人口抽样调查等，企业自行开展的市场调查，以及民间调查公司接受委托方的市场调查、民意调查类项目等，这些调查通常都是阶段性的，绝大部分的调查人员需要临时招聘来组建调查队伍。调查队伍人员通常包括项目负责人、访问员和调查督导员。本书主要以市场调查的调查队伍为例进行介绍。

一、项目负责人

（一）主要任务

无论是企业自行开展市场调查项目，还是民间调查公司接受委托开展调查项目，通常都会明确一名工作人员对该调查项目的组织与实施负全责，这名工作人员即是项目负责人。项目负责人必须在理解和掌握调查方案、调查问卷的基础上，制定本责任区域内的项目实施计划，安排人员准备调查所需要的材料和用品，如果是抽样调查则需要做好本地区的样本抽取工作，负责招聘和培训调查员，加强调查员管理，做好调查问卷审核、问卷抽查等质量管理工作，组织问卷编码、数据录入、数据汇总和上报工作等。

（二）前期准备工作

1. 材料编写

调查工作手册是指导调查组织与实施工作的具体手册。通常包括调查项目的基本情况，调查对象（样本）的抽选方法与分布情况，调查培训前的准备工作、培训的基本要求、培训的组织、培训内容，对访问员、督导员在问卷审核、问卷复核的要求质量和进度控制方面的要求，职责分工、调查进度和时间等。

访问员手册，又称调查员手册，是用来指导访问员开展调查访问的手册。它有助于访问员理解调查问卷，事先熟悉调查时可能遇到的问题的处理方法。访问员手册通常包括以下内容：访问员的任务和基本要求，怎样抽选调查户，怎样确定被访者，调查接触记录表的使用，问卷说明，访问技巧，访问员的安全须知、要求和纪律，废卷的情况处理以及联系方式等。

除调查工作手册外，还要编写督导员手册及培训手册。

2. 表格设计

为了登记调查访问的基本情况，需要准备一些表格，主要有访问员登记表、培训出席情况表、问卷收发记录表、陪访记录表、抽选表、调查区域名单、调查接触记录表、问卷复核记录表、复查报告等。

3. 调查资料的印刷

调查资料的印刷主要包括调查手册、督导员手册、访问员手册、问卷、各种表格的印刷。一般问卷按样本量的 1.15 倍印刷，并按各调查点分好。

4. 物品准备

主要物品有访问员证、手提袋、信封、笔、地图、手电筒等，如果经费允许还可准备一些调查礼品。

（三）访问员的管理

项目负责人应根据调查工作量配备相应数量的访问员，组织登记访问员的详细个人资料（填写在访问员登记表中），组织访问员业务培训，经常与访问员联系，及时了解工作进程，解决困难和问题，评价访问员的工作质量，及时发放访问员劳务费，建立相应的奖惩制度，提高访问员的积极性。

访问员登记表的内容根据调查项目的需要来设计，见表 3—1。

表 3—1　　访问员登记表

姓　　名		性　别		年　龄		工作经验（年限）	
身份证号码							
住　　址							
联系电话				专业/学历			
QQ				E-mail			
工作经历							

二、访问员

（一）访问员的要求

1. 基本要求

作为一名访问员，应具备以下基本要求。一是诚实，这是访问员必须具备的最重要的品格。因为数据要真实、准确和完整，所以访问员应诚实，值得信赖。二是有责任心，一旦接受了一个项目就要做到底。三是能吃苦，访问工作是项很辛苦的工作，需要在外面跑，需要长时间步行和站立，所以一定能够吃苦才行。四是严守时间，一个调查项目涉及多个环节，时间要求相当严格，因此访问员必须守时。五是保密，由于调查中会接触到企业或个人的许多机密（私密）的资料，访问员必须保证所有的资料不会丢失和通过自己的谈话等方式泄露。另外，外表形象要和善，有亲和力；要有群众工作的经验，善于与人打交道；说话吐字清楚，会说普通话，能听得懂本地方言等。

2. 专业素质

访问员的专业素质包括：较强的理解问卷的能力，较强的文字记录能力，在访问过程中灵活运用访问技巧的能力，较强的与人沟通能力，较强的抗挫折能力，逻辑思维能力，语言表达能力，倾听被访者诉说的能力。

（二）访问员的工作

访问员需要接受项目培训，全面了解项目要求后才能开展调查活动。访问员需要按照要求抽选调查对象，并按要求完成调查问卷的访问，对所完成访问的问卷进行审核和编码，对调查对象家庭和个人资料保密，以及完成项目负责人交办的其他工作。

三、调查督导员

调查督导员是在调查工作计划执行中协助解决访问员所遇到的困难与问题、督促辖区内访问员在规定时间内完成调查访问工作的重要角色。督导员的职责有：应明确调查的目的与意义、各调查项目以及有关表格文件的内容；对辖区内访问员所完成的问卷逐项审核并查证相关项目是否合理，若发现问题应按规定决定问卷是否须退回原访问员重查或作废；对辖区内每位访问员完成的问卷抽取一部分（30%左右）进行复查；向项目负责人汇报访问进度，督促访问员按进度完成访问任务等。

任务二 培训调查访问技巧

一、入户访问

从理论上讲，入户访问登记的方式方法是一门科学，其范畴涉及心理学、社会行为学、经济学、语言学以及各种调查理论等。实践工作对访问员的要求非常高，不仅要求访问员掌握调查内容和目的，而且要求其具有较强的沟通能力和应变能力，能够根据调查对象的心理状况、行为方式等个性化特征迅速地将调查对象拉向自己。从这个角度看，访问员除了在入户登记前做好充分准备外，在入户调查登记过程中，更要注意方式方法，确保数据的有效性和准确性。

（一）入户前的准备

1. 访问员基本礼仪

上门访问给调查对象有个良好的印象是调查成功的一个重要因素。注重仪态仪表，着装要整齐、得体，谈吐要大方、谦和、有礼。特别是鞋袜要清洁，如果访问员脱鞋进门发出异味，会给调查对象留下不好的印象而产生反感，这样会直接影响访问效果。

2. 调查问卷准备

准备好调查问卷，入户前必须熟悉问卷内容，包括程序、步骤、方法和表格等的内容，掌握不同情况下沟通、询问填表的方法，对问卷中的关键问题和敏感问题也要特别注意。

3. 其他材料准备

其他材料包括访问员证、入户接触登记表（见表3—2）、调查用纸和笔（含备用笔）、调查小区地图、联系电话簿、调查赠送的纪念品等，这些访问工具要携带齐全。

表 3—2　　入户接触登记表

序号	访问详细时间	详细地址	接触不成功				成功被访者姓名	样本编码
			拒访	空房	联系不上	其他（请注明）		

4. 访问计划

访问员计划好每天访问的单位和户数、入户访问的路径及工作日程，做好与有关的企事业单位人员等的工作衔接和沟通。如果是预约好的调查对象（指第二次上门），出门前最好与调查对象先联系，确认访问时间，以免白跑一趟。

（二）入户调查登记的方式

1. 约访

不同类型调查工作的调查对象，要用不同的入户时间登记，有的调查需要晚上、中午或双休日入户，但有的调查对象一般仍然难以遇到，部分家庭从事个体经营或外出打工，早出晚归，无休息日，为了避免吃闭门羹或只碰上高龄老人而无法入户或入户后难以登记，在上门调查前，应首先与调查对象通过电话等方式进行访问约定。

2. 直接上门入户登记

如果调查对象是行政、企事业单位或私企、个体对象，入户时间应根据各自的特点把握。例如：如果是行政、国有企事业单位，其上班时间为一天 8 小时，入户时间可以在上午 8:00—11:30 或下午 2:30—5:30；如果是私企、个体对象，一般入户的最佳时间在上午 9:00—11:00；如果是餐饮企业，上午 11:00—下午 1:00 是入户的最佳时间。

（三）入户调查访问的方法与技巧

1. 获得合作

访问员的首要任务是获得调查对象的合作，而访问员面对的是不同阶层、不同年龄的调查对象，他们一般并不了解访问员，往往根据访问员的服饰、发型、性格、举止、年龄、声调、口音等来决定是否采取合作态度。因此，访问员必须按规定佩戴访问员证件（身份证/学生证），保持端正的仪容，用语得体，口齿伶俐，态度谦和礼貌，给人以亲切感，使调查对象容易接受调查，从而增加调查的可信度。

敲门时要注意礼貌，若有门铃，只需要按 1 次，不要反复连续地按门铃，若没有门铃，就用手指敲门，连敲 3 下，等待室内是否有人回应，然后再作判断。初次接触一个调查对象，首先要亮明自己的身份，表明自己的来意，说明访问的目的。例如，“您好，我是一名学生（或×××的访问员），受×××部门（单位）的委托，我们在做一项×××

的研究（或访问），耽误您几分钟时间，谢谢您！这是我的证件，请核实。”

出示访问员证件，不仅表明了自己的访问员身份，意味着访问是可信的，同时使调查对象认识到这项调查是真实的政府行政行为或公司委托行为，而不是推销产品等可随意拒绝的调查。

不要用征求意见的语气来询问，例如：“您现在有时间吗”，“可不可以”，“能不能访问你”，“好吗”等需要调查对象同意且容易被拒绝的疑问句的方式。

如果调查对象以“我现在忙，你待会再来吧”等理由婉拒，访问员应尽量争取访问：“我只占用您几分钟时间，您的意见对我们很有帮助，希望您能支持一下我们的工作。”如果调查对象真的正在忙事情，不能立即接受访问，访问员可根据实际情况向调查对象建议：“您这会儿忙，那我就等您手头的这件事忙完。”或者说：“我待会儿再来访问。”

另外别忘了说“谢谢您对我们工作的理解和支持”等感谢的话语。特别是向调查对象说明，对调查对象的商业（个人）秘密有保密义务，将来公开的数据不是一家一户的单个资料，而是整个调查对象的综合资料，以消除调查对象的顾虑。

2. 询问问题

对于访问调查，向调查对象询问问题是必不可少的，除说话的语速要适中、语言要清晰等要求外，访问员掌握表达问题的艺术是非常重要的，因为这方面的偏差可能是调查误差的一个重要来源。入户后进行正式询问时，要遵循以下原则：

（1）顺序提问，不要改变提问词句。访问员的提问方式要完全客观，要准确记录来自调查对象的信息，而不是对所获信息施加个人影响。因此，应按照问卷上原有的词句方式、问卷上的提示和跳答类型进行提问，不应当随意改变。如果调查对象不理解，就应当逐字逐句清晰地念出来；如果调查对象仍然不明白，可以用其他的字或词替代原来的问句，但注意不要改变原来问句的意思；如果必须对某些问题给予解释，但又不能完全确定解释是否正确，应当及时查阅访问员手册。一般情况下，应该尽量不要提供提问之外的额外信息，如有必要也应越少越好，以便获得来自调查对象的准确答案。

（2）保持中立，不要引导（暗示）调查对象。在提问时，访问员要保持中立，不能给调查对象暗示，特别是不要流露出某种面部表情或说话语调，使调查对象以为他们的回答是“正确的”或“错误的”。也不要对调查对象的回答，用语言、行动、手势等流露出惊讶、高兴、反对等情绪。

问卷上的提问都经过仔细斟酌，没有暗示某一个答案比另一个答案更好、更合理。如果不能按照问卷上的问题正确地进行提问，那么就可能破坏提问中立的原则。假如你问：“您家里有汽车吗？”这是一个中立的问题。相反，假如你问：“您有汽车，不是吗？”这就表明你很愿意得到“是”这样的答案，这就是“引导性提问”。

（3）专注倾听，不要揣测调查对象。访问员应当专心倾听调查对象的回答，而不能根据调查对象的收入、教育水平、家庭背景等来猜测调查对象说出什么，或向调查对象提出建议。不要以一种令人难堪的方式提问，例如：“虽然这可能是一个愚蠢的问题，对您不合适，但我还是要问一下。”这样会让调查对象感到尴尬和为难。

（4）适当追问，要核实清楚。追问分为勘探性追问和明确性追问。前者是在调查对象已经回答的基础上，进一步挖掘、询问问题的方法，目的在于引出调查对象对有关问题的进一步阐述；后者是让调查对象对已回答的内容做进一步详细的解释，目的在于进一步明确调查对象给出的答案。是否具有使用中性的刺激来鼓励调查对象给出澄清或扩展他们回答的能力是判断访问员是否有经验的标志。访问员可根据情况选择不同的追问技巧，如重复问题、观望性停顿、重复应答者的回答等。

(5) 灵活应变，不要轻易放弃。访问中可能会碰到以下情况。一种情况是，若出现调查对象不支持、不配合，那么如何处理？这时访问员不要着急，先耐心倾听调查对象不配合的原因，再对症下药，找到一个突破口，有理有据地做动员解释工作，要求他们顾大局，打消各种顾虑，使其配合访问工作，达到能够较为真实地提供所需的有关资料的目的。另一情况是，访问员到调查对象（企业、家庭）所在的地方后，被访问的人不在而又必须入户进行现场登记，这时不能凭空设想、闭门造车，随意编写访问表，造成数据的失实。因此，访问员要做到腿勤，利用中午和晚上时间去蹲守；还要做到嘴勤，要通过工商、税务、街道、友邻等多方查找，联系调查对象。

在访问过程中发现调查对象不符合条件而终止访问时，访问员要经过必要的解释后有礼貌地退出，并说："对不起，您不太符合我们这次访问的要求，下次有机会我们再合作，好吗？谢谢您的支持。"

当调查对象家里人热心地帮助调查对象回答问题时，访问员应强调；"我们现在主要是征求她/他们的意见，如果您有想法，我们一会儿再谈，好吗？"

(6) 控制节奏，不要急躁。提问应当注意节奏，以确保调查对象能够理解所问的问题。每问完一个问题，应当有一个停顿，以便让调查对象有足够的时间思考。如果调查对象没有机会仔细考虑，他们就可能会说"不知道"或随便给一个回答。访问中很容易出现调查对象谈话跑题、漫无边际的现象，访问员要适当引导回到正题，不要失去对访问过程的控制。

3. 结束访问

访问技巧的最后一个方面是如何结束访问并退出调查对象的家（厂）。访问员在所有相关信息完成之前不应当结束调查；避免匆促离开也是礼貌的一个方面，如果调查对象问起调查目的，访问员也应当尽己所能给予解释。在未来的一段时间内再次拜访调查对象也许是必要的，这样，友好地离开调查对象是极其重要的，因为他们的合作值得我们这样，他们也应当为他们的时间和合作得到感谢。

二、街头访问

1. 地点选择

根据街头访问项目的需要，访问员应选择能充分接触目标调查对象人流的地点，拦截行人，以方便进行甄别、访问。由于其访问性质和要求的特殊性，地点的选择成为拦截访问能否成功进行的关键因素。地点选择必须满足以下几个因素：人流量大；闹市中有相对安静的环境，可以避开人群；人流中有可以停留的地方；访问区域相对固定，以方便现场监控。一般来说，大型商场或超市的门口是拦截访问经常选择的地点。

2. 场地布置

(1) 拦截区。拦截区离访问点不能太远且不要隔着马路，以免给调查对象造成接受访问的心理障碍或者中途变卦；其距离也不能太长，以 50～100 米为宜，以便于督导监控。拦截区是整个街访最关键的区域，因为在这个区域所拦截的调查对象是否合格会直接影响后期的访问质量。

（2）等候区。等候区在访问点最外围，通常放置椅子和一些书报，请与调查对象同行的亲友在此休息等候，以免他们随调查对象进入访问区而影响调查对象作答。

（3）甄别区。甄别区的主要职能是负责二次甄别和记录配额，它是街访质量控制的第二道防线，禁止一切不合格的调查对象进入访问区接受访问。

（4）访问区。访问区内放置访问台，整齐摆放，访问员与调查对象应相对而坐，调查对象在接受访问时应背对着门，以免受到进出的人的干扰。

3. 街头寻找调查对象

在拦截区内，环顾四周，找出可能会接受调查的目标对象。访问员应找那些一个人在一边休息或似乎在等人的潜在目标对象，当确定其可以作为调查对象时，访问员目光应对准调查对象，同时缓步从侧面走向调查对象，在距调查对象右前方或左前方一步处停下，并开始询问：“对不起，先生/女士，能打搅您几分钟做一个访问吗?”如果被拒绝，也要很有礼貌地说：“对不起，打扰您了。”当第一位访问员被对方拒绝后，第二位访问员可以考虑几分钟以后再上前进行询问。如果对方依然拒绝，就不能再进行第三次询问了。

对于行走人群，观察对方是否是单人行走、步履缓急、手中是否提有过多的物品，以及神色是否松弛等。在应对行走人群时，让对方自动停下脚步是一个不错的切入点，说明对方对你的访问有兴趣；如果对方不愿停下脚步，这就需要访问员跟随对方走几步，用话语力争引起对方的兴趣，切不可直截了当地要求对方停下脚步。一般来说，跟随对方走出 10 米依然无法让对方停步，就应当终止。

4. 开始访问

访问提问方式与入户访问基本相似，在此不再赘述。值得注意的是，当街头访问需要获取调查对象的信息资料时，如姓名、年龄、住址、联系方式等，访问员对于这些信息的收集要小心处理，要尊重调查对象的权利，不能强求获取。在访问开始时，访问员先要诚实地将自己的真实身份、调研目的、了解他们的基本资料的原因告知受访者；同时，向他们告知自己的义务，询问他们是否愿意提供自己的基本信息资料。只要处理得当，一般在这样的情况下，调查对象都会愿意留下他们的信息资料。

5. 结束访问

当调查对象回答完所有问题后，访问员应当浏览一遍问卷，不要有所遗漏，并向调查对象表示感谢，与其告别。在完成一次调查后，先不要将问卷取下，当展开新的调查时，当着调查对象的面将已用过的问卷取下，这样可以使调查对象更易于接受调查。等到所有的问卷都完成后，对其进行整理。对调查中的废卷和白卷的处理，一是切不能作假，二是不要将问卷毁损。调查结束后，将所有的问卷交给负责人，这是最原始的资料，需要集中整理、统计。

三、电话访问

电话访问目前已广泛应用于社会经济的各个领域，如一些社会经济热点和难点问题调查、国家政策落实调查、行业行风调查、民意调查、客户回访、电话营销等。电话访问与入户访问有很多相似之处，也有区别，例如：入户访问是与调查对象面对面接触，一般在入户后对调查对象就比较容易控制，可以借助一些相关的图片、图表、示卡等工具；而电话访问主要是依靠语音与受访者交流，对调查对象控制很少，对方可以随时中断访问，且无法借助一些相关的图片、图表、示卡等工具。下面仅说明在自我介绍、选择调查对象、询问问题方面的技巧，其他就不再赘述。

1. 自我介绍

自我介绍是一个关键环节。访问员要做好充分的准备，要有充足的自信，电话拨通后，可以说："喂，您好！请问这是否是××公司部门（请问您是××先生/女士吗)？我是××公司的访问员，现在进行一个有关方面的访问。"要立即告诉调查对象"我是谁、我在做什么、我要怎么做"三个要素。依靠语音来交流是一大特点，因此言语尽量用一些礼貌用语，如"请问"、"麻烦您"、"对不起"、"打搅"、"谢谢"等，切忌机械、生硬。

在介绍中不要提到"调查"两个字，因为这两个字中国人是比较忌讳的，而要告诉对方正在进行一项有关方面的"访问"或"研究"，以免引起调查对象的反感，出现挂断电话等不配合的情况。

2. 选择调查对象

一般根据不同项目要求会有以下几种方法：一是使用甄别问卷，二是配额抽样。只有按项目中的要求找到合适的调查对象，才能进行访问。要确认目前接电话的人就是调查对象，如果是调查对象的家人（朋友)，则要请调查对象来接受访问。即使其他人再热情，也不能对其进行访问。

3. 询问问题

与入户访问相似，要清晰完整地按照问卷题目的原话读出，包括其中一些解释说明，让调查对象理解提问内容，不可误导调查对象，不可过度解释。如果有重读加下划线的关键词或较复杂的问题，应适当地完整重复问题，读题时留出适当的时间让调查对象理解，提问过程中留意调查对象的反应，过渡句完整读出，以引导调查对象集中注意力。发音要清晰，音量和速度适中。

任务三 监控调查实施过程

一、调查进度控制

（一）调查进度控制的要求

要保证在规定的时间内完成调查任务，在项目实施计划中要提出任务完成的时间进度计划，根据调查员的能力，合理分配工作量，及时了解每个访问员的调查进度。

（二）调查进度的安排

一般遵循慢、快、慢的节奏。也就是说，在第一时间段，即项目开展初期，访问员需要熟悉问卷，掌握访问技巧，进度适当放慢，按问卷总量的30%分配；在第二时间段，即项目开展中期，可适当加快进度，按问卷总量的40%～50%控制；在第三时间段，即项目开展末期，由于涉及补做问卷，调整配额，进度安排可慢一点，完成的问卷量为20%～30%。

（三）防止出现的问题

项目实施中要防止出现访问员中途退出，以及前期拖拉、后期突击、集中一次性交卷甚至无法按时完成等现象。

（四）具体做法

在访问员入户访问开始的前两天，至少上交部分问卷。每天与访问员联络一次，了解调查进度和存在的困难、问题。规定每天交卷时间，及时掌握调查进度。及时记录访问员完成和退回的问卷数。根据访问员的能力和可利用的时间，合理分配相应的工作量。对进度慢的调查员，了解具体原因，采取相应的措施。及时记录问卷审核和复核情况。

二、调查质量控制

（一）访问员与督导员

访问员是问卷质量保证的第一人，访问质量是整个调查工作质量的基础。需要聘请素质高的访问员参与调查工作，根据工作时间和样本量配备相应的访问员。强调访问要求和纪律，规范访问员的调查行为，确保整个调查的质量基础。及时与访问员联系，掌握访问员的工作动态。明确奖惩制度，激发访问员高质量完成调查的积极性。

督导员的工作质量直接影响调查数据的质量。每一个项目督导员务必做到以下几点：参加调查培训，熟悉整个调查工作，掌握调查问卷；认真培训和管理好访问员，对访问员提出的问题要及时解决；选择尽可能多的访问员进行陪访，了解访问员的调查技能，及时发现不合调查规定和规范的做法；合理安排调查进度，本着“赶早不赶晚”的原则安排工作；认真进行问卷的审核和复核。

（二）问卷审核

1. 审核标准

审核问卷时参照以下标准：调查对象地址符合抽样要求、字迹清楚、调查对象条件符合要求、无漏问、无逻辑错误、追问完全、跳问合理。

2. 审核内容

审核《访问员行走线路和实地抽样示意图》、《入户接触记录表》和调查问卷记录的地址等相关文件资料，检查访问是否按规定进行实地抽选调查对象。审核上交问卷的年龄和性别构成，检查访问员是否可能存在随意确定调查对象的现象。审核问卷答案是否存在偏向性，检查访问员是否按规定进行了提问、追问和记录。审核访问的时间长度，检查访问是否在足够的时间内完成，以及访问的真实性问题。检查是否有漏问的问题等。

3. 审核程序

第一，访问员自审。访问员完成访问后，当场自己审阅整份问卷，检查有无漏问。回家后要细审整份问卷和编码，确认填写无误后签字上交。

第二，督导员审核。首先是督导员当场一审。访问员上交问卷时，督导员要在现场快速对行走线路图、接触记录表和问卷进行初审，检查抽样过程是否符合要求，接触记录表的填写是否完整，问卷甄别条件是否符合，问卷是否填写完整以及题目间的大致逻辑关系和地址的使用情况等。若发现问题，则要及时提醒调查员。其次是督导员二审。问卷回收后，再把每个访问员的问卷集中进行全面审核，细审问卷中每道题的回答情况以及问题间的逻辑关系。最后是督导员交叉互审。

4. 审核技巧

审核过程中，主要从以下几个方面考虑：一是看地址，审核实际访问地址是否与抽样地址相吻合；二是对笔迹，审核所有问卷笔迹是否相同；三是查内容，审核不同问卷对同一问题所填写的内容是否相近，以判断调查员是否有自填的可能性，以及不同问题的答案是否相同，判断访问是否真实；四是算时间，检查问卷的访问时间分布和跨度是否合理；五是点数量，审核每日完成的问卷数量是否合理；六是理逻辑，审核问题回答的逻辑是否合理；等等。

5. 审核要求

每个访问员开始完成的几份问卷，都必须及时送督导员处进行审核，以便及早发现调查问题。问卷审核中发现的共性问题，要及时反馈给访问员。对填写不完整的问卷，要求访问员及时补正，不能随意修改。督导员应对每份问卷进行审核，审核无误后在问卷上签名。

（三）问卷复核

1. 复核比例

督导员应对每一位访问员的问卷进行抽选复核，访问员的复核面必须达到 100%。复核比例一般为每位访问员问卷的 20%。对各个阶段的问卷都要进行复核。复核中，如果发现某位访问员出现了废卷的情况，就增加复核比例，直至复核该访问员完成的全部问卷。

2. 复核方式

复核分为实地复核和电话复核。对被认为有访问质量问题的访问问卷（例如出现了废卷、多数问卷电话号码空缺、没有按照规定抽选调查对象等），要抽取一定比例的问卷进行实地复核。

3. 复核内容

复核内容包括以下几个方面：一是访问的真实性，询问调查对象是否接受过本次调查的问卷访问；二是抽样的准确性，通过核实调查对象的住址和出生日期，了解访问员是否按规定抽样；三是问卷内容的可靠性，选择一两个客观性问题，重新询问；四是通过复核访问时间长度，了解调查内容的完整性。一般将复核内容反映在复核问卷中。

【例3—1】

××市居民香烟消费情况调查复核问卷

您好！我是大华公司的复核员，前几天可能有我们单位的访问员对您进行过有关香烟消费情况的访问，为了保证问卷的质量，想和您核实几个问题，耽误您两三分钟时间，可以吗？

1. 前几天是否有访问员来对您进行过有关香烟消费情况的访问？

有　　1

没有　　2→确认没有来过后终止复核

2. 请问您的年龄？

16周岁以下　　1→询问具体情况

16～65周岁　　2

65周岁以上　　3→询问具体情况

3. 请问访问进行了多长时间？______分钟

4. 访问结束后，访问员有没有把我们准备的礼品送给您？

有　　1

没有　　2

5. 请问您的姓名和住址

姓名：

住址：

十分感谢您的合作！

记录：被访者的性别：1. 男　　2. 女

样本编号：

复核时间：　　年　　月　　日　　时　　分至　　时　　分

复核员签名：

4. 复核结果的处理

复核结果在复核记录表中予以记录。复核结果应对照原调查问卷，检查访问的真实性和准确性。如果发现以下问题，该访问员的问卷作废：未经访问，编撰全部或部分问卷；与他人串通，弄虚作假；擅自更换调查对象，或由他人代答代填问卷；擅自更改访问方法，不按要求操作；故意漏问、跳问；未经督导员允许，擅自转让问卷；让未经培训的人员分担访问。

项目总结

1. 组织调查队伍。专项调查要根据调查项目的需要组织调查队伍。调查队伍人员通常包括项目负责人、访问员和调查督导员。项目负责人对调查项目的组织与实施负全责；调查项目的访问员必须具备一定的要求，在实施调查前须进行相应的培训；调查督导员是在调查工作计划执行中协助解决访问员所遇到的困难与问题，督促辖区内访问员在规定时间内完成调查访问工作。

2. 调查访问技巧。调查访问方式方法涉及心理学、社会行为学、经济学、语言学以及各种调查理论等。实践工作对访问人员的要求非常高，不仅要求访问员掌握调查内容和目的，而且要求其具有较强的沟通能力和应变能力。访问员需要比较熟练地掌握常用的访问方法，如入户访问、街头访问、电话访问等技巧。

3. 调查实施控制。在调查过程中不仅需要对调查进度加以控制，还需要实施质量控制。调查质量控制包括规范访问员的调查行为、问卷审核、问卷复核等方面。

心系人口普查的大学生村官

——记吉林省白山市靖宇县花园口镇新华村村主任助理高彬

高彬同志是靖宇县花园口镇新华村村主任助理，是一名普通的大学生村官。和数以万计的大学生村官一样，刚刚走出大学校门，他就积极响应国家号召，投身于基层农村建设工作。他由于年纪轻，有朝气，综合素质较高，当仁不让地承担起该村的人口普查员工作。

高彬负责的新华村，共有 5 个普查小区，辖区内共有 425 户，总人口为 1 416 人。该村人口情况比较复杂，人户分离现象较为突出。因此，该村的信息采集工作难度要比其他普查区大，需要做大量的前期工作。对高彬而言，人口普查是一项全新的工作，他深知责任重大。为了确保所采集的普查数据真实准确，获得的信息全面完整，高彬发挥了现代大学生的优势，勤学，好问，“摸着石头过河”，在干中学，在学中干，发扬了不畏劳苦、竭诚奉献的精神，与其他普查员团结合作，积极创新工作思路和方法，高质量地如期完成了人口普查工作任务。

“摸着石头过河”

高彬就任村主任助理后，村委会工作繁杂，千头万绪，都要一肩挑。此次人口普查，时间紧，任务重，要想交上一份完美的答卷，决非易事。新华村为“老旧”小区，人口情况复杂，工作难度很大。从人普培训到入户登记，“练兵”时间很短。第一次参加人口普查工作的高彬，虽然在培训期间，认真地听讲，做了大篇幅的笔记，但是在正式入户登记填表时，还是碰到了很多实际问题。面对困难，高彬知难而进，遇到疑难问题，他先用铅笔填写，晚上回家后，反复阅读普查员手册的填表说明，对号入座。他认真思考不同表格中指标间的逻辑关系，同时，虚心向有人口普查工作经验的社区同志请教，做到真正学懂弄通。对每一张表格、每一项指标，他都弄得清清楚楚、明明白白。

由于时间紧，知识点多，他坚持边普查边学习，尽可能掌握应知应会的各方面知识。当对群众提出的问题解答不了或没有把握时，他在第一时间，与镇人口普查办公室联系，得到最佳答案。与此同时，他热心地帮助其他普查员，与他们分享工作经验和体会，确保了新华村入户登记工作的顺利进行。

“亲民”普查

高彬在入户登记的实际工作中体会到，要做到真实准确地了解掌握入户居民的实际情况，首先，要密切与居民的关系，以诚相见，以心换心。其次，当他在了解居民家庭情况时，不是生硬刻板地照本宣科式地询问，而是和蔼可亲、“拉家常”式地与居民进行交流和沟通，由此，消除了居民的顾虑以及个别人的抵触情绪。居民都愿意和他说心里话，自愿地把自己家里的实情告诉这个大学生村官，相信他会为其保守秘密。高彬的“亲民”普查，使他和居民们成为朋友，不仅很好地完成了普查任务，还为人口普查工作赢得了良好的口碑。

竭诚奉献

新华村普查区是工作难度较大的人口普查区。因为有些居民外出务工，户口空挂；有些居民认为自己户籍不在本地，不愿意配合登记；有些居民或务农或打工，不常在家，很难碰上面。

面对种种复杂情况，高彬不轻言放弃。他将这些“问题户”一一记录下来，对症下药，逐个解决。一方面，他苦口婆心地做耐心细致的思想工作，解除其顾虑；另一方面，他坚持一早一晚“两头堵”，一次又一次地去住户家敲门，直到找到人为止。

由于高彬的身体力行，他与该村普查员同心协力，对新华村进行了地毯式排查，对全村的户籍人口、外来人口、外出人口、出生人口、死亡人口都做了全面的准确的记录。

在入户登记的那段日子里，每天，高彬回到村部都在晚上八九点钟。但是，一天的工作并没有结束，因为普查员要对每天登记过的普查表进行自查，并要检查普查表中有无重漏差错，以便及时更正。常常是夜里十一二点，高彬才能休息。

高彬以其出色的工作，完成了入户登记任务，日前，他作为业务骨干，被借调到镇政府人口普查办公室工作。作为基层人口普查战线上的一名普通一兵，高彬以其严谨的工作作风、忘我的工作热情、严肃的工作态度，诠释了统计人求真求实和无私奉献的精神。

资料来源：张玉军：《心系人口普查的大学生村官——记吉林省白山市靖宇县花园口镇新华村主任助理高彬》，http://www.stats.gov.cn/tjdt/shrs/t20110426_402721573.htm。

复习思考题

1. 什么是调查队伍的合理结构？它有何重要意义？
2. 做一个合格的调查人员应该具备哪些基本条件？应该怎样培训调查人员？
3. 如何接近调查对象？对调查对象的称呼应该注意哪些问题？应该怎样把握提问的方式和语言？
4. 怎样才能建立访谈中良好的人际关系？
5. 听有哪些层次和步骤？怎样才能做到有效地听？
6. 在什么情况下需要引导和追询？如何引导和追询？
7. 怎样做好访谈的结束工作？
8. 如何看待访谈过程中的语言信息与非语言信息？

项目四 统计调查资料整理

导入案例

根据抽样调查，某月某市50户居民购买消费品支出资料如下（单位：元）：

830	880	1 230	1 100	1 180	1 580	1 210	1 460	1 170	1 080
1 050	1 100	1 070	1 370	1 200	1 630	1 250	1 360	1 270	1 420
1 180	1 030	870	1 150	1 410	1 170	1 230	1 260	1 380	1 510
1 010	860	810	1 130	1 140	1 190	1 260	1 350	930	1 420
1 080	1 010	1 050	1 250	1 160	1 320	1 380	1 310	1 270	1 250

问题思考与讨论：

1. 从案例中调查所搜集的统计数据能说明什么问题？
2. 该组数据我们应该从哪些方面进行整理？

项目描述

本项目主要是认识统计调查资料的整理在统计调查中的重要性，领会统计分组的含义。根据研究目的，正确地选择分组标志。掌握次数分配数列、统计图表的概念、种类和编制方法。准确应用统计图和统计表显示统计数据的数量特征。了解用Excel处理统计数据及统计分析的基本程序与基本原理，掌握用Excel制作次数分布表、统计表和统计图的方法。

能力（技能）目标	知识目标
1. 会对调查资料进行审核。 2. 会对调查资料进行编码。 3. 能录入调查数据。 4. 会确定组距、组数。 5. 会确定组限。 6. 会计算组中值。 7. 会编制次数分配数列。 8. 会设计制作统计图表。 9. 会用 Excel 录入数据，汇总数据以及制作统计图表。	1. 了解统计分组的含义及分类。 2. 了解统计表、统计图的作用。 3. 熟悉调查资料的审核。 4. 熟悉次数分配数列的概念与分类。 5. 掌握调查资料的编码与录入。 6. 掌握统计分组方法。 7. 掌握组距、组数、组中值的确定。 8. 掌握次数分配数列的编制。 9. 掌握统计图、统计表的结构及设计制作。 10. 掌握用 Excel 录入数据、汇总数据及制作统计图表的方法。

任务一 审核、录入调查资料

调查资料整理是指根据需要对搜集到的资料进行科学的分类汇总、加工处理，使之能够反映调查对象总体特征的综合资料的过程。调查资料整理包括数据的审核、筛选、分组、汇总计算以及制作统计表和统计图等。

为了确保统计工作的质量，在对统计数据汇总整理前，首先要做好数据的审核和检查工作，以保证数据的质量，为进一步的整理与分析打下基础。从不同渠道取得的统计数据，其审核内容和方法有所不同，不同类型的统计数据在审核内容和方法上也有所差异。

一、原始数据的审核

一般来讲，对通过直接调查取得的原始数据主要从完整性、准确性和及时性三个方面去审核。

（一）完整性审核

完整性审核主要是检查应调查的单位或个体是否有遗漏，所有的调查项目或指标是否填写齐全等。

（二）准确性审核

准确性审核主要包括两个方面：一是检查数据资料是否真实地反映了客观实际情况，

内容是否符合实际；二是检查数据是否有错误，计算是否正确等。审核数据的准确性主要有逻辑检查和计算检查两种方法。

1. 逻辑检查

关于逻辑检查，首先是从理论上或常识上检查资料是否有悖常理、有无不切实际或不符合逻辑的地方。比如在 2010 年第六次人口普查中，在一张调查表上，有个调查对象年龄是 9 岁，职业是教师，其中必有一个是错误的。其次是检查各项目之间有无相互矛盾的地方。例如，企业的净产值大于同期总产值就是明显的逻辑错误。

2. 计算检查

计算检查是指检查各项指标的计算口径、计量单位是否符合规定，并通过各种计算方法来检查各指标间的数字是否相互衔接。例如，各单位项之和是否等于小计，小计之和是否等于合计，各结构比例之和是否等于 1 或 100％，各横行纵栏的合计有无错误等。

（三）及时性审核

审核资料的及时性是看填报单位是否按时报送了有关资料，对不报、漏报或迟报的现象都要及时查清。

二、间接资料的审核

对于通过其他渠道取得的第二手数据，除了对其完整性和准确性进行审核外，还应审核资料的可靠程度、指标含义、所属时间与空间范围、计算方法和分组条件与规定的要求是否一致。一般可以从调查资料的历史背景、调查者搜集资料的目的以及资料来源等，来判断资料的可靠程度，也可以从指标间的相互关系以及指标的变动趋势来检查它的正确性。对不能满足现在要求、缺漏或有疑问的资料，要进行有科学根据的推算、弥补和订正。此外，还要对数据的时效性进行审核，有些时效性较强的问题，如果所取得的数据过于滞后，就失去了研究的意义。一般来说，应尽可能使用最新的统计数据。

三、资料的订正

对审核过程中发现的错误应尽可能予以纠正，如发现有缺报、缺份和缺项等情况，应及时催报、补报。

当数据中发现的错误不能予以纠正，或者有些数据不符合调查的要求而又无法弥补时，就需要对数据进行筛选。数据筛选包括两方面内容：一是将某些不符合要求的数据或有明显错误的数据予以剔除；二是将符合某种特定条件的数据筛选出来，对不符合特定条件的数据予以剔除。

四、数据的排序

在对数据进行审核和筛选过程中，通常将数据按一定的顺序排序。对数据的排序一方面有助于数据的审核纠错，另一方面便于研究者发现数据的特征、趋势及规律，从而为数据的分组和汇总提供依据。对数据的排序，一般有升序和降序之分。

五、统计数据的编码和录入

统计调查得到的资料的信息量往往很大，要想得到较为精确的信息，必须借助计算机等设备进行计算，故在对数据进行分析前，要将所得的信息进行编码，然后录入相关的统计软件中，最后通过统计分析的方法才能得到所需的信息。

（一）数据的编码

利用计算机进行汇总时，一般必须对调查项目进行编码，才能保证计算机的高效处理。编码就是将问卷信息（包括调查问题和答案）转化为数字符号，以便于对其进行数据整理与分析。编码是信息转换的重要手段之一，在市场调查中，编码是一个不可忽视的重要环节。

编码设计的具体内容包括：问卷的代码、变量的定义。问卷的代码主要包括地区代码、街道代码、居委会代码、调查员代码以及问卷编号等。例如：某问卷的代码为“1051202”，第一位数字“1”表示北京市，后面两位数字“05”表示调查员代号，再后面两位数字“12”为居委会代号，最后两位代码“02”表示该调查员在此居委会成功调查的第 2 份问卷。

根据问卷中问题类型的不同，相应的编码设计也可分为封闭题、半封闭题和开放题编码设计，也称为前设计编码和后设计编码。对数据进行编码，是为了将调查数据变成能录入计算机的数码。

（二）数据的录入

目前，我国大多数统计调查数据都是键盘录入，即由电脑员通过计算机终端直接把原始数据录入统计软件的数据库。

任务二 分组与汇总资料

一、统计分组的含义

统计分组就是根据统计研究的需要，将统计总体按照一定的标志划分为若干个组成部分（类别）的一种统计方法。总体的这些组成部分称为“组”，例如，将某一班级的全体同学按照性别划分为男、女两个组，对某市 100 家大型零售商店按照零售额、职工人数进行分组等。

从分组的性质来看，统计分组兼有分与合的双重功能，是分与合的对立统一：对统计总体而言是“分”，即把总体分为性质相异的若干部分；对总体单位而言是“合”，要把性质相同的许多总体单位合为一组。在对统计总体进行分组时要注意以下几个方面：

第一，统计分组必须遵循“穷尽原则”和“互斥原则”。穷尽原则是指总体中的每一个单位都应有组可归：互斥原则是指在特定的分组标志下，总体中的任何单位只能归属于某一组，而不能同时或可能归属于几个组。

第二，统计分组的目的是要在同质性的基础上研究总体的内在差异性，即尽量体现出分组标志的组间差异而缩小其组内差异，因此，统计分组无论体现的是空间差异、时间差异、数量差异还是属性差异，归根结底是要客观反映各组之间本质特征的差异。

第三，统计分组在体现分组标志的组间差异的同时，却可能掩盖了其他标志的组间差异，因此，任何统计分组的意义都有一定的限定性。如果需要多种角度的分组认识，就应该按多个不同的标志进行分组。

第四，统计分组的关键是分组标志的选择和分组界限的确定，如果分组标志选择不当或分组界限不合理，就会混淆事物的性质，难以客观反映现象总体的特征。当然，分组标志的选择是核心问题，因为分组界限的确定取决于分组标志。我们应该根据研究目的，结合具体的历史条件和环境背景，选择最能体现现象本质的标志作为分组标志。

二、分组标志的选择

分组标志是指将同质总体区分为不同组的标准或依据。分组标志一旦选定，就必然突出了总体在该标志下的性质差别，而掩盖了总体在其他标志下的不同，即对同一总体按不同标志进行分组会得到不同的分组结果甚至相反的结论。分组标志选择不当，不但无法显示现象的根本特征，甚至会混淆事物的性质，歪曲社会经济的真实情况。因此，分组标志的选择是统计分组的核心问题。为了达到统计分组的目的，在进行统计分组时要遵循以下原则：

（一）要根据统计研究的目的与任务选择分组标志

正确选择分组标志是统计分组的关键。若要研究总体某一方面的特征，就应该选择反映该特征的标志作为分组标志。统计总体中的个体有许多标志，选择什么标志作为分组标志，要根据统计研究的目的来确定。例如，要了解某单位职工的学历状况，就应选择“文化程度”为分组标志；要了解学生的学习情况，就应选择“成绩”为分组标志，而不能用“性别”、“年龄”、“收入”为分组标志，因为这些内容与要了解的内容无关。因此，根据研究目的，正确选择分组标志是保证统计分组具有科学性的关键，是保证统计研究获得正确结论的前提。

（二）要选择最能够反映现象本质的标志作为分组标志

说明同一问题可能有若干个相关标志，在进行分组时，应选择最能够反映事物本质特征的标志。例如，要研究城镇居民家庭生活水平状况，而反映居民家庭生活水平的标志有家庭人口数、就业人口数、每一就业者负担人数（含本人）、家庭年收入、平均每人年收入等，其中最能够反映城镇居民家庭生活水平状况的标志是“平均每人年收入”，所以应选择这一标志作为分组标志。

（三）要根据现象所处的历史条件的变化选择分组标志

社会经济现象随着时间、地点、条件的变化而发生变化，其标志的内涵也会发生变化。同一分组，在过去适用，现在就不一定适用；在这一场合适用，在另一场合就不一定适用。例如，在计划经济时期，企业按所有制形式分组一般是分为四组，即全民所有制企业、集体所有制企业、私营企业和其他企业。而现在按企业登记注册类型可分为：(1) 国有企业；(2) 集体企业；(3) 股份合作制企业；(4) 联营企业；(5) 有限责任公司；(6) 股份有限公司；(7) 私营企业；(8) 港澳台商投资企业；(9) 外商投资企业；(10) 个体企业。又如，对最低生活水平的确定，就不能沿用 20 世纪五六十年代的标准，而应根据目前的生活水平状况制定标准，然后进行分组。

结合研究对象所处的历史条件、经济条件选择分组标志，可以保证分组标志在不同时间、不同场合的适用性。

三、统计分组的种类

（一）简单分组和复合分组

按分组标志的多少，统计分组可分为简单分组和复合分组。只选择一个标志对总体进行分组称为简单分组，例如，将普查的人口分别按民族、年龄、文化程度等标志进行分组；复合分组是按两个或两个以上的标志对总体单位进行重叠分组，例如，将人口先按性别分成男、女两组，然后在男性和女性两组中分别按照文化程度划分为大学及以上、高中、初中、文盲和半文盲五组。

（二）品质标志分组和数量标志分组

按分组标志的性质不同，统计分组可分为品质标志分组和数量标志分组。

品质标志分组就是按品质标志进行分组，有时简称品质分组（或称属性分组）。一般地，对于以定类尺度或定序尺度计量的，采用品质分组，如人口按民族、性别、文化程度等标志进行分组。

因为事物的属性差异是客观存在的，所以对于有些品质标志分组，由于界限清晰，分组标志有几种具体表现，就分成几组，例如，企业总体按所有制分为国有、集体、联营、股份合作、其他等组；有些品质标志分组有时也很复杂，其相邻组之间的界限不容易划清；有些在理论上容易区分，但在实际社会经济生活中却难以辨别，例如，按城乡分组，居民人口一般分为城市和乡村两组，但因目前还存在有些既具备城市形态又具备乡村形态的地区，分组时就需要慎重考虑。其他如部门分类、职业分类也都存在同样的问题。因此，在实际工作中，为了便利和统一，联合国及各个国家都制定了适合一般情况的标准分类目录，如我国就有《国民经济行业分类目录》、《工业部门分类目录》、《商品目录》等。

数量标志分组就是按数量标志进行分组，有时简称数量分组（或称变量分组），如家庭按人口数、年收入分组，企业按生产能力、劳动生产率分组等。统计的研究对象是社会经济现象的数量方面，所以，按数量标志分组是本书研究的重点。数量标志分组的目的在于通过事物在数量上的差异来反映事物在性质上的区别。按数量标志分组时，根据每组数量标志值的具体表现，其又可分为单变量值分组和组距式分组两种。

单变量值分组是把每一个变量值作为一组，这种分组方法通常只适合于离散变量且变量值较少的情况。例如居民家庭按子女人数分组，可分为0人（无子女）、1人、2人、3人等，又如某企业工人日生产零件数情况，如表4—1所示。

表4—1 某企业工人日生产零件数情况

按日生产零件数分组	工人人数（人）
103	21
104	35
105	32
106	12
合计	100

组距式分组就是将变量依次划分为几段区间，一段区间表现为从"××到××"距离，把一段区间内的所有变量值归为一组，形成组距式分组。一般对于连续型变量或者变动范围较大的离散型变量，适宜采用组距式分组，如表4—2所示。

表4—2 某工业企业产值计划完成情况表

产值计划完成程度（%）	企业数（个）
80～90	2
90～100	3
100～110	10
110～120	3
合计	18

在编制组距式变量数列时，经常使用"××以上"或"××以下"这样不确定组距的组，称为开口组。例如，反映某工业企业工人生产定额完成情况，按生产定额完成程度分组，分为90%以下，90%～100%，100%～110%，110%以上，其中90%以下和110%以上就是开口组。

组距式分组又有间断组距式分组和连续组距式分组两种。相邻两组的界限，称为组限。凡是组限不相连的，称为间断组距式分组，如表4—3所示；凡是组限相连（或称相重叠）的，即以同一数值作为相邻两组的共同界限，称为连续组距式分组，如表4—2所示。

表4—3 应用统计方法成绩统计表

考试成绩	学生人数（人）
60以下	2
61～70	6
71～80	10
81～90	4
91～100	3
合计	25

统计上规定，对于连续组距式分组，凡是总体某一个单位的变量值是相邻两组的界限值，这一个单位归入作为下限值的那一组内，即所谓"上限不在内"原则。

组距式分组的组区间距离称为组距，组距式分组按各组组距是否相等，又分为等组距分组和不等组距分组。等组距分组是指标志值在各组保持相等，如表4—2所示；不等组距分组是指各组的组距不相等，如表4—4所示。

表4—4　　**2009年浙江省户籍人口年龄构成**

按年龄分组	人口数（人）	比重（%）
18岁以下	8 216 035	17.42
18～35岁	11 420 560	24.22
35～60岁	19 878 301	42.15
60岁以上	7 646 894	16.21
合计	47 161 790	100.00

对全体变量值划分为多少组或组距多大才算恰当，是组距式分组的关键问题之一。一般地，通过分组以后应把量别不同的个体分开，把各组间的差异突出出来，这样才能够显示出总体的分布趋势和各组分布的规律性，过细过粗都不行。

四、全距、组距、组数与组中值

（一）全距

全距是总体中最大的标志值与最小的标志值之差，也称极差，即：

全距＝总体的最大值－总体的最小值

（二）组距

在组距式分组中，组距是各组上下限之间的距离，即各组最大的标志值与最小的标志值之差。

由于有等组距分组与不等组距分组之分，因此必须具体计算确定每一个组的组距大小。一般地，使用如下公式来计算组距的大小，即：

组距＝上限－下限

事实上，这一公式只适用于计算连续组距式分组的组距大小，例如成绩分组中，60～70分，70～80分，其组距为10（＝70－60或80－70）分。如果将这一公式套用于间断组距式，将会产生错误。例如，商店规模按职工人数分组，分为1～5人，6～10人，11～15人等，套用上述公式，得出5－1（或10－6，或15－11）＝4，即组距为4人的结论，这显然是错误的。对于间断式分组的组距大小的计算，必须采用如下公式：

组距＝上限－下限＋1

另外，对于开口组，其组距是以相邻组的组距为本组的组距。如表4—3“应用统计方法成绩统计表”中，第一组60以下，其相邻的组61～70的组距为10（＝70－61＋1），故60以下的组的组距也为10。

（三）组数

组数的多少直接取决于两个因素，一个是总体的全距，另一个是组距。在等距分组的条件下，组数等于全距除以组距，即：

$$组数=\frac{全距}{组距}$$

显然，在全距一定的条件下，组距与组数成反比。全距是客观存在的事实，所以确定组距的关键是确定组数。例如，对学生成绩情况的统计分组中，组数过少，如成绩分为 2 组，不能很好地达到分组的基本要求；组数过多，如成绩分为 101 组，即分组过细，也无法起到化繁为简的作用，难以显示出总体分布的规律。

决定组数的多少，并无规则可言，必须凭借经验和所研究问题的性质作出判断。下面介绍一种确定组数和组距的经验公式，这一公式是美国学者斯特杰斯创立的，称为斯特杰斯经验公式，即：

$$n=1+3.322\lg N$$

则有：

$$d=\frac{R}{1+3.322\lg N}$$

式中，n 为组数，N 为总体单位数，d 为组距，R 为全距。根据这一公式，可以得出如表 4—5 所示的分组组数参考标准。

表 4—5　分组组数参考标准表

N	15～24	25～44	45～89	90～179	180～359
n	5	6	7	8	9

上述公式及表中数据仅供参考，不能生搬硬套，实际分组时采用组数的多少应依据所研究资料的性质而定。

（四）组中值

组中值是指各组中点位置所对应的变量值。其一般计算公式为：

$$组中值=\frac{上组下限+本组下限}{2}$$

但开口组的组中值按下列公式计算：

$$无上限的开口组的组中值=本组下限+\frac{邻组组距}{2}$$

$$无下限的开口组的组中值=本组上限-\frac{邻组组距}{2}$$

在计算平均指标或进行其他统计分析时，常以组中值来代表各组标志值的平均水平。当各组标志值均匀分布时，组中值代表各组标志值的水平。因此，分组时应注意：

（1）尽可能使组内各单位标志值分布均匀。

（2）为避免产生过大的计算误差，在选取各组上、下限时，应尽可能使组中值恰为整数。

（3）当连续型变量按离散型变量表示时，组距数列的编制采取相邻组限不重叠的形式，组中值的确定应考虑到连续型变量自身的特点。年龄就是比较典型的例子，它实质上是连续型变量，习惯上用整数表示。例如一群大学生分为 17～19 岁、20～22 岁两组，则组距为3岁，组中值分别为18.5岁和21.5岁，因为第一组应包括19岁但又不到20岁的大学生，上限应视为20岁，同样道理，第二组上限应视为23岁。

五、次数分配数列

（一）次数分配数列的概念

在统计分组的基础上，将总体中所有单位其所属的组别归类整理，并且按照一定的顺序排列，形成总体单位数在各组间的分配，称为次数分配数列，又称为次数分配或次数分布，简称分配数列。分配数列中各组的单位数叫次数或频数，各组次数与总次数的比率叫频率或比重，各频率之和为100%或1。

次数分配数列根据分组标志的性质不同，可以分为品质分配数列与变量分配数列。

（二）次数分配数列的编制

品质分配数列是按品质标志分组的数列，简称品质数列，用来观察总体单位中不同属性的单位分布情况，如表4—6所示。

表4—6　2009年浙江省人口性别构成情况

人口性别分组	人口数（人）	占人口的比重（%）
男	124 219	50.46
女	121 963	49.54
合计	246 182	100.00
（分组名称）	（次数）	（频率）

品质数列的编制比较简单，但要注意在分组时，应包括分组标志的所有表现，不能有遗漏，各种表现相互独立，不得相容。

变量分配数列是将总体按数量标志分组，将分组后形成的各组变量值与该组中所分配的单位次数或频数，按照一定的顺序相对应排列所形成的分配数列，简称变量数列，如表4—7所示。

表4—7　某班级统计学成绩分布表

考试分数	人数（人）	频率（%）
60以下	2	5.0
60～70	7	17.5
70～80	11	27.5
80～90	12	30.0
90～100	8	20.0
合计	40	100.0
（各组变量值）	（次数）	（频率）

变量分配数列按其分组标志的不同又分为单项式变量数列和组距式变量数列。

单项式变量数列是以一个变量值为一组编制的变量频数分布，如表4—8所示。

表 4—8　　某工厂生产车间工人按日产量分布

日产量	工人数	比率（%）
20	3	10.0
21	7	23.3
22	10	33.3
23	6	20.1
24	4	13.3
合计	30	100.0
（各组变量值）	（次数）	（频率）

单项式变量数列的编制比较明确、容易。但是用连续变量分组来编制分配数列时，或者虽是离散变量，而数值很多且变化范围很大时，单项数列就不能适用，而应考虑采用组距式变量数列的形式。

组距式变量数列是以表示一定变动范围的两个变量值构成的组所编制的变量频数分布。下面举例说明。

【例 4—1】 对某企业 30 个工人完成劳动定额的情况进行调查，得到的原始资料如下（%）：

98　81　95　84　93　86　91　102　100　103　105　100　104　108　107

108　106　109　112　114　109　117　125　115　120　119　118　116　129　113

第一步，计算全距：

将各变量值由小到大排序，确定最大值、最小值，并计算全距。资料中变量的最大值是 129%，最小值是 81%。全距＝最大值－最小值＝129%－81%＝48%。

第二步，确定组数和组距：

本例根据一般情况，将成绩分成优、良、中、及格和不及格五档，可以先确定组数为 5。在等距分组时，计算组距如下：

$$组距=\frac{48\%}{5}=9.6\%$$

为了符合习惯和计算方便，组距近似地取 10%。

第三步，确定组限：

关于组限的确定，应注意下面两点：

(1) 最小组的下限（起点值）应低于最小变量值，最大组的上限（终点值）应高于最大变量值。

(2) 为了方便计算组限，应尽可能取整数，最好是 5 或 10 的整倍数。

第四步，编制频数（频率）分布表，结果见表 4—9。

表 4—9　　某企业 30 个工人劳动定额完成情况分布表

劳动定额完成程度（%）	频数（人）	频率（%）
80～90	3	10.0
90～100	4	13.3
100～110	12	40.0

续前表

劳动定额完成程度（%）	频数（人）	频率（%）
110～120	8	26.7
120～130	3	10.0
合计	30	100.0

（三）累计频数和累计频率的计算

为了更详细地认识变量的分布特征，还可以计算累计频数和累计频率，编制累计频数和累计频率数列。累计频数和累计频率有向上累计频数（频率）和向下累计频数（频率）两种。

以变量值大小为依据，由变量值小的组向变量值大的组累计各组的频数或频率，称为向上累计频数或向上累计频率；相反，由变量值大的组向变量值小的组累计各组的频数或频率，称为向下累计频数或向下累计频率。

根据例 4—1，某企业工人完成劳动定额的资料编制的向上累计频数（频率）和向下累计频数（频率）分布见表 4—10。

表 4—10　　某企业工人完成劳动定额累计分布表

劳动定额完成情况（%）	频数（人）	频率（%）	向上累计		向下累计	
			频数（人）	频率（%）	频数（人）	频率（%）
80～90	3	10.0	3	10.0	30	100.0
90～100	4	13.3	7	23.3	27	90.0
100～110	12	40.0	19	63.3	23	76.7
110～120	8	26.7	27	90.0	11	36.7
120～130	3	10.0	30	100.0	3	10.0
合计	30	100.0	—	—	—	—

向上累计数是指小于该组上限的各组的频数或频率之和，如表 4—10 中 100～110 的向上累计频数为 19，频率为 63.3%，则说明该企业有 19 名工人完成劳动定额在 110%以下，占全部工人的 63.3%。向下累计数是指大于及等于该组下限的各组的频数或频率之和，如表 4—10 中 100～110 的向下累计频数为 23，频率为 76.7%，则说明该企业有 23 名工人完成劳动定额在 100%以上，占全部工人的 76.7%。

绘制统计图表

一、统计表

（一）统计表的含义与构成

1. 统计表的含义

统计表是用来表示经过汇总加工后的综合统计资料的一种表格形式。从形式上看，统计表是由纵横交叉的直线组成的左右两边不封口的表格，表的上面有总标题，即表的名称，左边有横行标题，上方有纵栏标题，表内是统计数据。

2. 统计表的构成

(1) 统计表的横向构成。统计表的横向构成一般包括四个部分：

1) 总标题。它相当于一篇论文的总标题，表明全部统计资料的内容，一般写在表的上方正中。

2) 横行标题。通常也称为统计表的主词（主栏），用来表明研究总体及其组成部分，也是统计表所要说明的对象，一般写在表的左方。

3) 纵栏标题。通常也称为统计表的宾词（宾栏），用来表明总体特征的统计指标的名称，一般写在表的上方。

4) 数字资料。即各横行与纵栏交叉处的数字。

(2) 统计表的纵向构成。统计表的纵向构成一般包括主词栏和宾词栏两部分，主词与宾词不是固定不变的。

统计表的构成示例见表 4—11。

总标题

表 4—11　　2009 年浙江省生产总值及其增长速度

产业类别	生产总值		
	绝对数（亿元）	比上年增长（%）	比重（%）
第一产业	1 163.08	6.1	5.1
第二产业	11 908.49	2.9	51.8
第三产业	9 918.78	12.7	43.1
总　　计	22 990.35	7.1	100.0

（左侧标注：横行标题；右侧标注：纵栏标题；下方标注：主词栏、宾词栏）

资料来源：浙江省统计局网站，http：//www.zj.stats.gov.cn/zjtj2010/indexch.htm。

（二）统计表的设计

为了使统计表的设计科学、实用、简明、美观，应注意以下问题：

(1) 总标题要简明扼要，并能确切地说明表中的内容。

(2) 统计表的上下两端的端线应当用粗线绘制，表中其他线条一律用细线绘制，表的左右两端习惯上均不画线，采用开口式。

(3) 指标数字应有计量单位。如果全表的计量单位是相同的，若用“万元”为单位，应在表的右上角注明“单位：万元”字样；如果表中同样的指标数字计量单位相同而各栏之间不同时，应在各栏标题中注明计量单位。

(4) 表中的横行“合计”，一般列在最后一行（或最前一行）；表中的纵栏“合计”一般列在最前一栏。

(5) 对某些资料必须进行说明时，应在表的下面注明。

（三）统计表的种类

1. 简单表

简单表是指统计表的主词栏未经任何分组，仅仅罗列各单位名称，或按时间顺序排列的表格，如表 4—12 所示。

表 4—12　　2000—2010 年浙江省在岗职工工资总额

年份	工资总额（亿元）
2000	501.07
2001	589.48
2002	664.01
2003	797.54
2004	1 016.42
2005	1 311.93
2006	1 591.84
2007	1 937.41
2008	2 359.05
2009	2 752.31
2010	3 305.34

2. 分组表

表的主词按照某一标志进行分组的统计表称为分组表。利用分组表可以提示不同类型现象的特征，说明现象内部的结构，分析现象之间的相互关系等，如表 4—13 所示。

表 4—13　　浙江省 2009 年按事由分入境旅游人数及构成

按事由分	旅游人数（万人次）	比重（%）
商务活动	273.89	48.0
会　　议	21.11	3.7
观光游览	150.07	26.3
休闲度假	68.47	12.0
探亲访友	19.40	3.4
文体交流	9.13	1.6
其他事由	28.53	5.0
合　　计	570.60	100.0

3. 复合表

表的主词按照两个或两个以上标志进行复合分组的统计表称为复合表，如表 4—14 所示。复合表能更深刻、更详细地反映客观现象，但要恰如其分地使用复合表，并不是分组越细越好，因为复合表中多进行一次分组，组数就将成倍增加，分组太细反而不利于研究现象的特征。

表 4—14　　2010 年我国人口数及构成

		人口数（万人）	比重（%）
按性别分	男	68 748	51.27
	女	65 343	48.73
按城乡分	市镇	66 978	49.95
	乡村	67 113	50.05

资料来源：中华人民共和国国家统计局：《中国统计年鉴（2011）》，北京，中国统计出版社，2011。

二、统计图

（一）统计图的概念

统计图是以图形形象地表现统计资料的一种形式。用统计图表现统计资料，具有鲜明醒目、富于表现、易于理解的特点，因而绘制统计图是统计整理的重要内容之一。

统计图可以揭示现象的内部结构和依存关系，显示现象的发展趋势和分布状况，有利于进行统计分析与研究。

（二）统计图的种类

常用的统计图主要有条形图/柱形图、直方图/折线图、圆形图（饼图）、环形图、散点图、象形图等。

1. 条形图/柱形图

条形图可用于显示离散型变量的次数分布，最主要是显示顺序数据和分类数据的频数分布。条形图是用宽度相同的条形的高度或长短来表示数据的多少的图形，条形图可以横置或纵置，纵置时也称为柱形图。此外，条形图有单式、复式等形式。

在表示分类数据的分布时，用条形图的高度或长度来表示各类别数据的频数或频率。绘制时，各类别可以放在纵轴，称为条形图，如图 4—1 所示；也可以放在横轴，称为柱形图，如图 4—2 所示。

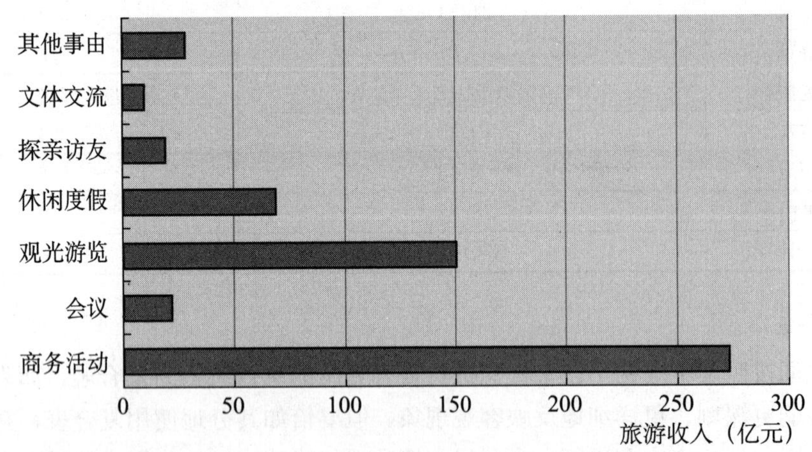

图 4—1 浙江省 2009 年入境旅游人数构成的条形图

绘制条形图应注意以下几个问题：（1）图形中条形的宽度、条形之间距离要相等；（2）图形上的尺度必须以 x 轴或 y 轴为等线；（3）图形中要注明相应的数字；（4）各条形的排列应有一定的顺序，如比较现象在时间上的变动时，条形应按时间顺序排列。

2. 直方图/折线图

直方图和折线图用于显示连续型变量的次数分布。直方图是用矩形的宽度和高度（即面积）来表示频数分布的图形。在平面直角坐标中，用横轴表示数据分组，纵轴表示频数

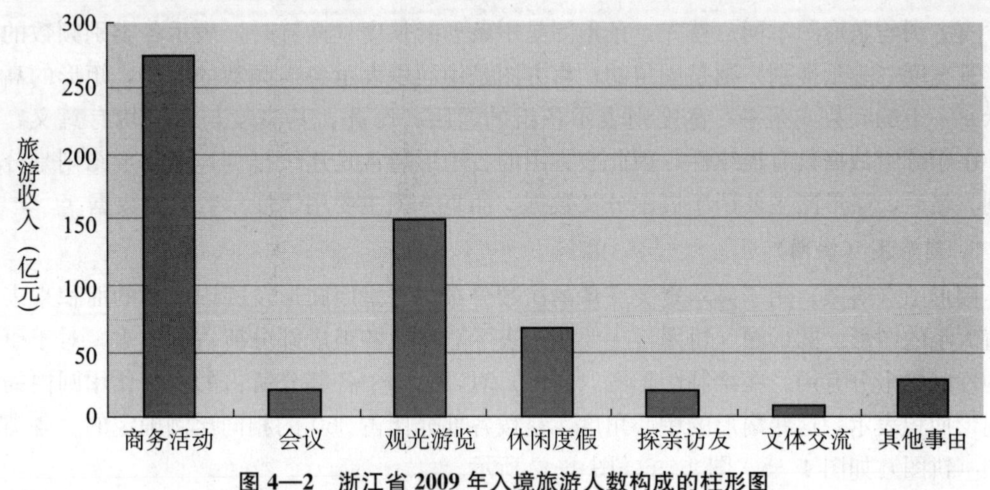

图 4—2　浙江省 2009 年入境旅游人数构成的柱形图

或频率，这样，各组与相应的频数就形成了一个矩形，即直方图。在直方图基础上添加趋势线，形成折线图。例如，根据表 4—3 所列的资料绘制的直方图和折线图分别如图 4—3 和图 4—4 所示。

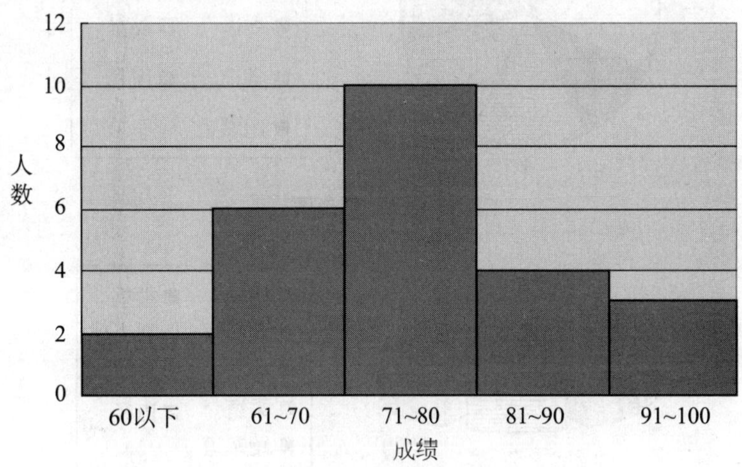

图 4—3　应用统计方法成绩分布的直方图

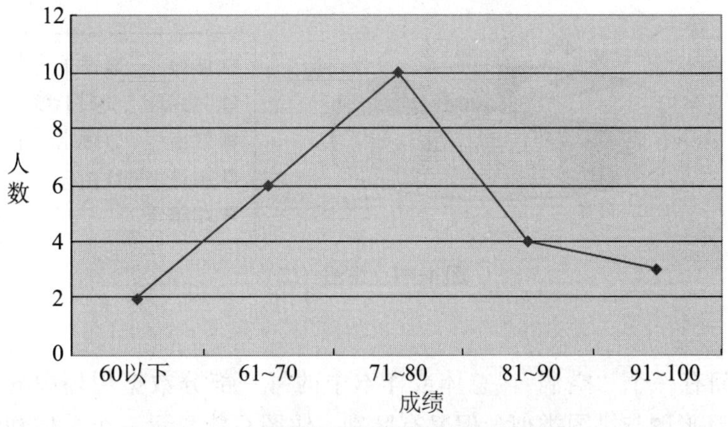

图 4—4　应用统计方法成绩分布的折线图

直方图与条形图不同。首先，条形图是用条形的长度（横置时）表示各类别频数的多少，其宽度（表示类别）则是固定的；直方图是用面积表示各组频数的多少，矩形的高度表示每一组的频数或频率，宽度则表示各组的组距，因此，其高度与宽度均有意义。其次，由于分组数据具有连续性，因此直方图的各矩形通常是连续排列，而条形图则是分开排列。最后，条形图主要用于展示分类数据，而直方图主要用于展示数值型数据。

3. 圆形图（饼图）

圆形图（饼图）用于显示定类变量的次数分布，它是用圆形及圆内扇形的面积来表示数值大小的图形。圆形图（饼图）主要用于表示总体中各组成部分所占的比重，对于研究结构性问题十分有用。在绘制圆形图（饼图）时，总体中各部分所占的百分比用圆内的各个扇形面积表示，这些扇形的中心角度，是按各部分比占 360°的相同比例确定的。各类圆形图（饼图）如图 4—5、图 4—6、图 4—7 所示。

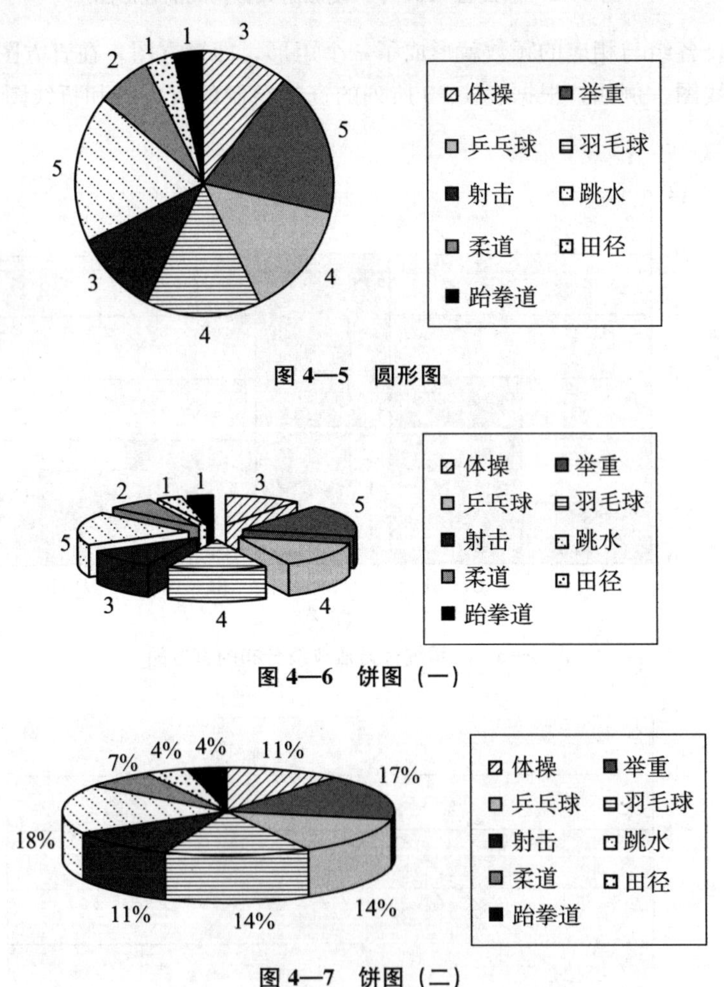

图 4—7 饼图（二）

4. 环形图

环形图中间有一个“空洞”，总体或样本中的每一部分数据用环中的一段表示，如图 4—8所示。环形图与饼图类似，但又有区别。饼图只能显示一个总体和样本各部分所占的比重，而环形图则可以同时绘制多个总体或样本的数据系列，每一个总体或样本的数据系列为一个环。因此环形图可显示多个总体或样本各部分所占的相应比重，从而有利于我们进行比较研究。

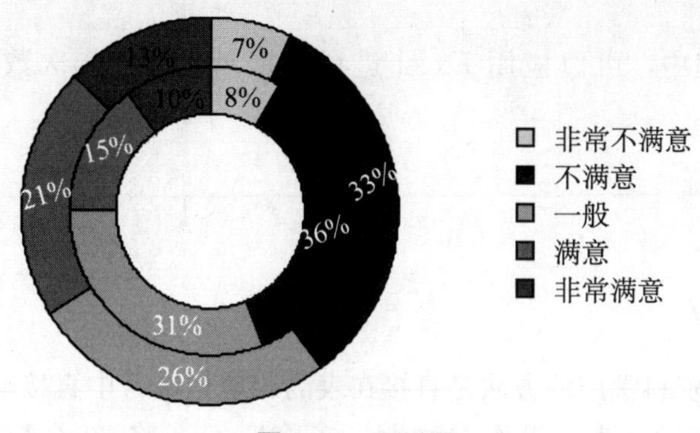

图 4—8　环形图

5. 散点图

散点图主要用来观察变量间的相关关系，或数量随时间的变化情况，如图 4—9 所示。

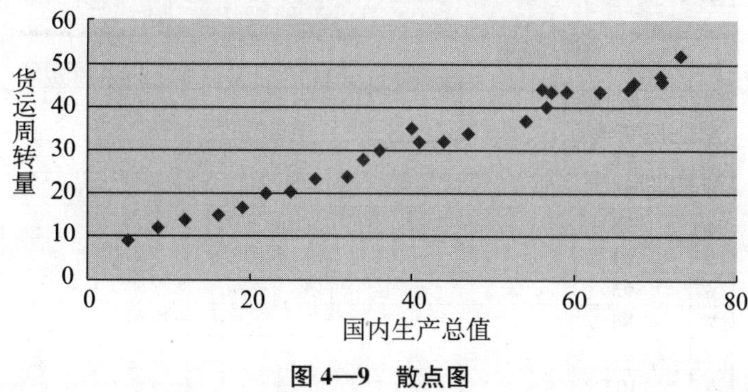

图 4—9　散点图

6. 象形图

象形图是利用现象本身的形象画面来显示统计数据的图形，主要有单位象形图、平面象形图等。象形图如图 4—10 所示。

图 4—10　2002—2006 年某地区汽车数量

任务四 用 Excel 进行数据资料整理

在统计数据整理中，可以应用 Excel 进行数据录入、制作次数分布表、绘制统计图等。

一、数据录入

（一）资料的录入

在 Excel 中录入资料常用的方法是直接在表的相应列或行中直接输入即可，如将前面例 4—1 的资料录入 Excel 表，操作方法为：打开 Excel，将 30 个数依次输入 A 列，如图 4—11所示。

Microsoft Excel - 新建 Microsoft Excel 工作表 (2)

文件(F) 编辑(E) 视图(V) 插入(I) 格式(O) 工具(T) 数据(D) 窗口(W) 帮助(H)

宋体

C1

	A	B	C	D	E	F	G
1	工人完成劳动定额的情况						
2	98						
3	81						
4	95						
5	84						
6	93						
7	86						
8	91						
9	102						
10	100						
11	103						
12	105						
13	100						
14	104						
15	108						
16	107						
17	108						
18	106						

图 4—11 数据录入

对于一系列间隔相等的数据，如编号的录入，还可以通过采用自动填充的功能录入，如某班级学生人数为 20 名，对他们编号，则数据为 1～20，就可以用自动填充的方法录入这些数据。具体方法如下：

第一步：启动 Excel，打开“编辑”菜单，选择“填充”→“序列”，如图 4—12 所示。

第二步：选择序列产生在“列”（也可以选择序列产生在“行”），类型为“等差序

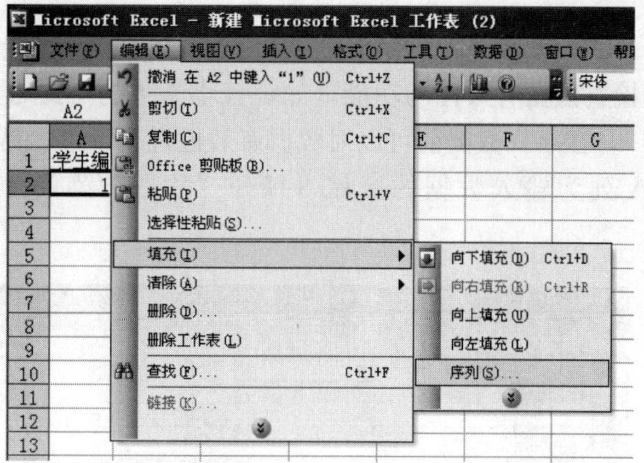

图 4—12 填充序列

列"，步长值为"1"，终止值为"20"，如图 4—13 所示。点击"确定"按钮后结果如图 4—14所示。

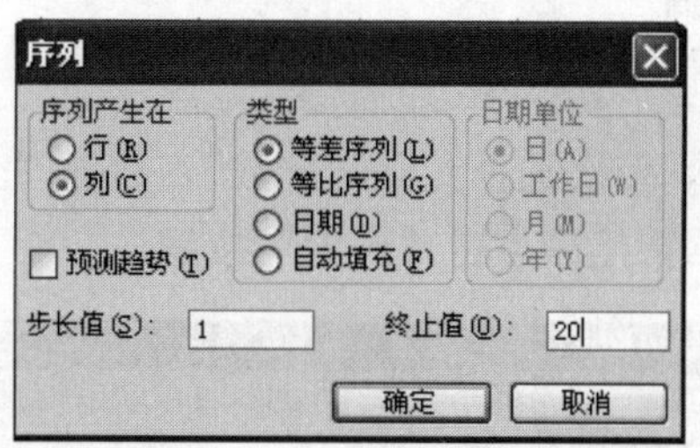

图 4—13 填充设置

	A	B	C	D	E
1	学生编号				
2	1				
3	2				
4	3				
5	4				
6	5				
7	6				
8	7				
9	8				
10	9				
11	10				
12	11				
13	12				
14	13				
15	14				
16	15				
17	16				
18	17				
19	18				
20	19				
21	20				

图 4—14 填充结果

（二）数据有效性检查

Excel 还有自动检查数据有效性的功能，如统计小学生的年龄时，所得的数据结果一般应该大于 5 小于 15，在录入数据前可以对数据有效性进行设置，具体过程如下：

第一步：选择 A 列为输入数据的区域，打开“数据”菜单，选择“有效性”，如图 4—15所示。

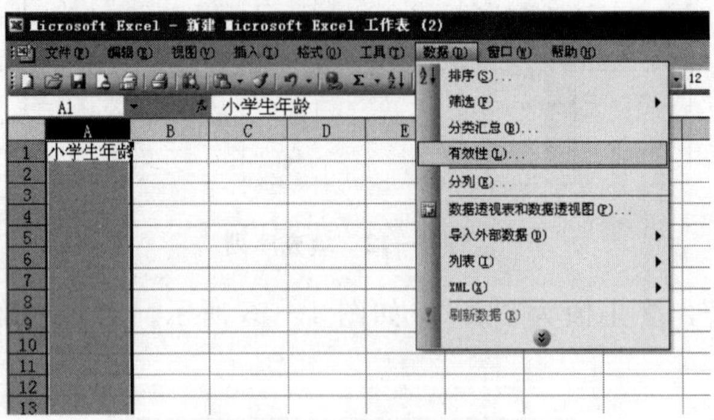

图 4—15 “数据”菜单

第二步：在有效性框中，依次选择允许“整数”，数据“介于”，最小值为“5”，最大值为“15”，如图 4—16 所示，然后点击“确定”按钮。

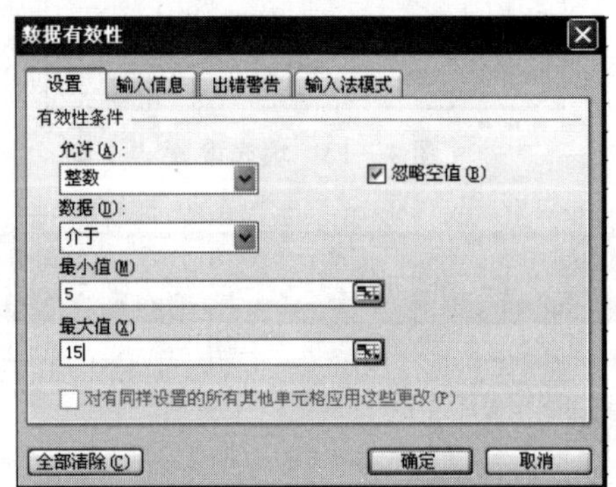

图 4—16 有效性设置

对数据有效性进行设置后，若输入的数据超过设置的范围，Excel 会自动提示，如图 4—17所示。

二、次数分布表及直方图制作

一般统计数据有两大类，即定性数据和定量数据。在统计数据整理中可以利用 Excel 制作次数分布表及直方图，主要有两种方法，一是利用数据分析中的直方图工具，二是利用 FREQUENCY 函数。

（一）直方图工具

利用直方图工具需要使用 Excel 的扩展功能，在前面我们已经将 Excel 安装了数据分

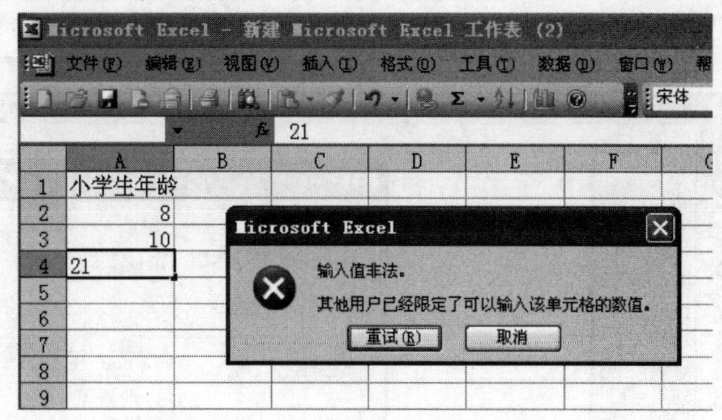

图 4—17 输入检验

析功能，所以，本项目可以直接应用“数据分析”选项。

【例 4—2】 现有某管理局下属的 40 个企业的产值计划完成百分比资料如下：

97、123、119、112、113、117、105、107、120、107、125、142、103、115、119、88、115、158、146、126、108、110、137、136、108、127、118、87、114、105、117、124、129、138、100、103、92、95、127、104

要求：

(1) 据此分 5 组编制分布数列；

(2) 计算向上累计频数（率）；

(3) 画出次数分布直方图。

操作步骤如下：

第一步：在工作表的（A2～A41）矩形区域内输入上述的 40 个数据资料，选中这些数据，进行数据排序，如图 4—18 和图 4—19 所示。

图 4—18 数据录入

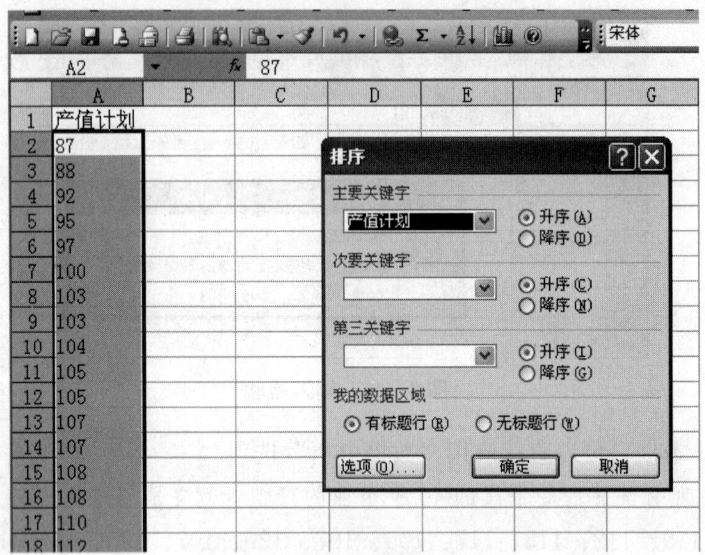

图 4—19 按升序排列

第二步：由排序结果可知，最小值为 87，最大值为 158，故组距为 15 较为合理，由此得到分组结果，如图 4—20 所示。

Microsoft Excel - 新建 Microsoft Excel 工作表 (2)

文件(F) 编辑(E) 视图(V) 插入(I) 格式(O) 工具(T) 数据(D) 窗口(W) 帮助(H)

C17

	A	B	C
1	产值计划	按产值计划分组	接受组限
2	87	85-100	99
3	88	100-115	114
4	92	115-130	129
5	95	130-145	144
6	97	145-160	160
7	100		
8	103		
9	103		
10	104		
11	105		
12	105		
13	107		
14	107		
15	108		
16	108		

拼写检查(S)... F7
信息检索(R)... Alt+Click
错误检查(K)...
共享工作区(D)...
共享工作簿(B)...
保护(P)
联机协作(N)
公式审核(U)
加载宏(I)...
自定义(C)...
选项(O)...
数据分析(D)...

图 4—20 分组

第三步：在“工具”菜单中单击“数据分析”选项，从其对话框的分析工具列表中选择“直方图”，如图 4—21 所示，点击确定，打开直方图对话框。

第四步：在输入区域输入“$A$2：$A$41”，在接收区域输入“$C$2：$C$6”，如图 4—22 所示。接收区域指的是分组标志所在的区域，这里指的是每一组的上限值所在的区域，因为用直方图统计频数时包含上限，故在本例中取的是比上限小 1 的数，即 99，114，129，144，160。

第五步：在输出选项里，可选择“输出区域”、“新工作表组”或“新工作簿”。这里

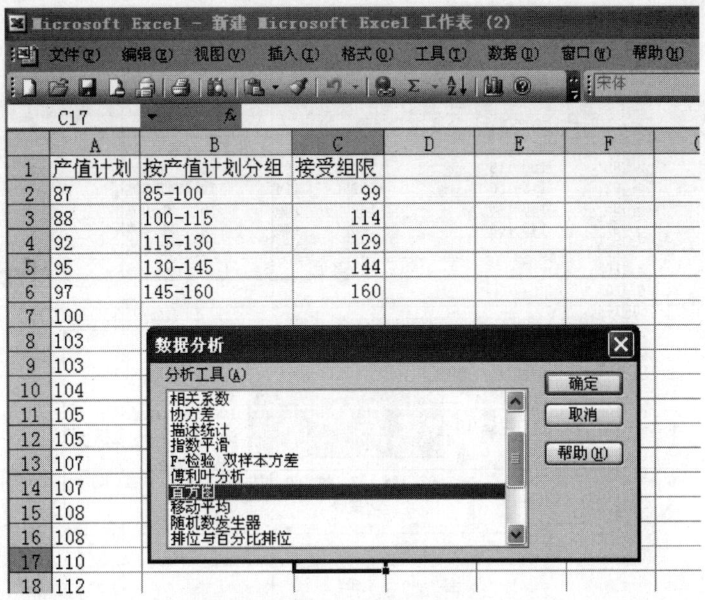

图 4—21　选择分析工具——直方图

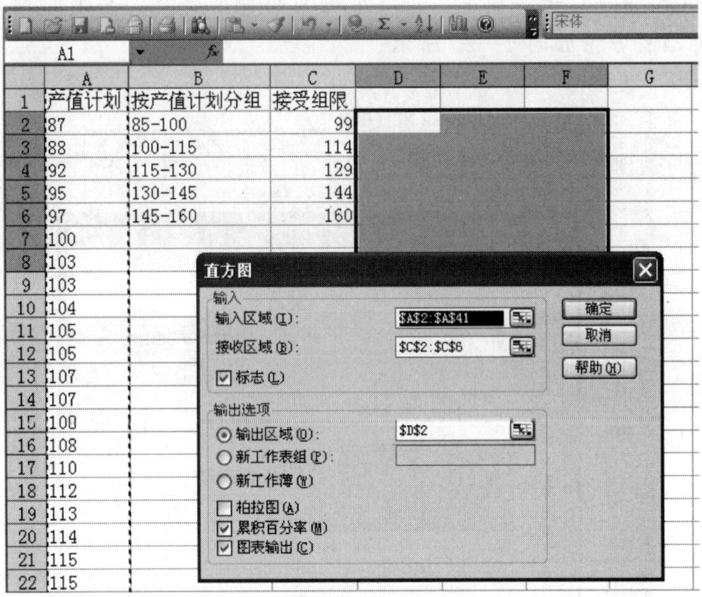

	A	B	C
1	产值计划	按产值计划分组	接受组限
2	87	85-100	99
3	88	100-115	114
4	92	115-130	129
5	95	130-145	144
6	97	145-160	160
7	100		
8	103		
9	103		
10	104		
11	105		
12	105		
13	107		
14	107		
15	100		
16	108		
17	110		
18	112		
19	113		
20	114		
21	115		
22	115		

直方图
输入
输入区域(I): $A$2:$A$41
接收区域(B): $C$2:$C$6
☑ 标志(L)
输出选项
◉ 输出区域(O): $D$2
○ 新工作表组(P):
○ 新工作簿(W)
☐ 柏拉图(A)
☑ 累积百分率(M)
☑ 图表输出(C)
确定
取消
帮助(H)

图 4—22　直方图对话框

我们推荐只输出一个单元格，本例为＄D＄2。另外，在直方图对话框中，选择“图表输出”，可以得到直方图；选择“累积百分率”，系统将在直方图上添加累积频率折线；选择“柏拉图”，可以得到按降序排列的直方图。我们选择了“累积百分率”和“图表输出”，点击“确定”按钮后得到结果如图 4—23 所示。

注意，图 4—23 实际上是一个柱形图，而不是直方图，若要把它变成直方图，可按如下方法操作：用鼠标左键单击任一直条，然后右键单击，在弹出的快捷菜单中选择“数据系列格式”，弹出数据系列格式对话框，在对话框中选择“选项”标签，把间距宽度改为

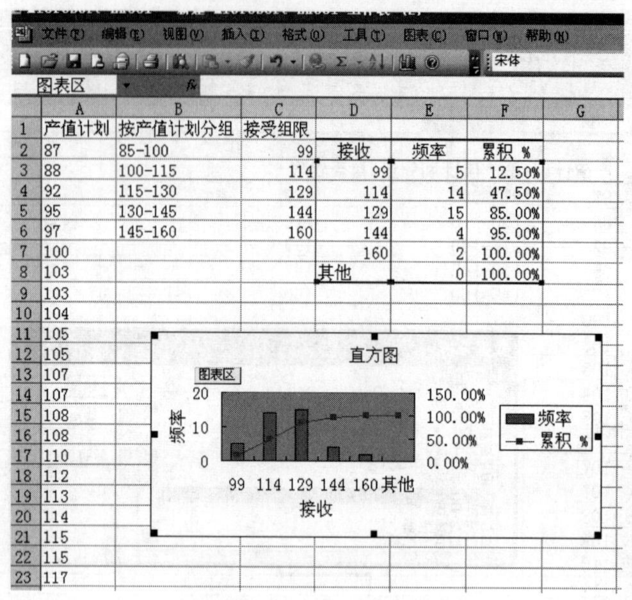

图 4—23 频数分布结果

“0”，如图 4—24 所示。点击“确定”按钮后即可得到直方图，再通过简单地调整就可以了，调整后的标准直方图如图 4—25 所示。

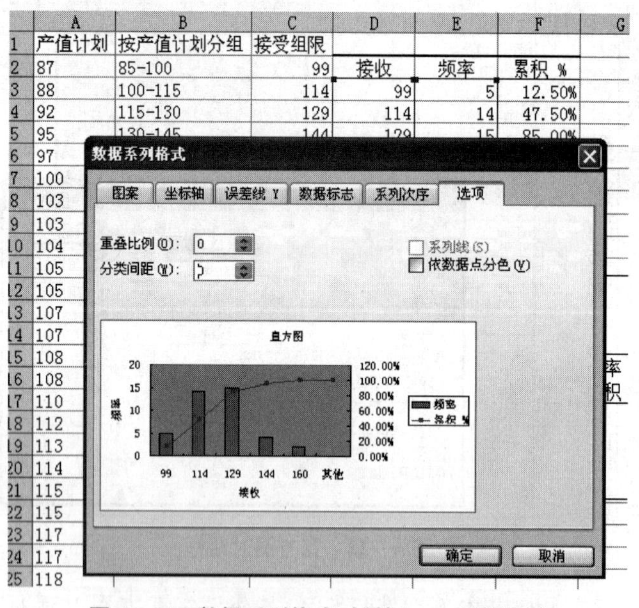

图 4—24 数据系列格式对话框——调整图形

(二) FREQUENCY 函数

【例 4—3】 中国工商银行某支行为提高客户满意度，在客户办完业务后，柜员会让客户在他的“客户满意度调查终端”上按一下，客户可以在“很满意”、“满意”、“比较满意”、“不满意”“很不满意”几个按钮中选择一个，对这个柜员的服务进行即时评价。某

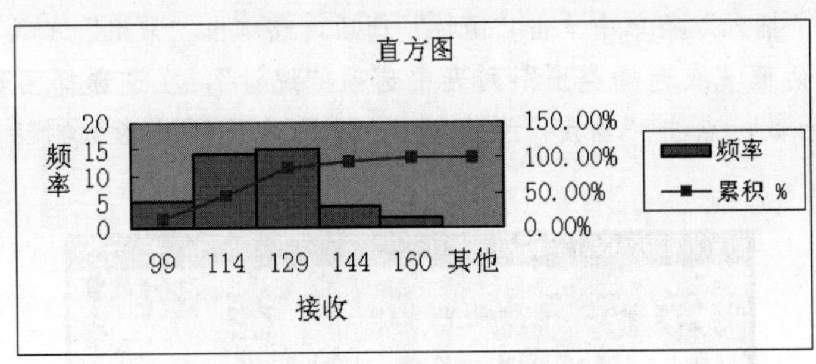

图 4—25 调整后的标准直方图

时段内对 30 名客户调查的统计数据资料见表 4—15。

表 4—15 客户满意度调查的原始资料

比较满意	满意	很满意	满意	很满意	满意	很满意	很满意
满意	比较满意	满意	满意	比较满意	很满意	满意	满意
满意	满意	很满意	很满意	不满意	比较满意	很不满意	比较满意
比较满意	很满意	不满意	满意	比较满意	满意		

利用 FREQUENCY 函数整理数据，这种方法主要是对品质数据进行统计分类，也可以对定量数据进行统计分组。

因为 Excel 无法对文字进行识别统计，所以，对于品质数据，先要将类别名称转化为数字代码，如上述五种选择分别用 5 个数字表示，即：

1—很满意，2—满意，3—比较满意，4—不满意，5—很不满意。

具体操作步骤如下：

第一步：在工作表 Sheet1 上的（A2～A31）矩形区域内输入客户满意度调查的数据资料，再将对应的代码数据输入（B2～B31）矩形区域内，对选项对应的代码进行简单分组，将 1、2、3、4、5 依次输入（C2～C6）矩形区域内，（D2～D6）设为输出区域，如图 4—26 所示。

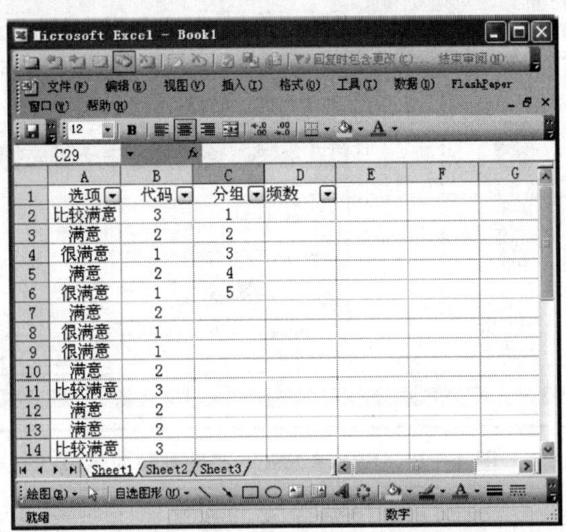

图 4—26 客户满意度调查数据输入

第二步：在“插入”菜单中单击“函数”选项，或单击“常用”工具栏上的“f_x”按钮，在弹出的对话框“或选择类别”列表中选项“统计”，在“选择函数”列表中选择FREQUENCY函数，点击“确定”按钮进入FREQUENCY函数对话框，如图4—27所示。

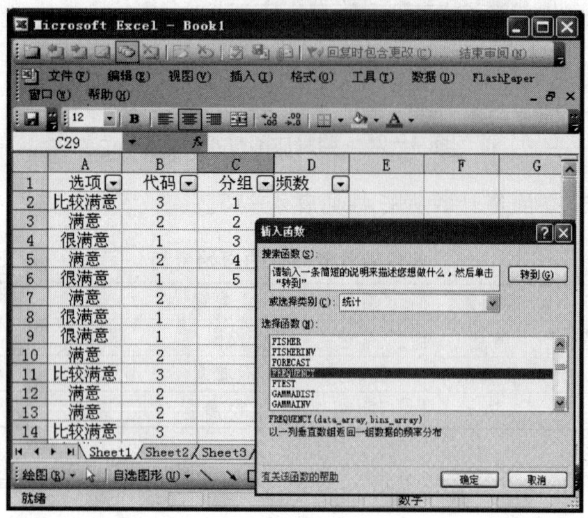

图4—27 插入函数对话框——选择“FREQUENCY”

在FREQUENCY对话框中有“Data_array”和“Bins_array”两个文本框。Data_array框中输入用于计算频率的数组，可输入待分组的原数据区域，本例为B2：B31；Bins_array框中输入数据接受区间，可输入分组标志，设定对Data_array进行频率计算的分段点，本例为C2：C6或1、2、3、4、5。在输入的数据两端必须加大括号，各数据之间用分号隔开，如图4—28所示。

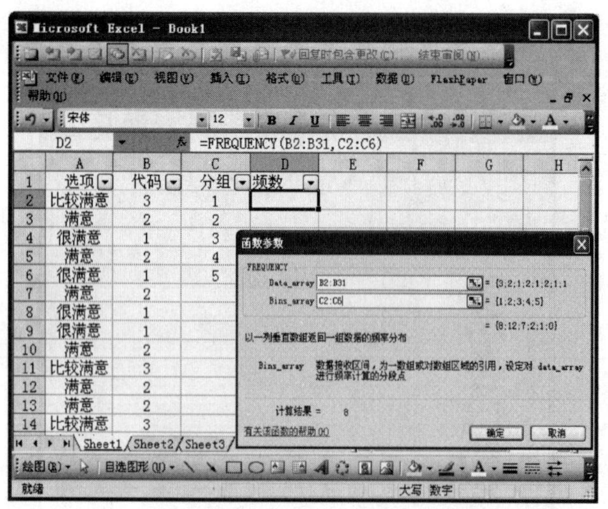

图4—28 FREQUENCY函数参数对话框

第三步：输入完成后，因为频数分布是数组操作，所以不能单击“确定”按钮。按“Ctrl+Shift+Enter”组合键，在最初选定的单元格区域内得到频数分布结果，本例中为

D2：D6，如图 4—29 所示。

第四步：首先求 D 列合计数，单击 D7 单元格，输入“＝SUM（D2：D6）”，按 Enter 键后即可得到合计数“30”；然后计算频率，单击 E2 单元格，输入“＝D2＊100/30”，按 Enter 键后即可得到第一组的频率为“26.67%”，其他组利用填充功能，按住鼠标拖至 E6 单元格后放开鼠标，即可得到 E3～E6 单元格的频率；最后利用 SUM 函数求出合计频率（或单击工具栏上的“Σ”按钮），如图 4—29 所示。注意：在输入公式时，不要忘记输入等号，否则就不会出现数值。

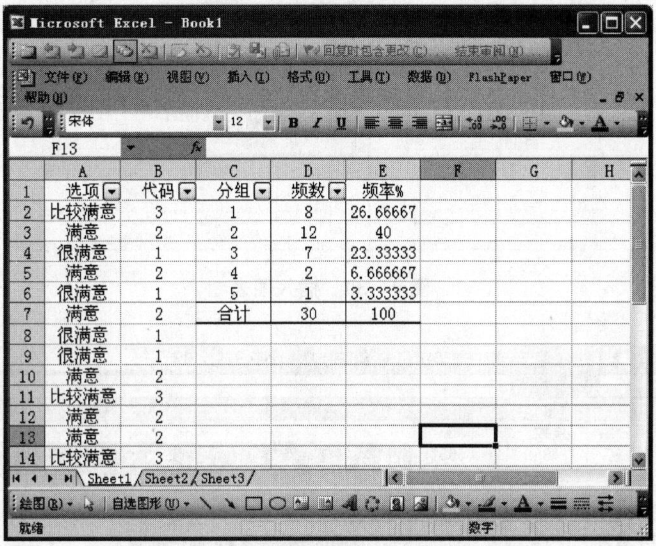

图 4—29　频数分布结果

三、统计图制作

Excel 有较强的作图功能，可根据需要选择各类型的图形。Excel 提供的统计图有多种，包括柱形图．条形图．折线图．饼图．XY 散点图．面积图．圆环图．雷达图和曲面图等。

（一）柱形图

根据例 4—3，客户满意度调查的分组资料结果见表 4—16。

表 4—16　　客户满意度调查的分组资料

满意度分组	频数（人）	频率（%）
很满意	8	26.67
满意	12	40.00
比较满意	7	23.33
不满意	2	6.67
很不满意	1	3.33
合计	30	100.00

下面根据表 4—16 的数据演示柱形图的制作方法。

第一步：在“插入”菜单中选择“图表”，如图 4—30 所示，然后在“图表向导”中选择柱形图，如图 4—31 所示。

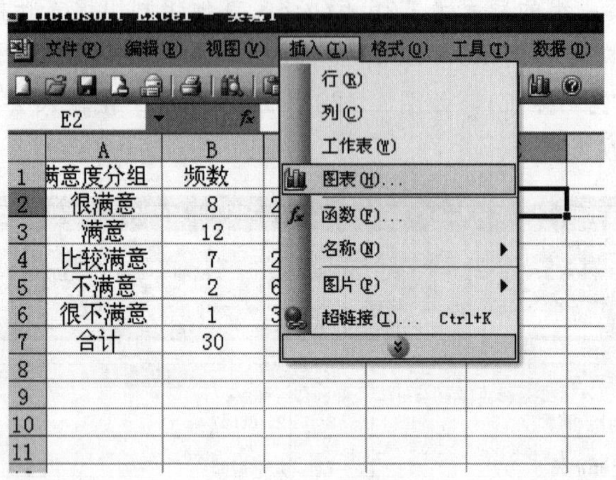

图 4—30　插入图表

图 4—31　图表向导——柱形图

第二步：选择数据区域 A2：B6，点击“下一步”按钮，如图 4—32 所示，设置图形标题、横轴标题和纵轴标题，如图 4—33 所示。

第三步：点击“完成”，得到的结果如图 4—34 所示。

若要把柱形图变成直方图，只需要在数据系列格式对话框把间距宽度改为 0 即可，得到的直方图如图 4—35 所示。

（二）饼图

下面根据表 4—16 的数据演示饼图的制作方法。

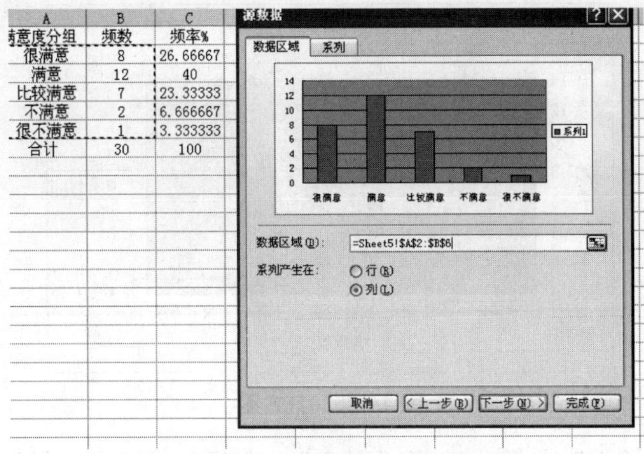

图 4—32 柱形图图表数据区域选择

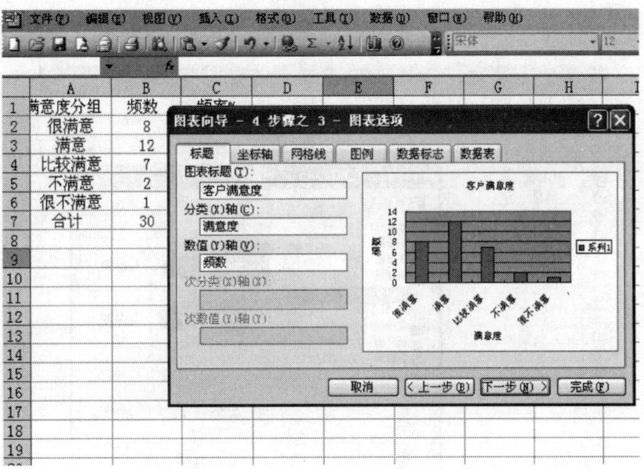

图 4—33 柱形图图表选项

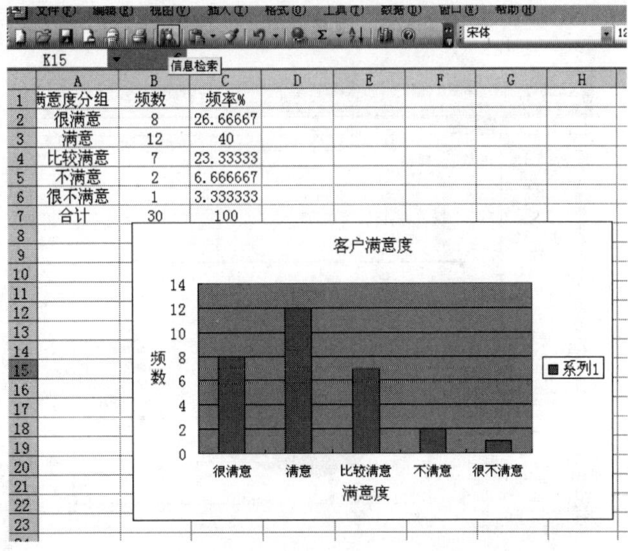

图 4—34 柱形图输出结果

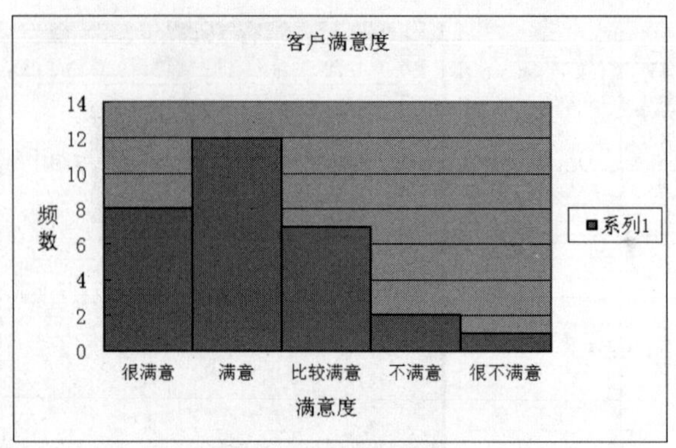

图 4—35　直方图

第一步：在“插入”菜单中选择“图表”，然后在“图表向导”中选择饼图，如图 4—36所示。

第二步：选择数据区域 A2：B6，点击“完成”按钮，得到的结果如图 4—37 所示。

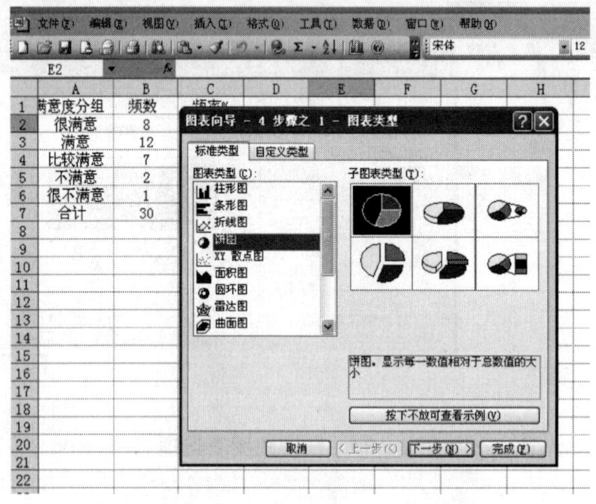

图 4—36　图表向导——饼图

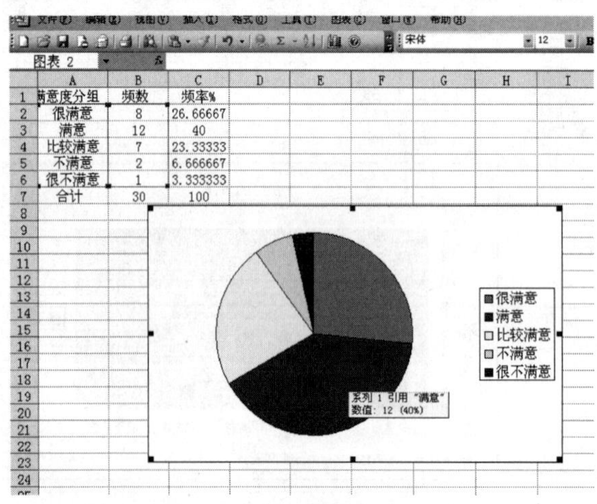

图 4—37　饼图输出结果

（三）折线图

【例 4—4】 2000—2010 年浙江省在岗职工工资总额见表 4—17。

表 4—17　　2000—2010 年浙江省在岗职工工资总额

年份	2000	2001	2002	2003	2004	2005
工资总额	501.07	589.48	664.01	797.54	1 016.42	1 311.93
年份	2006	2007	2008	2009	2010	
工资总额	1 591.84	1 937.41	2 359.05	2 752.31	3 305.34	

下面根据表 4—17 的数据演示折线图的制作方法。

第一步：建立 Excel 表，输入资料。在“插入”菜单中选择“图表”，然后在“图表向导”中选择折线图，如图 4—38 所示。

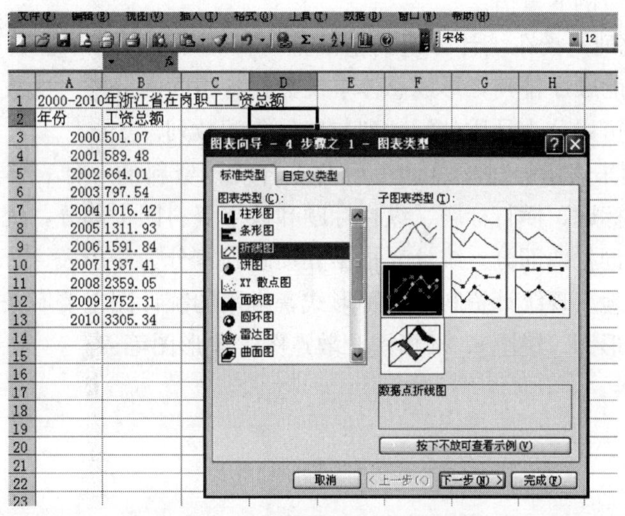

图 4—38　图表向导——折线图

第二步：选择数据区域 A2：B6，点击“完成”按钮，得到的结果如图 4—39 所示。

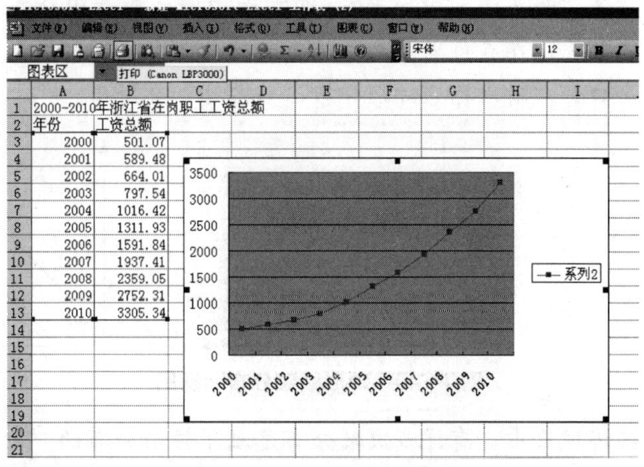

图 4—39　折线图输出结果

项目总结

1. 调查资料整理是指根据需要对搜集到的资料进行科学的分类汇总、加工处理，使之能够反映调查对象总体特征的综合资料的过程。调查资料整理包括数据的审核、筛选、分组、汇总计算以及制作统计表和统计图等。

2. 原始数据的审核主要从完整性、准确性和及时性方面进行审核。

3. 统计分组就是根据统计研究的需要，将统计总体按照一定的标志划分为若干个组成部分（类别）的一种统计方法。正确选择分组标志是统计分组的关键。按分组标志的多少，统计分组可分为简单分组和复合分组；按分组标志的性质不同，统计分组可分为品质标志分组和数量标志分组。数量标志分组又分为单变量值分组和组距式分组。组中值是指各组中点位置所对应的变量值。

4. 次数分配数列是指在统计分组的基础上，将总体中所有单位其所属的组别归类整理，并且按照一定的顺序排列，形成总体单位数在各组间的分配。次数分配数列根据分组标志的性质不同，可以分为品质分配数列与变量分配数列。

5. 统计表是用来表示经过汇总加工后的综合统计资料的一种表格形式。统计表的横向构成一般包括总标题、横行标题、纵栏标题和数字资料四个部分，统计表的纵向构成一般包括主词栏和宾词栏两部分。统计表根据其反映内容分为简单表、分组表和复合表。统计图是以图形形象地表现统计资料的一种形式，常用的统计图主要有条形图、柱形图、直方图、折线图、圆形图（饼图）、环形图、散点图、象形图等。

知识拓展

次数分布的主要类型

一、钟形分布

钟形分布的特征是“两头小、中间大”，即靠近中间的变量值分布的次数多，靠近两端的变量值分布的次数少。在直角坐标系中将变量值与其对应的频数的对应点连接起来绘制成曲线图，宛如一口钟，所以称为钟形分布，如图4—40所示。

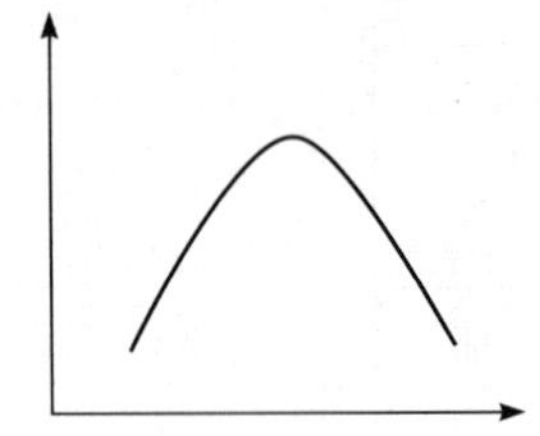
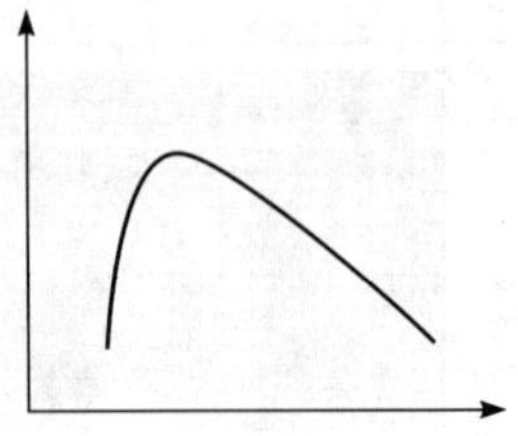
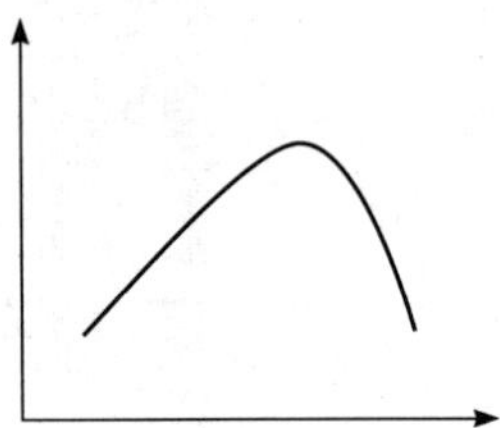

图4—40　钟形频数分布示意图

在自然或社会经济现象中，有许多次数分布是属于钟形分布的。例如，人体体重、身高，学生的成绩，居民货币收入，单位面积的农产品产量，市场价格等现象都属于钟形分布。

二、U 形分布

U 形分布的特征是：靠近中间的变量值分布的次数少，靠近两端的变量值分布的次数多，形成“两头大、中间小”的分布特征。将这种分布绘制成曲线图，像英文字母“U”的形状，故称 U 形分布，如图 4—41 所示。

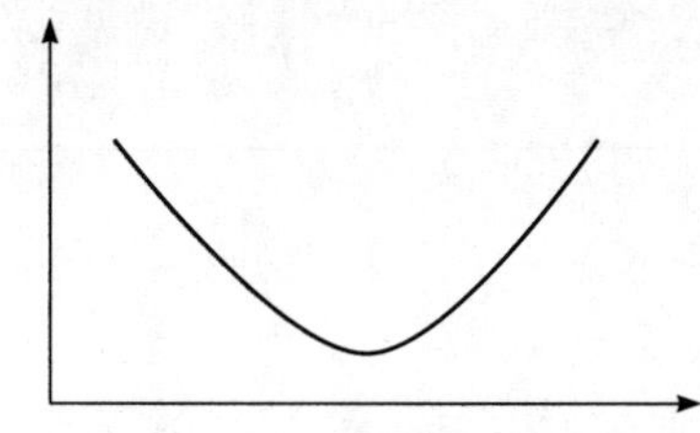

图 4—41　U 形频数分布示意图

例如，人口死亡率的分布，一般是婴幼儿死亡率和老年人死亡率均较高，而中年人死亡率最低，所以人口年龄分组的死亡率是呈 U 形分布的。另外，失业人口按年龄的分布也呈 U 形分布。

三、J 形分布

J 形分布的特征是“一边小、一边大”，即大部分变量值集中在某一端分布，有两种类型。

(1) 正 J 形分布。正 J 形分布是次数随着变量值的增大而增多。如投资额按利润率大小分布，一般呈正 J 形分布。

(2) 反 J 形分布。反 J 形分布是次数随着变量值的增大而减小。如成年人数量按年龄大小分组，表现出年龄越高，人数越少。

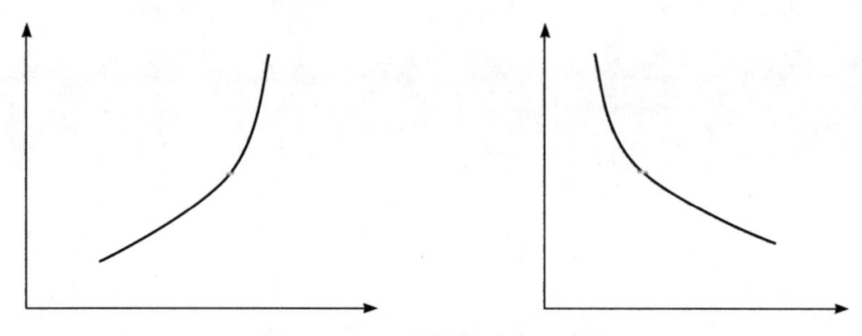

图 4—42　J 形频数分布示意图

资料来源：MBA 智库百科，http：//wiki. mbalib. com/wiki/%E6%AC%A1%E6%95%B0%E5%88%86%E5%B8%83。

复习思考题

1. 什么是调查资料整理？调查资料整理的基本步骤有哪些？

2. 什么是统计分组？统计分组的原则是什么？统计分组的关键是什么？

3. 什么叫分组标志？如何正确选择分组标志？

4. 什么叫次数分配数列？次数分配数列有哪两种？

5. 在什么情况下编制单项数列？在什么情况下编制组距数列？

6. 什么叫组限、组距、组中值、开口组？如何计算开口组组中值？

7. 组距和组数的关系如何？在编制组距数列时，如何确定组限？

项目五 统计数据分析

子项目一 统计数据描述

导入案例

在某地区居民香烟消费情况调查项目中，通过调查得到家庭的人均月收入情况见表5—1—1。

表 5—1—1　　某地区家庭人均月收入情况

家庭人均月收入（人民币元）	家庭数（户）	比重（%）
1 000 元以下	120	12
1 000~3 000 元	210	21
3 000~5 000 元	430	43
5 000 元以上	240	24
合计	1 000	100

问题思考与讨论：

以上调查结果说明了什么问题？被调查者家庭的收入情况如何？

项目描述

通过本项目的学习，理解统计工作就是通过一系列综合数据，对所研究对象现象深入分析研究，揭示其特征和规律性的方法。熟练掌握总量指标的概念、作用和种类以及相对指标的各种计算方法；熟练掌握算数平均数、调和平均数、几何平均数、众数、中位数的计算；了解标志变异指标的作用，掌握其计算方法和运用条件；理解用 Excel 处理统计数据及统计分析的基本原理；掌握用 Excel 计算描述统计量。

项目目标

能力（技能）目标	知识目标
1. 会计算相对指标，并进行简单分析。 2. 会计算平均指标、变异指标，并进行简单分析。 3. 会用 Excel 计算综合指标，并对调查资料进行审核。	1. 了解总量指标、相对指标的概念、作用及种类。 2. 理解总量指标、相对指标的特点和应用场合。 3. 熟练掌握相对指标的计算方法。 4. 掌握用 Excel 计算综合指标的方法。

项目实施

任务一 总量指标与相对指标描述

一、总量指标

（一）总量指标的概念

总量指标是用来反映社会经济现象在一定时间、地点和条件下的总规模、总水平或工作总量的统计指标。它是一种最基本的综合指标，是指统计汇总后得到的具有计算单位的总和指标，反映研究对象在一定时期或时点的规模和水平。总量指标一般用绝对数表示，又称绝对数指标。例如，2011 年我国国内生产总值达到 471 564 亿元，年末全国就业人员 76 420 万人，全年粮食产量 57 121 万吨，全年货物进出口总额 36 421 亿美元，这些都是总量指标，都是利用绝对数说明我国 2011 年国民经济发展的总体规模和总体水平。

（二）总量指标的种类

1. 总体单位总量和总体标志总量

按反映总体内容的不同，总量指标分为总体单位总量和总体标志总量。

总体单位总量是用来反映统计总体内包含总体单位个数的总量指标，它用来说明总体本身的规模大小。例如，研究我国的人口状况时，统计总体是全国所有公民，总体单位是每一位公民，那么我国的人口数表明总体单位的个数，是总体单位总量；再如，研究某市的工业发展状况，统计总体是全市的所有工业企业，若该市现有工业企业 2 350 家，则 2 350家即为总体单位总量。

总体标志总量是用来反映总体各单位某一方面数量标志值总和的总量指标。仍举上例，该市的每个工业企业是总体单位，每一工业企业的工业职工人数是该工业企业的一个数量标志，则该市全部工业职工人数就是总体标志总量。另外，该市的年工业增加值、工业总产值、工业利税总额等指标也都是总体标志总量。

一个已经确定的统计总体，其总体单位总量是唯一确定的，而总体标志总量却不止一个。某一总量指标是总体单位总量还是总体标志总量不是完全确定的，而是随着统计总体的改变而改变的。如上述的全市工业职工人数是总体标志总量，若研究目的改变为认识该市工业企业职工的生活水平，统计总体是全市的所有工业职工，则全市工业职工人数就变成总体单位总量了。

2. 时期指标和时点指标

按反映总体的时间状况不同，总量指标分为时期指标和时点指标。

时期指标是反映社会经济现象在一段时间上发展变化结果的总量。例如，我国 2011 年实现国内生产总值 471 564 亿元，是指在 2011 年这一年的时间内，我国国民经济各行业每天所创增加值的总和；再如产品产量、总产值、商品销售量（额）、基本建设投资额、工资总额、国民（内）生产总值、人口增长量、人口出生数等都是时期指标。时期指标具有如下特点：

（1）具有可加性。时间上相邻的时期指标相加能够得到另一更长时期的总量指标。

（2）指标数值的大小与所属时期的长短直接相关。一般来讲，时期越长，指标数值就越大。

（3）必须连续登记而得。时期指标数值的大小取决于整个时期内所有时间上的发展状况，只有连续登记得到的时期指标才会准确。

时点指标是反映社会经济现象在某一时刻或某一时点上的状况的总量。例如，我国 2011 年年末全国（不含港澳台）总人口为 134 735 万人，这说明了我国在 2011 年 12 月 31 日这一时点上人口的数量情况；再如，房屋的居住面积、商品库存量（额）、外汇储备额、固定资产的价值等也都是时点指标。时点指标具有如下特点：

（1）不具有可加性。不同时点上的两个时点指标数值相加不具有实际意义。

（2）数值大小与登记时间的间隔长短无关。时点指标仅仅反映社会经济现象在某一瞬间的数量，每隔多长时间登记一次对它没有影响。

（3）指标数值是间断计数的。时点指标没有必要进行连续登记，有的也是不可能连续进行登记的，如一国的总人口数。

区分时期指标和时点指标决定了统计处理与应用上的不同。在运用时期指标和时点指标时，注意若同一指标从不同的角度考虑，则总量指标的性质也不同，例如，年末人口数和年初人口数是时点指标，但年末人口数减去年初人口数所得的人口净增数则为时期指标。

（三）总量指标的计量单位

总量指标的计量形式都是有名数，都有计量单位。根据总量指标所反映现象的性质不同，其计量单位一般有实物单位、价值单位和劳动单位三种。

1. 实物单位

实物单位是根据事物的外部特征或物理属性而采用的单位，它表明现象总体的使用价值总量。实物单位又分为自然单位、度量衡单位、复合单位、双重单位和标准实物单位。

（1）自然单位。如鞋以“双”为单位，桌子以“张”为单位，拖拉机以“台”为单位等。

（2）度量衡单位。度量衡单位是以已经确定出的标准来计量实物的重量、长度、面积、容积等的单位，如吨、千米、米等。

（3）复合单位。复合单位是两个单位的乘积，如货物周转量用“吨千米”计量，电的度数用“千瓦时”计量等。

（4）双重单位。双重单位是用两种或两种以上的单位结合起来进行计量，如起重机的计量单位是“台/吨”。

（5）标准实物单位。标准实物单位是按照统一的折算标准来计量事物数量的一种实物单位。它主要用于计量存在差异的工业产品和农产品，为了准确地反映其总量，需要把各产品按照一定的标准折合成标准品再相加。例如，把含氮量不同的化肥都折合成含氮量100%的标准化肥，把各种能源都折合成热量值为7 000千卡/千克的标准煤等。以实物单位计量的总量指标叫做实物指标。

2. 价值单位

价值单位也叫货币单位，是以货币作为价值尺度来计量社会财产和劳动成果，它表明现象总体的价值总量。例如，国内生产总值、城乡居民储蓄额、外汇收入、财政收入等都必须用货币单位来计量，常见的货币单位有美元、人民币元、欧元等。用货币单位计量的总量指标叫做价值指标。

3. 劳动单位

劳动单位主要用于企业内部计量工业产品的数量。它是用生产工业产品所必需的劳动时间来计量生产工人的劳动成果，如工时、工日、人工数等，为成本核算和计算劳动生产率提供依据。

（四）总量指标统计的要求

总量指标数值都是通过对总体单位进行全面调查登记，采用直接计数、点数或测量等方法，逐步计算汇总得出的。例如，统计报表中的总量资料、普查中的总量资料，都是采用这种直接计量法取得的。只有在不能直接计算或不必直接计算总体的总量指标的少数情况下，才采用估计推算的方法取得有关的总量资料。

总量指标数值在计算方法上比较简单，但是在计算内容上却相当复杂。在统计总量指标的过程中，我们应该注意以下事项：

（1）明确总量指标的含义。对总量指标的实质，包括其含义、范围作严格的界定。总量指标的计算，并非单纯的汇总技术问题。一些总量指标，如人口数、企业数，从表面上看比较简单，但我们首先要对“工业企业”的含义加以明确界定，才能统计出准确的工业企业数。

（2）计算实物指标时，要注意现象的同类性。对于不同类现象我们不能简单地相加汇总，如简单地把钢、煤、粮、棉等产品进行直接加总是毫无意义的。不过，我们对现象的同类性要求不能绝对化，例如，计算货物运输总量时，产品的同类性就不成为计算的条件，因为它只能通过货物的重量和里程计算货物量和货物周转量。

(3) 要有统一的计量单位。在计算实物指标时，不同实物单位代表不同类现象，而同类现象又可能因历史或习惯的原因采用不同的计量单位。计量单位不统一，容易造成统计上的差错和混乱，所以，重要的总量指标的实物单位应按照全国统一规定的指标目录中的单位计量。

二、相对指标

(一) 相对指标的概念与表现形式

1. 相对指标的概念

相对指标又称相对数，它是应用对比的方法，来反映社会经济现象中某些相关事物间数量联系程度的综合指标，其表现形式为相对数。一般可用来反映现象的发展程度、结构、强度、普遍程度或比例关系，如人口的性别比例和年龄构成、人口的出生率和死亡率等。相对指标可以反映现象之间的相互联系程度，说明总体现象的质量、经济效益和经济实力情况。

2. 相对指标的表现形式

相对数可用有名数或无名数表示，这也是相对数的计量单位。

有名数主要用于强度相对数的表示，它是由计算强度相对数时的分子和分母的计量单位共同表示，如人口密度用“人/平方千米”表示等。

相对数一般表现为无名数，表现形式一般为倍数或系数、成数、百分数、千分数等。

倍数是将对比的基数定为 1 而计算出来的相对数，两个数字对比，分子数值大于分母数值很多时可用倍数表示。成数是将对比的基数定为 10 而计算出来的相对数，比如粮食产量增产 1 成，即增长$\frac{1}{10}$。百分数是将对比的基数定为 100 而计算出来的相对数，它是相对指标最常用的一种表现形式。统计中还把两个以百分数表示的指标进行对比，若差距相当于 1%，称为 1 个百分点。比如，某企业计划劳动生产率比去年同期提高 10%，实际提高 12%，这说明实际劳动生产率比计划任务多了 2 个百分点。千分数是在分子数值小于分母数值很多的情况下运用，它是将对比的基数定为 1 000 所计算出来的相对数，如人口出生率、死亡率、自然增长率多用千分数表示。

(二) 相对指标的种类与计算

随着统计分析目的的不同，两个相互联系的指标数值对比，可以采取不同的比较标准，而对比所起的作用也有所不同，从而形成不同的相对指标。相对指标一般有六种形式，即结构相对数、比例相对数、比较相对数、强度相对数、动态相对数和计划完成程度相对数。

1. 结构相对数

研究社会经济现象总体时，不仅要掌握其总量，而且要揭示总体内部的组成数量表现，亦即要对总体内部的结构进行数量分析，这就需要计算结构相对数。

结构相对数就是在分组的基础上，以各组（或部分）的单位数与总体单位总数对比，或以各组（或部分）的标志总量与总体的标志总量对比求得的比重，借以反映总体内部结构的一种综合指标。一般用百分数、成数或系数表示，可以用公式表示如下：

$$结构相对数=\frac{各组（或部分）总量}{总体总量}\times 100\%$$

概括地说，结构相对数就是部分与全体对比得出的比重或比率。由于对比的基础是同一总体的总数值，因此各部分（或组）所占比重之和应当等于100%或1。

在社会经济统计中，结构相对数应用广泛，它的主要作用可以概括为以下几个方面：

（1）结构相对数可以说明在一定的时间、地点和条件下，总体结构的特征。

例如，从表5—1—2所列的资料中，可以看出2009年浙江省生产总值构成的特点。

表5—1—2　　2009年浙江省生产总值构成

项　目	占总数的比率（%）
生产总值	100.0
第一产业	5.1
第二产业	51.8
其中：工业	45.8
建筑业	6.0
第三产业	43.1

资料来源：http://www.zj.stats.gov.cn/.

（2）不同时期结构相对数的变化，可以反映事物性质的发展趋势，分析经济结构的演变规律。

例如，从表5—1—3的资料中，可以看出不同年份的世界农业人口在总人口中所占的比重呈现出平稳下降的趋势，这也是伴随经济发展、工业化程度提高和社会进步而产生的必然结果。

表5—1—3　　世界人口和农业人口的发展趋势

	1950年	1960年	1970年	1980年	1985年	1990年	2000年	2010年	2020年	2025年
世界人口（亿人）	25.2	30.2	36.9	44.5	48.5	52.9	62.5	71.9	80.6	84.7
其中：农业人口（亿人）	16.2	17.6	17.6	21.9	22.9	23.9	25.7	26.6	26.5	26.2
占世界总人口的百分比（%）	64.3	58.3	47.7	49.2	47.2	45.2	41.1	37.0	32.9	30.9

资料来源：张宏：《世界人口和农业人口的发展趋势》，载《兰州商学院学报》，1990（2）。

（3）根据各构成部分所占比重的大小，结构相对数可以反映所研究现象总体的质量以及人、财、物的利用情况。

例如，文盲率、入学率、青年受高等教育人口比率等可从文化教育方面表明人口的质量；产品的合格率、优质品率、高新技术品率、商品损耗率等可表明企业的工作质量；出勤或缺勤率、设备利用率等，则可反映企业的人、财、物的利用状况。

（4）利用结构相对数，有助于分清主次，确定工作重点。

例如，在物资管理工作中，采用ABC分析法，其基本原理就是对影响经济活动的因素进行分析，按各种因素的影响程度的大小分为A、B、C三类，实行分类管理。采用这种方法的依据，就是根据对统计资料的分析，计算结构相对数，如表5—1—4所示。

表5—1—4　　某物资企业物资分类表　　单位：%

类　别	占资金的比重	占品种的比重
A	80	20
B	15	30
C	5	50

可见，应重点抓好A类物资的管理，其次要注意B类物资的处理，这样就可以控制资金的95%，收到较好的经济效果。

2. 比例相对数

比例相对数是反映总体中各个组成部分之间的比例关系和均衡状况的综合指标。它是同一总体中某一部分数值与另一部分数值静态对比的结果，计算公式为：

$$比例相对数=\frac{总体中某一部分数值}{总体中另一部分数值}\times 100\%$$

比例相对指标的数值，一般用百分数或几比几的形式表示。例如，2011年，我国年末全国大陆总人口为134 735万人，其中男性为69 068万人，女性为656 67万人，则男性对女性比例为1.05∶1；又如，某学校教学人员为900人，非教学人员为100人，则教学人员与非教学人员的比例用几比几形式可表示为9∶1。统计分析中，有时还要求用连比形式表示总体中若干个组的比例关系。例如，国内生产总值中，第一、二、三产业的比例。

根据统计资料，计算各种比例相对数，反映有关事物之间的实际比例关系，有助于认识客观事物是否符合按比例协调发展的要求，参照有关标准，可以判断比例关系是否合理。在宏观经济管理中，这对于研究分析整个国民经济和社会发展是否协调均衡具有重要的意义。

3. 比较相对数

比较相对数就是将不同地区、单位或企业之间的同类指标数值作静态对比而得出的综合指标，表明同类事物在不同空间条件下的差异程度或相对状态。比较相对数一般用倍数表示，有时也可用系数或百分数表示。其计算公式可以概括如下：

$$比较相对数=\frac{甲地区（单位或企业）某类指标数值}{乙地区（单位或企业）同类指标数值}\times 100\%$$

例如，有两个类型相同的工业企业，甲企业全员劳动生产率为18 542元/人·年，乙企业全员劳动生产率为21 560元/人·年，则两个企业全员劳动生产率的比较相对数为：

$$\frac{18\ 542}{21\ 560}\times 100\%=86\%$$

用来对比的两个性质相同的指标数值，其表现形式不一定仅限于绝对数，也可以是其他的相对数或平均数。在经济管理工作中，比较相对数应用广泛，例如用各种质量指标在企业之间、车间或班组之间进行对比，把各项技术经济指标与国家规定的标准条件进行对比，与同类企业的先进水平或世界先进水平进行对比，借以找差距、挖潜力、定措施，为提高企业的经营管理水平提供依据。

4. 强度相对数

强度相对数是指在同一地区或单位内，由两个性质不同而有一定联系的总量指标数值对比得出的相对数，是用来分析不同事物之间的数量对比关系，表明现象的强度、密度和普遍程度的综合指标。其计算公式可以概括为：

$$强度相对数=\frac{某一总量指标数值}{另一个性质不同而有一定联系的总量指标数值}$$

【例 5—1—1】 我国土地面积为 960 万平方千米，第五次人口普查人口总数为 129 533 万人，则：

$$人口密度=\frac{129\ 533}{960}=134.93\ (人/平方千米)$$

又如，人均 GDP＝GDP/平均人口，人口出生率＝出生人数/总人数，以铁路（公路）长度与土地面积对比，可以得出铁路（公路）密度等。这些强度相对数都是用来反映现象的密集程度或普遍程度的指标。

利用强度相对数来说明社会经济现象的强弱程度时，广泛采用人均产量指标来反映一个国家的经济实力。例如，按全国人口数计算的人均钢产量、人均粮食产量等，这种强度相对数的数值越大，表示一个国家的经济发展程度越高，经济实力越强。

强度相对数由于是两个性质不同但有一定联系的总量指标数值之比，因此在多数情况下，是用分子与分母原有单位组成的复合单位表示的，如人口密度用“人/平方千米”，人均钢产量用“吨/人”等。但有少数的强度相对数因其分子与分母的计量单位相同，所以可以用千分数或百分数表示其指标数值。例如，人口自然增长率是年内增加人口与年平均人口的比，结果用‰表示；商品流通费用与商品销售额对比得出的商品流通费用率，则用百分数表示。

有少数反映社会服务行业的负担情况或保证程度的强度相对数，其分子和分母可以互换。当计算强度相对数的分子、分母的位置互换后，会产生正指标和逆指标，我们将指标数值越大越好的指标称为正指标，而指标数值越小越好的指标称为逆指标，例如：

$$商业网点密度（正指标）=\frac{零售商业机构数（个）}{地区人口数（千人）}$$

$$商业网点密度（逆指标）=\frac{地区人口数（千人）}{零售商业机构数（个）}$$

5. 动态相对数

动态相对数是将同一现象在不同时期的两个数值进行动态对比而得出的相对数，借以表明现象在时间上发展变动的程度。一般用百分数或倍数表示，也称为发展速度。其计算公式为：

$$动态相对数=\frac{报告期指标数值}{基期指标数值}\times 100\%$$

通常，作为比较标准的时期称为基期，与基期对比的时期称为报告期。

6. 计划完成程度相对数

计划完成程度相对数是社会经济现象在某时期内实际完成数值与计划任务数值对比的结果，一般用百分数来表示。其计算公式为：

$$计划完成程度相对数=\frac{实际完成数}{计划任务数}\times 100\%$$

【例 5—1—2】 某企业计划 2011 年实现利税 2 000 万元，实际实现 2 050 万元，则：

$$利税计划完成程度（\%）=\frac{2\ 050}{2\ 000}\times 100\%=102.5\%$$

由于计划数在实际计算中可以表现为绝对数、相对数、平均数等多种形式，因此计算计划完成程度相对数的方法也不尽相同。

（1）计划数为绝对数和平均数时。当使用绝对数和平均数计算计划完成程度相对指标时，可直接用上述计算公式。

【例 5—1—3】 某企业的产品计划产量 1 000 件，实际完成 1 120 件，则产量计划完成程度相对数为：

$$计划完成程度相对数=\frac{1\ 120}{1\ 000}\times 100\%=112\%$$

计算结果表明，该企业超额 12%完成产量计划，实际产量比计划产量增加了 120 件。

【例 5—1—4】 某企业劳动生产率计划达到 8 000 元/人，某种产品计划单位成本为 100 元，该企业实际劳动生产率达到 9 200 元/人，该产品实际单位成本为 90 元，其计划完成程度相对数为：

$$劳动生产率计划完成程度相对数=\frac{9\ 200}{8\ 000}\times 100\%=115\%$$

$$单位成本计划完成程度相对数=\frac{90}{100}\times 100\%=90\%$$

计算结果表明，该企业劳动生产率实际比计划提高了 15%，而某产品单位成本实际比计划降低了 10%。这里，劳动生产率为正指标，单位成本为逆指标。

在检查中长期计划的完成情况时，根据计划指标的性质不同，计算可分为水平法和累计法。

1）水平法。用水平法检查计划完成程度就是根据计划末期（最后一年）实际达到的水平与计划规定的同期应达到的水平相比较，来确定全期是否完成计划。其计算公式为：

$$计划完成程度相对数=\frac{中长期计划末期实际达到的水平}{中长期计划末期计划达到的水平}\times 100\%$$

【例 5—1—5】 某企业按五年计划规定的最后一年的产量应达到 720 万件，实际执行情况如表 5—1—5 所示。

表 5—1—5　　某企业五年计划完成情况　　单位：万件

年份	第一年	第二年	第三年	第四年				第五年			
				一季	二季	三季	四季	一季	二季	三季	四季
产量	300	410	530	150	160	170	170	190	190	210	210

则该企业产量五年计划完成程度相对数为：

$$计划完成程度相对数=\frac{190+190+210+210}{720}\times 100\%=111.11\%$$

计算结果表明，该企业超额 11.11%完成产量五年计划。

采用水平法计算，只要有连续一年时间（可以跨年度）实际完成水平达到最后一年计划水平，就算完成了五年计划，余下的时间就是提前完成计划时间。在例5—1—5中，该企业实际在从五年计划的第四年第三季度到第五年第二季度这连续一年时间内的产量达到了计划期最后一年计划产量720万件水平，完成了五年计划，那么第五年下半年这半年时间就是提前完成计划的时间。

2）累计法。累计法就是整个计划期间实际完成的累计数与同期计划数相比较，来确定计划完成程度。计算公式为：

$$\text{计划完成程度相对数}=\frac{\text{中长期计划末期实际累计完成量}}{\text{中长期计划末期计划累计量}}\times 100\%$$

【例5—1—6】 某地区“九五”期间计划五年固定资产投资总额为150亿元，实际各年投资情况见表5—1—6。

表5—1—6　　某地区“九五”期间固定资产投资完成情况　　单位：亿元

年　份	1996	1997	1998	1999	2000
固定资产实际投资额	29.4	32.6	39.1	48.9	60

则该地区“九五”期间固定资产投资的计划完成程度相对数为：

$$\text{计划完成程度相对数}=\frac{29.4+32.6+39.1+48.9+60}{150}\times 100\%=140\%$$

计算结果表明，该地区超额40%完成“九五”期间固定资产投资计划。

采用累计法计算，只要从中长期计划开始至某一时期止，累计完成数达到计划数，就是完成了计划。例5—1—6中，前四年投资额已完成五年计划，比计划时间提前一年。

（2）计划数为相对数时。当计划数为相对数时，计划完成程度相对数计算公式为：

$$\text{计划完成程度相对数}=\frac{\text{实际达到的百分数}}{\text{计划规定的百分数}}\times 100\%$$

【例5—1—7】 某企业某产品产量计划要求增长10%，同时该种产品单位成本计划要求下降5%，而实际产量增长了12%，实际单位成本下降了8%，则计划完成程度相对数为：

$$\text{产量计划完成程度相对数}=\frac{100\%+12\%}{100\%+10\%}\times 100\%=101.82\%$$

$$\text{单位成本降低计划完成程度相对数}=\frac{100\%-8\%}{100\%-5\%}\times 100\%=96.84\%$$

计算结果表明，产量计划完成程度大于100%，说明超额完成计划。而单位成本计划完成程度小于100%，说明实际成本比计划成本有所降低，也超额完成了成本降低计划。

任务二　数据集中趋势描述

数据集中趋势是指一组数据向某一中心值靠拢的程度，它反映了一组数据中心点的位置所在。集中趋势描述（测度）就是寻找数据水平的代表值或中心值。数据水平的代表值或中心值通常用平均指标来反映。平均指标又称统计平均数，用以反映社会经济现象总体各单位某一数量标志在一定时间、地点条件下所达到的一般水平的综合指标。

平均指标的特点是：(1) 把总体各单位标志值的差异抽象化了；(2) 平均指标是个代表值，代表总体各单位标志值的一般水平。

平均指标的种类有：算术平均数、调和平均数、几何平均数、众数和中位数。前三种平均数是根据总体标志值计算的，所以称为数值平均数；后两种平均数是根据标志值所处的位置确定的，所以称为位置平均数。

平均指标可以反映总体各单位变量分布的集中趋势，可以用来比较同类现象在不同单位发展的一般水平，也可以用来比较同一单位的同类指标在不同时期的发展状况，还可以用来分析现象之间的依存关系等。

一、算术平均数

(一) 算术平均数的含义

对于很多社会经济现象，总体标志总量常常是总体单位变量值的算术总和。例如，工人工资总额是总体中每个工人工资的总和，某地区小麦总产量是所有耕地小麦产量的总和。在总体标志总量和总体单位总量的基础上，就可以计算平均指标。

算术平均数是一种应用最为广泛的平均数。它是对总体各单位的某一数量标志进行的平均，即总体各单位某一标志值的算术和除以总体单位数。算术平均数的基本计算公式为：

$$\text{算术平均数}=\frac{\text{总体标志总量（变量值总量）}}{\text{总体单位总量（变量值个数）}}$$

算术平均数一般就称为平均数，在已知研究对象的总体标志总量及总体单位总量时，可直接利用上式计算。例如，某企业某月的工资总额为 680 000 元，职工总数为 1 000 人，则：

$$\text{该企业职工月平均工资}=\frac{680\ 000}{1\ 000}=680\text{（元）}$$

利用上式计算时，各变量值必须是同质的，分子与分母必须属于同一总体，即公式的分子是分母具有的标志值，分母是分子的承担者。

算术平均数与强度相对数都是两个总量指标的比值，也都是有名数，都反映了相互联系的两个现象之间的数量对比关系，计算方法也非常相似。但它们却是两个性质不同的统计指标，主要区别有两点：

其一，分子指标（标志总量）与分母指标（总体单位数）的关系不同。算术平均数的分子指标与分母指标属于同一个统计总体，是同一统计总体的总体标志总量与总体单位总量的比值；而强度相对数则是来自两个不同总体但有联系的总量指标之比。

其二，算术平均数的分子指标随着分母指标的变动而变动，二者互相适应；而强度相对数的分子指标同分母指标之间不存在这样的关系。

(二) 算术平均数的种类与计算

算术平均数在统计学中具有重要的地位，是集中趋势的最主要度量值，通常用 $\bar{x}$ 表示。根据所掌握数据形式的不同，算术平均数有简单算术平均数和加权算术平均数。

1. 简单算术平均数

简单算术平均数适用于未分组的统计资料，如果已知各单位标志值和总体单位数，可采用简单算术平均数方法计算。计算公式如下：

$$\bar{x}=\frac{x_1+x_2+\cdots+x_n}{n}=\frac{\sum x}{n}$$

【例 5—1—8】据南方人才服务中心调查，从事 IT 行业的从业人员年薪在 40 000～55 000元，表 5—1—7 的数据是 IT 从业人员年薪的一个样本：

表 5—1—7　24 名 IT 从业人员年薪资料表　单位：元

49 100	48 600	49 950	48 800	47 200	49 900	51 350	54 600
49 300	51 200	51 000	49 400	51 400	51 800	49 600	53 400
48 700	50 300	49 000	49 800	48 900	48 650	51 300	51 900

根据表 5—1—7 的数据，由简单算术平均数的计算公式可得 IT 从业人员的平均年薪为：

$$\text{平均年薪}\ \bar{x}=\frac{\sum x}{n}=\frac{49\ 100+49\ 300+\cdots+53\ 400+51\ 900}{24}=50\ 214.58(\text{元})$$

简单算术平均数的大小只受各变量值本身大小的影响，其平均数的大小不会超过变量值的变动范围。

2. 加权算术平均数

加权算术平均数适用于分组的统计资料，如果已知各组的变量值和变量值出现的次数，则可采用加权算术平均数计算。计算公式如下：

$$\bar{x}=\frac{x_1f_1+x_2f_2+\cdots+x_nf_n}{f_1+f_2+\cdots+f_n}=\frac{\sum xf}{\sum f}$$

式中，f 为各组变量值出现的频数；x 为各组的标志，在分组资料中，x 用组中值代替。

【例 5—1—9】某车间 24 名工人生产某种零件的情况如表 5—1—8 所示。

表 5—1—8　某车间 24 名工人生产某种零件的情况

日产量（件）	18	19	20	21	22	合计
工人数（人）	4	3	9	5	3	24
各组产量（件）	72	57	180	105	66	480

根据表 5—1—8 的数据，由加权算术平均数的计算公式得人均日产量为：

$$\text{平均日产量}\ \bar{x}=\frac{18\times4+19\times3+20\times9+21\times5+22\times3}{4+3+9+5+3}=\frac{480}{24}=20(\text{件/人})$$

【例 5—1—10】某企业 50 名工人加工零件的情况如表 5—1—9 所示。

表 5—1—9　某企业 50 名工人加工零件的情况

按零件数分组	组中值 x	频数 f	xf
105～110	107.5	3	322.5
110～115	112.5	5	562.5

续前表

按零件数分组	组中值 x	频数 f	xf
115～120	117.5	8	940.0
120～125	122.5	14	1 715.0
125～130	127.5	10	1 275.0
130～135	132.5	6	795.0
135～140	137.5	4	550.0
合　计	—	50	6 160.0

根据表 5—1—9 的数据，由加权算术平均数的计算公式得人均日产量为：

$$\text{平均日产量 } \bar{x}=\frac{\sum xf}{\sum f}=\frac{6\ 160}{50}=123.2(\text{件})$$

加权算术平均数的大小受两个因素的影响：一是受变量值 x 大小的影响，二是受次数分配值即各组次数占总次数比重的影响。

加权算术平均数中的权数，指的是标志值出现的次数 f 或各组次数占总次数的比重 $\frac{f}{\sum f}$。在计算平均数时，由于出现次数多的标志值对平均数的形成影响大些，出现次数少的标志值对平均数的形成影响小些，因此就把次数称为权数。在分组数列的条件下，当各组标志值出现的次数或各组次数所占比重均相等时，权数就失去了权衡轻重的作用，这时用加权算术平均数计算的结果与用简单算术平均数计算的结果相同。

如果是计算相对数的平均数，则应符合所求的相对数本身的公式，将分子视为总体标志总量，分母视为总体单位总量。

【例 5—1—11】 某季度某工业公司 18 个工业企业产值计划完成程度资料如表 5—1—10 所示。

表 5—1—10　　　　某工业公司产值完成情况表

产值计划完成程度（%）	组中值 x（%）	企业数（个）	计划产值 f（万元）	实际产值 xf（万元）
80～90	85	2	800	680
90～100	95	3	2 500	2 375
100～110	105	10	17 200	18 060
110～120	115	3	4 400	5 060
合计	—	18	24 900	26 175

根据表 5—1—10 的数据，平均产值计划完成程度为：

$$\text{平均产值计划完成程度}=\frac{\text{实际产值}}{\text{计划产值}}=\frac{\sum xf}{\sum f}=\frac{26\ 175}{24\ 900}\times 100\%=105.12\%$$

计划完成相对数的计算公式是实际完成数与计划任务数之比，因此，平均计划完成程度的计算只能是所有企业的实际完成数与其计划任务数之比，不能把各个企业的计划完成百分数进行简单平均。

二、调和平均数

（一）调和平均数的含义

调和平均数是标志值倒数的算术平均数的倒数，所以又叫倒数平均数。调和平均数又分为简单调和平均数和加权调和平均数两种。

为了方便说明调和平均数的概念和计算方法，我们先看一个简单的例子。

【例 5—1—12】 市场上早、中、晚蔬菜的价格分别是早晨 0.67 元/千克，中午 0.5 元/千克，晚上 0.4 元/千克。现在，我们分别按四种方法购买蔬菜，分别计算平均价格。

第一种买法：早、中、晚各买 1 千克，则蔬菜平均价格为：

$$\bar{x}=\frac{\sum x}{n}=\frac{0.67+0.5+0.4}{3}=0.523\text{（元/千克）}$$

第二种买法：早晨买 1 千克，中午买 2 千克，晚上买 3 千克，则蔬菜平均价格为：

$$\bar{x}=\frac{\sum xf}{\sum f}=\frac{0.67\times 1+0.5\times 2+0.4\times 3}{1+2+3}=0.478\text{（元/千克）}$$

第三种买法：早、中、晚各买 1 元。在这种情况下，计算蔬菜平均价格比上述两种方法稍微复杂一些，我们得先计算出 1 元所购买蔬菜的数量，然后计算蔬菜的平均价格。

要计算蔬菜的平均价格，首先应该计算出早、中、晚各花费 1 元所购买蔬菜的数量：

$$\text{早晨购买蔬菜的数量}=\frac{1}{0.67}=1.5\text{（千克）}$$

$$\text{中午购买蔬菜的数量}=\frac{1}{0.5}=2\text{（千克）}$$

$$\text{晚上购买蔬菜的数量}=\frac{1}{0.4}=2.5\text{（千克）}$$

蔬菜平均价格为：

$$\bar{x}=\frac{1+1+1}{\frac{1}{0.67}+\frac{1}{0.5}+\frac{1}{0.4}}=\frac{3}{1.5+2+2.5}=0.5\text{（元/千克）}$$

这种计算平均指标的方法同算术平均法有很大的不同，由于资料中缺乏总体单位总量，因此就不可能直接用算术平均的方法计算平均指标。为了达到计算目的，首先要用变量值的倒数计算出总体单位总量来，然后计算平均指标，调和平均数法因此而得名，也正是由于这个原因，调和平均数又称为倒数平均数。

第四种买法：早晨买 1 元，中午买 2 元，晚上买 3 元。

和第三种买法一样，我们首先计算出早晨、中午和晚上所购买蔬菜的数量，然后计算平均价格。

$$\text{早晨购买蔬菜的数量}=\frac{1}{0.67}=1.5\text{（千克）}$$

$$\text{中午购买蔬菜的数量}=\frac{2}{0.5}=4\text{（千克）}$$

晚上购买蔬菜的数量$=\frac{3}{0.4}=7.5$（千克）

蔬菜平均价格为：

$$\bar{x}=\frac{1+2+3}{\frac{1}{0.67}+\frac{2}{0.5}+\frac{3}{0.4}}=\frac{6}{1.5+4+7.5}=0.46\text{（元/千克）}$$

在上述计算平均价格的过程中，早、中、晚三个时段购买蔬菜所花费的现金是计算平均价格的权数，这种方法我们称为加权调和平均法。

由以上分析过程得出调和平均数的定义：调和平均数是各个变量值倒数的算术平均数的倒数，习惯上用 $\bar{x}_H$ 表示。

（二）调和平均数的种类与计算

1. 简单调和平均数

如果掌握的资料是未分组的总体各单位的标志值和标志总量，则用简单调和平均数计算平均指标。其计算公式为：

$$\bar{x}_{\mathrm{H}}=\frac{n}{\sum\frac{1}{x}}$$

式中，$\bar{x}_{\mathrm{H}}$ 代表调和平均数，n 代表标志总量，其他符号与前相同。

【例 5—1—13】某商品在淡季、平季、旺季的价格分别是 100 元、116 元、140 元，假设分别以淡季、平季、旺季的价格购买 1 元的这种商品，求该商品的平均价格。

$$\bar{x}_{\mathrm{H}}=\frac{n}{\sum\frac{1}{x}}=\frac{3}{\frac{1}{100}+\frac{1}{116}+\frac{1}{140}}=\frac{3}{0.025\,76}=116.46\text{(元)}$$

从形式上看，调和平均数和算术平均数有明显的区别，但从计算内容上看，两者是一致的，均为总体标志总量与总体单位总量的对比。

2. 加权调和平均数

如果掌握的资料是各组的标志值和标志总量，而未掌握各组单位数，则用加权调和平均数计算平均指标。其计算公式为：

$$\bar{x}_{\mathrm{H}}=\frac{\sum m}{\sum\frac{m}{x}}$$

式中，m 代表各组标志总量，其他符号与前相同。

【例 5—1—14】某食堂购进某种蔬菜，相关资料见表 5—1—11，求这种蔬菜的平均价格。

表 5—1—11　　某种蔬菜价格资料及其计算表

时间	价格 x（元/千克）	购买金额 m（元）	购买量 $\frac{m}{x}$（千克）
早	1.00	10.0	10.0
中	1.20	15.0	12.5

续前表

时间	价格 x（元/千克）	购买金额 m（元）	购买量 $\frac{m}{x}$（千克）
晚	1.10	20.0	18.2
合计	—	45.0	40.7

根据上表计算食堂购进这种蔬菜的平均价格为：

$$\bar{x}_H=\frac{\sum m}{\sum \frac{m}{x}}=\frac{10.0+15.0+20.0}{40.7}=\frac{45.0}{40.7}=1.106(\text{元/千克})$$

通过上例计算可以看出，加权平均数实质上是加权算术平均数的一种变换形式。其变换形式如下：

$$\bar{x}_H=\frac{\sum m}{\sum \frac{m}{x}}=\frac{\sum xf}{\sum \frac{xf}{x}}=\frac{\sum xf}{\sum f}$$

三、几何平均数

（一）几何平均数的含义

几何平均数是指 n 个比率乘积的 n 次方根。

（二）几何平均数的种类与计算

社会经济统计中，几何平均法适用于计算平均比率和平均速度。几何平均数是 n 项变量值连乘积的 n 次方根。几何平均数分为简单几何平均数和加权几何平均数。

1. 简单几何平均数

$$\bar{x}_G=\sqrt[n]{x_1\cdot x_2\cdot x_3\cdot\cdots\cdot x_n}$$

【例 5—1—15】某产品需经三个车间连续加工，已知三个车间制品的合格率分别为 95%、90%、98%，求三个车间平均合格率。

由于产品是由三个车间连续加工完成的，第二个车间加工的是第一个车间完工的合格制品，第三个车间加工的又是第二个车间完工的合格制品，因此，三个车间总合格率是三个车间相应合格率的连乘积，求平均合格率就不能采用算术平均法，而应当采用几何平均法。则三个车间平均合格率为：

$$\bar{x}_G=\sqrt[n]{x_1\cdot x_2\cdot x_3\cdot\cdots\cdot x_n}=\sqrt[3]{95\%\times 90\%\times 98\%}=94.28\%$$

2. 加权几何平均数

$$\bar{x}_G=\sqrt[f_1+f_2+\cdots+f_n]{x_1^{f_1}\cdot x_2^{f_2}\cdot\cdots\cdot x_n^{f_n}}$$

【例 5—1—16】某投资银行 25 年的年利率分别是：1 年 3%，4 年 5%，8 年 8%，10 年 10%，2 年 15%，求平均年利率。

$$\begin{aligned}\bar{x}_G&=\sqrt[\sum f]{x_1^{f_1}\cdot x_2^{f_2}\cdot\cdots\cdot x_n^{f_n}}=\sqrt[25]{1.03\times 1.05^4\times 1.08^8\times 1.1^{10}\times 1.15^2}\\&=1.086=108.6\%\end{aligned}$$

四、众数

（一）众数的概念

众数是总体中出现次数最多的标志值，它能直观地说明客观现象分配中的集中趋势，用字母 M_o 表示。例如某车间 80 名工人中技术等级为 4 级的有 58 人，人数最多，则 4 级为众数，用它表示该车间工人技术等级的一般水平。如果总体中出现次数最多的标志值不是一个，而是两个，那么，合起来就是复（双）众数。

由众数的定义可看出众数存在的条件：就是当总体的单位数较多，各标志值的次数分配又有明显的集中趋势时才存在众数。如果总体单位数很少，尽管次数分配较集中，那么计算出来的众数意义也不大；如果总体单位数较多，但次数分配不集中，即各单位的标志值在总体分布中出现的比重较均匀，那么也不存在众数。

众数是由标志值出现次数多少决定的，不受资料中极端数值的影响，这样增强了众数对总体一般水平的代表性。根据变量数列的不同种类，确定众数可采用不同的方法。

（二）众数的计算方法

单项数列确定众数的方法是观察次数，出现次数最多的标志值就是众数。这种方法比较简单，如表 5—1—12 所列：

表 5—1—12　　某种商品的价格情况

价格（元）	销售数量（千克）
2.00	20
2.40	60
3.00	140
4.00	80
合计	

上表所列的数列中价格为 3.00 元的商品销售量最多，即出现次数最多，则众数 M_o= 3.00 元。

组距数列确定众数的方法是观察次数，首先由最多次数来确定众数所在组，然后用比例插值法推算众数的近似值。其计算公式为：

下限公式：$$M_o = L + \frac{\Delta_1}{\Delta_1 + \Delta_2} \cdot d$$

上限公式：$$M_o = U - \frac{\Delta_2}{\Delta_1 + \Delta_2} \cdot d$$

式中，M_o 表示众数；L 表示众数所在组的下限；U 表示众数所在组的上限；Δ_1 表示众数所在组次数与前一组次数之差；Δ_2 表示众数所在组次数与后一组次数之差；d 表示众数所在组的组距。

由于各组次数可以用绝对数表示，也可以用相对数表示，因而当根据次数来确定众数时，既可以根据绝对次数计算，也可以根据相对次数计算。

【例 5—1—17】某班学生统计学考试成绩情况见表 5—1—13。

表 5—1—13　　某班学生统计学考试成绩情况表

学生成绩 x（分）	学生人数 f（人）	学生人数比重（%）
50 以下	2	2.5
50～60	4	5.0
60～70	14	17.5
70～80	46	57.5
80～90	10	12.5
90 以上	4	5.0
合计	80	100.0

从表 5—1—13 的数据可以看出 70～80 为众数所在的组，则按绝对数计算（下限公式）：

$$M_o = L + \frac{\Delta_1}{\Delta_1 + \Delta_2} \cdot d = 70 + \frac{46-14}{(46-14)+(46-10)} \times 10 = 74.706(\text{分})$$

按相对数计算（上限公式）：

$$M_o = U - \frac{\Delta_2}{\Delta_1 + \Delta_2} \cdot d = 80 - \frac{57.5\% - 12.5\%}{(57.5\% - 17.5\%) + (57.5\% - 12.5\%)} \times 10$$
$$= 74.706\ (\text{分})$$

（三）众数的特点

从众数的计算可以看到众数的特点：

(1) 众数是一个位置平均数，它只考虑总体分布中最频繁出现的变量值，而不受极端值和开口组数列的影响，从而增强了对变量数列一般水平的代表性。

(2) 众数是一个不容易确定的平均指标，当分布没有明显的集中趋势而趋均匀分布时，则无众数可言。当变量数列是不等距分组时，众数的位置也不好确定。

五、中位数

（一）中位数的概念

中位数是将总体各单位的标志值按大小顺序排列，处于数列中点位置的标志值为中位数。中位数将数列分为相等的两部分，一部分的标志值小于中位数，另一部分的标志值大于中位数。在许多情况下，不易计算平均值时，可用中位数代表总体的一般水平，如人口年龄中位数可表示人口总体年龄的一般水平。

（二）中位数的计算

1. 由未分组资料确定中位数

根据未分组资料确定中位数时，首先将标志值按大小顺序排列，如项数为奇数，中位数为居于中间的那个单位的标志值，如有 9 个数字，即 2，3，5，6，9，10，11，13，14，中位数为第 5 个，即为 9；如项数为偶数，中位数为居于中间的那 2 个单位标志值的平均值，如有 10 个数字，即 2，3，5，6，9，10，11，13，14，15，中位数为第 5 个和第 6 个的平均值，即 9.5。

2. 由单项式分组资料确定中位数

直接可用公式 $\frac{\sum f}{2}$ 确定中位数的位置，再根据位次用向上累计次数或向下累计次数的方法将次累计次数刚超过中位数位次的组确定为中位数组，该组的标志值即为中位数。

【例 5—1—18】某厂工人日产零件如表 5—1—14 所示，求中位数。

表 5—1—14　　某厂工人日产零件中位数计算表

按日产零件分组（件）	工人数（人）	向上累计次数
26	3	3
31	10	13
32	14	27
34	27	54
36	18	72
41	8	80
合计	80	

由上表数据资料可得，中位数位置＝80/2＝40。

按向上累计次数，到 34 所在组为 54，到 32 所在组为 27，故中位数应在 34 所在组，即中位数为 34。

3. 由组距分组资料确定中位数

若分组资料为组距式，则确定中位数也需要分两步进行：

首先按公式 $\frac{\sum f}{2}$ 求出中位数所在组的位置，该组的上、下限就确定了中位数的可能取值范围；其次假定在中位数组内的各单位是均匀分布的，就可利用下面的公式计算中位数的近似值：

$$下限公式：M_e = L + \frac{\frac{\sum f}{2} - S_{m-1}}{f_m} \cdot d$$

$$上限公式：M_e = U - \frac{\frac{\sum f}{2} - S_{m+1}}{f_m} \cdot d$$

式中，L 表示中位数组的下限，U 表示中位数组的上限，f_m 表示中位数组的次数，S_{m-1} 表示中位数所在组以前各组的累计次数，S_{m+1} 表示中位数所在组以后各组的累计次数，$\sum f$ 表示总次数，d 表示中位数所在组的组距。

【例 5—1—19】某班学生统计学期末考试成绩情况如表 5—1—15，求中位数。

表 5—1—15　　某班学生统计学期末考试成绩情况表

学生成绩（分）	学生人数（人）	人数向上累计	人数向下累计
50 以下	2	2	80
50～60	4	6	78
60～70	14	20	74
70～80	46	66	60
80～90	10	76	14
90 以上	4	80	4
合计	80	—	—

由上表数据资料可得，中位数位次为：

$$\frac{\sum f}{2}=\frac{80}{2}=40$$

因为 20<40<66，所以中位数在 70～80 这一组。

代入下限公式计算得：

$$M_e=L+\frac{\frac{\sum f}{2}-S_{m-1}}{f_m}\cdot d=70+\frac{\frac{80}{2}-20}{46}\times(80-70)=74.35(\text{分})$$

任务三　数据离散趋势描述

标志变异指标又称标志变动度，它综合反映总体各个单位标志值的差异程度或离散程度。以平均指标为基础，结合运用变异指标是统计分析的一个重要方法。

在统计研究中，一方面要计算平均数，用以反映总体各单位标志值的一般水平；另一方面也要测定标志变动度，用以反映总体各单位标志值的差异程度。

一、标志变异指标的作用

1. 反映总体各单位变量值分布的均衡性

一般来说，标志变异指标数值越大，总体各单位变量值分布的离散趋势越高、均衡性越低；反之，变量值分布的离散趋势越低、均衡性越高。

2. 说明平均指标的代表性程度

平均指标作为总体各单位某一数量标志的代表值，其代表性的高低与总体差异程度有直接关系：总体的标志变异指标值越大，平均数的代表性越低；总体的标志变异指标值越小，平均数的代表性越高。

3. 测定现象变动的均匀性或稳定性程度

例如：有两个乡的水稻平均单产都是 400 千克，甲乡的水稻单产在 350～450 千克，只占播种面积的 60%，而乙乡的水稻单产在 350～450 千克，只占播种面积的 30%。试问：哪个乡具有比较稳定而又可靠的收获量？

显然，在这种情况下，甲乡的收获量是比较稳定、可靠的。所以，在计算平均数后，还应该测定标志的变动度。

二、标志变异指标的种类及计算

标志变异指标包括以下几种：全距、平均差、标准差、是非标志的标准差和标志变异系数。

1. 全距

全距是测定标志变异程度的最简单的指标，它是标志的最大值和最小值之差，反映总体标志值的变动范围。用公式表示为：

全距＝最大标志值－最小标志值

如在某年级学生外语成绩中，最低分为 48 分，最高分为 96 分，全距＝96－48＝48（分）。从计算可知，全距仅取决于两个极端数值，不能全面反映总体各单位标志值变异的程度，也不能用来评价平均指标的代表性。

2. 平均差

平均差是各单位标志值对其算术平均数的离差绝对值的算术平均数，反映的是各标志值对其平均数的平均差异程度。其计算方法有简单和加权两种形式，计算公式如下：

未分组资料：$AD=\frac{\sum|x-\overline{x}|}{n}$

分组资料：$AD=\frac{\sum|x-\overline{x}|f}{\sum f}$

【例 5—1—20】 某企业工人日产量情况见表 5—1—16，求平均差。

表 5—1—16　某企业工人日产量的标准差计算表

按日产量分组（千克）	工人数 f（人）	组中值 x	$x-\overline{x}$	$\lvert x-\overline{x}\rvert f$
60 以下	10	55	−27.62	276.2
60～70	19	65	17.62	334.78
70～80	50	75	−7.62	381
80～90	36	85	2.38	85.68
90～100	27	95	12.38	334.26
100～110	14	105	22.38	313.32
110 以上	8	115	32.38	259.04
合计	164	—	—	1 984.28

由上表数据资料可得：

$$AD=\frac{\sum|x-\overline{x}|f}{\sum f}=\frac{1\,984.28}{164}=12.099$$

3. 标准差

标准差是总体中各单位标志值与算术平均数的离差平方的算术平均数的平方根，又称为均方差。它是测定标志变动程度的最主要的指标。标准差的实质与平均差基本相同，只是在数学处理方法上与平均差不同：平均差是用取绝对值的方法消除离差的正负号然后用算术平均的方法求出平均离差；而标准差是用平方的方法消除离差的正负号，然后对离差的平方计算算术平均数，并开方求出标准差。标准差的计算也有简单和加权两种形式，计算公式如下：

$$\sigma=\sqrt{\frac{\sum(x-\overline{x})^2}{n}}$$

$$\sigma=\sqrt{\frac{\sum(x-\overline{x})^2 f}{\sum f}}$$

【例 5—1—21】 以例 5—1—19 所提供的数据为例计算其标准差，见表 5—1—17。

表 5—1—17　　工人日产量标准差计算表

工人日产量（千克）	组中值 x（千克）	工人数 f（人）	总产量 xf（千克）	$(X-\overline{X})^2$	$(X-\overline{X})^2 f$
60 以下	55	10	550	762.86	7 628.6
60～70	65	19	1 235	310.46	5 898.74
70～80	75	50	3 750	58.06	2 903
80～90	85	36	3 060	5.66	203.76
90～100	95	27	2 565	153.26	4 138.02
100～110	105	14	1 470	500.86	7 012.04
110 以上	115	8	920	1 048.46	8 387.68
合计	—	164	13 550	—	36 171.84

由上表数据资料可得：

$$\overline{x}=\frac{x_1 f_1+x_2 f_2+\cdots+x_n f_n}{f_1+f_2+\cdots+f_n}=\frac{\sum xf}{\sum f}$$

$$=\frac{13\ 550}{164}=82.62(\text{千克})$$

$$\sigma=\sqrt{\frac{36\ 172.56}{164}}=14.85$$

4. 是非标志的标准差

在社会经济现象中，有时把某种社会经济现象的全部单位分为具有某一标志的单位和不具有某一标志的单位。例如：全部产品中，分为合格产品和不合格产品两组，全部农作物播种面积分为受灾面积和非受灾面积两组，全部人口中分为男性和女性两组等。我们把划分出的这两部分分别用“是”或“非”、“有”或“无”表示，这种用“是”与“非”或“有”与“无”表示的标志称为是非标志或交替标志。在进行抽样估计时，是非标志的方差或标准差具有很重要的意义。

（1）成数（比例）。如前所述，是非标志只有两种表现，我们把总体中或样本中具有某种表现或不具有某种表现的单位数占全部单位数的比重称为成数，它反映了总体或样本中“是”与“非”的构成。如果用 1 表示具备所研究标志的标志值，用 0 表示不具备所研究标志的标志值，全部单位数用 N 表示。具有所研究标志的单位数用 N_1 表示，不具有所研究标志的单位数用 N_0 表示，则 $\frac{N_1}{N}$ 为具有所研究标志的单位数在全部单位中所占的比重，即成数，用 p 表示，$\frac{N_0}{N}$ 为不具有所研究标志的单位数在全部单位中所占的比重，也即成数，用 q 表示。两个成数之和等于 1，即 $p+q=1$。例如，对于某一批产品，合格品占 95%，不合格品占 5%，在这里，95%和 5%均为成数。

是非标志的标准差的计算公式为：

$$\text{是非标志的标准差 } \sigma = \sqrt{pq} = \sqrt{p(1-p)}$$

（2）是非标志的平均数。是非标志是一种品质标志，其表现为文字。因此，在计算平均数时，首先需要将文字表现进行数量化处理，用“1”表示具有某种表现，用“0”表示不具有某种表现，然后以“1”和“0”作为变量值，计算加权算术平均数。现以总体为例予以说明：

$$x_p = \frac{1 \times N_1 + 0 \times N_0}{N_1 + N_0} = \frac{N_1}{N} = p$$

由此可知，总体是非标志的平均数即为被研究标志具有某种表现的成数 P，同样可得，样本是非标志的平均数即为被研究标志具有某种表现的成数 p。

为区别于一般变量值的方差，我们将是非标志的方差记为 σ_p^2，即：

$$\sigma_P^2 = p(1-p)$$

是非标志的标准差为：

$$\sigma_P = \sqrt{p(1-p)}$$

【例 5—1—22】 从一批产品中随机抽取 100 件产品进行质量测试，测试的结果为 96 件合格，4 件不合格，试计算成数的方差和标准差。

根据所给资料可得：

$$p=\frac{96}{100}\times100\%=96\%$$

$$1-p=\frac{4}{100}\times100\%=4\%$$

$$s_p^2=96\%\times4\%=3.84\%$$

$$s_p=\sqrt{3.84\%}=19.6\%$$

是非标志的方差、标准差在当 $p=0.5$ 时取得最大值，方差最大值为 0.25，标准差最大值为 0.5。也就是说，此时是非标志的变异程度最大。例如，某学生群体中男生数和女生数相等，即男女生的成数均为 0.5（或 50%），说明该学生群体性别差异程度最大。是非标志的方差、标准差的最小值均为 0。

5. 标志变异系数

标志变异系数，又称离散系数，是以相对数形式表示的变异指标。它是通过标志变异指标中的全距、平均差或标准差与平均数对比得到的。常用的是标准差系数。标志变异系数的应用条件是：当所对比的两个数列的水平高低不同时，就不能采用全距、平均差或标准差进行对比分析，因为它们都是绝对指标，其数值的大小不仅受各单位标志值差异程度的影响，而且受到总体单位标志值本身水平高低的影响。为了对比分析不同水平的变量数列之间标志值的变异程度，就必须消除数列水平高低的影响，这时就要计算标志变异系数。

标志变异系数反映的是单位平均水平下标志值的离散程度，因而通过计算变异系数为水平高低不同的两个数列提供了对比的基础。标志变异系数的计算方法如下：

$$V_{\sigma}=\frac{\sigma}{\bar{x}}\times100\%$$

【例 5—1—23】 甲、乙两组工人的平均工资分别为 138.14 元、176 元，标准差分别为 21.32 元、24.67 元。两组工人工资水平的离散系数计算如下：

$$V_{\sigma甲}=\frac{21.32}{138.14}\times100\%=15.43\%$$

$$V_{\sigma乙}=\frac{24.67}{176}\times100\%=14.02\%$$

从标准差来看，乙组工人工资水平的标准差比甲组大，但不能断言，乙组平均工资的代表性小。这是因为两组工人的工资水平处在不同的水平上，所以不能直接根据标准差的大小作结论，而正确的方法要用消除了数列水平的离散系数比较。从两组的离散系数可以看出，甲组相对的变异程度大于乙组，因而乙组平均工资的代表性要大。

由此可见，当我们比较两组数据的离散程度时，若两组平均数相等，则可以直接比较标准差；若两组平均数不等，则需要比较两组的离散系数。

任务四 用 Excel 进行数据描述分析

一、未分组资料特征值的计算

未分组资料特征值的计算方法可以利用"数据分析"功能和"插入函数"工具这两种方法来计算。

（一）利用"数据分析"功能计算

【例 5—1—24】 设某班 40 名学生"统计学"考试的成绩分别为：

66 89 88 84 86 87 75 73 72 68 75 82 97 58 81 54 79 76 95 76
71 60 90 65 76 72 76 85 89 92 64 57 83 81 78 77 72 61 70 81

试对该班学生的考试成绩进行描述统计分析。

操作步骤如下：

第一步：在 Excel 的工作表界面中，输入 40 个学生的成绩数据，放入区域"A1：A40"的单元格中。

第二步：选择"工具"下拉菜单，再选择"数据分析"选项。在分析工具中选择"描述统计"，如图 5—1—1 所示。

第三步：当出现对话框时，在"输入区域"方框内键入"A1：A40"（或用鼠标选择这一区域)，在"输出选项"中选择"输出区域"（在此选择 C4)，再选择"汇总统计"（该选项

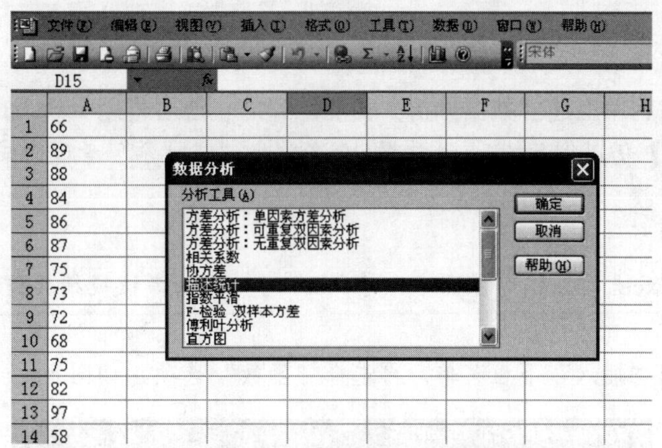

图 5—1—1 数据分析工具

给出全部描述统计量)，如图 5—1—2 所示，最后选择“确定”，结果如图 5—1—3 所示。

描述统计
输入
输入区域(I)： $A$1:$A$40
分组方式： ⊙逐列(C) ○逐行(R)
□ 标志位于第一行(L)
输出选项
⊙ 输出区域(O)： $C$4
○ 新工作表组(P)：
○ 新工作簿(W)
☑ 汇总统计(S)
☑ 平均数置信度(N)： 95 %
☑ 第 K 大值(A)： 1
☑ 第 K 小值(M)： 1
确定
取消
帮助(H)

图 5—1—2 “描述统计”对话框

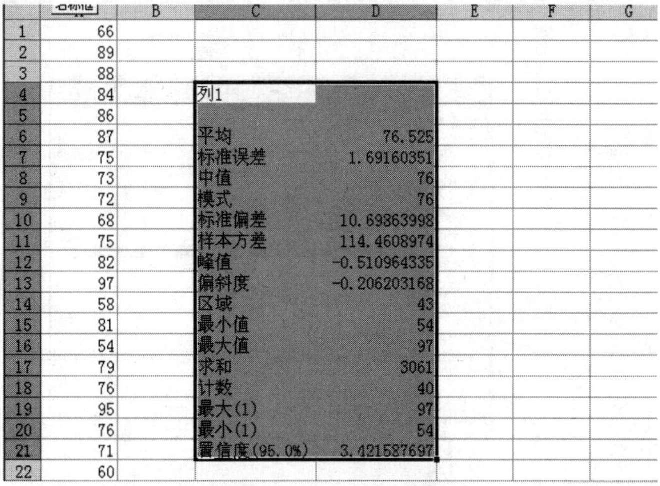

	A	B	C	D
1	66			
2	89			
3	88			
4	84		列1	
5	86			
6	87		平均	76.525
7	75		标准误差	1.69160351
8	73		中值	76
9	72		模式	76
10	68		标准偏差	10.69863998
11	75		样本方差	114.4608974
12	82		峰值	-0.510964335
13	97		偏斜度	-0.206203168
14	58		区域	43
15	81		最小值	54
16	54		最大值	97
17	79		求和	3061
18	76		计数	40
19	95		最大(1)	97
20	76		最小(1)	54
21	71		置信度(95.0%)	3.421587697
22	60			

图 5—1—3 输出结果

(二) 利用“插入函数”工具计算

描述统计量除利用上述“数据分析”功能计算外，还可采用 Excel 的函数工具计算。

【例 5—1—25】 仍以例 5—1—24 中的 40 名学生“统计学”考试的成绩为例进行计算。

方法一：

操作步骤如下：

第一步：在 Excel 的工作表界面中，输入 40 名学生的考试成绩数据，放入区域“A1：A40”的单元格中。

第二步：选择“插入”下拉菜单，再选择“函数”选项，如图 5—1—4 所示。

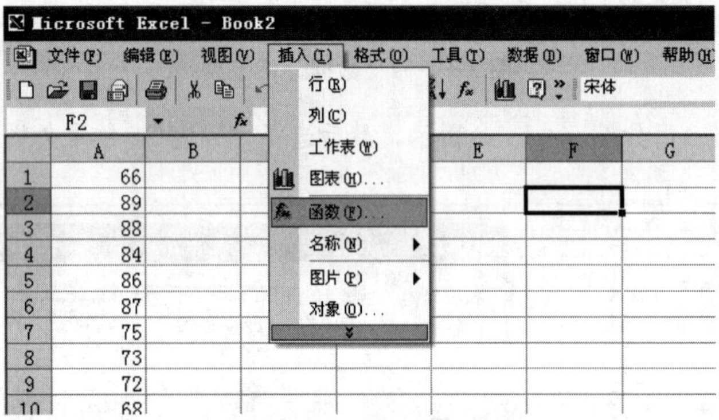

图 5—1—4 插入函数

第三步：在弹出的“插入函数”界面上，在“或选择类别”选项中，选择“统计”。再在“选择函数”中，选择“AVERAGE”(算术平均数)，如图 5—1—5 所示。最后点击“确定”按钮。

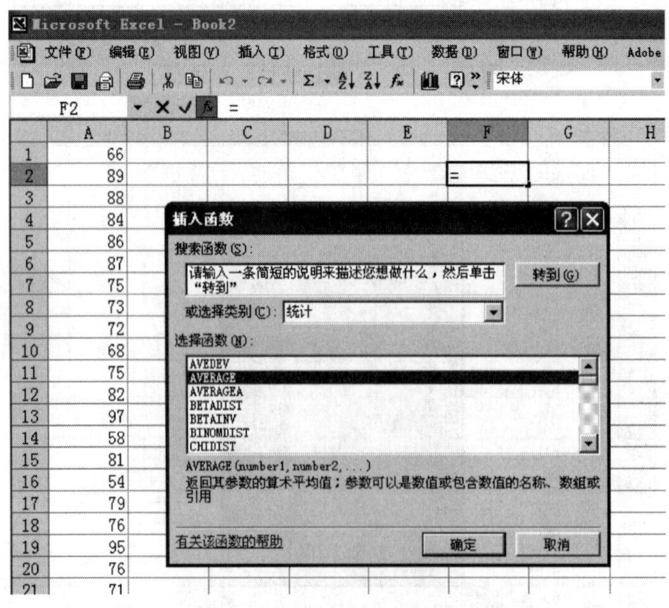

图 5—1—5 “插入函数”对话框

第四步：在弹出的“函数参数”界面上，在“Number1”中键入“A1：A40”（或用鼠标选择这一区域），然后点“确定”按钮，就能得出算术平均数＝76.525，如图 5—1—6（1）所示。

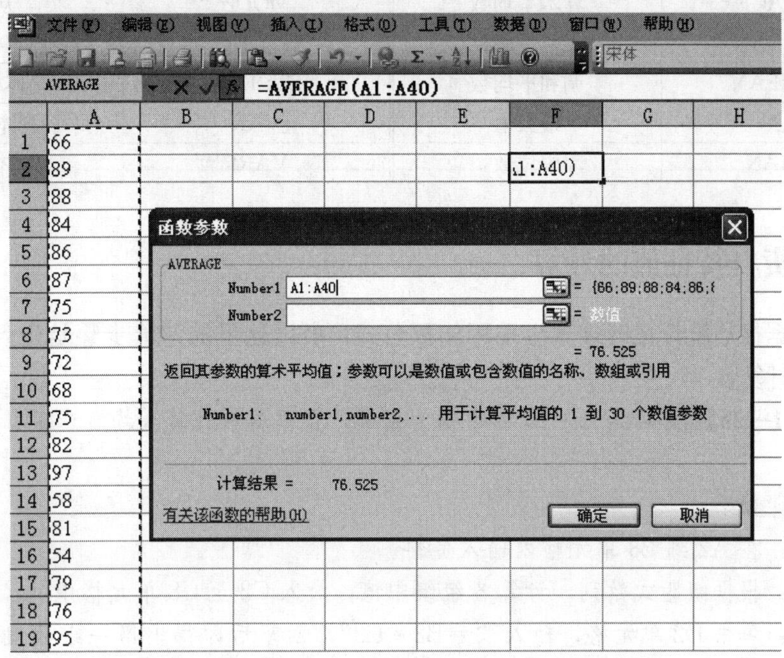

图 5—1—6（1） 设置函数 AVERAGE 的参数

方法二：

将 40 名学生的成绩输入 A1 到 A40 单元格内。然后单击任一空单元格，输入“＝AVERAGE（A1：A40）”，回车确定即得到平均成绩为 76.525，如图 5—1—6（2）所示。

图 5—1—6（2） 计算算术平均数

重复上述各步骤，还可计算“调和平均数”、“几何平均数”、“样本标准差”和“总体标准差”等统计量，只是要分别选择相应的函数。常用的描述统计量函数如表 5—1—18 所示。

表 5—1—18　　Excel 中常用的描述统计量函数对照表

函数	统计量	函数	统计量
AVEDEV	平均差	MIN	最小值
AVERAGE	算术平均数	MODE	众数
GEOMEAN	几何平均数	STDEV	样本标准差
HARMEAN	调和平均数	STDEVP	总体标准差
MAX	最大值	VAR	样本方差
MEDIAN	中位数	VARP	总体方差

二、分组资料特征值的计算

分组数据描述统计量的计算应采用加权公式，所以这里的计算步骤是先列出计算表，然后用公式计算。

【例 5—1—26】 以例 5—1—10 的数据为基础，根据资料计算人均日产量、标准差和标准差系数。

操作步骤如下：

第一步：在 A2 到 B8 单元格内输入资料。

第二步：根据组距式数列，计算各组组中值，放入 C2 至 C8 单元格中。

第三步：单击 D2 单元格，输入“＝B2＊C2”，回车后即得出第一组数值。然后，利用填充柄功能，即鼠标指向 D2 单元格右下方小黑方块，当鼠标指针变为黑十字时，按下鼠标左键，并向下拖曳至 D8 单元格后放开，得出 D 栏各组数值。

第四步：单击 D9 单元格并输入“＝SUM（D2：D8)”，回车后计算出 D 栏合计数，利用填充柄功能计算出 B 栏合计数。

第五步：单击任一空单元格，输入“＝D9/B9”，确定后得出工人平均日产量为 123.2 件，如图 5—1—7 所示。

文件(F) 编辑(E) 视图(V) 插入(I) 格式(O) 工具(T)

D12

	A	B	C	D
1	按零件数分组	工人人数	组中值x	xf
2	105~110	3	107.5	322.5
3	110~115	5	112.5	562.5
4	115~120	8	117.5	940
5	120~125	14	122.5	1715
6	125~130	10	127.5	1275
7	130~135	6	132.5	795
8	135~140	4	137.5	550
9	合　计	50		6160
10				
11				123.2
12				

图 5—1—7　工人人均日产量计算

第六步：单击 E2 单元格输入“＝（C2－123.2）^2”，回车后得出第一组数值，利用填充柄功能计算 E 列数值；单击 F2 单元格，输入“＝E2＊B2”，计算加权离差平方，利用填充柄功能计算 F 列。

第七步：单击 F9 单元格，输入“＝SUM（F2：F8)”，计算离差平方和。

第八步：单击任一空单元格，输入“＝SQRT（F9/B9)”，即得总体标准差 7.87，如图 5—1—8 所示。

F15 =F12/D12*100

	A	B	C	D	E	F
1	按零件数分组	工人人数	组中值x	xf	$(x-\bar{x})^2$	$(x-\bar{x})^2f$
2	105～110	3	107.5	322.5	246.49	739.47
3	110～115	5	112.5	562.5	114.49	572.45
4	115～120	8	117.5	940	32.49	259.92
5	120～125	14	122.5	1715	0.49	6.86
6	125～130	10	127.5	1275	18.49	184.9
7	130～135	6	132.5	795	86.49	518.94
8	135～140	4	137.5	550	204.49	817.96
9	合 计	50		6160		3100.5
10						
11				人均产量		标准差
12				123.2		7.874643
13						
14						标准差系数
15						6.391756
16						

图 5—1—8 标准差和标准差系数的计算

第九步：单击任一空单元格，输入“＝7.87/123.2＊100%”，即得总体标准差系数为 6.39%。

项目总结

1. 总量指标是用来反映社会经济现象在一定时间、地点和条件下的总规模、总水平或工作总量的统计指标，一般用绝对数表示。总量指标按其反映总体内容的不同分为总体单位总量和总体标志总量，按其反映总体的时间状况不同分为时期指标和时点指标。总量指标的计量单位一般有实物单位、价值单位和劳动单位三种。

2. 相对指标又称相对数，是用来反映社会经济现象中某些相关事物间数量联系程度的综合指标。相对数可用有名数或无名数表示。相对指标一般有六种形式，即结构相对数、比例相对数、比较相对数、强度相对数、动态相对数和计划完成程度相对数。

3. 数据集中趋势是指一组数据向某一中心值靠拢的程度，它反映了一组数据中心点的位置所在。平均指标又称统计平均数，用以反映社会经济现象总体各单位某一数量标志在一定时间、地点条件下所达到的一般水平的综合指标。平均指标的种类有：算术平均数、调和平均数、几何平均数、众数和中位数。

4. 标志变异指标又称标志变动度，它综合反映总体各个单位标志值的差异程度或离散程度。标志变异指标包括以下几种：全距、平均差、标准差、是非标志的标准差和标志变异系数。

易受操纵的平均值

每个人都知道什么是平均值。如果农民甲拥有3头牛，农民乙拥有5头牛，那么，每个农民平均拥有4头牛。世界上没有什么事情能够比这再简单不过了。

人们在此借助的“平均值”概念，正如在日常生活中的绝大多数情况一样，被称作算术平均值，就是把一个数值的大小通过其数量（即被除数）确定下来，上述的例子中就是3加5再除以2，最后的平均值是4。把大量的数据压缩成一个单独的数字，这种做法在实践过程中轻而易举就可以实现。

但是这对于许多事情来说不合适，并且掩盖了一些事情的真相。正如一个关于统计学家的古老的笑话所展示的那样：“两个男人坐在一间酒馆里，其中一个人吃了一条牛腿，另一个人喝了两大桶啤酒。从统计学角度来看，每个人都喝了一桶啤酒，吃了半条牛腿，但实际的结果是，一个人吃得太多了，而另一个人却喝得烂醉。”

平均值通常模糊了事实上所存在的巨大差异，原因在于它完全掩盖了平均值的离散度。假设在一个村庄中有10个农民，其中一个农民拥有40头牛，其他9个农民一头牛也没有，如果计算他们的平均值，则每个农民拥有4头牛。对于9个一无所有的农民来说，这种平均的结果只是一个苍白无力的安慰、水中捞月的梦想。很明显，在这里可能存在着两种不同的情形：一种情形是，所有这些数值是否非常紧密地集中在平均数的周围；另一种情形是它们是否四处分散，而不是集中在平均数的周围。然而，人们仅仅根据平均值指标是看不到这两种情形的区别的。

在英国的普利茅斯市，白天的年平均气温是13 ℃，而美国的明尼阿波利斯市也拥有同样的日平均气温。尽管在平均气温方面两个城市是一样的，但两个地方的气候却绝对不是一样地温和与舒适。例如在英国的普利茅斯市，13 ℃的年平均气温并没有揭示出该地一年中温度的偏差非常小这一特点，就算是在最冷的2月，最低气温也永远是8 ℃，在最热的7月，其最高气温也绝对不会超过21 ℃。在普利茅斯市，从来没有冰冻和炎热的季节。“相对凉爽的夏季使得杏和桃一类的水果只有借助于荆棘形成的天然篱笆或围墙等的保护才能成熟，”旅行社的导游这样告诉游客，“而温和的冬天使得数量众多的亚热带植物能够适应当地的气候环境。作为药材的桃金娘和常绿的亚热带灌木等植物，人们几乎可以在户外的任何地方看到。”

普利茅斯市的气候条件对于明尼阿波利斯市的农场主来说，只能是一个梦想，因为该地在寒冷的冬天足以把人的耳朵冻坏。在1月，平均气温通常都在−15 ℃，而到了夏天，平均气温在30 ℃以上，有时甚至会超过40 ℃。所以，尽管两个地方的最低最高气温完全不一样，但是通过年平均气温的统计学计算，两个地方的气温在平均值的意义上却表现为没有差异的结果。

没有离散度的平均值只具有一半的价值。一般地，反映离差的度量单位能够可靠地反映平均水平的性质。正如上面的这个例子所表现的，如果只具有单一的平均值，这对于我们来说是无所谓的，否则，就要永远引起我们的高度注意。

资料来源：[德] 克莱默：《统计数据的真相》，隋学礼译，北京，机械工业出版社，2008。

复习思考题

1. 什么是总量指标、相对指标？各有何特点与作用？
2. 举例说明时期指标与时点指标及其区别。
3. 结构相对数和比例相对数有什么区别和联系？
4. 什么是平均指标？有何特点与作用？
5. 什么是权数？有几种表现形式？如何选择权数？
6. 举例说明众数和中位数及其作用。
7. 平均指标的应用原则有哪些？
8. 什么是标志变异指标？有何作用？
9. 什么是标准差和标准差系数？应用二者说明平均数代表性的条件是什么？

子项目二　动态数列分析

导入案例

欣禾电子公司是一家生产电子元器件的制造公司。欣禾电子公司“十一五”期间的工业总产值、产量、职工人数及劳动生产率等相关资料见表5—2—1、表5—2—2。

表5　2　1　　欣禾电了公司“丨一五”期间产值与产量资料表

年份	2005	2006	2007	2008	2009	2010
工业总产值（万元）	5 000	5 600	6 200	6 800	7 500	8 400
产品产量（万件）	29	35	38	40	52	63
年末职工人数（人）	390	405	426	458	479	504
劳动生产率（万元/人）	12.99	14.09	14.92	15.38	16.01	17.09

说明：2005年年初职工人数为380人。

表5—2—2　　欣禾电子公司2007—2010年各季度产值资料表

年、季	工业总产值（万元）	年、季	工业总产值（万元）
2007.1	1 200	2008.2	1 800
2007.2	2 000	2008.3	1 600
2007.3	1 500	2008.4	2 000
2007.4	1 500	2009.1	1 600
2008.1	1 400	2009.2	2 200

续前表

年、季	工业总产值（万元）	年、季	工业总产值（万元）
2009.3	1 800	2010.2	2 500
2009.4	1 900	2010.3	1 500
2010.1	1 900	2010.4	2 500

问题思考与讨论：

(1) 欣禾电子公司“十一五”期间工业总产值、产品产量、职工人数、劳动生产率的发展水平如何？

(2) 欣禾电子公司“十一五”期间工业总产值的发展速度如何？

(3) 如何预测欣禾电子公司 2011 年的产值和产量？

(4) 根据 2007—2010 年各季度产值资料判断其是否具有季节性。

项目描述

本项目在动态数列的编制基础上，对动态数列的水平分析指标、速度分析指标进行动态分析，并结合动态数列的影响因素进行长期趋势、季节变动的测定。

项目目标

能力（技能）目标	知识目标
1. 会编制动态数列。 2. 能对动态数列进行动态分析。 3. 会对长期趋势进行测定。 4. 会分析与预测季节变动。	1. 动态数列的种类与编制要求。 2. 动态数列的水平分析指标。 3. 动态数列的速度分析指标。 4. 长期趋势的测定方法。 5. 季节变动的分析与预测方法。 6. 用 Excel 进行动态数列分析。

项目实施

任务一 编制动态数列

一、动态数列的概念与种类

（一）动态数列的概念

动态数列是指社会经济现象在不同时间上的一系列同类指标值按时间先后顺序加以排列后形成的数列，又称时间序列。如导入案例中欣禾电子公司“十一五”期间的工业总产值、产量、职工人数及劳动生产率等指标形成的数列。

（二）动态数列的种类

根据不同的研究任务，动态数列分别可用绝对数、相对数或平均数编制。因此动态数列可分为绝对数动态数列、相对数动态数列和平均数动态数列三种。其中，绝对数动态数列是基本数列，其余两种是派生数列。

1. 绝对数动态数列

绝对数动态数列是把一系列绝对数按时间先后顺序排列形成的数列。绝对数动态数列用以反映现象在一段时间内达到的绝对水平及增减变化的状况。根据其反映社会经济现象性质的不同，又分为时期数动态数列和时点数动态数列，简称时期数列和时点数列。

（1）时期数列。时期数列是指由时期指标（时期数）构成的数列，即数列中每一指标值都是反映某种现象在一段时间内发展过程的总量，如生产总值数列、总成本数列、销售额数列等，如表 5—2—3 所示的欣禾电子公司 2005—2010 年工业总产值资料表。

表 5—2—3　　欣禾电子公司 2005—2010 年工业总产值资料表

年份	2005	2006	2007	2008	2009	2010
工业总产值（万元）	5 000	5 600	6 200	6 800	7 500	8 400

时期数列的特点有：时期数列中的各数值是连续登记取得的，具有可加性，且各个数值的大小与时期的长短有直接关系。时期数由于反映的是现象在一段时间内发展过程的总量，因此是在这段时间内把所发生的数量逐一登记后进行累加的结果。

（2）时点数列。时点数列是指由时点指标构成的数列，即数列中的每一指标值反映的是现象在某一时刻上的总量。如职工人数数列（见表 5—2—4）、商品库存数列（见表 5—2—5）等。

表 5—2—4　　东林公司 2011 年 9 月上旬职工人数资料表

日期	1	2	3	4	5	6	7	8	9	10
人数	407	406	404	401	405	407	406	401	402	401

表 5—2—5　　东林公司 2011 年 9 月库存商品资料表

日期	1～5	6～13	14～18	19～25	26～30
库存量（万件）	50	56	54	52	48

时点数列的特点有：时点数列中的各数值不是连续登记取得的，不具有可加性，列中每个指标值的大小与其时间间隔长短没有直接联系。因为时点数列的每一个指标值只表明现象在某一瞬间上的数量，所以时间间隔的长短对指标值的大小不发生直接的影响，如年底的工人数、库存量就不一定都比年内各月底的数值大。

应该指出，对于某些时点现象，如人口数、库存量、耕地面积，若是统计其一定时期的增减数量，它们是可以加总的，因而是时期数列。

2. 相对数动态数列

将一系列同类相对数按时间先后顺序排列而形成的数列叫做相对数动态数列。它反映社会经济现象之间相互联系的发展过程。例如，用产值总额同平均职工人数对比计算劳动生产率指标排列形成的动态数列就是相对数动态数列，见表 5—2—6。在相对数动态数列中，各个数值是不能相加的。

表 5—2—6 欣禾电子公司 2005—2010 年劳动生产率资料表

年份	2005	2006	2007	2008	2009	2010
劳动生产率（万元/人）	12.99	14.09	14.92	15.38	16.01	17.09

3. 平均数动态数列

将一系列平均数按时间先后顺序排列形成的数列即为平均数动态数列。它反映社会经济现象总体各单位某标志一般水平的发展变动趋势，见表 5—2—7。平均数动态数列中，各个数值也是不能相加的。

表 5—2—7 浙江省全社会单位在岗职工年平均工资数据表

年份	2005	2006	2007	2008	2009	2010
平均工资（元）	20 113	22 070	24 603	25 918	27 480	30 650

资料来源：根据 2006—2011 年浙江省劳动和社会保障厅发布的全省在岗职工年平均工资相关文件整理。

二、动态数列的编制要求

通过动态数列分析可以探索社会经济现象发展变化的规律性，有助于了解过去、评价当前、安排未来，所以它是社会经济统计的重要分析方法。要进行动态分析，首先要编制动态数列。编制动态数列是要通过对数列中各时期指标值的比较，来研究社会经济现象的发展水平及其速度，并预测现象发展趋势。为保证数列中各个指标数值的可比性，编制动态数列时应遵循一些基本原则，其具体要求如下：

1. 时间长短一致

时期数列指标值的大小与指标包含时间长短有直接关系。因此，一般要求时期数列指标值包含的时期前后一致，以便对比，如表 5—2—8 所列的嘉兴地区 2006—2010 年主要经济数据。

表 5—2—8 2006—2010 年嘉兴主要经济数据表

年份	GDP（亿元）	财政总收入（亿元）	地方财政总收入（亿元）	地方财政总支出（亿元）	从业人员年末数（万人）
2010	2 300.20	334.33	176.83	199.06	317.60
2009	1 918.09	279.36	141.7	161.12	308.09
2008	1 815.30	252	127	136	294.45
2007	1 585.31	209	105	107	288.80
2006	1 346.65	165	82	86	274.04

资料来源：浙江省统计局网站公开数据。

这里要注意动态数列指标数值所包含的时期长短与各指标数值之间的时间间隔的区别。时期数列中有时期长短问题，但是，如果各个时期不连续，也存在间隔问题。时期数列的间隔最好能相等，以便于动态比较分析。对于时点数列来说，由于数列上的指标值均表示一定时刻上的状态，因此只有时间间隔的问题。时点数列指标数值之间只有间隔相等，才能便于动态对比分析。

2. 总体范围一致

动态数列中，各个指标所包括的总体范围前后应该一致。如研究某地区工业生产发展情况，如果地区的行政区划有了变动，则前后指标值就不能直接对比，必须将资料进行适当的调整，以求总体范围的统一，然后作动态分析。

3. 经济内容一致

有时动态数列的指标在名称上是一个指标，但经济内容或经济含义不同或有了改变，这也是不可比的。例如，工业企业里的工资指标，按费用要素分组的工资包括全部职工的工资，而按成本项目分组的工资只包括基本生产工人的工资。如果把这样一些指标数值编成动态数列反映现象的变动，就会产生错误的结论。

4. 计算方法与计量单位一致

动态数列各项指标的计算口径、计量单位和计算方法应该一致，保持不变。例如，要研究企业劳动生产率的变动，产量用实物量还是用价值量，人数用全部职工数还是用生产工人数，前后都要统一起来。再如，要比较不同时期的工农业产值，就应该注意价格水平的变化，采用统一的不变价格表示，否则，如果价格标准不同，就不能从指标的对比中正确反映工农业产量的实际变化程度。

一般的动态数列往往是反映一段很长时期的过程，各期的统计资料难免由于各种原因发生指标所属时间、总体范围、经济内容乃至于计算方法与计算单位的不统一，因此在编制动态数列时需要进行相应的处理，比如可以按新方法进行调整，对于不能或无法调整的，则需要加以注明。

分析动态数列水平

一、发展水平

发展水平就是动态数列中的每一项具体指标数值，又称发展量。它反映社会经济现象在各个时期所达到的规模和发展的程度。动态数列可用符号表示：a_1，a_2，a_3，…，a_{n-1}，a_n。

不论是编制动态数列还是计算各种动态指标，都要求正确地计算发展水平，进行发展水平分析。

发展水平可以表现为总量指标，如工资总额、工业总产值、年末职工人数，也可以表现为相对指标或平均指标，如人口出生率、工人劳动生产率等。

各发展水平根据在动态数列中所处的位置不同，可分为：

(1) 最初水平——动态数列中第一项指标值，用 a_0 表示；

(2) 最末水平——动态数列中最后一项指标值，用 a_n 表示；

(3) 中间水平——除第一项和最后一项指标值，用a_1，a_2，a_3，…，a_{n-1}表示。

为计算动态分析指标，需要将不同时间的发展水平进行比较。对比时把所要研究的那个时期（时点）的发展水平称为报告期发展水平（或计算期发展水平），简称报告期水平；把用来作为对比基础时期（时点）的发展水平称为基期发展水平，简称基期水平。报告期水平和基期水平并非固定不变，它们根据研究目的和研究时间的变化而变化。

【例 5—2—1】 2006—2010 年嘉兴地区的 GDP 动态数列如前文表 5—2—8 所示。

我们把 2006—2010 年嘉兴地区每年的 GDP 值称为动态数列的发展水平，其中动态数列中第一项指标值即 2006 年的 GDP 值 1 346.65 亿元作为最初水平，用符号 a_0 表示；动态数列中中间水平（除第一项和最后一项指标值）即 2007—2009 年的 GDP 值，用 a_1，a_2，a_3 表示；动态数列中最后一项指标值即 2010 年的 GDP 值 2 300.20 亿元作为最末水平，用 a_n 表示。

研究嘉兴地区 2010 年的 GDP 比 2006 年的 GDP 变化情况时，2006 年的 GDP 值 1 346.65 亿元作为基期水平，2010 年的 GDP 值 2 300.20 亿元作为报告期水平。

二、平均发展水平

平均发展水平所平均的是现象总体在不同时期上的数量表现，从动态上说明其在某一时期内发展的一般水平，因此又称为动态平均数或序时平均数。

序时平均数可以用绝对数动态数列计算，也可以用相对数动态数列或平均数动态数列计算。其中，用绝对数动态数列计算序时平均数是最基本的。

（一）绝对数动态数列计算序时平均数

绝对数动态数列分为时期数列和时点数列，两者计算序时平均数的方法不同。

1. 按时期数列计算序时平均数

根据时期数列的特点，计算序时平均数采用简单算术平均法，即时期数列中各个指标数值之和除以时期项数。用符号表示为：

$$\bar{a}=\frac{a_1+a_2+a_3+\cdots+a_n}{n}=\frac{\sum a}{n}$$

式中，$\bar{a}$ 代表序时平均数；a_1，a_2，…，a_n 代表各期发展水平；n 代表时期项数。

【例 5—2—2】 根据表 5—2—3 所列的数据计算欣禾电子公司 2005—2010 年年平均工业总产值水平。

$$\begin{aligned}\bar{a}&=\frac{a_1+a_2+a_3+\cdots+a_n}{n}=\frac{\sum a}{n}\\&=\frac{5\ 000+5\ 600+6\ 200+6\ 800+7\ 500+8\ 400}{6}=6\ 583.33(\text{万元 / 年})\end{aligned}$$

【例 5—2—3】 根据表 5—2—8 所列的数据计算 2006—2010 年嘉兴地区 GDP 的平均发展水平。

$$\begin{aligned}\bar{a}&=\frac{a_1+a_2+a_3+\cdots+a_n}{n}=\frac{\sum a}{n}\\&=\frac{1\ 346.65+1\ 585.31+1\ 815.3+1\ 918.09+2\ 300.2}{5}=1\ 793.11(\text{亿元})\end{aligned}$$

2. 按时点数列计算序时平均数

时点数列分为连续时点数列和间断时点数列，它们的序时平均数计算方法不同。

(1) 以天为间隔的时点数列称为连续时点数列，在连续时点数列条件下的计算有以下两种情况。

1) 第一种情况，如果时点数列资料是逐日登记又逐日排列，则用简单算术平均数计算，即以时点指标值之和除以时点项数，计算公式为：

$$\bar{a}=\frac{\sum a}{n}$$

式中，a 为时点指标值；n 为天数。

【例 5—2—4】 根据表 5—2—4 的数据资料，计算东林公司 2011 年 9 月上旬日平均职工人数水平。

东林公司 2011 年 9 月上旬日平均职工人数水平为：

$$\bar{a}=\frac{a_1+a_2+a_3+\cdots+a_n}{n}=\frac{\sum a}{n}$$

$$=\frac{407+406+404+401+405+407+406+401+402+401}{10}=404(\text{人})$$

2) 第二种情况，如果时点数列资料不是逐日变动，只在发生变动时加以登记，那么要以每次资料持续不变的时间长度为权数进行加权平均，计算公式为：

$$\bar{a}=\frac{\sum af}{\sum f}$$

【例 5—2—5】 根据表 5—2—5 的数据资料，计算东林公司 2011 年 9 月库存商品日平均数水平。

东林公司 2011 年 9 月库存商品日平均数水平为：

$$\bar{a}=\frac{\sum af}{\sum f}$$

$$=\frac{50\times5+56\times8+54\times5+52\times7+48\times5}{5+8+5+7+5}=52.4(\text{万件})$$

(2) 在间断时点数列条件下的计算有以下两种情况。

1) 第一种情况，时点数列间隔相等，采用“首末折半法”计算。计算时，假定指标值在两个时点之间的变动是均匀的，先求两时点指标值的平均数（$\bar{a}_i$），再根据这些平均数进行简单平均，形成以下计算公式：

$$\bar{a}=\frac{\sum \overline{a_i}\,f_i}{\sum f_i}$$

$$=\frac{\frac{1}{2}(a_1+a_2)\,f_1+\frac{1}{2}(a_2+a_3)\,f_2+\cdots+\frac{1}{2}(a_{n-1}+a_n)\,f_{n-1}}{f_1+f_2+\cdots f_{n-1}}$$

式中，n 为动态数列的项数。

注意：当 $f_1=f_2=\cdots=f$ 时，把分子中这些因子提取出来，分母则用（$n-1$）· f 表示，约去 f，得到：

$$\bar{a}=\frac{\frac{1}{2}a_1+a_2+\cdots+a_{n-1}+\frac{1}{2}a_n}{n-1}$$

上式明显表现出首末折半法的特点。式中，$n-1$ 为间隔数目，它比时点数列的项数少 1 个。

【例 5—2—6】东林公司 2011 年上半年各月月初职工人数如表 5—2—9 所示，计算平均职工人数。

表 5—2—9　　东林公司 2011 年上半年各月月初职工人数资料表

月份	1	2	3	4	5	6	7
人数	400	402	405	405	408	410	412

东林公司 2011 年上半年月平均职工人数为：

$$\bar{a}=\frac{\frac{1}{2}a_1+a_2+\cdots+a_{n-1}+\frac{1}{2}a_n}{n-1}$$

$$=\frac{\frac{400}{2}+402+405+405+408+410+\frac{412}{2}}{7-1}=406\text{（人/月）}$$

2）第二种情况，时点数列间隔不相等，也假定指标值在两个时点之间的变动是均匀的，先求两时点指标值的平均数，然后以间隔时间为权数进行加权平均，计算公式为：

$$\bar{a}=\frac{\sum \bar{a}_i f_i}{\sum f_i}$$

或者：

$$\bar{a}=\frac{\frac{a_1+a_2}{2}f_1+\frac{a_2+a_3}{2}f_2+\cdots+\frac{a_{n-1}+a_n}{2}f_{n-1}}{\sum f_{n-1}}$$

式中，$a_1,a_2,\cdots,a_n$ 表示各指标值；$f_1,f_2,\cdots,f_{(n-1)}$ 表示时间间隔长度。

【例 5—2—7】东林公司 2011 年库存商品资料见表 5—2—10，计算 2011 年月平均库存商品量。

表 5—2—10　　东林公司 2011 年每月末库存商品量

月份	上年 12 月	1—2 月	3—6 月	7 月	8—12 月
库存商品（万件）	48	54	52	50	56

2011 年月平均库存商品量为：

$$\bar{a}=\frac{\frac{a_1+a_2}{2}f_1+\frac{a_2+a_3}{2}f_2+\cdots+\frac{a_{n-1}+a_n}{2}f_{n-1}}{\sum f_{n-1}}$$

$$=\frac{\frac{48+54}{2}\times 2+\frac{54+52}{2}\times 4+\frac{52+50}{2}\times 1+\frac{50+56}{2}\times 5}{2+4+1+5}=52.5\text{(万件/月)}$$

（二）相对数动态数列或平均数动态数列计算序时平均数

相对数动态数列或平均数动态数列是由互相联系的两个绝对数动态数列对比构成的。因此要首先分别计算出这两个绝对数动态数列的序时平均数，然后进行对比，求得相对数动态数列或平均数动态数列序时平均数。可用公式表示为：

$$\bar{c}=\frac{\bar{a}}{\bar{b}}$$

式中，$\bar{c}$ 代表相对数动态数列或平均数动态数列序时平均数；$\bar{a}$ 代表作为分子的动态数列序时平均数；$\bar{b}$ 代表作为分母的动态数列序时平均数。

特别要注意的是，相对数动态数列或平均数动态数列计算序时平均数时，不能直接用该相对数动态数列或平均数动态数列计算，必须分别计算构成该相对数动态数列或平均数动态数列的两个数列的平均数，再进行对比计算序时数。

【例 5—2—8】 东林公司 2011 年第四季度各月劳动生产率见表 5—2—11。

表 5—2—11　　东林公司 2011 年第四季度各月劳动生产率

月份	10 月	11 月	12 月	
增加值（万元）	1 900	2 017	2 022	12 月底的职工人数为 416 人
月初职工人数（人）	412	418	420	
劳动生产率（万元/人）	4.58	4.81	4.84	

东林公司 2011 年第四季度月平均劳动生产率为：

$$\frac{\dfrac{1\,900+2\,017+2\,022}{3}}{\dfrac{\dfrac{412}{2}+418+420+\dfrac{416}{2}}{4-1}}\approx 4.74\text{（万元/人）}$$

此外，如果时点指标已是计算出的各时期平均数，则分子、分母都按时期数列计算序时平均数的方法计算，然后将计算结果进行对比就可以了。

三、增长量分析

增长量是用来说明社会经济现象在一定时期内所增长的绝对数量的指标，它是报告期水平与基期水平之差，反映报告期比基期增长的水平。当报告期水平大于基期水平，即现象水平增长时，表现为正值；反之，现象水平下降时，表现为负值。用公式表示为：

增长量＝报告期水平－基期水平

根据所选基期的不同，增长量分为逐期增长量和累积增长量。

（一）逐期增长量

逐期增长量是报告期水平减去前一期水平的差额，说明现象逐期增长的数量。用公式表示为：

逐期增长量＝报告期水平－前一期水平

用符号表示为：

逐期增长量：a_1-a_0，a_2-a_1，a_3-a_2，…，a_n-a_{n-1}

（二）累积增长量

累积增长量是报告期水平与基期水平（一般是最初水平）相减的差额，说明一定时期内的总增长量。用公式表示为：

累积增长量＝报告期水平－某一固定基期水平

用符号表示为：

累积增长量：a_1-a_0，a_2-a_0，a_3-a_0，…，a_n-a_0

【例 5—2—9】根据表 5—2—8 的数据资料，计算嘉兴地区 GDP 的增长量，具体计算结果见表 5—2—12。

表 5—2—12　　嘉兴地区 GDP 的增长量计算表

年份	2006	2007	2008	2009	2010
GDP（亿元）	1 346.65	1 585.31	1 815.30	1 918.09	2 300.20
累积增长量（亿元）	—	238.66	468.65	571.44	953.55
逐期增长量（亿元）	—	238.66	229.99	102.79	382.11

（三）逐期增长量与累积增长量的数量关系

各逐期增长量之和等于相应的累积增长量，两个相邻的累积增长量之差等于相应的逐期增长量。用符号表示为：

$$(a_1-a_0)+(a_2-a_1)+(a_3-a_2)+\cdots+(a_n-a_{n-1})=a_n-a_0$$

$$(a_2-a_0)-(a_1-a_0)=a_2-a_0$$

$$(a_3-a_0)-(a_2-a_0)=a_3-a_2$$

表 5—2—12 中的计算结果表明，2010 年 GDP 的累积增长量为 953.55 亿元，等于 2007—2010 年各年度逐期增长量之和（238.66＋229.99＋102.79＋382.11）。

（四）平均增长量

平均增长量是用来说明某种现象在一定时期内平均每期增长的数量，从广义上来说，它也是一种序时平均数。它可将各个逐期增长量相加后，除以逐期增长量的个数来求得，即采用简单算术平均法即可求得，也可将累积增长量被动态数列项数减 1 来除求得。用公式表示为：

$$平均增长量=\frac{逐期增长量之和}{增长量项数}$$

用符号表示为：

$$平均增长量=\frac{(a_1-a_0)+(a_2-a_1)+\cdots+(a_n-a_{n-1})}{n}=\frac{a_n-a_0}{n}$$

或者：

$$平均增长量=\frac{累积增长量}{动态数列项数-1}$$

【例 5—2—10】 以例 5—2—9 的逐期增长量、累积增长量数据为基础，计算平均增长量。

$$平均增长量=\frac{238.66+229.99+102.79+382.11}{4}$$

$$=\frac{2\,300.2-1\,346.65}{5-1}$$

$$\approx 238.39(亿元)$$

四、导入案例任务实施（1）

对欣禾电子公司“十一五”期间工业总产值、产品产量、职工人数、劳动生产率的发展水平进行计算分析。

（一）工业总产值的平均发展水平、增长量计算

1. 平均发展水平计算

$$平均工业产值=\frac{5\,600+6\,200+6\,800+7\,500+8\,400}{5}=6\,900（万元）$$

2. 增长量计算

增长量计算见表 5—2—13。

表 5—2—13　　欣禾电子公司“十一五”期间工业总产值增长量计算表

年份	2005	2006	2007	2008	2009	2010
工业总产值（万元）	5 000	5 600	6 200	6 800	7 500	8 400
累积增长量（万元）	—	600	1 200	1 800	2 500	3 400
逐期增长量（万元）	—	600	600	600	700	900

3. 平均增长量计算

$$平均增长量=\frac{8\,400-5\,000}{6-1}=680（万元/年）$$

（二）产品产量、职工人数、劳动生产率平均发展水平计算

1. 平均产量计算

$$平均产量=\frac{35+38+40+52+63}{5}=45.6(万件)$$

2. 平均职工人数计算

$$平均职工人数=\frac{\frac{390}{2}+405+426+458+479+\frac{504}{2}}{5}$$

$$=443(人)$$

3. 平均劳动生产率计算

$$平均劳动生产率=\frac{平均工业产值}{平均职工人数}$$

$$=\frac{6\ 900}{443}\approx 15.58(万元)$$

任务三 分析动态数列的发展速度

一、发展速度

发展速度是以相对数形式表现的动态分析指标，它是两个不同时期发展水平指标对比的结果。发展速度用来说明报告期的水平是基期水平的若干倍或百分之几。其计算公式为：

$$发展速度=\frac{报告期水平}{基期水平}$$

或者：

$$发展速度=\frac{报告期水平}{基期水平}\times 100\%$$

根据采用的基期不同，发展速度分为定基发展速度和环比发展速度。

(一) 定基发展速度

如果采用各报告期水平同某一固定基期水平进行对比计算，则称为定基发展速度，它反映现象在较长时期内发展的总速度。用符号表示为：

$$\frac{a_1}{a_0},\ \frac{a_2}{a_0},\ \frac{a_3}{a_0},\ \cdots,\ \frac{a_n}{a_0}$$

(二) 环比发展速度

如果采用报告期水平与前一期水平进行对比计算，则称为环比发展速度，它反映现象在前后两期的发展变化，表示现象的短期变动。用符号表示为：

$$\frac{a_1}{a_0},\ \frac{a_2}{a_1},\ \frac{a_3}{a_2},\ \cdots,\ \frac{a_n}{a_{n-1}}$$

【例 5—2—11】 根据表 5—2—8 的数据资料，计算嘉兴地区 GDP 的发展速度，具体计算结果见表 5—2—14。

表 5—2—14 **嘉兴地区 GDP 的发展速度计算表**

年份	2006	2007	2008	2009	2010
GDP（亿元）	1 346.65	1 585.31	1 815.30	1 918.09	2 300.20
定基发展速度	—	1.18	1.35	1.42	1.71
环比发展速度	—	1.18	1.15	1.06	1.20

（三）定基发展速度与环比发展速度之间的关系

在同一动态数列资料下计算的环比发展速度与定基发展速度之间存在以下关系：

（1）各环比发展速度的连乘积等于相应的定基发展速度。用符号表示为：

$$\frac{a_1}{a_0}\times\frac{a_2}{a_1}\times\frac{a_3}{a_2}\times\cdots\times\frac{a_n}{a_{n-1}}=\frac{a_n}{a_0}$$

（2）两个相邻的定基发展速度之比等于相应的环比发展速度。用符号表示为：

$$\frac{a_i}{a_0}\div\frac{a_{i-1}}{a_0}=\frac{a_i}{a_{i-1}}$$

用表 5—2—14 中的数据可以验证两者的关系，即：

$$1.18\times1.15\times1.06\times1.20=1.71$$

二、增长速度

增长速度是反映现象数量增长方向和程度的动态相对指标，由增长量对比基期水平得到，其计算公式为：

$$\begin{aligned}\text{增长速度}&=\frac{\text{报告期增长量}}{\text{基期水平}}\\&=\frac{\text{报告期水平}-\text{基期水平}}{\text{基期水平}}\\&=\text{发展速度}-1\end{aligned}$$

从上式可以看出，增长速度等于发展速度减 1。它们之间所说明的内容是不同的：发展速度说明报告期水平发展到基期水平的多少倍或百分之几，增长速度只是说明增加了多少倍或减少了百分之几。当发展速度大于 1 时，增长速度为正值，表明现象增长的程度；当发展速度小于 1 时，增长速度为负值，表明现象减少的程度，“负增长”就是这种情况。

根据对比的基期不同，增长速度分为定基增长速度和环比增长速度。

（一）定基增长速度

定基增长速度是累积增长量除以固定基期的发展水平，或是定基发展速度减 1。它反映现象在这一时期内增长的速度。用符号表示为：

$$\frac{a_1}{a_0}-1，\frac{a_2}{a_0}-1，\frac{a_3}{a_0}-1，\cdots，\frac{a_n}{a_0}-1$$

（二）环比增长速度

环比增长速度是逐期增长量对前一期发展水平之比，表明现象逐期增长的速度。用符号表示为：

$$\frac{a_1}{a_0}-1，\frac{a_2}{a_1}-1，\frac{a_3}{a_2}-1，\cdots，\frac{a_n}{a_{n-1}}-1$$

【例 5—2—12】 以例 5—2—11 为基础，计算嘉兴地区 GDP 的增长速度，具体计算结果见表 5—2—15。

表 5—2—15　　**嘉兴地区 GDP 的发展速度计算表**

年份	2006	2007	2008	2009	2010
GDP（亿元）	1 346.65	1 585.31	1 815.30	1 918.09	2 300.20
定基发展速度	—	1.18	1.35	1.42	1.71
环比发展速度	—	1.18	1.15	1.06	1.20
定基增长速度	—	0.18	0.35	0.42	0.71
环比增长速度	—	0.18	0.15	0.06	0.20

（三）定基增长速度与环比增长速度的关系

定基增长速度和环比增长速度都是发展速度的派生指标，它只反映增长部分的相对程度，所以，环比增长速度的连乘积不等于定基增长速度。如果要由环比增长速度求定基增长速度，必须将环比增长速度加 1 再连乘，然后将所得的结果再减 1。

三、增长 1%的绝对值

在进行对比分析时不仅要看对比的结果，还要看它背后隐藏的绝对量。这就需要计算增长 1%的绝对值。增长 1%的绝对值是指在报告期水平与基期水平的比较中，报告期比基期每增长 1%所包含的绝对量，是用逐期增长量与环比增长速度对比求得的。计算公式为：

$$\text{增长 1\%的绝对值}=\frac{\text{逐期增长量}}{\text{环比增长速度（\%）}}=\frac{\text{前期水平}}{100}$$

【例 5—2—13】 以例 5—2—10、例 5—2—11 为基础，计算嘉兴地区 GDP 的各年增长 1%的绝对值。具体计算结果见表 5—2—16。

表 5—2—16　　**嘉兴地区 GDP 的增长 1%的绝对值的计算表**

年份	2006	2007	2008	2009	2010
GDP（亿元）	1 346.65	1 585.31	1 815.30	1 918.09	2 300.20
逐期增长量（亿元）	—	238.66	229.99	102.79	382.11
环比增长速度	—	0.18	0.15	0.06	0.20
增长 1%的绝对值（亿元）	—	13.26	15.33	17.13	19.11

在实际工作中，常常计算年距发展速度、年距增长量和年距增长速度。它们是本期发展水平与上年同期发展水平比较的结果，被称为同比指标。同比指标把现象受季节变动的影响消除了，使现象发展变动程度和趋势明显地表现出来。

此外，还经常会见到“翻番”一词，它也是速度指标。具体地说，翻一番是指标数值为原来的 2 倍，即增长 1 倍，称为 1 个倍增（增长速度 100%）。但是，翻两番并非比原来增加 2 倍，而是在原来增加 1 倍的基础上再增加 1 倍，即为原来的 4 倍，实则比原来增加 3 倍。翻 n 番则是指标数值的 2 的 n 次方倍。对于翻更多番的情况，可以想象它的速度是很快的。

四、平均发展速度与平均增长速度

（一）平均发展速度

平均发展速度是各个时期环比发展速度的平均数，也是一种序时平均数。由于环比发展速度是根据动态数列中前后项指标对比得来的相对数动态数列，因此平均发展速度不能按上述计算序时平均数的方法来计算。在实际统计工作中，有两种计算平均发展速度的方法，即几何平均法和方程式法。

1. 几何平均法计算平均发展速度

现象发展的平均速度一般用几何平均法计算。平均速度是总速度的平均，但现象发展的总速度不等于各年发展速度之和，而等于各年环比发展速度的连乘积。因而求环比速度的平均数不能用总和法按算术平均数公式计算，只能按连乘法用几何平均数公式来计算，其计算公式为：

$$\overline{x_G}=\sqrt[n]{x_1\times x_2\times x_3\times\cdots\times x_n}=\sqrt[n]{\prod x_i} \tag{1}$$

式中，$\overline{x_G}$表示平均发展速度；x_1，x_2，…，x_n 表示各年环比发展速度；n 表示环比发展速度的项数；$\prod$ 为连乘符号。

动态数列中定基发展速度等于各环比发展速度的连乘积，故计算平均发展速度的公式还可表示为：

$$\overline{x_G}=\sqrt[n]{\frac{a_1}{a_0}\times\frac{a_2}{a_1}\times\cdots\times\frac{a_n}{a_{n-1}}}=\sqrt[n]{\frac{a_n}{a_0}} \tag{2}$$

一段时期的定基发展速度即为现象的总速度。用 R 表示总速度，则平均发展速度的公式还可写为：

$$\overline{x_G}=\sqrt[n]{R} \tag{3}$$

以上几个算式可根据提供的具体资料选择应用：如果已知逐期环比速度，用公式（1）计算；如果已知期初和期末水平，用公式（2）计算；如果已知发展的总速度，则用公式（3）计算。

【例 5—2—14】根据表 5—2—15 的数据资料，计算嘉兴地区 GDP 的平均发展速度。

$$\overline{x_G}=\sqrt[4]{1.18\times1.15\times1.06\times1.20}$$
$$\approx1.14$$

或者：

$$\overline{x_G}=\sqrt[4]{\frac{1\ 585.31}{1\ 346.65}\times\frac{1\ 815.30}{1\ 585.31}\times\frac{1\ 918.09}{1\ 815.30}\times\frac{2\ 300.20}{1\ 918.09}}$$
$$=\sqrt[4]{\frac{2\ 300.20}{1\ 346.65}}$$
$$\approx1.14$$

2. 方程式法计算平均发展速度

方程式法又叫累计法，是以各期发展水平的总和与基期水平之比为基础来计算的。方程式法的计算公式是利用基期水平与各期定基发展速度的乘积得出各期发展水平，在此基础上计算各期发展水平之和，进而计算平均发展速度，即：

$$\left(a_0 \cdot \frac{a_1}{a_0}\right)+\left(a_0 \cdot \frac{a_2}{a_0}\right)+\left(a_0 \cdot \frac{a_3}{a_0}\right)+\cdots+\left(a_0 \cdot \frac{a_n}{a_0}\right)=\sum a$$

由于定基发展速度等于环比发展速度的连乘积，可用环比发展速度（以 x 表示）代入计算公式，即上式成为：

$$a_0 x_1+a_0 x_1 x_2+a_0 x_1 x_2 x_3+\cdots+a_0 x_1 x_2 x_3 \cdots x_n=\sum a$$

把上式中的各期环比发展速度，以其平均值取代而不改变整个时期水平的总和，就推出了以下方程：

$$a_0 \bar{x}+a_0 \overline{x x}+a_0 \overline{x x x}+\cdots+a_0 \overline{x x x} \cdots \bar{x}=\sum a$$

$$a_0\left[(\bar{x})^1+(\bar{x})^2+\cdots+(\bar{x})^n\right]=\sum a$$

$$(\bar{x})^1+(\bar{x})^2+\cdots+(\bar{x})^n=\frac{\sum a}{a_0}$$

这个方程式的正根，就是所求的年平均发展速度。但是，要求解这个方程式是比较复杂的，因此在实际统计工作中，都是根据事先编好的“平均增长速度查对表”来查对应用。

使用查对表时，要先计算出 $\frac{\sum a}{a_0}$ 的数值，即：

$$\frac{\sum a}{a_0}=\frac{a_1}{a_0}+\frac{a_2}{a_0}+\frac{a_3}{a_0}+\cdots+\frac{a_n}{a_0}=\sum y$$

式中，y 表示定基发展速度。

各期发展水平之和与基期水平之比，实际上就是各期定基发展速度之和。因此，这个数值可根据全期总水平，即各年发展水平总和除以基期水平来计算，也可以计算各年定期发展速度之和。可根据掌握的资料加以具体应用。

对于现象发展平均速度的两种计算方法——几何平均法和方程式法的不同特点说明如下：

几何平均法侧重于考察最末一年的发展水平，按这种方法所确定的平均发展速度，推算的最末一年发展水平，等于最末一年的实际水平，而推算的最末一年的定基发展速度和实际资料的定基发展速度一致；方程式法则侧重于考察全期各年发展水平的总和，按这种方法所确定的平均发展速度，推算的全期各年发展水平的总和与全期各年实际资料总数一样，而推算的各年定基发展速度的总和与实际资料的定基发展速度的总和也是一致的。

以上两种方法应该依据计算对象的不同特点分别采用。例如，对于基本建设投资、地质勘探、垦荒造林的数量，由于计划工作中比较关心长时间（如 5 年）的总量计划完成情况，因此可以采用方程式法；而人口、产量，以及许多经济效益指标则侧重于考察最末一年所达到的水平，适合于采用几何平均法。几何平均法是计算平均速度的常用方法。

（二）平均增长速度

平均增长速度是反映现象在整个研究时期内平均增长变化的程度，一般用平均发展速度减 1 来求得，即：

平均增长速度＝平均发展速度－1（或 100%）

上式结果若为正值，表明现象在一定发展阶段内逐期平均递增的程度；若为负值，表明现象在一定发展阶段内逐期平均递减的程度。由此可见，计算平均增长速度首先要计算平均发展速度。

【例 5—2—15】以例 5—2—14 为基础，计算嘉兴地区 GDP 的平均增长速度。

$$
\begin{aligned}
\text{平均增长速度} &= \sqrt[4]{\frac{1\,585.31}{1\,346.65}\times\frac{1\,815.30}{1\,585.31}\times\frac{1\,918.09}{1\,815.30}\times\frac{2\,300.20}{1\,918.09}}-1 \\
&= \sqrt[4]{\frac{2\,300.20}{1\,346.65}}-1 \\
&\approx 1.14-1=0.14
\end{aligned}
$$

五、导入案例任务实施（2）

计算欣禾电子公司“十一五”期间工业总产值的发展速度，计算结果见表 5—2—17。

表 5—2—17　　欣禾电子公司“十一五”期间工业总产值速度分析计算表

年份	2005	2006	2007	2008	2009	2010
工业总产值（万元）	5 000	5 600	6 200	6 800	7 500	8 400
定基发展速度	1	1.12	1.24	1.36	1.50	1.68
环比发展速度	—	1.12	1.11	1.10	1.10	1.12
定基增长速度	0	0.12	0.24	0.36	0.50	0.68
环比增长速度	—	0.12	0.11	0.10	0.10	0.12
增长 1%的绝对值	—	50	56	62	68	75

任务四　分析动态数列发展趋势

一、现象发展水平的影响因素

现象变动趋势分析就是要把动态数列受各类因素的影响状况分别测定出来，弄清研究对象发展变化的原因及其规律，为预测未来和决策提供依据。

动态数列各项发展水平的变化，是许多复杂因素共同作用的结果。影响因素归纳起来大体有以下 4 类。

1. 长期趋势

长期趋势是指现象在一段较长的时间内，由于普遍的、持续的、决定性的基本因素的作用，使发展水平沿着一个方向，逐渐向上或向下变动的趋势。例如，从较长时期来看，粮食生产由于种植方法的不断改进、农田水利的日益发达等根本因素的影响，总趋势是持续增加、向上发展的。认识和掌握事物的长期趋势，可以把握事物发展变化的基本特点。

2. 季节变动

季节变动是指现象受季节的影响而发生的变动。其变动的特点是在一年或更短的时间内随着时序的更换，现象呈周期重复的变化。引起季节变动的原因既有客观因素，也有主观因素，如气候条件、节假日以及风俗习惯等。认识和掌握季节变动，对于近期行动决策有重要的作用。

3. 循环变动

循环变动是指现象发生周期比较长的涨落起伏的变动。它不同于寒暑的天时循环变动，也不同于朝单方向持续发展的长期趋势。引起循环变动可能是由于不同的原因，使得变动的周期长短不同，常在 1 年以上，甚至七八年。各期始末亦难定为何年何月，上下波动程度也不相同。

4. 不规则变动

不规则变动是指现象除了受以上各种变动的影响以外，还受临时的、偶然因素或不明原因而引起的非周期性、非趋势性的随机变动。不规则变动是无法预知的。

一般地说，动态数列变动包含了上述 4 类原因的影响，因而动态数列的成分结构包括这 4 种变动形式。但就实际情况看，季节变动和循环变动在某些场合并不存在。例如，按年排列的动态数列就不体现季节变动，我国工农业生产发展趋势一般不存在循环变动。因此，在实际工作中，要对研究现象进行具体分析，实际包含什么因素就测定什么因素。在这里仅介绍通常使用的两种测定方法，即长期趋势和季节变动的测定。

二、长期趋势分析

（一）长期趋势分析的步骤

1. 编制动态数列

搜集现象某一特征指标随时间而变化的资料，编制动态数列，对其中的异常值（指由于特殊原因造成的与大多数值差异很大的值）进行调整。

2. 运用散点图法、计算法确定拟合的长期趋势模型的类型

长期趋势变动的类型有直线和曲线两种。根据计算，如果动态数列逐期增长量大体相等，可拟合直线趋势模型；如果动态数列二次差（逐期增长量的增长量）大体相等，可拟合二次曲线；如果动态数列环比发展速度大体相同，以拟合指数曲线模型为宜。

3. 运用适当的方法，求出长期趋势模型的参数值

求解方法主要有最小平方法、移动平均法、分段平均法、分段总和法等。最常用的是最小平方法。

4. 根据趋势模型进行预测

长期趋势分析就是要用一定的方法对动态数列进行修匀，使修匀后的序列能排除季节变动、循环变动和随机变动因素的影响，显示出现象变动的基本趋势。修匀的方法主要有时距扩大法、移动平均法和线性模型法。

（二）时距扩大法

时距扩大法是将原有动态数列较小时距单位的若干数据加以合并，得出扩大了时距单

位的数据，形成新的动态数列。其目的在于消除较小时距单位所受到的偶然因素的影响，显示出现象发展变化的基本趋势。

【例5—2—16】 表5—2—18为欣禾电子公司2007—2010年按季排列的工业总产值动态数列，合并成按年排列就可消除由时距短造成的波动，较明显表现出逐渐增长的总变动趋势（见表5—2—19）。

表5—2—18　　按季排列的工业总产值动态数列

年、季	工业总产值（万元）	年、季	工业总产值（万元）
2007.1	1 200	2009.1	1 600
2007.2	2 000	2009.2	2 200
2007.3	1 500	2009.3	1 800
2007.4	1 500	2009.4	1 900
2008.1	1 400	2010.1	1 900
2008.2	1 800	2010.2	2 500
2008.3	1 600	2010.3	1 500
2008.4	2 000	2010.4	2 500

表5—2—19　　欣禾电子公司2007—2010年时距扩大的年工业总产值动态数列

年份	工业总产值（万元）
2008	6 200
2009	6 800
2010	7 500
2011	8 400

但由于时距扩大法形成新的序列项数太少，因此一般很难据以进行深入的趋势分析和预测。

（三）移动平均法

移动平均法是根据动态数列资料、逐项推移，依次计算包含　定项数的序时平均值，以反映长期趋势的方法。当动态数列的数值由于受周期变动和随机波动的影响，波动较大，不易显示出现象的发展趋势时，使用移动平均法可以消除这些因素的影响，显示出现象的发展方向与趋势（即趋势线），然后根据趋势线分析预测动态数列的长期趋势。

移动平均法中的移动项数，又称步长，通常可以采用三项、四项、五项、七项等，移动的步长越长，所得趋势值越少，个别观察值影响作用就越弱，移动平均序列所表现的趋势越明显，但移动间隔过长，有时会脱离现象发展的真实趋势；若移动间隔越短，个别观察值的影响作用就越强，有时又不能完全消除序列中短期偶然因素的影响，从而看不出现象发展的变动趋势。一般来说，如果现象的发展具有一定的周期性，应以长度为移动间隔的长度；如果时间序列是季度资料，应采用四项移动平均法。

【例5—2—17】 将欣禾电子公司2004—2010年工业总产值数据采用三年移动平均方法测定其发展趋势。

表5—2—20中，Y表示工业总产值，$\hat{Y}$表示三年移动平均趋势值。对前三年（2003

年、2004年和2005年）的数值取平均数得到第一个趋势值，然后对2004年、2005年和2006年的数值取平均数得到第二个趋势值，对2005年、2006年和2007年的数值取平均数得到第三个趋势值，以此类推。

表5—2—20　　　三年移动平均趋势的计算表

年份	Y_t	移动平均趋势（$\hat{Y}$）
2003	1 500	—
2004	2 500	＝（1 500＋2 500＋5 000）/3＝3 000
2005	5 000	＝（2 500＋5 000＋5 600）/3＝4 366.67
2006	5 600	＝（5 000＋5 600＋6 200）/3＝5 600
2007	6 200	＝（5 600＋6 200＋6 800）/3＝6 200
2008	6 800	＝（6 200＋6 800＋7 500）/3＝6 833.33
2009	7 500	＝（6 800＋7 500＋8 400）/3＝7 566.67
2010	8 400	

注意，移动平均法是取平均时段的中间值。如果时间区间（n）是一个奇数，这一过程是直截了当的。但是，数据经常是按季度、按月或按周记录的，每年的季数、月数和周数都是偶数，因此，有必要“熨平”数据，也就是计算4季、12月和52周的移动平均数。在这种情形下，n是一个偶数，以上的取中值过程就不是很直接的（比如在$n=4$的情形下，就没有与时间区间中间相对应的时间段）。但问题很容易解决，把这种取中值过程进行两次，如表5—2—21所示，使用季度的公司汽油需求量数据来计算四期的移动平均。

【例5—2—18】将欣禾电子公司2008—2011年公司汽油需求量数据进行四季移动平均趋势计算，计算结果见表5—2—21。

表5—2—21　　　四季移动平均趋势的计算表

年份/季度	汽油需求量（千升）	四季移动平均	二项移动平均
2008年一季度	9	—	—
		—	
二季度	11		—
		11.75	
三季度	15		12
		12.25	
四季度	12		13.125
		14	
2009年一季度	11		14.625
		15.25	
二季度	18		15.75
		16.25	
三季度	20		18
		19.75	
四季度	16		21.25
		22.75	
2010年一季度	25		24.25
		25.75	
二季度	30		27.5
		29.25	
三季度	32		29.625
		30	
四季度	30		30.625
		31.25	
2011年一季度	28		32.25
		33.25	
二季度	35		34
		34.75	
三季度	40		—
四季度	36		—

（四）线性模型法

线性模型法是指当现象发展呈线性趋势变化时，通过线性模型来描述并进行预测的方法。线性模型可以表述为：

$$\hat{Y}=a+bt$$

上式又称线性趋势方程。式中，$\hat{Y}$ 代表动态数列 Y_t 在规则的时间段内的趋势值（或理论值、预测值）；t 代表不同的时点（按顺序连续排列）；a 是截距项；b 是趋势线的斜率，表示时间 t 变动一个单位时，趋势值 $\hat{Y}$ 的平均变动数量。

采用最小二乘法，可求得趋势线中未知参数 a 和 b 的标准求解方程：

$$\begin{cases}\sum Y = na + b\sum t \\ \sum tY = a\sum t + b\sum t^2\end{cases} \qquad (4)$$

解得：

$$\begin{cases}b = \dfrac{n\sum tY - \sum t\sum Y}{n\sum t^2 - (\sum t)^2} \\ a = \bar{Y} - b\bar{t}\end{cases}$$

【例 5—2—19】根据欣禾电子公司 2002—2010 年电子产品产量资料（见表 5—2—22），对该公司电子产品产量的长期趋势作预测分析。

表 5—2—22　　欣禾电子公司 2002—2010 年电子产品产量资料

年份（t）	2002	2003	2004	2005	2006	2007	2008	2009	2010
产量（Y）（万件）	21	25	24	29	35	38	40	52	63

有关计算过程见表 5—2—23。

表 5—2—23　　欣禾电子公司电子产品生产量趋势的计算

年份	时间单位 t	电子产品产量 Y	t^2	tY	$\hat{Y}$
2002	1	21	1	21	17.01
2003	2	25	4	50	21.84
2004	3	24	9	72	26.67
2005	4	29	16	116	31.50
2006	5	35	25	175	36.33
2007	6	38	36	228	41.16
2008	7	40	49	280	45.99
2009	8	52	64	416	50.82
2010	9	63	81	567	55.65
合计（$\sum$）	45	327	285	1 925	—

根据表 5—2—23 的数据可得：

$$\bar{t}=\frac{45}{9}=5$$

$$\bar{Y}=\frac{327}{9}\approx 36.3$$

假设时间趋势线为：$\hat{Y}=a+bt$。其中，a 和 b 的计算公式为：

$$b=\frac{1\,925-(9\times 5\times 36.3)}{285-9\times 5^2}=4.86$$

$$a=\bar{Y}-b\bar{t}=36.3-4.86\times 5=12$$

所以，时间趋势线方程为：$\hat{Y}=12+4.86\,t$。将 $t=1, 2, \cdots, 9$ 代入上述方程，即得2002—2010年度电子产品产量趋势值，见表5—2—23。将 $t=10$ 代入方程，得到2011年电子产品产量的预测值为：

$$\hat{Y}_{2011}=12+4.86\times 10=60.60\text{（万件）}$$

线性模型法简化法为：上述方程中的 t 可取动态数列中的任何时期为原点，为简便起见，可取动态数列的中间期间为原点，若为奇数项，t 则设置为“…，－2，－1，0，1，2，…”，若为偶数项，t 则设置为“…，－2，－1，1，2，…”，此时 $\sum t=0$，则公式（4）可以简化为：

$$\begin{cases}\sum Y = na \\ \sum tY = b\sum t^2\end{cases}$$

解得：

$$\begin{cases}b = \dfrac{\sum tY}{\sum t^2} \\ a=\bar{Y}\end{cases}$$

【例5—2—20】以例5—2—19为基础，采用简便方法计算，计算结果见表5—2—24。

表5—2—24　　欣禾电子公司电子产品生产量趋势的计算

年份	时间单位 t	电子产品产量 Y	t^2	tY	$\hat{Y}$
2002	－4	21	16	－84	16.98
2003	－3	25	9	－75	21.81
2004	－2	24	4	－48	26.64
2005	－1	29	1	－29	31.47
2006	0	35	0	0	36.3
2007	1	38	1	38	41.13
2008	2	40	4	80	45.96
2009	3	52	9	156	50.79
2010	4	63	16	252	55.62
合计（$\sum$）	0	327	60	290	—

根据表5—2—24的数据可得：

$$\begin{cases}b = \dfrac{\sum tY}{\sum t^2} = \dfrac{290}{60} \approx 4.83 \\ a = \bar{Y}\approx 36.3\end{cases}$$

所以趋势线方程为：$\hat{Y}=36.3+4.83t$。将 $t=-4，-3，-2，-1，0，1，2，3，4$ 代入上述方程，即得2002—2010年度电子产品产量趋势值，见表5—2—24。将 $t=5$ 代入方程，得到2011年电子产品产量的预测值为：

$$\hat{Y}_{2011}=36.3+4.83\times5=60.45\text{（万件）}$$

三、季节变动分析

（一）季节变动测定目的

季节变动是指客观现象因受自然因素或社会经济因素的影响，在一年内形成的有规律的周期性变动。在经济管理和商务活动领域里，季节变动现象的存在是相当普遍的。从生产和消费来看，有常年性生产与消费、季节性生产与消费之分。虽然多数商品是常年生产、常年消费，但有些商品如汗衫、空调等大都是常年生产季节消费，农产品如粮、棉、茶、烟等大都是季节生产常年消费，瓜果蔬菜和冷饮等多为季节生产季节消费。

季节变动会对经济活动带来很大影响。分析季节变动，认识其发展变化的规律性，对于工商企业更好地组织货源、安排生产、供应市场有重要的意义，可为各级管理和决策提供科学依据。同时，分析季节变动，可以消除季节变动的影响，取得不含有季节变动的动态数列资料，便于正确地进行经济分析和预测。

（二）季节变动分析方法

测定季节变动必须具有长时间短时距的动态数列资料。所谓长时间，是指至少要有3个周期以上的序列资料，例如，最后用于测定季节变动的资料，季节资料不能少于12个季（3×4），月度资料不能少于36个月（3×12）。如果资料太少，就容易受偶然因素影响，显示不出季节变动的规律性。所谓短时距，是指要有1年以内按季、月、旬、日等排列的资料，如果是按年度的数列则不能测定其季节变动。

测定季节变动的基本指标是季节比率，又叫季节指数，旨在反映季节变动的程度。季节比率的意义是：如果没有季节变动，各月（季）的比率应该相同，如果不同，就说明有季节变动，季节比率高者为旺季，低者为淡季。

测定季节变动的方法基本上可分为两类：一类是不考虑长期趋势的影响，即假定不存在长期趋势，所用方法是简单平均法，称为按月（季）平均法；另一类是考虑长期趋势的存在，剔除长期趋势的影响后，再测定季节变动，称为趋势剔除法。

1. 按月（季）平均法

按月（季）平均法测定季节变动的具体步骤是：

（1）计算各年同月（季）的平均数。

（2）计算各年所有各月（季）的总平均数。

（3）用各年同月（季）的平均数除以总平均数，求得季节比率。

（4）季节比率的调整。各月季节比率之和应该等于1 200%，各季季节比率之和应该等于400%。若计算出来的各月季节比率之和不等于1 200%，或各季季节比率之和不等于400%，就需要进行调整。调整的方法是：

第一步，计算调整系数。调整系数=1 200%（或 400%）/未调整季节比率之和。

第二步，计算调整后的季节比率。调整后的季节比率=调整前的季节比率×调整系数。

【例 5—2—21】 东林公司 2008—2012 年产品销售量资料如表 5—2—25 所示，要求测定其季节变动趋势。

表 5—2—25　　按月（季）平均法销售量（万件）季节变动的测定表

季别	2008 年	2009 年	2010 年	2011 年	2012 年	合计	季平均数	季节比率（%）
1	—	5	6	8	15	34	8.50	60.18
2	—	8	10	12	17	47	11.75	83.19
3	13	14	16	19	—	62	15.50	109.73
4	18	18	22	25	—	83	20.75	146.90
合计	31	45	54	64	32	226	14.125	400.00

（1）计算同季（月）度平均数：

$$第一季度的平均数=\frac{5+6+8+15}{4}=\frac{34}{4}=8.5\text{（万件）}$$

其余季度以此类推。

（2）计算全部数据的总平均数：

$$各季的总平均数=\frac{8.50+11.75+15.50+20.75}{4}=14.125\text{（万件）}$$

或者

$$各季的总平均数=\frac{226}{16}=14.125\text{（万件）}$$

（3）计算第一季度的季节比率：

$$\frac{8.50}{14.125}\times 100\%=60.18\%$$

其余季度的季节比率以此类推。

（4）由于各季节比率之和等于 400%，因此不必进行调整。

由以上计算可知，该企业该产品的销售存在明显的季节变动，第四季度为销售旺季，应提前组织货源，而第一季度为销售淡季。

用简单平均法测定季节变动，优点是计算简便，缺点是没有考虑一般动态数列中经常存在的长期趋势的影响，不够准确。在发展趋势上升的数列中，后期某月（季）的数值必然会大于前期同月（季）的数值，而在存在下降趋势的数列中，情况则相反。为了准确地测定季节变动，就需要剔除长期趋势的影响，然后加以测定。

2. 趋势剔除法

采用乘法模型 $Y=T\cdot S\cdot I\cdot C$，在剔除长期趋势影响之后，再通过计算季节比率来测定季节变动。

【例 5—2—22】 现在仍用表 5—2—25 的资料来说明，其计算步骤是：

（1）测定趋势值。测定数列的长期趋势值，可用前面所介绍的移动平均法，也可用数学模型法。在没有明确的趋势模型可配合的资料中，一般都采用移动平均法。

对表 5—2—25 的销售量数据计算出来的移动平均值作趋势值，现重新排列可得

表 5—2—26。

表 5—2—26　　趋势剔除法销售量季节变动的测定表

年/季	销售量（万件）	四项移动平均	趋势值	趋势比率（%）
2008/3	13	—	—	—
2008/4	18	—	—	—
2009/1	5	11	11.125	44.94
2009/2	8	11.25	11.25	71.11
2009/3	14	11.25	11.375	123.08
2009/4	18	11.5	11.75	153.19
2010/1	6	12	12.25	48.98
2010/2	10	12.5	13.00	76.92
2010/3	16	13.5	13.75	116.36
2010/4	22	14	14.25	154.39
2011/1	8	14.5	14.875	53.78
2011/2	12	15.25	15.625	76.80
2011/3	19	16	16.875	112.59
2011/4	25	17.75	18.375	136.05
2012/1	15	—	—	—
2012/2	17	—	—	—

（2）用各月（季）实际值除以相应的趋势值，求出趋势比率，见表 5—2—26。

（3）对趋势比率形成的数列，用简单平均法计算季节比率，见表 5—2—27。

表 5—2—27　　季节比率计算表

季别	2009	2010	2011	合计	季平均数	季节比率
1	44.94	48.98	53.78	147.70	49.23	50.57
2	71.11	76.92	76.80	224.83	74.94	76.98
3	123.08	116.36	112.59	352.03	117.34	120.54
4	153.19	154.39	136.05	443.63	147.88	151.91
合计	392.32	396.65	379.22	1 168.19	97.348	400.00

（三）季节指数的应用

应用季节指数（季节比率），可以剔除季节变动对动态数列的影响，这个过程称为动态数列的剔除季节因素或季节性修正。

为了进行动态数列的季节性修正，可以用动态数列中的实际值除以相应的季节指数，得出季节性修正值。

$$\text{季节性修正值}=\frac{\text{实际值}}{\text{季节指数}}$$

经季节性修正后的动态数列数值，剔除了季节变动对动态数列的影响，而只包含了长期趋势、循环变动和不规则变动因素的影响，可以用来对不同时间上的指标数值进行相应的比较。

【例 5—2—23】根据表 5—2—28 的数据资料，确定东林公司 2010 年和 2011 年各季的销售量季节性修正值，并且指出 2011 年哪个季度的销售量最高。

表 5—2—28　　东林公司 2010—2011 年各季实际销售量及销售量季节性修正值表

年/季	实际销售量（万件）	季节指数（%）	销售量季节性修正值（亿元）
(1)	(2)	(3)	(4) ＝ (2) / (3)
2010/1	6	50.57	3.03
2010/2	10	76.98	7.70
2010/3	16	120.54	19.29
2010/4	22	151.91	33.42
2011/1	8	50.57	4.05
2011/2	12	76.98	9.24
2011/3	19	120.54	22.90
2011/4	25	151.91	37.98

销售量季节性修正值的计算结果见表 5—2—28 中的第四栏。计算结果表明 2011 年第 3 季度和第 4 季度的销售量最高。

季节指数应用的另一方面是推测各月（季）实际值。推测各月（季）实际值即根据年度计划数计算各月（季）实际值，计算步骤是：

(1) 把年度计划数值除以与季节指数相应的月度或季度数，得到各月（季）计划值（季节性修正值）。例如，季节指数是季度的，年度计划数除以 4；季节指数是月度的，年度计划数除以 12。

(2) 由公式“实际值＝季节性修正值×季节指数”，得到根据年度计划值计算的各月（季）实际值，即推测的实际值。

四、导入案例任务实施（3）

采用线性模型法预测欣禾电子公司 2011 年的工业总产值和产量，并根据 2007—2010 年各季度产值测定季节趋势。

1. 工业总产值预测

(1) 建立线性模型：$\hat{Y}=a+bt$。其中，Y 表示工业总产值，t 表示时间。

(2) 计算 a 和 b，具体见表 5—2—29。

表 5—2—29　　欣禾电子公司工业生产总产值趋势计算表

年份	时间单位 t	工业总产值 Y	t^2	tY	$\hat{Y}$
2003	−4	1 500	16	−6 000	2 317.5
2004	−3	2 500	9	−7 500	3 097.5
2005	−2	5 000	4	−10 000	3 877.5
2006	−1	5 600	1	−5 600	4 657.5
2007	1	6 200	1	6 200	6 217.5
2008	2	6 800	4	13 600	6 997.5
2009	3	7 500	9	22 500	7 777.5
2010	4	8 400	16	33 600	8 557.5
合计（$\sum$）	0	43 500	60	46 800	—

根据表5—2—29的数据可得：

$$\begin{cases} b=\dfrac{\sum tY}{\sum t^2}=\dfrac{46\ 800}{60}=780 \\ a=\bar{Y}=\dfrac{43\ 500}{8}=5\ 437.5 \end{cases}$$

所以趋势线方程为：$\hat{Y}=5\ 437.5+780t$。

(3) 预测2011年工业总产值：

将$t=-4, -3, -2, -1, 1, 2, 3, 4$代入上述方程，即得2003—2010年度电子产品产量趋势值，见表5—2—29。将$t=5$代入方程，得到2011年电子产品产量的预测值为：

$$\hat{Y}_{2011}=5\ 437.5+780\times5=9\ 337.5\text{（万元）}$$

2. 产量预测

见例5—2—19，此处略。

3. 根据2007—2010年各季度产值测定季节趋势

(1) 测定趋势值。采用四项移动平均法测定趋势值，见表5—2—30。

(2) 用各季实际值除以相应的趋势值，求出趋势比率，见表5—2—30。

(3) 对趋势比率形成的数列，用简单平均法计算季节比率，见表5—2—31。

表5—2—30　　欣禾电子公司工业生产总产值移动平均趋势值计算表

年、季	工业总产值（万件）	四项移动平均	趋势值	趋势比率（%）
2007.1	1 200	—	—	—
2007.2	2 000	—	—	—
2007.3	1 500	1 550	1 575	95.24
2007.4	1 500	1 600	1 575	95.24
2008.1	1 400	1 550	1 562.5	89.60
2008.2	1 800	1 575	1 637.5	109.92
2008.3	1 600	1 700	1 725	92.75
2008.4	2 000	1 750	1 800	111.11
2009.1	1 600	1 850	1 875	85.33
2009.2	2 200	1 900	1 887.5	116.56
2009.3	1 800	1 875	1 912.5	94.12
2009.4	1 900	1 950	1 987.5	95.60
2010.1	1 900	2 025	1 987.5	95.60
2010.2	2 500	1 950	2 025	123.46
2010.3	1 500	2 100	—	—
2010.4	2 500	—	—	—

表 5—2—31　　欣禾电子公司工业生产总产值季节比率计算表

季节	2007	2008	2009	2010	合计	季平均数	季节比率
1	—	89.60	85.33	95.60	270.53	90.18	89.84
2	—	109.92	116.56	123.46	349.94	116.65	116.21
3	95.24	92.75	94.12	—	282.11	94.04	93.68
4	95.24	111.11	95.60	—	301.95	100.65	100.27
合计	190.48	403.38	391.61	219.06	1 204.53	100.38	400.00

任务五 用 Excel 进行动态数列分析

一、移动平均长期趋势分析

某商场 2011 年各月的商品销售额见表 5—2—32，测定这一动态数列的长期趋势。

表 5—2—32　　某商场 2011 年各月的商品销售额　　单位：万元

月份	1	2	3	4	5	6	7	8	9	10	11	12
销售额	144.0	148.2	154.7	164.5	160.2	177.6	170.2	186.2	198.9	196.0	195.0	218.4

以三项移动平均法为例介绍运用 Excel 进行移动平均长期趋势分析的方法。操作步骤如下：

第一步：把上述数据转换到 Excel 表格中，如图 5—2—1 所示。

Microsoft Excel - 移动平均销售额

文件(F) 编辑(E) 视图(V) 插入(I) 格式(O) 工具(T) 数据(D) 窗口(W) 帮助

D6

	A	B	C	D	E	F	G
1	月份	销售额					
2	1月	144					
3	2月	148.2					
4	3月	154.7					
5	4月	164.5					
6	5月	160.2					
7	6月	177.6					
8	7月	170.2					
9	8月	186.2					
10	9月	198.9					
11	10月	196					
12	11月	195					
13	12月	218.4					
14							
15							

图 5—2—1　数据输入 Excel 表格

第二步：选择“工具→数据分析→移动平均”，单击“确定”。出现“移动平均”属性设置框，在“输入区域”选择原始数据所在区域“B2：B13”，“输出区域”为移动平均数值显示区域，在“间隔”区域输入 3 表示用三项移动平均法，如图 5—2—2 所示。“图表输出”表示原始数据和移动平均数值会以图表的形式来显示，以供比较；“标准误差”表示实际数据与预测数据（移动平均数据）的标准差，用以显示预测与实际值的差距，数字越小则表明预测情况越好。

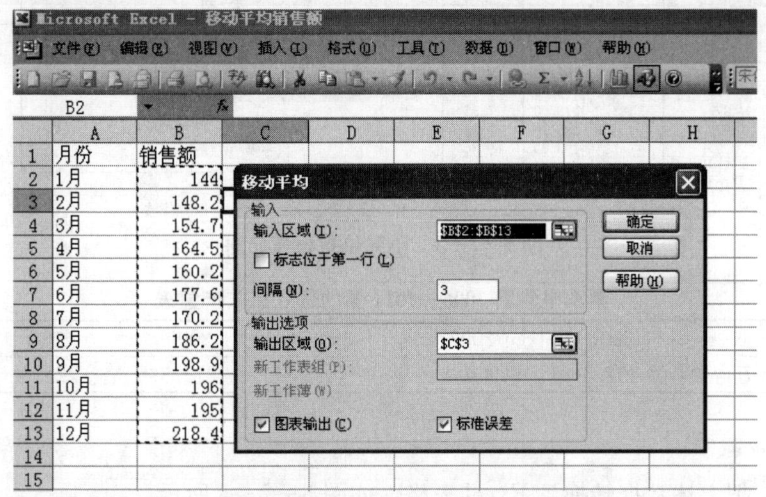

图 5—2—2 “移动平均”对话框

第三步：单击“确定”，结果如图 5—2—3 所示。其中 C 列表示三项移动平均的结果，D 列表示标准误差，如图 5—2—3 所示。

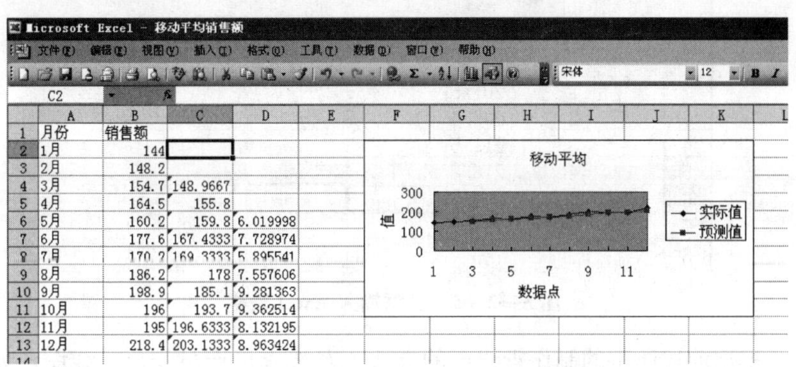

图 5—2—3 三项移动平均的结果

第四步：可以对计算结果中的小数位数进行设置。选择“C4：D13”区域，点击右键，选择“设置单元格格式”，在“单元格格式”对话框中，选择数值，并在右侧的“小数位数”区域设置小数位数为 2，单击“确定”，结果如图 5—2—4 所示。

二、线性模型建立

1. 背景资料

某家电集团 2006—2011 年的洗衣机年产量见表 5—2—33，测定洗衣机产量动态数列的长期趋势，并预测 2015 年该集团洗衣机的年生产量。

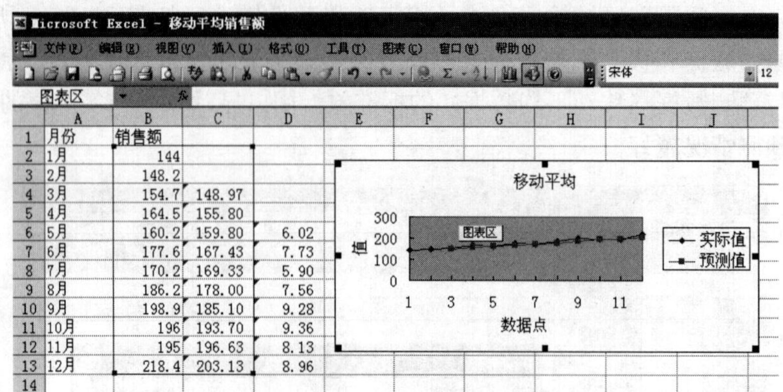

	A	B	C	D
1	月份	销售额		
2	1月	144		
3	2月	148.2		
4	3月	154.7	148.97	
5	4月	164.5	155.80	
6	5月	160.2	159.80	6.02
7	6月	177.6	167.43	7.73
8	7月	170.2	169.33	5.90
9	8月	186.2	178.00	7.56
10	9月	198.9	185.10	9.28
11	10月	196	193.70	9.36
12	11月	195	196.63	8.13
13	12月	218.4	203.13	8.96

图 5—2—4　小数位数设置结果

表 5—2—33　　某家电集团 2006—2011 年的洗衣机年产量表

年　份	2006	2007	2008	2009	2010	2011
洗衣机产量（万台）	201.5	206.4	211.5	216.8	222.6	228.1

2. 操作步骤

第一步：把上述数据转换到 Excel 表格，如图 5—2—5 所示。

Microsoft Excel - 直线趋势

	A	B	C	D	E	F
1	t	洗衣机产量				
2	1	201.5				
3	2	206.4				
4	3	211.5				
5	4	216.8				
6	5	222.6				
7	6	228.1				
8						

图 5—2—5　数据输入 Excel 表格

第二步：根据前述所讲的制作折线图的方法，对洗衣机产量作出折线图，如图 5—2—6 所示。

第三步：用鼠标左键选择折线，然后点击鼠标右键，选择“添加趋势线”操作，如图 5—2—7 所示。

第四步：在“添加趋势线”操作中，选择“线性”趋势线，然后点击“选项”，在“选项”菜单选择输出“显示公式”和“显示 R 平方值”两项。如图 5—2—8 所示。

第五步：点击“确定”，得到趋势线和直线趋势方程及 R 平方值，如图 5—2—9 所示。

由图 5—2—9 可知，趋势方程为：$y_c=195.79+5.34x$。要预测 2015 年该集团洗衣机的年生产量，可将 $x=10$ 代入趋势方程，得：

$$y_c=195.79+5.34x$$

$$=195.79+5.34\times10=249.2\text{（万台）}$$

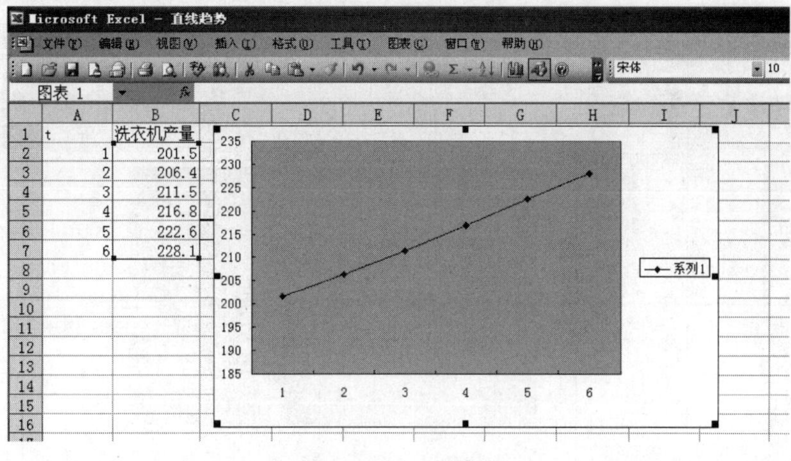

图 5—2—6 折线图

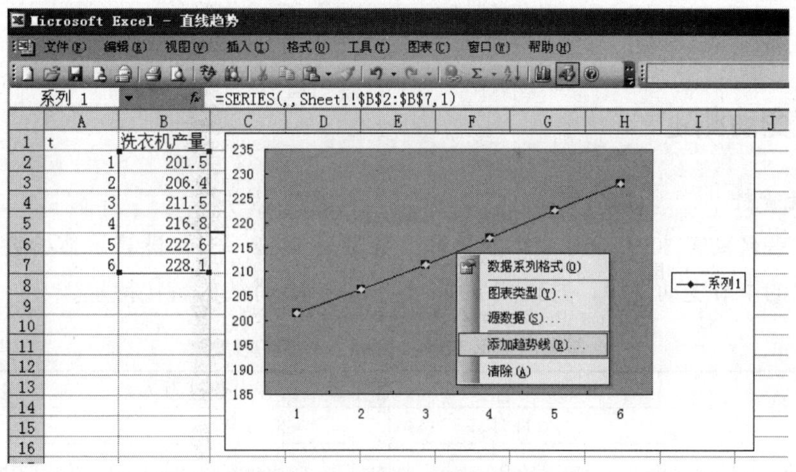

图 5—2—7 选择“添加趋势线”

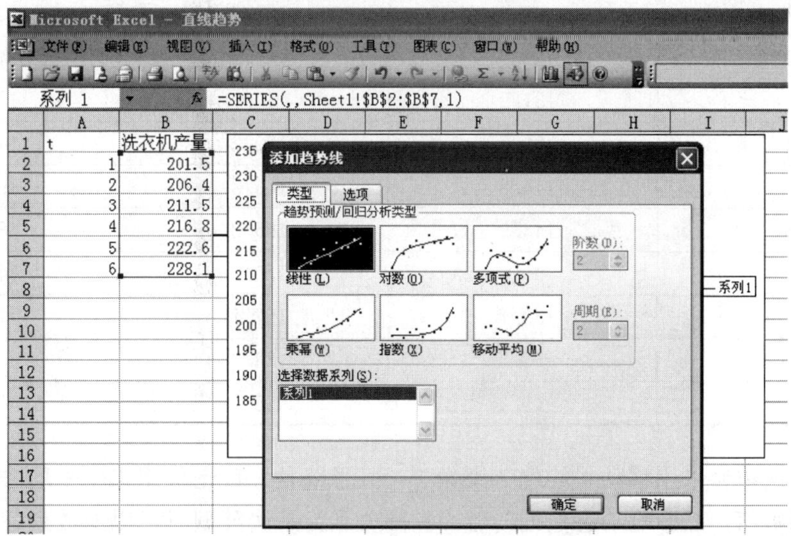

图 5—2—8 “添加趋势线”对话框

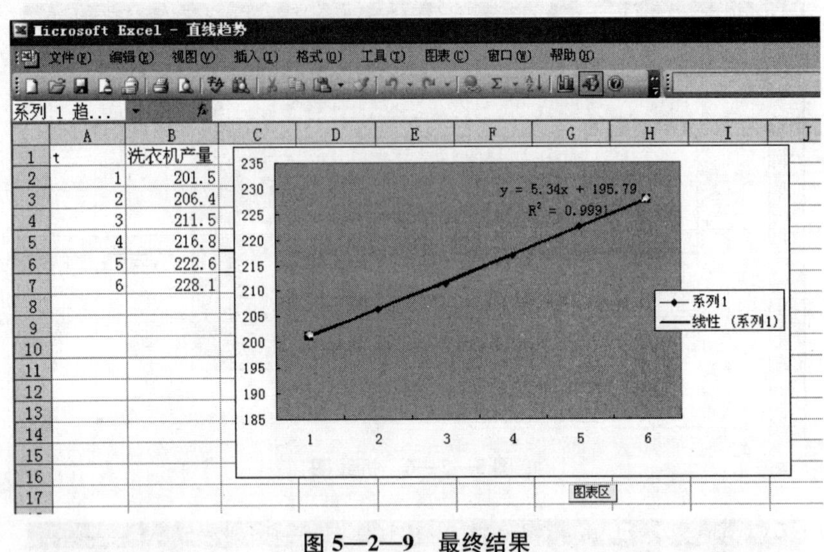

图 5—2—9 最终结果

三、季节变动测定

1. 背景资料

国内某著名景区 2004—2006 年的游客人数见表 5—2—34，计算季节指数，测定该景区游客人数的季节变动规律，并预测 2007 年 5 月与 10 月的旅游接待量。

表 5—2—34 **某著名景区 2004—2006 年的游客人数**

月份	各年每月游客人数（万人）		
	2004 年	2005 年	2006 年
1	60.6	65.5	106.2
2	45.7	80.1	90.8
3	62.6	82.9	108.3
4	99.6	120.2	145.1
5	131.9	153.1	178.6
6	99.7	120.2	145.2
7	145.8	166.8	191.5
8	143.9	165.2	189.8
9	99.8	120.3	145.5
10	130.7	152.1	175.1
11	63.7	83.9	109.6
12	45.1	65.5	89.8

对于本例适合采用移动平均趋势剔除法，其思路是：首先采用移动平均法确定动态数列的长期趋势值，当影响动态数列的各因素间关系为乘法模型时，以原数列各期实际值除以相应时期的趋势值，从而消除长期趋势的影响；然后通过计算季节指数来测定季节变

动。由于动态数列资料即游客人数为月度数据资料，因此采用 12 项移动平均法较合适。

2. 操作步骤

第一步：将三年游客人数按年度、月份先后顺序排列，并转换到 Excel 表格中，如图 5—2—10 所示。

A26 2006年

	A	B	C
1			游客数
2	2004年	1月	60.6
3		2月	45.7
4		3月	62.6
5		4月	99.6
6		5月	131.9
7		6月	99.7
8		7月	145.8
9		8月	143.9
10		9月	99.8
11		10月	130.7
12		11月	63.7
13		12月	45.1
14	2005年	1月	65.5
15		2月	80.1
16		3月	82.9
17		4月	120.2
18		5月	153.1
19		6月	120.2
20		7月	166.8
21		8月	165.2
22		9月	120.3
23		10月	152.1
24		11月	83.9
25		12月	65.5
26	2006年	1月	106.2
27		2月	90.8
28		3月	108.3
29		4月	145.1
30		5月	178.6
31		6月	145.2
32		7月	191.5
33		8月	189.8
34		9月	145.5
35		10月	175.1
36		11月	109.6
37		12月	89.8

图 5—2—10 输入数据到 Excel 表格中

第二步：在 D 列计算 12 个月移动平均数。方法如前述，点击“工具→数据分析→移动平均”，“输入区域”为游客数所在区域“D2：D37”，“间隔”设置为 12，第一项移动平均数为 94.091 666 67，应位于 2004 年 6、7 月中间，第二项移动平均数为 94.5，位于 2004 年 7、8 月中间……结果如图 5—2—11 所示。

第三步：在 E 列计算 12 个月移正平均趋势值。第一项移正平均数为 94.295 833 33，应对正 2004 年 7 月，第二项移正平均数为 95.933 333 33，应对正 2004 年 8 月，在 E8 单元格中输入“＝D14＋D15/2”，按回车键，然后点击 E8，当此单元格的右下角变成黑十字时，向下拖曳即可计算出 E 列其他移正平均趋势值，结果如图 5—2—12 所示。

第四步：在 F 列计算修匀比率。用原数列值除以相应趋势值得到修匀比率，消除长期趋势影响。在 F8 单元格中输入“＝C8/F8”，按回车键，然后点击 F8，当此单元格的右下角变成黑十字时，向下拖曳即可计算出 F 列其他修匀比率，结果如图 5—2—13 所示。

第五步：计算三年同月修匀比率的平均数。在 G2 单元格中输入“＝（F14＋F26）/2”，按回车键，然后点击 G2，当此单元格的右下角变成黑十字时，向下拖曳至 G7。在 G8 单元格中输入“＝（F8＋F20）/2”，按回车键，然后点击 G8，当此单元格的右下角变成黑十字时，向下拖曳至 G12，由此计算出三年 12 个月的修匀比率的平均数，如图 5—2—14 所示。

文件(F) 编辑(E) 视图(V) 插入(I) 格式(O) 工具(T) 数据(D) 窗口(W) 帮助

D14 =AVERAGE(C2:C13)

	A	B	C	D	E	F	G	H
1			游客数	12个月移动平均数				
2	2004年	1月	60.6					
3		2月	45.7					
4		3月	62.6					
5		4月	99.6					
6		5月	131.9					
7		6月	99.7					
8		7月	145.8					
9		8月	143.9					
10		9月	99.8					
11		10月	130.7					
12		11月	63.7					
13		12月	45.1					
14	2005年	1月	[illegible]5	94.09166667				
15		2月	80.1	94.5				
16		3月	82.9	97.36666667				
17		4月	120.2	99.05833333				
18		5月	153.1	100.775				
19		6月	120.2	102.5416667				
20		7月	166.8	104.25				
21		8月	165.2	106				
22		9月	120.3	107.775				
23		10月	152.1	109.4833333				
24		11月	83.9	111.2666667				
25		12月	65.5	112.95				
26	2006年	1月	106.2	114.65				
27		2月	90.8	118.0416667				
28		3月	108.3	118.9333333				
29		4月	145.1	121.05				
30		5月	178.6	123.125				
31		6月	145.2	125.25				
32		7月	191.5	127.3333333				
33		8月	189.8	129.3916667				
34		9月	145.5	131.4416667				
35		10月	175.1	133.5416667				
36		11月	109.6	135.4583333				
37		12月	89.8	137.6				
38				139.625				

图 5—2—11　12 个月移动平均数结果

Microsoft Excel - 移动平均趋势剔除

文件(F) 编辑(E) 视图(V) 插入(I) 格式(O) 工具(T) 数据(D) 窗口(W) 帮助

F1

	A	B	C	D	E	F	G
1			游客数	12个月移动平均数	12个月移正平均趋势值		
2	2004年	1月	60.6				
3		2月	45.7				
4		3月	62.6				
5		4月	99.6				
6		5月	131.9				
7		6月	99.7				
8		7月	145.8		94.29583333		
9		8月	143.9		95.93333333		
10		9月	99.8		98.2125		
11		10月	130.7		99.91666667		
12		11月	63.7		101.6583333		
13		12月	45.1		103.3958333		
14	2005年	1月	65.5	94.09166667	105.125		
15		2月	80.1	94.5	106.8875		
16		3月	82.9	97.36666667	108.6291667		
17		4月	120.2	99.05833333	110.375		
18		5月	153.1	100.775	112.1083333		
19		6月	120.2	102.5416667	113.8		
20		7月	166.8	104.25	116.3458333		
21		8月	165.2	106	118.4875		
22		9月	120.3	107.775	119.9916667		
23		10月	152.1	109.4833333	122.0875		
24		11月	83.9	111.2666667	124.1875		
25		12月	65.5	112.95	126.2916667		
26	2006年	1月	106.2	114.65	128.3625		
27		2月	90.8	118.0416667	130.4166667		
28		3月	108.3	118.9333333	132.4916667		
29		4月	145.1	121.05	134.5		
30		5月	178.6	123.125	136.5291667		
31		6月	145.2	125.25	138.6125		
32		7月	191.5	127.3333333			
33		8月	189.8	129.3916667			
34		9月	145.5	131.4416667			
35		10月	175.1	133.5416667			
36		11月	109.6	135.4583333			
37		12月	89.8	137.6			

图 5—2—12　12 个月移正平均趋势值结果

	A	B	C	D	E	F	G	H
1			游客数	12个月移动平均数	12个月移正平均趋势值	修匀比率		
2	2004年	1月	60.6					
3		2月	45.7					
4		3月	62.6					
5		4月	99.6					
6		5月	131.9					
7		6月	99.7					
8		7月	145.8		94.29583333	1.546198		
9		8月	143.9		95.93333333	1.5		
10		9月	99.8		98.2125	1.016164		
11		10月	130.7		99.91666667	1.30809		
12		11月	63.7		101.6583333	0.626609		
13		12月	45.1		103.3958333	0.436188		
14	2005年	1月	65.5	94.09166667	105.125	0.623068		
15		2月	80.1	94.5	106.8875	0.749386		
16		3月	82.9	97.36666667	108.6291667	0.763147		
17		4月	120.2	99.05833333	110.375	1.089015		
18		5月	153.1	100.775	112.1083333	1.365643		
19		6月	120.2	102.5416667	113.8	1.056239		
20		7月	166.8	104.25	116.3458333	1.433657		
21		8月	165.2	106	118.4875	1.39424		
22		9月	120.3	107.775	119.9916667	1.00257		
23		10月	152.1	109.4833333	122.0875	1.245828		
24		11月	83.9	111.2666667	124.1875	0.675591		
25		12月	65.5	112.95	126.2916667	0.518641		
26	2006年	1月	106.2	114.65	128.3625	0.827344		
27		2月	90.8	118.0416667	130.4166667	0.69623		
28		3月	108.3	118.9333333	132.4916667	0.81741		
29		4月	145.1	121.05	134.5	1.07881		
30		5月	178.6	123.125	136.5291667	1.308145		
31		6月	145.2	125.25	138.6125	1.047525		
32		7月	191.5	127.3333333				
33		8月	189.8	129.3916667				
34		9月	145.5	131.4416667				
35		10月	175.1	133.5416667				
36		11月	109.6	135.4583333				
37		12月	89.8	137.6				
38				139.625				

图 5—2—13　修匀比率计算结果

	A	B	C	D	E	F	G	H
1			游客数	12个月移动平均数	12个月移正平均趋势值	修匀比率	各年同月修匀比率的平均数	
2	2004年	1月	60.6				0.725206106	
3		2月	45.7				0.722808034	
4		3月	62.6				0.790278346	
5		4月	99.6				1.083912566	
6		5月	131.9				1.336894371	
7		6月	99.7				1.051881795	
8		7月	145.8		94.29583333	1.546198	1.489927268	
9		8月	143.9		95.93333333	1.5	1.447119949	
10		9月	99.8		98.2125	1.016164	1.009366777	
11		10月	130.7		99.91666667	1.30809	1.276958931	
12		11月	63.7		101.6583333	0.626609	0.651100041	
13		12月	45.1		103.3958333	0.436188	0.477414251	
14	2005年	1月	65.5	94.09166667	105.125	0.623068		
15		2月	80.1	94.5	106.8875	0.749386		
16		3月	82.9	97.36666667	108.6291667	0.763147		
17		4月	120.2	99.05833333	110.375	1.089015		
18		5月	153.1	100.775	112.1083333	1.365643		
19		6月	120.2	102.5416667	113.8	1.056239		
20		7月	166.8	104.25	116.3458333	1.433657		
21		8月	165.2	106	118.4875	1.39424		
22		9月	120.3	107.775	119.9916667	1.00257		
23		10月	152.1	109.4833333	122.0875	1.245828		
24		11月	83.9	111.2666667	124.1875	0.675591		
25		12月	65.5	112.95	126.2916667	0.518641		
26	2006年	1月	106.2	114.65	128.3625	0.827344		
27		2月	90.8	118.0416667	130.4166667	0.69623		
28		3月	108.3	118.9333333	132.4916667	0.81741		
29		4月	145.1	121.05	134.5	1.07881		
30		5月	178.6	123.125	136.5291667	1.308145		
31		6月	145.2	125.25	138.6125	1.047525		
32		7月	191.5	127.3333333				
33		8月	189.8	129.3916667				
34		9月	145.5	131.4416667				
35		10月	175.1	133.5416667				
36		11月	109.6	135.4583333				
37		12月	89.8	137.6				

图 5—2—14　各年同月修匀比率的平均数计算结果

第六步：以上这些平均修匀比率其实就是季节比率，计算 12 个月的季节比率之和。在 G14 单元格中，计算 G2 到 G13 单元格之和，计算结果如图 5—2—15 所示。

Microsoft Excel - 移动平均趋势剔除

文件(F) 编辑(E) 视图(V) 插入(I) 格式(O) 工具(T) 数据(D) 窗口(W) 帮助(H)

G14 =SUM(G2:G13)

	A	B	C	D	E	F	G	H	I
1			游客数	12个月移动平均数	12个月移正平均趋势值	修匀比率	各年同月修匀比率的平均数		
2	2004年	1月	60.6				0.725206106		
3		2月	45.7				0.722808034		
4		3月	62.6				0.790278346		
5		4月	99.6				1.083912566		
6		5月	131.9				1.336894371		
7		6月	99.7				1.051881795		
8		7月	145.8		94.29583333	1.546198	1.489927268		
9		8月	143.9		95.93333333	1.5	1.447119949		
10		9月	99.8		98.2125	1.016164	1.009366777		
11		10月	130.7		99.91666667	1.30809	1.276958931		
12		11月	63.7		101.6583333	0.626609	0.651100041		
13		12月	45.1		103.3958333	0.436188	0.477414251		
14	2005年	1月	65.5	94.09166667	105.125	0.623068	12.06286843		
15		2月	80.1	94.5	106.8875	0.749386			
16		3月	82.9	97.36666667	108.6291667	0.763147			
17		4月	120.2	99.05833333	110.375	1.089015			
18		5月	153.1	100.775	112.1083333	1.365643			
19		6月	120.2	102.5416667	113.8	1.056239			
20		7月	166.8	104.25	116.3458333	1.433657			
21		8月	165.2	106	118.4875	1.39424			
22		9月	120.3	107.775	119.9916667	1.00257			
23		10月	152.1	109.4833333	122.0875	1.245828			
24		11月	83.9	111.2666667	124.1875	0.675591			
25		12月	65.5	112.95	126.2916667	0.518641			
26	2006年	1月	106.2	114.65	128.3625	0.827344			
27		2月	90.8	118.0416667	130.4166667	0.69623			
28		3月	108.3	118.9333333	132.4916667	0.81741			
29		4月	145.1	121.05	134.5	1.07881			
30		5月	178.6	123.125	136.5291667	1.308145			
31		6月	145.2	125.25	138.6125	1.047525			
32		7月	191.5	127.3333333					
33		8月	189.8	129.3916667					
34		9月	145.5	131.4416667					
35		10月	175.1	133.5416667					
36		11月	109.6	135.4583333					
37		12月	89.8	137.6					

图 5—2—15　12 个月的季节比率之和计算结果

第七步：由于 12 个月的和为 12.062 868 43，而不是正好为 12，因此需要对其进行调整。在 H2 单元格中输入“=12/G14”，结果如图 5—2—16 所示。

Microsoft Excel - 移动平均趋势剔除

文件(F) 编辑(E) 视图(V) 插入(I) 格式(O) 工具(T) 数据(D) 窗口(W) 帮助(H)

H2 =12/G14

	A	B	C	D	E	F	G	H
1			游客数	12个月移动平均数	12个月移正平均趋势值	修匀比率	各年同月修匀比率的平均数	季节比率调整系数
2	2004年	1月	60.6				0.725206106	0.994788268
3		2月	45.7				0.722808034	
4		3月	62.6				0.790278346	
5		4月	99.6				1.083912566	
6		5月	131.9				1.336894371	
7		6月	99.7				1.051881795	
8		7月	145.8		94.29583333	1.546198	1.489927268	
9		8月	143.9		95.93333333	1.5	1.447119949	
10		9月	99.8		98.2125	1.016164	1.009366777	
11		10月	130.7		99.91666667	1.30809	1.276958931	
12		11月	63.7		101.6583333	0.626609	0.651100041	
13		12月	45.1		103.3958333	0.436188	0.477414251	
14	2005年	1月	65.5	94.09166667	105.125	0.623068	12.06286843	
15		2月	80.1	94.5	106.8875	0.749386		
16		3月	82.9	97.36666667	108.6291667	0.763147		
17		4月	120.2	99.05833333	110.375	1.089015		
18		5月	153.1	100.775	112.1083333	1.365643		
19		6月	120.2	102.5416667	113.8	1.056239		
20		7月	166.8	104.25	116.3458333	1.433657		
21		8月	165.2	106	118.4875	1.39424		
22		9月	120.3	107.775	119.9916667	1.00257		
23		10月	152.1	109.4833333	122.0875	1.245828		
24		11月	83.9	111.2666667	124.1875	0.675591		
25		12月	65.5	112.95	126.2916667	0.518641		
26	2006年	1月	106.2	114.65	128.3625	0.827344		
27		2月	90.8	118.0416667	130.4166667	0.69623		
28		3月	108.3	118.9333333	132.4916667	0.81741		
29		4月	145.1	121.05	134.5	1.07881		
30		5月	178.6	123.125	136.5291667	1.308145		
31		6月	145.2	125.25	138.6125	1.047525		
32		7月	191.5	127.3333333				
33		8月	189.8	129.3916667				
34		9月	145.5	131.4416667				
35		10月	175.1	133.5416667				

图 5—2—16　季节比率调整系数计算结果

第八步：根据调整后的系数计算季节比率。在 I2 单元格中输入“＝G2 * 0.994 788 268”，按回车键，然后点击 G2，当此单元格的右下角变成黑十字时，向下拖曳分别计算出 12 个月的季节比率。从 I14 单元格可以看出季节比率之和为 12，结果如图 5—2—17 所示。

最后对计算出的季节比率的小数位数进行调整，计算结果如图 5—2—18 所示。

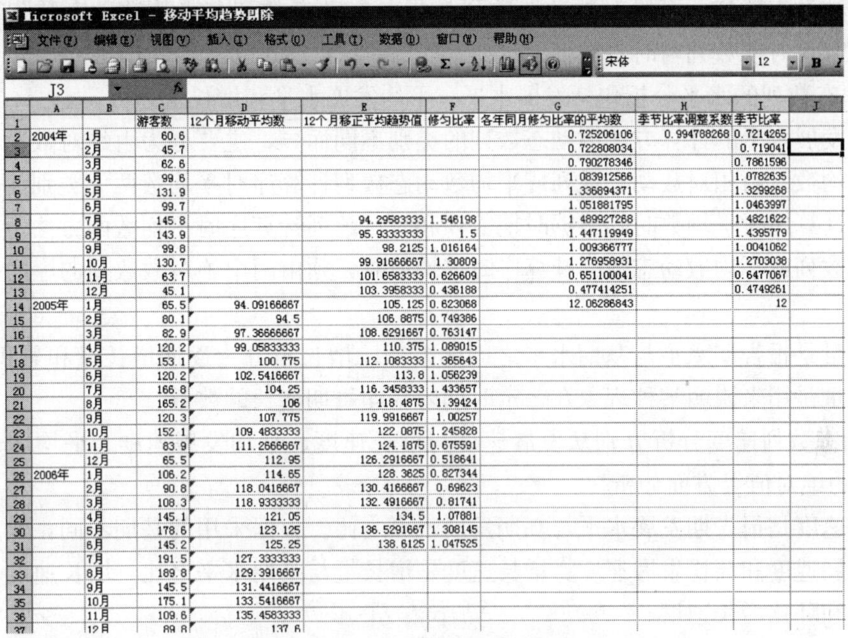

Microsoft Excel - 移动平均趋势剔除

	A	B	C	D	E	F	G	H	I
1			游客数	12个月移动平均数	12个月移正平均趋势值	修匀比率	各年同月修匀比率的平均数	季节比率调整系数	季节比率
2	2004年	1月	60.6				0.725206106	0.994788268	0.7214265
3		2月	45.7				0.722808034		0.719041
4		3月	62.6				0.790278346		0.7861596
5		4月	99.6				1.083912566		1.0782635
6		5月	131.9				1.336894371		1.3299268
7		6月	99.7				1.051881795		1.0463997
8		7月	145.8		94.29583333	1.546198	1.489927268		1.4821622
9		8月	143.9		95.93333333	1.5	1.447119949		1.4395779
10		9月	99.8		98.2125	1.016164	1.009366777		1.0041062
11		10月	130.7		99.91666667	1.30809	1.276958931		1.2703038
12		11月	63.7		101.6583333	0.626609	0.651100041		0.6477067
13		12月	45.1		103.3958333	0.436188	0.477414251		0.4749261
14	2005年	1月	65.5	94.09166667	105.125	0.623068	12.06286843		12
15		2月	80.1	94.5	106.8875	0.749386			
16		3月	82.9	97.36666667	108.6291667	0.763147			
17		4月	120.2	99.05833333	110.375	1.089015			
18		5月	153.1	100.775	112.1083333	1.365643			
19		6月	120.2	102.5416667	113.8	1.056239			
20		7月	166.8	104.25	116.3458333	1.433657			
21		8月	165.2	106	118.4875	1.39424			
22		9月	120.3	107.775	119.9916667	1.00257			
23		10月	152.1	109.4833333	122.0875	1.245828			
24		11月	83.9	111.2666667	124.1875	0.675591			
25		12月	65.5	112.95	126.2916667	0.518641			
26	2006年	1月	106.2	114.65	128.3625	0.827344			
27		2月	90.8	118.0416667	130.4166667	0.69623			
28		3月	108.3	118.9333333	132.4916667	0.81741			
29		4月	145.1	121.05	134.5	1.07881			
30		5月	178.6	123.125	136.5291667	1.308145			
31		6月	145.2	125.25	138.6125	1.047525			
32		7月	191.5	127.3333333					
33		8月	189.8	129.3916667					
34		9月	145.5	131.4416667					
35		10月	175.1	133.5416667					
36		11月	109.6	135.4583333					
37		12月	89.8	137.6					

图 5—2—17　季节比率计算结果

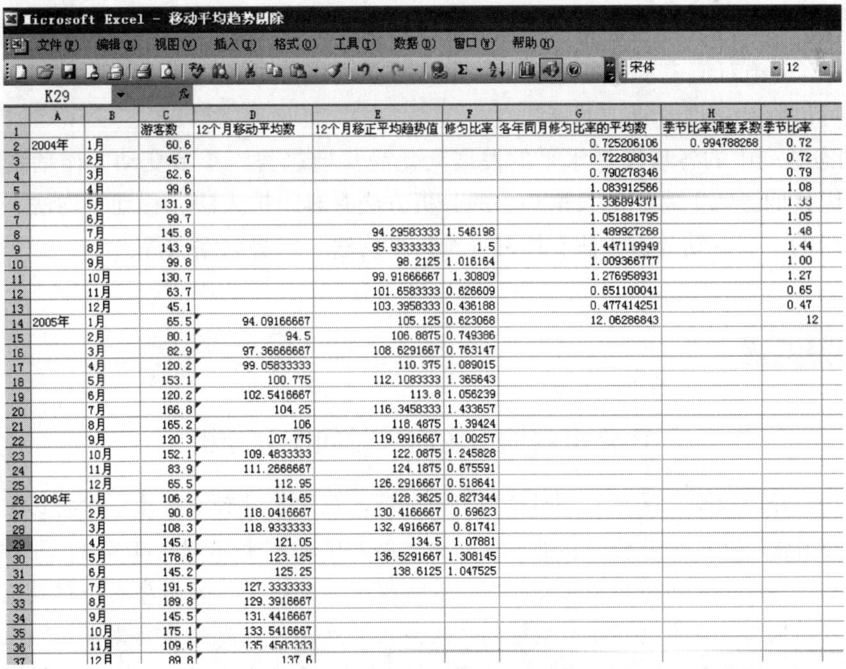

Microsoft Excel - 移动平均趋势剔除

	A	B	C	D	E	F	G	H	I
1			游客数	12个月移动平均数	12个月移正平均趋势值	修匀比率	各年同月修匀比率的平均数	季节比率调整系数	季节比率
2	2004年	1月	60.6				0.725206106	0.994788268	0.72
3		2月	45.7				0.722808034		0.72
4		3月	62.6				0.790278346		0.79
5		4月	99.6				1.083912566		1.08
6		5月	131.9				1.336894371		1.33
7		6月	99.7				1.051881795		1.05
8		7月	145.8		94.29583333	1.546198	1.489927268		1.48
9		8月	143.9		95.93333333	1.5	1.447119949		1.44
10		9月	99.8		98.2125	1.016164	1.009366777		1.00
11		10月	130.7		99.91666667	1.30809	1.276958931		1.27
12		11月	63.7		101.6583333	0.626609	0.651100041		0.65
13		12月	45.1		103.3958333	0.436188	0.477414251		0.47
14	2005年	1月	65.5	94.09166667	105.125	0.623068	12.06286843		12
15		2月	80.1	94.5	106.8875	0.749386			
16		3月	82.9	97.36666667	108.6291667	0.763147			
17		4月	120.2	99.05833333	110.375	1.089015			
18		5月	153.1	100.775	112.1083333	1.365643			
19		6月	120.2	102.5416667	113.8	1.056239			
20		7月	166.8	104.25	116.3458333	1.433657			
21		8月	165.2	106	118.4875	1.39424			
22		9月	120.3	107.775	119.9916667	1.00257			
23		10月	152.1	109.4833333	122.0875	1.245828			
24		11月	83.9	111.2666667	124.1875	0.675591			
25		12月	65.5	112.95	126.2916667	0.518641			
26	2006年	1月	106.2	114.65	128.3625	0.827344			
27		2月	90.8	118.0416667	130.4166667	0.69623			
28		3月	108.3	118.9333333	132.4916667	0.81741			
29		4月	145.1	121.05	134.5	1.07881			
30		5月	178.6	123.125	136.5291667	1.308145			
31		6月	145.2	125.25	138.6125	1.047525			
32		7月	191.5	127.3333333					
33		8月	189.8	129.3916667					
34		9月	145.5	131.4416667					
35		10月	175.1	133.5416667					
36		11月	109.6	135.4583333					
37		12月	89.8	137.6					

图 5—2—18　最终计算结果

项目总结

1. 动态数列按形成数列各项指标的性质不同，分为绝对数动态数列、相对数动态数列与平均数动态数列。而绝对数动态数列是相对数动态数列与平均数动态数列形成的基础，它又分为时期数列与时点数列。

2. 动态数列的水平分析包括发展水平、平均发展水平和增长量分析。

平均发展水平的计算方法因动态数列的类别不同而异，主要分为由绝对数动态数列计算序时平均数、由相对数动态数列或平均数动态数列计算序时平均数两大类别。由绝对数动态数列计算序时平均数时，根据时期数列和时点数列计算序时平均数的方法不同。由相对数动态数列或平均数动态数列计算序时平均数时，须由两个绝对数数列的序时平均数对比所得。

增长量是报告期水平与基期水平之间的差额，增长量分为逐期增长量和累积增长量。平均增长量是用来说明某种现象在一定时期内平均每期增长的数量。

3. 动态数列速度分析分别从发展速度与增长速度、平均发展速度、平均增长速度及增长1%的绝对值等方面分析。

发展速度是报告期发展水平与基期发展水平之比。根据采用的基期不同，发展速度分为定基发展速度和环比发展速度。增长速度是增长量与基期水平之比，增长速度分为定基增长速度和环比增长速度。

平均发展速度是各个时期环比发展速度的平均数，平均发展速度的计算方法分为水平法（几何平均法）与累计法（方程式法）两种方法。水平法（几何平均法）在实际中的应用更为广泛。平均增长速度通常用平均发展速度减1来求得。

增长1%的绝对值表示速度每增长一个百分点而增加的绝对数量，通过计算增长1%的绝对值可以弥补速度分析中的局限性。

4. 动态数列中的各项发展水平的发展变化受长期趋势、季节变动、循环变动、不规则变动等因素的影响。常用的长期趋势的分析方法有时距扩大法、移动平均法、线性模型法等。常用的季节变动分析方法有按月（季）平均法、趋势剔除法等。

怀化市卷烟市场需求时间序列分析

时间序列分解模型，是时间序列模型中的一种，属于定量预测方法。它将历史数据分解为4类变动因素，即长期趋势 T、季节变动 S、周期变动 C 和不规则变动 I，并对各因素进行单独预测，再按一定组合规则组合处理，最终得出预测结果。时间序列分解模型已经在水利建设、石油化工、股市投资等领域得到广泛应用。然而，在卷烟市场需求预测上的应用还比较少。目前，烟草行业对卷烟市场需求预测的研究主要集中在对卷烟零售经营者订单的管理和分析上，而且是采用以销售人员意见汇总法、德尔菲法（经理及员工的意见）等为主的定性预测方法。本文采用时间序列分解模型，以怀化市卷烟销量历史数据为例，对怀化市卷烟市场需求进行定量预测，以寻求一种能够适合全国卷烟市场需求预测的方法。

1. 组合模型选择

形成时间序列变动的4类构成因素，按照它们的影响方式不同，可以设定为不同的组合模型，其中常用的有乘法模型和加法模型：

乘法模型　$Y=T \cdot S \cdot C \cdot I$

加法模型　$Y=T+S+C+I$

乘法模型是假定4个因素对现象发展的影响是相互的，以长期趋势成分的绝对量为基础，其余成分均以比率（相对量）表示。加法模型是假定4个因素的影响是独立的，每个成分均以绝对量表示。

表5—2—35是2003—2006年的怀化市卷烟月度销量数据，将销售数据绘制成时间序列曲线图（如图5—2—19所示）。从图5—2—19中可以看出，怀化市卷烟销量总体上趋势平缓，但具有明显的季节波动和周期变化，波动幅度、变化明显。因此本文采用乘法模型对数据加以分析。

表5—2—35　　2003—2006年怀化市卷烟月度销量　　单位：箱

	1月	2月	3月	4月	5月	6月	7月	8月	9月	10月	11月	12月	合计
2003年	9 565	9 971	8 020	9 068	8 873	9 809	9 619	12 506	11 813	9 554	10 683	9 443	118 924
2004年	10 965	7 220	7 731	8 309	8 436	8 224	8 732	8 869	10 769	9 234	11 077	11 706	111 272
2005年	12 802	7 536	9 605	9 323	9 546	9 059	9 622	11 170	12 161	9 888	11 139	11 124	122 975
2006年	13 151	7 601	9 686	10 152	10 389	10 900	11 000	11 914	12 830	10 546	11 323	10 614	130 105

资料来源：湖南省怀化市烟草公司电子营销系统。

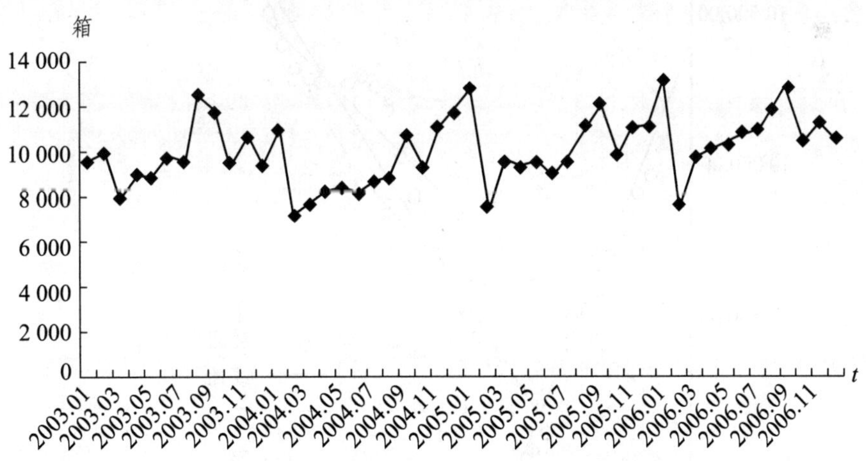

图5—2—19　2003—2006年怀化市卷烟月度销量

2. 怀化市卷烟市场需求时间序列分解模型

2.1　趋势变动分析

2.1.1　消除季节、不规则因素

为了更准确地分析数据的总体趋势，对表5—2—35的原数列通过12个月为步长的移动平均，将季节变动S和不规则变动I消除，使所得移动平均的结果只包括趋势变动T和

周期变动 C，结果见表 5—2—36。

表 5—2—36 **按表 5—2—35 数据计算获得的 $T \cdot C$ 总趋势** 单位：箱

	1月	2月	3月	4月	5月	6月	7月	8月	9月	10月	11月	12月
t	−5	−4	−3	−2	−1	0	1	2	3	4	5	6
2003 年 $T \cdot C$	—	—	—	—	—	—	9 969	9 912	9 786	9 742	9 692	9 608
t	7	8	9	10	11	12	13	14	15	16	17	18
2004 年 $T \cdot C$	9 505	9 316	9 121	9 065	9 068	9 178	9 349	9 439	9 530	9 651	9 739	9 820
t	19	20	21	22	23	24	25	26	27	28	29	30
2005 年 $T \cdot C$	9 892	10 025	10 179	10 264	10 294	10 272	10 262	10 280	10 286	10 324	10 393	10 505
t	31	32	33	34	35	36	37	38	39	40	41	42
2006 年 $T \cdot C$	10 639	10 728	10787	10 842	10 877	10 863				—	—	—

2.1.2 趋势模型选择

(1) 模型试选。根据表 5—2—36 的数据，用 SPSS 软件描绘散点图，进行曲线估计，见图 5—2—20。通过计算分别得出，二次模型与线性模型的可决系数 R^2 分别为 0.829 和 0.676。

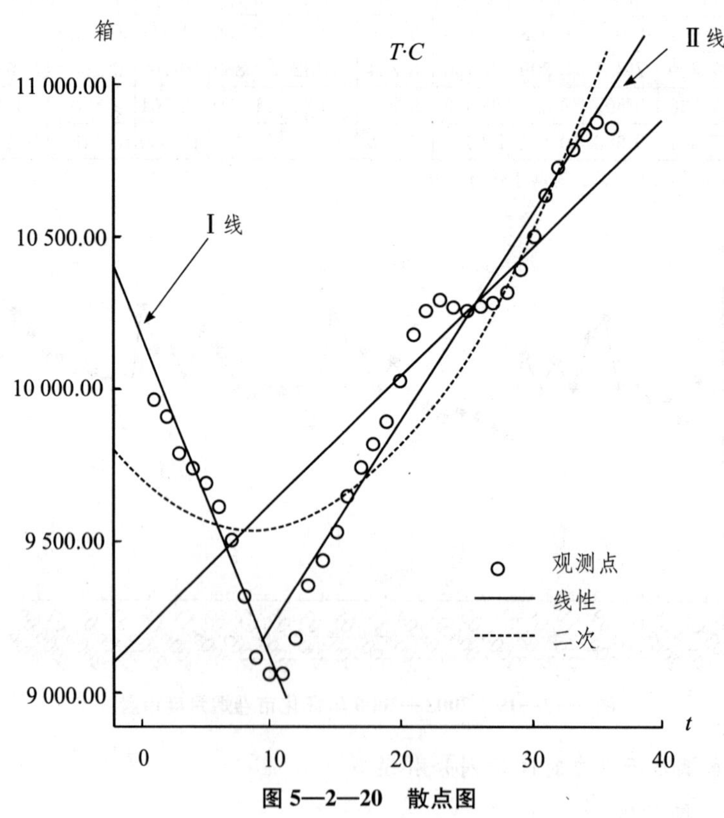

图 5—2—20 散点图

就这 2 个模型比较而言，无论从直观上看，还是从可决系数方面看，用二次模型拟合 $T \cdot C$ 趋势比线性模型更为恰当，但是二次模型的 R^2 也只有 0.829，模型的代表性仍不是很好。

从图 5—2—20 可以观察出，观测点图像的最低点是处在 $t=10$ 的位置，它对应为 2004 年 4 月。整个图像像一条斜率为负的直线与另一条斜率为正的直线相交于该点。因此考虑对 $T\cdot C$ 趋势以 $t=10$ 的位置为界，按线性模型 $T\cdot C=a+bt$，进行分段拟合。

(2) 分段模型。① 根据表 5—2—36，取 $t\leqslant 10$ 对应的销售数据，描绘散点图，进行线性估计，见图 5—2—20 中的Ⅰ线。从图 5—2—20 中可以观察出，拟合的Ⅰ线与观测点非常接近，由最小二乘法估计参数，得 $a_1=10\ 132.2$，$b_1=-101.927$，$R^2=0.959$，即

$$\text{当 } t\leqslant 10 \text{ 时，} T\cdot C=10\ 132.2-101.927t \qquad (\text{Ⅰ})$$

$R^2=0.959$，证实了（Ⅰ）式对 $t\leqslant 10$ 时观测点有较高的拟合度。

② 根据表 5—2—36，取 $t\geqslant 10$ 对应的销售数据，描绘散点图，进行线性估计，见图 5—2—20 中的Ⅱ线。从图 5—2—20 中可以观察出，拟合的直线与观测点非常接近，同理，由最小二乘法估计得 $a_2=8\ 538.841$，$b_2=67.882$，$R^2=0.955$，即

$$\text{当 } t\geqslant 10 \text{ 时，} T\cdot C=8\ 538.841+67.882t \qquad (\text{Ⅱ})$$

$R^2=0.955$，也证实了（Ⅱ）式对 $t\geqslant 10$ 时观测点有较高的拟合度。

(3) $T\cdot C$ 总趋势的分段线性模型为：

$$\begin{aligned} T\cdot C&=10\ 132.2-101.927t \quad (t\leqslant 10)\\ T\cdot C&=8\ 538.841+67.882t \quad (t\geqslant 10) \end{aligned} \qquad (\text{Ⅲ})$$

2.2 季节变动分析

根据表 5—2—35 的数据，按季度绘制时间序列曲线图（如图 5—2—21 所示），从图 5—2—21 中可以更明显地看出怀化市卷烟市场的季节性，即 1 季度、2 季度是淡季，3 季度、4 季度是旺季。

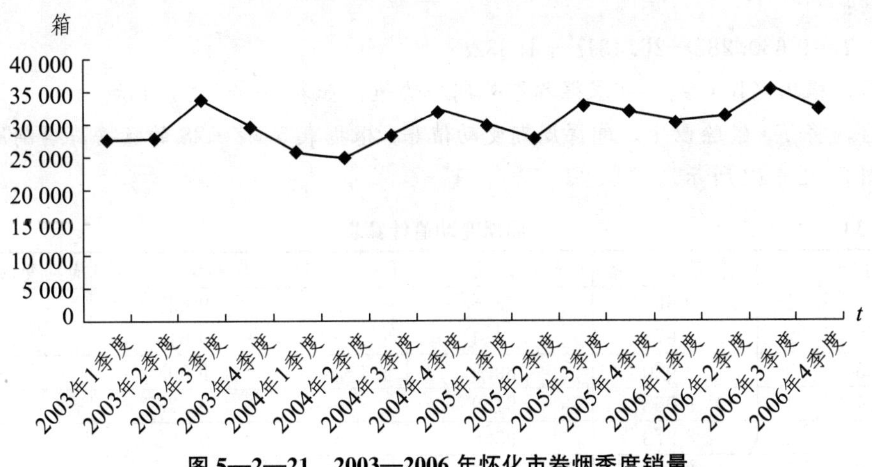

图 5—2—21 2003—2006 年怀化市卷烟季度销量

以趋势剔除法计算季节指数，见表 5—2—37。$Y/(T\cdot C)$ 即剔除了趋势变动 T 和周期变动 C，新的数列只包括 $S\cdot I$。将同月 $Y/(T\cdot C)$ 的数据平均，以消除不规则变动 I，再分别除以总平均数，即得季节指数 S。表 5—2—37 的季节指数可以比图 5—2—21 更准确地确认出淡、旺季。季节指数高于 100 的是旺季，即 1 月、8 月、9 月、11 月、12 月，低于 100 的为淡季，即 2—7 月、10 月。这一计算结果与每年的实际情况也非常吻合。

表 5—2—37　　　　怀化市卷烟销量季节指数计算表

年份	月份	1	2	3	4	5	6	7	8	9	10	11	12
2003	销售量 Y/（箱）	9 565	9 971	8 020	9 068	8 873	9 809	9 619	12 506	11 813	9 554	10 683	9 443
	$T\cdot C$/（箱）	—	—	—	—	—	—	9 969	9 912	9 786	9 742	9 692	9 608
	$Y/(T\cdot C)$/（%）	—	—	—	—	—	—	96.5	126.2	120.7	98.1	110.2	98.3
2004	销售量 Y/（箱）	10 965	7 220	7 731	8 309	8 436	8 224	8 932	8 869	10 769	9 234	11 077	11 706
	$T\cdot C$/（箱）	9 505	9 316	9 121	9 065	9 068	9 178	9 349	9 439	9 530	9 651	9 739	9 820
	$Y/(T\cdot C)$/（%）	115.4	77.5	84.8	91.7	93.0	89.6	93.4	94.0	113.0	95.7	113.7	119.2
2005	销售量 Y/（箱）	12 802	7 536	9 605	9 323	9 546	9 059	9 622	11 170	12 161	9 888	11 139	11 124
	$T\cdot C$/（箱）	9 892	10 025	10 179	10 264	10 294	10 272	10 262	10 280	10 286	10 324	10 393	10 505
	$Y/(T\cdot C)$/（%）	129.4	75.2	94.4	90.8	92.7	88.2	93.8	108.7	118.2	95.8	107.2	105.9
2006	销售量 Y/（箱）	13 151	7 601	9 686	10 152	10 389	10 900	11 000	11 914	12 830	10 546	11 323	10 614
	$T\cdot C$/（箱）	10 639	10 728	10 787	10 842	10 877	10 863	—	—	—	—	—	—
	$Y/(T\cdot C)$/（%）	123.6	70.9	89.8	93.6	95.5	100.3	—	—	—	—	—	—
同月 $Y/(T\cdot C)$/（箱平均）		122.8	74.5	89.6	92.0	93.8	92.7	94.5	109.6	117.3	96.5	110.4	107.8
季节指数 S/(%)		122.6	74.4	89.5	91.9	93.6	92.6	94.4	109.5	117.2	96.4	110.2	107.6

2.3　周期变动分析

周期性变动的分析实际上就是把长期趋势 T、季节变动 S 和不规则变动 I 从时间序列中逐一分离出来，并度量周期波动的幅度及出现的周期。但由于周期波动分析只是反映和描述统计指标的时间序列过去的变动特征，一般不能像长期趋势 T、季节变动 S 那样直接代入模型公式测算经济现象的未来状况。

根据表 5—2—35、表 5—2—37 的数据，用剩余法计算周期变动，见表 5—2—38。

首先，以时间 t' 为自变量，销售量 Y 为因变量，对销售量的长期趋势 T 进行曲线拟合，得到：

$$T=9\,660.282-26.431t'+1.332t'^2 \qquad (\text{Ⅳ})$$

然后，根据（Ⅳ）式，可求得各期长期趋势值，如表 5—2—38 所示。

最后，将 $T\cdot C$ 除以 T，即得周期变动值 C。根据表 5—2—38 的数据，绘制周期波动图（如图 5—2—22 所示）。

表 5—2—38　　　　周期变动值计算表

年份	月份	t^*	销售量 Y/（箱）	季节指数 S/（%）	$T\cdot C$/（箱）	长期趋势 T/（箱）	周期变动 C/（%）
2003	1	1	9 565	122.6	—	9 635	—
	2	2	9 971	74.4	—	9 613	—
	3	3	8 020	89.5	—	9 593	—
	4	4	9 068	91.9	—	9 576	—
	5	5	8 873	93.6	—	9 561	—
	6	6	9 809	92.6	—	9 550	—
	7	7	9 619	94.4	9 969	9 541	104.5
	8	8	12 506	109.5	9 912	9 534	104.0
	9	9	11 813	117.2	9 786	9 530	102.7
	10	10	9 554	96.4	9 742	9 529	102.2
	11	11	10 683	110.2	9 692	9 531	101.7
	12	12	9 443	107.6	9 608	9 535	100.8
2004	1	13	10 965	122.6	9 505	9 542	99.6
	2	14	7 220	74.4	9 316	9 551	97.5

续前表

年份	月份	t^*	销售量 Y/（箱）	季节指数 S/（%）	$T \cdot C$/（箱）	长期趋势 T/（箱）	周期变动 C/（%）
	3	15	7 731	89.5	9 121	9 564	95.4
	4	16	8 309	91.9	9 065	9 578	94.6
	5	17	8 436	93.6	9 068	9 596	94.5
	6	18	8 224	92.6	9 178	9 616	95.4
	7	19	8 732	94.4	9 349	9 639	97.0
	8	20	8 869	109.5	9 439	9 664	97.7
	9	21	10 769	117.2	9 530	9 693	98.3
	10	22	9 234	96.4	9 651	9 723	99.2
	11	23	11 077	110.2	9 739	9 757	99.8
	12	24	11 706	107.6	9 820	9 793	100.3
2005	1	25	12 802	122.6	9 892	9 832	100.6
	2	26	7 536	74.4	10 025	9 874	101.5
	3	27	9 605	89.5	10 179	9 918	102.6
	4	28	9 323	91.9	10 264	9 965	103.0
	5	29	9 546	93.6	10 294	10 014	102.8
	6	30	9 059	92.6	10 272	10 066	102.0
	7	31	9 622	94.4	10 262	10 121	101.4
	8	32	11 170	109.5	10 280	10 178	101.0
	9	33	12 161	117.2	10 286	10 239	100.5
	10	34	9 888	96.4	10 324	10 301	100.2
	11	35	11 139	110.2	10 393	10 367	100.3
	12	36	11 124	107.6	10 505	10 435	100.7
2006	1	37	13 151	122.6	10 639	10 506	101.3
	2	38	7 601	74.4	10 728	10 579	101.4
	3	39	9 686	89.5	10 787	10 655	101.2
	4	40	10 152	91.9	10 842	10 734	101.0
	5	41	10 389	93.6	10 877	10 816	100.6
	6	42	10 900	92.3	10 863	10 900	99.7
	7	43	11 000	94.4	—	10 987	—
	8	44	11 914	109.5	—	11 076	—
	9	45	12 830	117.2	—	11 168	—
	10	46	10 546	96.4	—	11 263	—
	11	47	11 323	110.2	—	11 360	—
	12	48	10 614	107.6	—	11 461	—

说明：周期变动 $C = T \cdot C$/长期趋势 T。

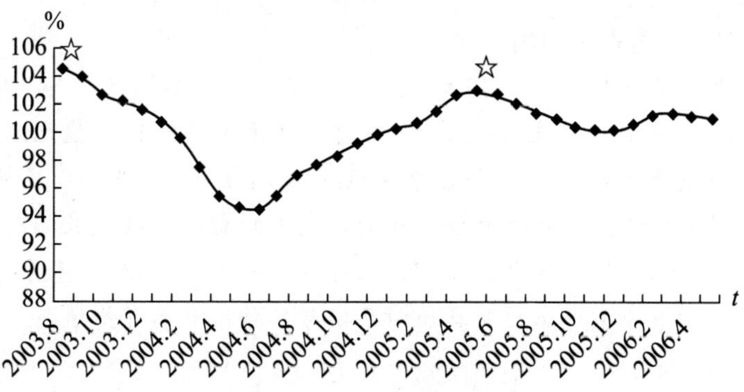

图 5—2—22　周期波动图

从表 5—2—38 和图 5—2—22 可以看出，走势起伏明显，两个大峰值之间的距离约为 21 个月。根据周期图像走势和表中数值的规律，最近一次大峰值应该是在 2007 年的 1 月前后，下一次大峰值大约是在 2008 年 10 月。

3. 模型的测算和预测

通过上述对趋势、季节的分析，已经得到了趋势及周期的模型、季节指数，由于不规则变动无法预测，因此 $Y=T\cdot S\cdot C\cdot I$，可以用 $Y=T\cdot S\cdot C$ 近似代替。将（Ⅲ）式代入 $Y=T\cdot S\cdot C$，得

$$\begin{cases} Y\approx T\cdot S\cdot C=(T\cdot C)\cdot S=(10\,132.2-101.927t)\cdot S & (t\leqslant 10) \\ Y\approx T\cdot S\cdot C=(T\cdot C)\cdot S=(8\,538.841+67.882t)\cdot S & (t\geqslant 10) \end{cases} \quad (\text{V})$$

3.1 历史需求量测算及比较

根据（Ⅴ）式，结合表 5—2—36 的 t、表 5—2—37 的季节指数 S，对 2003—2006 年的需求量进行测算及比较，见表 5—2—39。

表 5—2—39　　历史实际值与测算值比较表　　单位：箱

年份		1月	2月	3月	4月	5月	6月	7月	8月	9月	10月	11月	12月	合计
2003 年	历史	9 565	9 971	8 020	9 068	8 873	9 809	9 619	12 506	11 813	9 554	10 683	9 443	118 924
	测算	13 050	7 843	9 344	9 501	9 583	9 381	9 471	10 867	11 513	9 373	10 607	10 249	120 781
	误差率	36.4%	−21.3%	16.5%	4.8%	8.0%	−4.4%	−1.5%	−13.1%	−2.5%	−1.9%	−0.7%	8.5%	1.6%
2004 年	历史	10 965	7 220	7 731	8 309	8 436	8 224	8 732	8 869	10 769	9 234	11 077	11 706	111 272
	测算	11 550	6 933	8 249	8 377	8 695	8 660	8 896	10 386	11 197	9 277	10 685	10 507	113 411
	误差率	5.3%	−4.0%	6.7%	0.8%	3.1%	5.3%	1.9%	17.1%	4.0%	0.5%	−3.5%	−10.2%	1.9%
2005 年	历史	12 802	7 536	9 605	9 232	9 546	9 059	9 622	11 170	12 161	9 888	11 139	11 124	122 975
	测算	12 053	7 364	8 920	9 222	9 457	9 414	9 665	11 277	12 151	10 062	11 582	11 384	122 553
	误差率	−5.9%	−2.3%	−7.1%	−1.1%	−0.9%	3.9%	0.4%	1.0%	−0.1%	1.8%	4.0%	2.3%	−0.3%
2006 年	历史	13 151	7 601	9 686	10 152	10 389	10 900	11 000	11 914	12 830	10 546	11 323	10 614	130 105
	测算	13 052	7 970	9 649	9 971	10 220	10 168	10 434	12 169	13 106	10 847	12 480	12 261	132 328
	误差率	−0.8%	4.9%	−0.4%	−1.8%	−1.6%	−6.7%	−5.1%	2.1%	2.1%	2.9%	10.2%	155.5%	1.7%

2003 年，国家烟草专卖局加大对小烟厂的关停力度，其他烟厂为提高税利指标，也在不断提高卷烟结构；2004 年初，伴随着新晃烟厂关停，怀化市销量最大的“咀云湖”牌香烟（1 元/包）也逐步从市场上消失，这些不规则因素（税率调整、低档烟税负过重等）使得怀化市场的低档卷烟供应量锐减，市场短期无法适应。于是卷烟供应与市场需求出现结构性摩擦，表现出来的是这一阶段销量的下降。因此，2003—2004 年销量实际值比测算值偏低。

通过上面的测算，可以说，（Ⅴ）式预测的数据与实际值相当接近，比较准确。

3.2 2007 年各月需求量预测

根据（Ⅴ）式，结合表 5—2—36 的 t、表 5—2—37 的季节指数 S，对 2007 年的销量进行预测，见表 5—2—40。从表 5—2—40 来看，总体上实际销量值比测算值略高，1—9 月除 6 月误差率突破两位数外，其余 8 个月误差率均在 9% 以下。6 月销量的异常波动，主要是受工业公司到货量、半年销量任务压力等因素的影响。从较长的时间区间观察，例如以季度为单位分析，误差率均低于 4%，如果 1—9 月作为整体来看，误差率仅为 2.05%。应该说，由该模型得出的测算值对于实际工作很有参考价值。

表 5—2—40　　**2007 年卷烟销量实际值测算值比较表**　　单位：箱

月份	1月	2月	3月	4月	5月	6月	7月	8月	9月	10月	11月	12月	合计
t	43	44	45	46	47	48	49	50	51	52	53	54	
测算	14 051	8 576	10 378	10 719	10 983	10 922	11 203	13 061	14 060	11 632	13 378	13 138	142 108
实际	14 490	9 311	10 456	11 041	10 402	12 458	11 669	12 597	13 664	—	—	—	—
误差率	3.1%	8.6%	0.8%	3.0%	−5.3%	14.1%	4.2%	−3.6%	−2.8%	—	—	—	—
季度	第 1 季度			第 2 季度			第 3 季度			第 4 季度			
测算	33 005			32 625			38 324			38 148			—
实际	34 257			33 901			37 930			—			—
误差率	3.8%			3.9%			−1.0%			—			—

4. 讨论

采用时间序列分解模型对怀化市卷烟市场需求进行了定量预测，通过实例分析和精度检验，结果比较理想，为怀化烟草正确制定营销策略提供了依据。

该模型是基于历史销量数据，构造需求量与其相关因素之间的函数关系，然后通过函数计算预测期的需求量。这类定量预测的方法，较客户经理为主的定性预测方法，在原理与算法上更具客观性。但是，由于它预测过程相对复杂，因此影响了它的广泛应用。同时，数学模型的预测有两个关键点，一是历史数据的真实性，二是构建模型的拟合度。然而，现在我们构建模型所依据的数据往往是商业行业历年的销售数据，而非市场需求数据。又由于我们行业计划性以及某些单位以前的一些非规范经营行为，历史销售数据不能真实地反映市场需求的变化。因而，在此基础上构建的模型，对市场需求量的预测必然会存在出入。如何克服历史数据上的缺陷、夯实模型的基石，是值得我们继续探讨的问题。

资料来源：邹亮：《怀化市卷烟市场需求时间序列分析》，载《中国烟草学报》，2007（6）。

复习思考题

1. 什么是动态数列？其基本构成要素是什么？

2. 动态数列有哪些种类？

3. 什么是时期数列和时点数列？两者之间有什么区别？

4. 编制动态数列应当遵循哪些原则？

5. 什么是增长量、发展速度和增长速度？两种增长量有何关系？两种发展速度有何关系？发展速度和增长速度有何关系？

6. 简述增长 1%的绝对值的概念和计算方法。

7. 什么是平均发展水平？一般平均数与平均发展水平有什么异同点？

8. 什么是平均发展速度的水平法？如何计算？适用什么现象？

9. 常用的长期趋势测定的方法有哪些？

10. 什么是季节变动？研究它的意义何在？如何测定季节变动？

子项目三　统计指数与因素分析

导入案例

国家统计局每月定期公布的CPI（Consumer Price Index，居民消费价格指数）及相关内容，越来越成为人们关注的焦点。经常听到人们这样的议论："今天的蔬菜又涨价了！""这个月的CPI是涨了还是跌了？""CPI涨了，股市跌了。"CPI已经成为各级政府关注的宏观经济指标，成为媒体、民众街谈巷议最热门的词汇之一。

下面是2012年2月居民消费价格变动情况：

2012年2月，全国居民消费价格总水平同比上涨3.2%。其中，城市上涨3.2%，农村上涨3.2%；食品价格上涨6.2%，非食品价格上涨1.7%；消费品价格上涨3.9%，服务项目价格上涨1.5%。1—2月，全国居民平均消费价格总水平比去年同期上涨3.9%。

2月，全国居民消费价格总水平环比下降0.1%。其中，城市下降0.1%，农村下降0.1%；食品价格下降0.3%，非食品价格持平；消费品价格下降0.1%，服务项目价格下降0.2%。

资料来源：中华人民共和国国家统计局网站，2012-03-09。

问题思考与讨论：

（1）什么是CPI？

（2）CPI是如何算出来的？

（3）你还知道哪些指数？

项目描述

统计指数作为一种分析和研究的工具，在社会经济活动中，尤其是在对于复杂的经济现象总体的综合变动分析和多因素分析中的应用十分广泛。本任务从统计指数的含义、作用及类型出发，学习综合指数的概念、特点和编制方法；学习平均数指数的概念、特点和编制方法；熟知平均数指数与综合指数的关系，并能正确地加以应用；正确理解平均数指数，尤其是固定构成指数与结构变动影响指数的意义，掌握它们的计算方法；理解统计指数体系的意义，学习如何利用统计指数体系进行因素分析；了解现实中一些重要经济指数的意义与编制方法。

能力（技能）目标	知识目标
1. 掌握综合指数和平均数指数的编制方法。 2. 掌握指数体系的含义及指数体系的两因素分析方法。 3. 能够根据已知资料编制综合指数和平均数指数并进行两因素分析。	1. 掌握指数的含义及类型。 2. 掌握综合指数的概念和编制原则。 3. 掌握平均数指数的概念和编制原则。 4. 掌握因素分析的概念和内容。 5. 理解用 Excel 进行综合指数与平均数指数的计算。

任务一 统计指数编制

一、统计指数的含义、作用及类型

（一）统计指数的含义

统计指数，简称指数，产生于 18 世纪后半期，距今已有 200 多年的历史。最早的统计指数的概念是从物价的变动产生的。当时由于金银大量流入欧洲，欧洲市场的物价飞涨，引起社会不安，于是产生了反映物价变动程度的要求，这就是统计指数产生的客观历史背景。

在现实生活中，“指数”一词的使用频率非常高。例如，既有物价指数（如居民消费价格指数，商品零售价格指数，农业生产资料价格指数，农产品生产价格指数，工业品出厂价格指数，固定资产投资价格指数，房地产价格指数，原材料、燃料、动力购进价格指数），股票价格指数（如我国的上证指数、深证指数、香港恒生指数，美国的道·琼斯股票价格指数、标准普尔股票价格综合指数、纽约证券交易所股票综合指数，英国的伦敦金融时报股票价格指数）等一些人们非常熟悉的指数，也有小康指数、和谐指数、平安指数、廉政指数、环境指数、景气指数等一些非常重要的社会管理类指数，还有气象指数（具体又分为高血压指数、晨练指数、舒适度指数、穿衣指数、中暑指数、防晒指数、紫外线指数等）、情感指数（如魅力指数、快乐指数、幸福指数、痛苦指数、无忧指数、单恋指数、成功指数）、诚信指数、信心指数、人气指数、产品质量指数、行人交通文明指数等一些有特殊含义的指数。

那么，什么是统计指数？从广义上说，统计指数就是一切用以表明所研究事物发展变化方向和程度的相对数，例如上述各种指数虽然难易繁简程度有别，但都能在一定程度上反映所研究事物发展变化的方向和所达到的相对水平。在现实中，人们总希望能借助一定的统计指标来反映事物发展变化的方向和所达到的程度，以便能对事物的发展变化进行客观的比较、定位和认识，如动态相对数、比较相对数、计划完成相对数等都是广义指数。所以，广义指数可以指一切用来说明同类事物或现象发展变化程度的相对数。本任务阐述的指数，主要是指狭义指数。狭义上的统计指数并不以研究个别事物或简单现象的数量变动为主要任务，而是以研究复杂现象总体某种数量的综合变化作为主要任务。

狭义指数是指用来反映不能同度量（即不能直接相加）的多种事物综合动态变化的特殊相对数。社会经济现象错综复杂，引起社会经济现象变动的因素是多方面的，其中任何一个因素的变化都会对社会经济现象总的变动产生影响。如商品销售额这一经济现象的变动是由商品销售价格和商品销售量这两个因素共同影响的结果，其中任何一个因素变动都将引起商品销售额的变动。由于不同商品的使用价值不同，计量单位不同，缺乏可变性，因此商品的销售价格或销售量的变动对商品销售额变动的影响各有多大，不能采取直接加总后再相除的方法计算指数，必须采用狭义指数计算各因素变动对社会经济现象变动总的影响程度。

（二）统计指数的作用

一般说来，统计指数有以下三个方面的作用。

1. 综合反映社会经济现象总体变动的方向和程度

这是统计指数尤其是狭义指数的主要作用。指数的计算结果一般用百分数表示，这个百分比大于或小于100%，表示升降变动的方向或程度。例如，要了解全国居民生活消费品价格水平的总变动，由于不同的消费品使用价值不同、计量单位和单位价格不同，就不能把所有消费品的单价直接进行加总并对比，而单件消费品价格的变化又不能反映整体消费品价格的变化，因此必须找到某种能综合反映整体消费品价格变化的统计方法，这就是统计指数法。2011年我国居民消费价格指数为105.4%，说明2011年我国居民消费价格总指数比上年上涨幅度是5.4%。此外，我国统计部门公布的我国居民零售价格指数、工业品出厂价格指数、股票价格指数等指数，都是利用指数的原理和方法编制的。

2. 分析和测定社会经济现象的各个构成因素对经济现象总量变动的影响程度

社会经济现象的数量变化，是许多因素共同影响的结果。例如：工业品产量的变动，取决于工人人数和工人劳动生产率的变动；农产品收获量的变动，取决于播种面积和单位面积产量的变动；旅游总收入的变动，取决于游客总人次和平均每人次支出的变动等。统计指数是利用各因素之间的联系编制的，各个因素指数又相互联系地构成指数体系，因此可以利用指数体系来分析现象总变动中各个因素变动的影响。

3. 研究现象在长时间内的变动趋势

利用连续编制的指数数列，可对复杂现象总体长时间的发展变动趋势进行分析。例如，把历年的居民消费价格指数加以排列，就可以清楚地表明居民消费品价格的长期变化过程、所呈现的规律和可能的发展趋势。这种方法特别适用于对比分析有联系但性质不同的时间数列之间的变动关系，因为利用指数的变动进行比较，可以解决不同性质数列之间不能对比的问题。

（三）统计指数的类型

随着社会的进步，统计指数的理论和实践都有了发展，产生了多种类型的指数，以下是一些主要的分类。

1. 个体指数和总指数

按照所反映的对象范围不同，统计指数分为个体指数和总指数。个体指数是反映个别事物动态变化的相对数，如说明一种工业品产量变动的个体产量指数、说明一种商品价格变动的个体价格指数等。它是在简单条件下存在的，其计算公式如下：

个体质量指标指数：

$$k_p = \frac{p_1}{p_0}$$

式中，p_0 为基期质量指标；p_1 为报告期质量指标。

个体数量指标指数：

$$k_q = \frac{q_1}{q_0}$$

式中，q_0 为基期数量指标；q_1 为报告期数量指标。

可见，个体指数就是指由同一种现象的报告期与基期指标数值对比得到的发展速度指标。

总指数是综合说明不能同度量的许多个别事物构成的复杂现象总体综合变动的相对数，如工业产品总产量指数、商品零售物价总指数等。在现代统计指数理论中编制总指数有两种主要形式，即综合指数和平均数指数。其中，综合指数是编制总指数的基础，平均数指数是综合指数的变形和运用。

介于个体指数和总指数之间，还有一种类（组）指数。实质上，类（组）指数也是总指数，因为它也包含了不能直接加总的多种事物。类（组）指数是统计分组与总指数运用相结合的必然产物，如工业总产量指数分为重工业和轻工业产量指数，零售物价指数分为食品类、衣着类、日用品类等价格指数。

2. 数量指标指数和质量指标指数

按照说明现象的性质不同，统计指数分为数量指标指数和质量指标指数。数量指标指数是说明现象总规模、总数量变动的相对数，如产品产量指数、商品销售量指数、职工人数指数等；质量指标指数是说明现象总体内涵、质量变动情况的指数，它可以反映事物的质量标准效果和程度，如价格指数、成本指数、劳动生产率指数、平均工资指数等。

3. 综合指数和平均数指数

按照编制方法的不同，统计指数分为综合指数和平均数指数。这两种指数都属于总指数的形式，其编制方法是指数方法论中的两个主流。综合指数是通过两个总量指标对比计算出来的，平均数指数则是个体指数的加权平均数。

4. 定基指数和环比指数

按照采用的基期不同，统计指数分为定基指数和环比指数。定基指数是指各个时期指数都是采用某一固定时期为基期计算的指数。如对于商业企业销售量，在分别计算 2011

年、2009 年、2005 年、2002 年等年份的销售量均以 2000 年为基期的指数，就是定基指数。环比指数是以报告期前一期为基期计算的指数。如 2011 年以 2010 年为基期计算的指数是 108.1%，2009 年以 2008 年为基期计算的指数是 99.8%，这些都是环比指数。

5. 动态指数和静态指数

按照说明现象的时间状况是否为同一时间，统计指数分为动态指数和静态指数。动态指数是说明现象在不同时间上变动情况的指数，适用于某一同类现象数量由于时间变化所引起的变动分析，如零售商品物价指数、产品产量指数等；静态指数是说明复杂现象在同一时间不同空间的综合对比的指数或实际数与计划数综合对比的指数，适用于同一时间、地点、单位发生变化的同类现象的对比分析，如产销价格指数、地区间物价分析比较指数、计划完成指数等。

6. 简单指数和加权指数

按照其计算时是否加权，统计指数分为简单指数和加权指数。当计算总指数时，采用简单综合或平均的方法求得的总指数称为简单指数，如将各种商品报告期销售量与基期销售量分别直接加总后对比所计算的销售量总指数；采用加权综合或平均的方法求得的总指数称为加权指数。现在所使用的指数几乎都是加权计算的，只有极个别的指数为了计算简便或不易取得资料，才使用简单综合或平均的方法来计算。

二、几种常见指数的编制

（一）综合指数的编制

1. 综合指数的概念和特点

（1）综合指数的概念。理论界普遍认为，综合指数是总指数的基本形式。它是依据研究目的，确定同度量因素，把不能同度量的现象过渡为可以同度量的现象，分别计算出分子、分母的总量指标并进行对比，以说明现象总的变动方向和程度的相对数。

如前所述，综合指数用以反映不能同度量（即不能直接相加）的社会经济现象的综合变动情况。例如，要反映 10 种不同商品的销售量在一定时期总的变动情况，由于各种商品的使用价值不同，不能将它们的数量简单相加，但把它们变为价值量即可相加。因此，可将这 10 种商品的销售量各乘以其单位价格，转化为销售额再相加在一起，进而计算这 10 种商品的总变动。综合指数就是把各种不能直接相加的现象还原为价值形态再进行对比的方法。

（2）综合指数的特点。综合指数较其他总指数的计算方法有如下特点：

1）需要将不能同度量的现象同度量化。综合指数从现象联系关系分析中入手，确定与研究现象相联系的有关因素，把不能同度量的现象过渡为可以同度量的现象。如在分析各种产品成本的平均变动中，要确定生产总成本与各种产品的单位成本高低及产量多少有关，可以将各种产品的单位成本分别乘以相应的产量，求得总成本，这样就可以把不能同度量的现象过渡为可以同度量的现象。

2）需要固定分析因素。综合指数在进行现象因素分析时，必须在有关因素中确定同度量因素，将它固定不变，只测定一个指数化因素的变动。例如，商品销售额的变动是商品销售量和商品销售价格两个因素共同影响的结果。当研究价格变动时，需要将不同商品的价格乘以各自的销售量，但如果将报告期的销售量和报告期的销售价格相乘，基期的销售量与基期的销售价格相乘，得到的将分别是报告期销售额和基期的销售额，两个不同时期的销售额对比，得到的是销售额指数而不是价格指数。所以要计算价格指数，必须将销售量这个因素固定不变，报告期和基期都乘以同一销售量，这样，当两个销售额相比时，因为销售量已经固定，对比的结果说明的只是价格的变动。因此综合指数在进行分析测定一个因素变动时必须固定其他因素。

3）反映变动后的实际效果。综合指数不但可以研究总量和影响总量变动的各因素变动方向和程度，还可以观察现象动态变化后所产生的实际变化效果。综合指数的分子和分母是两个有联系的总量指标，相比后得出一个相对指标即指数，说明现象所变动的方向和程度。分子与分母相减的结果仍然是一个总量指标，说明现象变动后的实际效果。例如：价格指数的编制往往用报告期的销售量作同度量因素，分子与分母的差额说明由于价格的变动而使销售额增加或减少的绝对额。综合指数的这一特点正是它作为计算总指数基本形式的原因所在。

2. 综合指数的编制方法

综合指数的编制方法是先综合后对比：先综合就是对不能同度量（即不能直接相加）的数量过渡到能够同度量（即可以直接相加）的数量的计算过程，后对比就是将综合后的两个同类现象的总和（即总量）进行比较计算的过程。

编制综合指数要解决的基本问题是选择同度量因素和固定同度量的时期。同度量因素的选择应根据研究对象确定，通常所要研究的对象就是指数化因素，另一个因素就是同度量因素。在不同的使用价值还原成价值的过程中，同度量因素不仅起着媒介作用，而且起着权数作用。同度量因素确定后还要根据指数说明问题的性质及统计研究的目的将它固定在某个时期，只有这样才能做到当研究一个因素变化对总指数的影响程度时不受其他因素的干扰，指数比较准确。

根据综合指数研究对象的特点，综合指数的编制应该分为数量指标指数的编制和质量指标指数的编制，其编制原理与方法基本相同。

（1）数量指标指数的编制方法。数量指标指数是说明数量指标变动情况的综合指数，是反映社会经济现象总规模、总数量变动程度的相对数，如工业产品产量指数、商品销售量指数等。在编制数量指标指数时，由于各种产品具有不同的计量单位和不同的使用价值，因此不能直接相加，而要以质量指标作同度量因素，如价格、成本等质量指标，可以作为产品产量指数或商品销售量指数的同度量因素，当然这里还要考虑固定在那一个时期。现以商品销售量指数为例，说明数量指标指数的编制原理及方法。

表 5—3—1 是三种商品销售量和销售价格资料。

表 5—3—1　　三种商品销售量和销售价格资料

商品名称	计量单位	销售量		销售价格（元）	
		基期	报告期	基期	报告期
甲	台	100	130	1 000	1 100
乙	件	2 000	2 200	50	55
丙	千克	300	270	130	120

从表中可知，三种商品的计量单位不同，使用价值不同，价格各异，销售量不能直接相加。要计算销售量总指数，必须通过同度量因素——价格，使之转化为能够相加的销售额指标。现根据表 5—3—1 中的资料计算销售量指数，计算时，一般要列表进行，见表 5—3—2，以使计算过程清晰明了。

表 5—3—2　　三种商品销售量指数计算表

商品名称	计量单位	销售量		销售价格（元）		销售额（元）			
		基期	报告期	基期	报告期	p_0q_1	p_0q_0	p_1q_1	p_1q_0
		q_0	q_1	p_0	p_1				
甲	台	100	130	1 000	1 100	130 000	100 000	143 000	110 000
乙	件	2 000	2 200	50	55	110 000	100 000	121 000	110 000
丙	千克	300	270	130	120	35 100	39 000	32 400	36 000
合计	—	—	—	—	—	275 100	239 000	296 400	256 000
		资料栏				计算栏			

根据上述资料分别采用基期价格和报告期价格作同度量因素，则商品销售量指标指数的计算公式为：

以基期销售价格为同度量因素：

$$\overline{K_q}=\frac{\sum p_0q_1}{\sum p_0q_0} \tag{1}$$

以报告期销售价格为同度量因素：

$$\overline{K_q}=\frac{\sum p_1q_1}{\sum p_1q_0} \tag{2}$$

式中，$\overline{K_q}$ 为商品销售量总指数；q_1 为报告期销售量；q_0 为基期销售量；p_1 为报告期销售价格；p_0 为基期销售价格。

公式（1）是德国经济学家拉斯贝尔于 1864 年提出的，称为拉氏物量指数公式；公式（2）是德国经济学家派许于 1874 年提出的，称为派氏物量指数公式。

将上例资料分别代入公式（1）、（2），得商品销售量指数为：

$$\text{拉氏物量指数 } \overline{K_q}=\frac{\sum p_0q_1}{\sum p_0q_0}=\frac{275\ 100}{239\ 000}=1.151\text{，即 }115.1\%$$

$$\text{派氏物量指数 } \overline{K_q}=\frac{\sum p_1q_1}{\sum p_1q_0}=\frac{296\ 400}{256\ 000}=1.158\text{，即 }115.8\%$$

由于采用了不同时期的同度量因素，因而上述计算结果不同，但理论上讲都有一定的经济意义。拉氏物量指数公式以基期价格作同度量因素，亦即价格仍维持原来的水平，所反映的仅仅是销售量的变动情况；派氏物量指数公式以报告期价格作为同度量因素，从基期来看，价格已经发生了变化，所以，这一公式包含了两个因素变动的影响，即在反映销售量变动情况的同时，也包含了价格变动的因素。在实际应用中，同度量因素究竟固定在哪个时期，不能一概而论，要根据研究对象的特点和研究目的确定。

一般来说，研究数量指标指数时，应当将同度量因素固定在基期的质量指标上，这样的计算结果能单纯反映数量的变动程度。

(2) 质量指标指数的编制方法。质量指标指数是用来说明社会经济现象质量、内涵变动情况的指数，如物价指数、劳动生产率指数、产品成本指数等。在编制质量指标指数时，要以数量指标作同度量因素，如产量、销售量可作产品价格的同度量因素。同理，要考虑同度量因素固定在哪个时期。现以销售价格为例，说明质量指标指数的编制方法。

仍以上述资料为例，采用基期销售量和报告期销售量作同度量因素，则商品销售价格总指数计算公式为：

以基期销售量为同度量因素：

$$\overline{K_p}=\frac{\sum p_1q_0}{\sum p_0q_0} \qquad (3)$$

以报告期销售量为同度量因素：

$$\overline{K_p}=\frac{\sum p_1q_1}{\sum p_0q_1} \qquad (4)$$

式中，$\overline{K_p}$ 为商品价格总指数；q_1 为报告期销售量；q_0 为基期销售量；p_1 为报告期销售价格；p_0 为基期销售价格。

公式（3）是德国经济学家拉斯贝尔于 1864 年提出的，称为拉氏价格指数公式；公式（4）是德国经济学家派许于 1874 年提出的，称为派氏价格指数公式。

将表 5—3—2 的资料分别代入公式（3）和（4），得商品销售价格总指数为：

$$\text{拉氏价格指数 } \overline{K_p}=\frac{\sum p_1q_0}{\sum p_0q_0}=\frac{256\ 000}{239\ 000}=1.071\text{，即 }107.1\%$$

$$\text{派氏价格指数 } \overline{K_p}=\frac{\sum p_1q_1}{\sum p_0q_1}=\frac{296\ 400}{275\ 100}=1.077\text{，即 }107.7\%$$

两个公式的计算结果不同，原因在于采用了不同时期的销售量作同度量因素。拉氏价格指数公式是以基期销售量作为同度量因素，计算结果表明假定销售量未发生变化的情况下，商品价格综合变动的方向和程度，不具有现实意义；派氏价格指数公式是以报告期销售量作为同度量因素，计算结果表明假定商品销售量已变化为报告期的情况下，商品价格综合变动的方向和程度。计算价格指数的目的在于一方面要反映商品价格变动的方向和程度，另一方面要考察价格变动的实际效果。而以报告期销售量作为同度量因素计算的价格指数，可以反映居民购买当前的商品数量时价格的变动情况和多支出或少支出的货币，便于分析物价变动对人民生活和国家财政收支等的影响，符合价格指数计算的要求，具有较强的现实意义。

因此，一般来说，编制质量指标指数时，应将同度量因素固定在报告期的数量指标上。

3. 综合指数的应用

(1) 用于编制工业生产指数（index of industrial production）。经常应用的综合指数是拉氏物量指数和派氏价格指数。在实际应用中，由于研究对象或分析任务的具体要求不同，计算数量指标指数时，同度量因素的时期除了采用基期，也可以使用某一固定时期。如编制产量指数、销售量指数，其同度量因素——价格可以固定在某一特定的年份（我国在编制工业总产值物量指数、农业总产值物量指数曾先后采用 1957 年、1970 年、1980 年、1990 年的不变价格计算。不变价格是指某一段时期内的价格，通常用 p_n 表示）。当同度量因素使用某一固定时期时，编制的指数称为固定基期指数。其计算公式为：

$$\text{固定基期指数 } \overline{K_q}=\frac{\sum p_n q_1}{\sum p_n q_0}$$

式中，p_n 为某一固定时期的价格或不变价格。

现以编制工业生产指数为例进行讲解。工业生产指数是反映一个国家或地区工业产品产量综合变动程度的一种数量指标指数，是衡量经济增长水平和判断经济形势的重要依据。我国在 1995 年以前采用综合指数来编制工业生产指数，实际上就是采用不变价格为同度量因素来测定工业产品产量的变动程度。若以 p_n 表示不变价格，则工业生产指数为：

$$\overline{I_q}=\frac{\sum p_n q_1}{\sum p_n q_0}$$

新中国成立后，我国先后采用过 1952 年、1957 年、1965 年、1970 年、1980 年和 1990 年的不变价格。但由于工业产品繁多、更新换代速度加快，不变价与实际价之间的差距越来越大，不变价的工业生产指数逐步暴露出了不能真实反映工业发展速度的缺点，因而 1995 年以后逐步被加权算术平均数指数所替代。

（2）用于编制股票价格指数。在股票市场上，每时每刻都有许多股票进行交易，在同一时间，各种股票价格各异，而且它们都随着时间在不断变动。股票价格的变动是股票市场（或称证券市场）最重要的经济现象之一，它既可以为投资者带来利润，也可能使投资者遭受损失。在股票价格千变万化的股市上，用任何一种股票价格的变化来描述整个股票市场价格的变动情况，都显然是不行的。它只能用股票价格指数来反映。

股票价格指数是反映股票交易中价格变动情况的一种指数。在股票价格指数的编制方法上，有些实际上是股价的加权算术平均数，并非统计意义上的指数，如美国纽约道·琼斯工业股票指数和日本的日经指数等；有些是以某一时期为基期对比计算的股价指数，如香港恒生股票价格指数、伦敦金融时报指数、东京股票交易所指数和国内的股价指数。

国内的股价指数现有上证 A 股指数、上证 B 股指数、上证 50 指数、深证成指、深证综指、深证 A 股指数等十余种。计算各种股价指数的区别主要在于各选取多少只股票及选取哪些股票作为计算其股指的代表性股票。计算公式通常为：

$$\text{股票价格指数 } I_p=\frac{\sum P_1 Q_0}{\sum P_0 Q_0}$$

式中，I_p 为股票价格指数；P_0 为基期股价；P_1 为报告期股价；Q_0 为基期股票发行量。

这种股价指数以“点”为单位，而不是以货币为单位来表示股价的变动幅度。也就是说，在一般情况下确定基期的股价指数为 100 点，之后每上升或下降一个单位称为“1”点。例如，某年上证 A 股指数为 228.6%时，这表明报告期比基期上升 128.6 点。股价指数可以按季、年、月来编制，但因股价涨跌迅速，一般要求编制当日指数。日指数以某年某月某日的股价作为基期股价，这一日称为基日。

（二）平均数指数的编制

编制综合指数，既可以说明现象变动的方向和程度，又可以说明现象变动所产生的实际效果，其计算公式也比较简单。但编制时却要求有全面的统计资料，如编制物价指数时，要求有不同时期的全部商品的价格和销售量资料。在实际工作中，有些研究对象难以取得全面资料。因此，除在小范围内，且在商品品种较少的情况下可以直接采用综合指数编制总指数外，多数情况下不需要寻求其他方法计算总指数。平均数指数就是用非全面资料计算总指数的方法。

1. 平均数指数的概念和特点

（1）平均数指数的概念。以个体指数为基础，采取加权平均数形式编制的总指数，称为平均数指数。平均数指数采取"先对比，后平均"的方法，即首先计算出各种商品（或产品）的数量指标个体指数或质量指标个体指数，然后进行加权平均，以测定现象的总变动程度。它也是编制总指数的一种重要形式。

（2）平均数指数的特点。平均数指数与综合指数比较有两个特点：

1）综合指数主要适用于全面的原始资料编制，而平均数指数可以根据代表性资料计算；

2）综合指数必须以报告期（基期、固定时期）的数量指标或质量指标实际资料作为权数，而平均数指数除了可以用实际资料作权数外，也可以在实际资料的基础上推算确定比重而后进行加权平均计算。

平均数指数常用的基本形式有两种：一是加权算术平均数指数，二是加权调和平均数指数。

2. 加权算术平均数指数的编制

加权算术平均数指数是以个体物量指数为变量值，以基期价格资料作为分母计算的指数，主要用于数量指标指数的编制。

由于商品销售量综合指数 $\overline{K_q}=\dfrac{\sum p_0q_1}{\sum p_0q_0}$，又由于个体物量指数 $k_q=q_1/q_0$，因而 $q_1=k_qq_0$，如果用 k_qq_0 代表综合指数公式分子中的 q_1，则可得：

$$\overline{K_q}=\frac{\sum k_qp_0q_0}{\sum p_0q_0}$$

此式用加权算术平均法计算，故称为加权算术平均数指数。

【例 5—3—1】 下面仍用表 5—3—1 的资料，用加权算术平均数指数的方法计算总指数，见表 5—3—3。

表 5—3—3　　用加权算术平均数指数的方法计算总指数

商品名称	计量单位	销售量		基期销售额（元）	销售量个体指数（%）	$k_qp_0q_0$
		基期 q_0	报告期 q_1	p_0q_0	$k_q=q_1/q_0$	
甲	台	100	130	100 000	130.0	130 000
乙	件	2 000	2 200	100 000	110.0	110 000

续前表

商品名称	计量单位	销售量		基期销售额（元）	销售量个体指数（%）	$k_q p_0 q_0$
		基期 q_0	报告期 q_1	$p_0 q_0$	$k_q = q_1/q_0$	
丙	千克	300	270	39 000	90.0	35 100
合计	—	—	—	239 000	—	275 100

资料栏　　　　计算栏

从资料栏看没有价格资料，用综合指数公式计算产量指数，可根据资料计算个体销售量指数，采用加权算术平均数公式计算。即：

$$\overline{K_q} = \frac{\sum k_q p_0 q_0}{\sum p_0 q_0} = \frac{275\ 100}{239\ 000} = 1.15\text{（或 }115.1\%\text{）}$$

计算结果表明：由于该商场三种商品销售量报告期比基期上升了15.1%，因此影响商品销售额的变动差额为：

$$\sum k_q p_0 q_0 - \sum p_0 q_0 = 275\ 100 - 239\ 000 = 36\ 100\text{（元）}$$

3. 加权调和平均数指数的编制

加权调和平均数指数是以个体指数为变量、报告期价值资料为权数计算的指数，主要用于质量指标指数的编制。

由于综合指数的质量指标公式是$\overline{K_p} = \frac{\sum p_1 q_1}{\sum p_0 q_1}$，又由于个体价格指数$k_p = p_1/p_0$，因此$p_0 = \frac{1}{k_p} p_1$，用$\frac{1}{k_p} p_1$代替综合指数公式分母中的$p_0$可得：

$$\overline{k_p} = \frac{\sum p_1 q_1}{\sum \frac{1}{k_p} p_1 q_1}$$

此式用加权调和平均法计算，故称为加权调和平均数指数公式。

【例5—3—2】 下面仍用表5—3—1的资料，用加权调和平均数指数的方法计算销售价格总指数，见5—3—4。

表5—3—4　　用加权调和平均数指数的方法计算销售价格总指数表

商品名称	计量单位	销售价格（元）		报告期销售额（元）	个体价格指数（%）	$\frac{1}{k_p} p_1 q_1$
		基期 p_0	报告期 p_1	$p_1 q_1$	$k_p = \frac{p_1}{p_0}$	
甲	台	1 000	1 100	143 000	110.0	130 000
乙	件	50	55	121 000	110.0	110 000
丙	千克	130	120	32 400	92.3	35 103
合计	—	—	—	296 400	—	275 103

资料栏　　　　计算栏

从资料栏看，由于缺少商品销售量资料，且商品销售量资料不易取得，因此不能直接用综合指数公式计算物价指数。由于已知报告期销售额和可计算个体价格指数（$k_p = p_1/p_0$）的资料，因此利用加权调和平均指数公式，可求得商品价格指数。即：

$$\overline{k_p}=\frac{\sum p_1q_1}{\sum \frac{1}{k_p}p_1q_1}=\frac{296\ 400}{275\ 103}=1.077，即 107.7\%$$

计算结果说明该商场由于销售价格比上期上升了7.7%，使其销售额增加了21 297元。

无论是加权算术平均数指数还是加权调和平均数指数，均是数量指标综合指数和质量指标综合指数公式的变形。两者的计算结果及经济意义完全相同。综合指数和平均数指数都是计算总指数的科学方法，但从应用条件来看，综合指数不如平均数指数灵活。

4. 固定权数的加权平均数指数的编制

为了可比性和简便性，通常把权数相对加以固定。固定权数是指加权算术平均法计算中的权数，用比重形式固定下来，在较长一段时间内不作变动，是固定使用的权数。

在实际工作中，由于缺乏全面调查资料，当直接用综合指数公式或平均指数一般形式的公式计算指数都有困难时，则需要采用固定权数的加权平均数指数计算指数。固定权数的加权平均数指数是计算总指数的一种独立的形式，它简便灵活，使用方便，适合利用市场调查的资料进行计算。因此在国内外的指数实践中，人们常常采用这种方法。我国的居民消费价格指数、零售价格指数、农副产品价格指数等都是用固定权数的形式计算的。

固定权数的加权平均数指数与综合指数之间不存在变形关系。前者是一种具有独立意义的平均数指数，它不仅可用于编制数量指标指数，也可用于编制质量指标指数，但不能直接说明现象变动的绝对经济效果。

5. 平均数指数的应用

(1) 用于编制工业生产指数。前面已经提到，我国在1995年以后采用加权算术平均数指数的形式来编制工业生产指数，就是在计算代表产品产量个体指数的基础上，用部门或分类产品产值在全部产值中所占的比重为权数进行加权平均计算的。其计算公式如下：

$$\overline{K_q}=\frac{\sum kw}{\sum w}=\sum k\times\frac{w}{\sum w}$$

式中，k为个体指数或类指数；w为固定权数。

固定权数即比重权数，该权数确定之后，使用一定时间，如1年、3年等才调整一次，所以是固定权数。

(2) 用于编制居民消费价格指数。商品的价格是商品价值的货币表现，商品价格的表现形式如电视机每台2 800元，白菜每千克1.8元，西瓜每千克1.6元等。而CPI是大多数国家都编制的一种指数，不同国家赋予其的名称也有所不同，我国称之为居民消费价格指数。它是反映城乡居民家庭购买并用于日常生活消费的一篮子商品和服务项目价格水平随时间而变动的相对数，在一定程度上反映了通货膨胀（或紧缩）的程度，为各级政府研究和制定居民消费价格政策、工资政策提供科学依据。

我国在2001年以前，采取根据调查资料直接计算月环比、月同比及年度同比的办法计算居民消费价格指数。自2001年起，改用国际通用方法，计算定基价格指数，作为反映我国通货膨胀（或紧缩）程度的主要指标。也就是以2000年平均价格作基准，计算出各月定基价格指数，然后推算月环比、月同比及年度同比价格指数，同时可推算任意时间间距的多种价格指数，从而使得价格资料更丰富。经国务院批准，国家统计局城调总队负责全国居民消费价格指数的编制及相关工作，并组织、指导和管理各省区市的消费价格调查统计工作。

我国计算CPI所用的权数，是每一种商品或服务项目在居民所有消费商品和服务项目总支出中所占的比重，是反映各调查项目的价格变动对总指数变动影响程度的指标。权数根据居民家庭住户调查资料及相关统计资料整理得出，必要时辅以典型调查或专家评估来补充和完善。居民消费价格调查的商品和服务项目目前共包括食品、烟酒及用品、衣着、家庭设备用品及服务、医疗保健及个人用品、交通和通信、娱乐教育文化用品及服务、居住八大类，251个基本分类，各地每月调查600～700种规格产品（包括服务项目）的价格。居民消费价格指数计算公式为：

$$\overline{K_p}=\frac{\sum kw}{\sum w}=\sum k\cdot\frac{w}{\sum w}$$

式中，k为个体指数或类指数；w为固定权数。

表5—3—5是国家统计局发布的居民消费价格分类指数表，它包括三个口径的资料，即全国、城市和农村，并按月同比及年度同比给出居民消费价格分类指数。

表5—3—5　　居民消费价格分类指数（2012年1月）

项目名称	上年同月＝100			上年同期＝100		
	全国	城市	农村	全国	城市	农村
居民消费价格指数	104.5	104.5	104.6	104.5	104.5	104.6
一、食品	110.5	110.7	109.9	110.5	110.7	109.9
粮食	106.1	106.3	105.6	106.1	106.3	105.6
肉禽及其制品	118.7	119.3	117.4	118.7	119.3	117.4
蛋	98.0	98.4	97.1	98.0	98.4	97.1
水产品	113.2	113.5	112.4	113.2	113.5	112.4
鲜菜	123.0	123.3	122.3	123.0	123.3	122.3
鲜果	102.3	102.1	103.0	102.3	102.1	103.0
二、烟酒及用品	103.7	104.0	103.1	103.7	104.0	103.1
三、衣着	103.3	103.2	103.7	103.3	103.2	103.7
四、家庭设备用品及服务	102.6	102.8	101.7	102.6	102.8	101.7
五、医疗保健及个人用品	102.6	102.5	102.9	102.6	102.5	102.9
六、交通和通信	100.2	99.9	101.2	100.2	99.9	101.2
七、娱乐教育文化用品及服务	100.7	100.7	100.7	100.7	100.7	100.7
八、居住	101.9	101.9	102.1	101.9	101.9	102.1

资料来源：中华人民共和国国家统计局网站—统计数据—月度数据，http：//www.stats.gov.cn/tjsj/jdsj/t20120213_402789691.htm。

（3）用于编制商品零售价格指数（Retail Price Index）。我国自新中国成立初期至今一直采用平均数指数的形式连续不断地编制和计算商品零售价格指数。商品零售价格指数是反映我国城乡商品零售价格变动情况的一种经济指数，它是国家编制国民经济计划、进行宏观调控、制定有关经济政策的重要依据。商品零售价格指数分为食品，饮料、烟酒，服装、鞋帽，纺织品，家用电器及音像器材、建筑材料及五金电料等十六个大类。

我国现行商品零售价格指数编制的过程是：首先将所有零售商品区分为不同类别，在每一类中选择部分商品作为代表品；其次选择部分地区作为代表区域，就所选定的代表品收集价格数据，采集价格资料时，应区分不同市场选择若干个价格调查点，目前在全国共抽选出 226 个市县作为国家编制商品零售价格指数的价格调查点，其中城市 146 个，县 80 个；再次在所采集价格资料基础上，计算该品种的平均价格；最后按“选中市县—省—全国”的顺序分级编制计算各单项商品的零售价格指数和类别指数，综合计算出零售商品价格总指数。运用加权算术平均法综合计算，计算公式为：

$$商品零售价格指数\ \overline{K_p}=\frac{\sum kw}{\sum w}=\sum k\cdot\frac{w}{\sum w}$$

即单项物价指数 k 乘以代表品所代表类别的零售额在总零售额中所占的比重。

表 5—3—6 是国家统计局发布的商品零售价格分类指数。

表 5—3—6　　商品零售价格分类指数（2012 年 2 月）

项目	上年同月＝100			上年同期＝100		
	全国	城市	全国	城市	全国	城市
商品零售价格指数	102.9	102.8	103.0	103.5	103.4	103.8
一、食品	105.9	106.2	105.1	108.2	108.5	107.5
二、饮料、烟酒	104.1	104.4	103.3	104.1	104.4	103.3
三、服装、鞋帽	103.6	103.6	103.6	103.4	103.4	103.6
四、纺织品	103.1	103.2	103.0	102.9	102.7	103.2
五、家用电器及音像器材	97.4	97.1	98.5	97.4	97.0	98.5
六、文化办公用品	98.1	97.8	99.2	98.0	97.7	99.3
七、日用品	102.9	103.1	102.3	102.9	103.1	102.4
八、体育娱乐用品	101.0	101.2	100.6	101.1	101.3	100.6
九、交通、通信用品	95.8	95.2	97.7	95.7	95.2	97.7
十、家具	102.1	102.4	101.4	102.2	102.4	101.4
十一、化妆品	101.8	101.9	101.4	101.7	101.8	101.4
十二、金银珠宝	108.4	107.5	112.2	107.2	106.1	111.8
十三、中西药品及医疗保健用品	103.1	103.0	103.5	103.2	103.0	103.6
十四、书报杂志及电子出版物	101.3	101.5	100.9	101.2	101.4	100.9
十五、燃料	105.4	105.3	105.7	104.9	104.8	105.3
十六、建筑材料及五金电料	101.6	101.5	101.7	101.9	101.8	101.9

资料来源：http：//www.stats.gov.cn/tjsj/jdsj/t20120313_402792808.htm.

任务二 指数体系与因素分析

一、指数体系

(一) 指数体系的含义

社会经济现象之间存在各种各样的联系，有些现象之间具有数量上的必然联系。现象之间的这种联系不仅应用于定性或定量分析中，也存在于静态与动态中。现象之间的联系在动态中的表现形式之一，就是指数体系。

指数体系是由三个或三个以上具有内在联系即经济上有联系、数量上保持一定对等关系的统计指数组成的整体。指数体系中的各个指数在数量上有着密切关系。在许多情况下，指数体系中的各个指数之间的关系为因果关系。在静态上，某一现象往往可以分解为两个或两个以上影响因素的乘积，这些构成因素一般为数量指标因素和质量指标因素，例如：

总产值=产品产量×产品价格

总成本=产量×单位产品成本

商品销售额=商品销售量×商品销售价格

这些经济关系在动态上依然存在，分别构成各自独立的指标体系。例如：

总产值指数=产品产量指数×产品价格指数

总成本指数=产量指数×单位产品成本指数

商品销售额指数=商品销售量指数×商品销售价格指数

综合上述式子，也就是：

现象总量指标指数=数量指标指数×质量指标指数

(二) 指数体系的作用

1. 利用指数体系可以进行现象之间的相互推算

在实际工作中，往往缺少一些必要的统计资料，按照现象之间的动态联系，利用指数体系可以将它们推算出来。例如，已知商品销售额总指数和价格总指数，就能推算出销售量总指数，即商品销售量指数=商品销售额指数/销售价格指数。实际工作中，销售量指数的编制往往借助于这种推算方法。

2. 利用指数体系可以进行因素分析

利用指数体系可以分析复杂现象总变动中各个因素变动对其影响的程度，即可以进行因素分析。例如，根据不同时期工业总产值指数，可以分析工业产品产量指数和单位产品价格指数的变动对其影响程度和增减量。

(三) 构建指数体系的基本原则

指数体系是因素分析的基本依据，因此在构建统计指数体系时应遵循下列基本原则：

(1) 指数体系中的各个指数之间必须保持等式关系，以便从相对数和绝对数两方面进行因素分析。一般地，相对数之间是乘除的关系，绝对数之间是加减的关系。

(2) 在利用指数体系进行多因素分析时，必须分清各个因素（指标）的性质，即科学区分数量指标和质量指标，以便选择合适的方法来编制各相关的指数。

(3) 为了保持与统计指数一般编制原则的一致性，在一个指数体系中，质量指标指数采用派氏形式，数量指标指数采用拉氏形式。

另外，完美的指数体系是不存在的，因为统计指数的编制具有一定的假定性，所以指数体系的构建也就具有相应的假定性。

二、指数因素分析的种类

1. 两因素分析和多因素分析

按分析时包含的因素多少，指数因素分析分为两因素分析和多因素分析。

两因素分析是指研究对象仅包含两个因素的变动的分析。它是因素分析的基本方法，如商品销售额受销售价格和销售量的影响分析。

多因素分析是指研究对象包含两个以上的因素变动的分析。如原材料支出额受产量、原材料单耗、原材料价格的影响分析。

2. 总量指标因素分析和平均指标因素分析

按分析的指标种类的不同，指数因素分析分为总量指标因素分析和平均指标因素分析。

总量指标因素分析是指对复杂现象总量指标和总量指标分解后各类影响因素的分析。如产值受产量、出厂价格因素影响的分析。

平均指标因素分析是指分析的现象的量是平均指标及其影响因素的分析。如同一单位不同时期职工平均工资受各类职工工资和职工人数构成因素影响的分析。

三、指数因素分析法

利用指数体系从数量上分析复杂现象总动态中各个因素变动的影响程度和影响绝对效果的方法，称为指数因素分析法。指数因素分析法的基本特点是：在一个指数体系中，以假定一个因素变动，其余因素不变为前提。如果是三个因素的影响，必须假定其中两个因素不变，只测定另一个因素的影响。按照先数量指标后质量指标的排列顺序，分步进行，每一步只测定一个因素的影响方向和程度。

指数因素分析法的运用程序是：首先，计算被分析指标的总变动程度和绝对数；其次，计算各因素变动影响程度和影响绝对数；最后，计算指数体系之间的等量关系并进行综合分析。

（一）两因素分析

由于总量指标可以用来表明简单现象，也可以用来表明复杂现象，因此，总量指标变动的因素分析又可分为简单现象总体总量指标变动因素分析和复杂现象总体总量指标变动因素分析。

1. 简单现象总体总量指标变动因素分析

简单现象变动是指单项事物的变动情况，如某一种产品、某一种商品、某一个单位的变动情况等。简单现象总量指标两因素分析，是把现象总量指标变动的指数分解为两个因素个体指数的乘积，分别计算两个因素指标对总量指标影响的相对数和绝对数，从而说明现象变动的方向和程度。简单现象总体总量变动分析的特点是相对数分析可以不使用同度量因素，绝对数分析则一定要使用同度量因素。

【例 5—3—3】 假定某企业有关情况如表 5—3—7 所示：

表 5—3—7　　某企业相关情况表

指　标	基期	报告期	指数（%）	影响绝对值（万元）
总产值（万元）	1 200	1 519	126.6	319
职工人数（人）	500	490	98.0	－24
全员劳动生产率（万元）	2.4	3.1	129.1	343

从表中可知，该企业总产值在变动。

由于总产值指数＝职工人数指数×全员劳动生产率指数，因此，设 q 为职工人数，T 为劳动生产率，则：

总产值指数＝ q_1T_1/q_0T_0 ＝1 519/1 200×100%＝126.6%

126.6%－100%＝26.6%

1 519－1 200＝319（万元）

这表明该企业报告期总产值是基期的 126.6%，比基期上升 26.6%，总产值增加 319 万元。

职工人数的变动情况计算如下：

职工人数指数 $k_q = q_1/q_0$ ×100%＝490/500×100%＝98%

98%－100%＝－2%

(490－500)×2.4＝－10×2.4＝－24（万元）

这表明该企业报告期的职工人数是基期的 98%，比基期下降 2%，由于职工人数减少而减少的总产值为 24 万元。

全员劳动生产率的变动情况计算如下：

全员劳动生产率指数 $k_T = T_1/T_0$ ×100%＝3.1/2.4×100%＝129.1%

129.1%－100%＝29.1%

(3.1－2.4) ×490＝343（万元）

这表明该企业报告期的全员劳动生产率是基期的 129.1%，比基期上升 29.1%，由于全员劳动生产率提高而增加的总产值为 343 万元。

以上各个因素之间的关系为：

98%×129.1%＝126.6%

－24＋343＝319（万元）

这说明该企业在职工人数减少的条件下，主要依靠发掘企业内部潜力，迅速提高劳动生产率，来促进生产较大幅度地增长。报告期较基期总产值增加 319 万元，增长速度达 26.6%，其中全员劳动生产率增长 29.1%。由于全员劳动生产率提高而增加的总产值为

343 万元，占总增加额的 107.5%。

2. 复杂现象总体总量指标变动因素分析

【例 5—3—4】 根据表 5—3—2 综合指数计算表的资料可求得如下计算结果。

销售总额变动及影响程度为：

$$\text{销售总额指数}=\frac{\sum p_1q_1}{\sum p_0q_0}=\frac{296\ 400}{239\ 000}=1.240\text{，即 }124.0\%$$

$$\sum p_1q_1-\sum p_0q_0=296\ 400-23\ 900=57\ 400\ (\text{元})$$

商品销售量变动及影响程度为：

$$\overline{K_q}=\frac{\sum p_0q_1}{\sum p_0q_0}=\frac{275\ 100}{239\ 000}=1.151\text{，即 }115.1\%$$

$$\sum p_0q_1-\sum p_0q_0=275\ 100-239\ 000=36\ 100\ (\text{元})$$

商品销售价格变动及影响程度为：

$$\overline{K_p}=\frac{\sum p_1q_1}{\sum p_0q_1}=\frac{296\ 400}{275\ 100}=1.077\text{，即 }107.7\%$$

$$\sum p_1q_1-\sum p_0q_1=296\ 400-275\ 100=21\ 300\ (\text{元})$$

商品销售额及影响因素综合变动关系是：

$$\frac{\sum p_1q_1}{\sum p_0q_0}=\frac{\sum p_0q_1}{\sum p_0q_0}\times\frac{\sum p_1q_1}{\sum p_0q_1}$$

即：

$$124.0\%=115.1\%\times107.7\%$$

$$\sum p_1q_1-\sum p_0q_0=(\sum p_0q_1-\sum p_0q_0)+(\sum p_1q_1-\sum p_0q_1)$$

即：

$$57\ 400(\text{元})=36\ 100(\text{元})+21\ 300(\text{元})$$

以上计算结果表明某商场某年商品销售额报告期比基期增长了 24.0%，这是由商品销售量的变动使商品销售额增长了 15.1%和商品销售价格提高了 7.7%两个因素作用所形成的。同时，商品销售量的增长使该商场商品销售额报告期比基期增加的绝对值为 36 100 元，销售价格的提高使销售额增加了 21 300 元，这两个因素共同作用的结果是使销售额共增加了 57 400 元。

（二）平均指标变动的因素分析

平均指标指数是说明同类现象两个不同时期平均水平动态变化的相对指标，如两个平均价格之比、两个平均工资之比。其一般公式是：

$$\overline{K}=\frac{\overline{x}_1}{\overline{x}_0}$$

式中，$\overline{x}_1$ 为报告期平均指标值；$\overline{x}_0$ 为基期平均指标值。

常见的平均指标指数有平均工资指数、平均劳动生产率指数、平均单位成本指数、平均价格指数等。

加权算术平均数的计算公式为：

$$\overline{x}=\frac{\sum xf}{\sum f}=\sum x\times\frac{f}{\sum f}$$

由公式可以看出，总体在分组条件下，加权算术平均数的大小不仅受各变量值 x 的影响，同时受各变量值的次数在总次数中所占比重 $\frac{f}{\sum f}$ 的影响。例如，某企业职工总平均工资的增加，可能是因为各类职工工资水平的提高，也可能是因为平均工资水平较高的职工在职工总体中所占比重增大的共同影响。由于总体各部分的水平反映总体各部分内部质量状况，而总体结构说明总体的一些基本特征，因此，可以利用指数体系对其进行影响因素分析，为促进总体结构的合理化提供重要依据。

在平均指标变动的两个影响因素中，各组水平为质量指标，总体结构（即各组比重）为数量指标。依据综合指数的一般原则，得出平均指标指数体系以及影响绝对量的关系式如下：

$$\frac{\dfrac{\sum x_1f_1}{\sum f_1}}{\dfrac{\sum x_0f_0}{\sum f_0}}=\frac{\dfrac{\sum x_1f_1}{\sum f_1}}{\dfrac{\sum x_0f_1}{\sum f_1}}\times\frac{\dfrac{\sum x_0f_1}{\sum f_1}}{\dfrac{\sum x_0f_0}{\sum f_0}}$$

即：

可变构成指数＝固定构成指数×结构影响指数

$$\frac{\sum x_1f_1}{\sum f_1}-\frac{\sum x_0f_0}{\sum f_0}=\left[\frac{\sum x_1f_1}{\sum f_1}-\frac{\sum x_0f_1}{\sum f_1}\right]+\left[\frac{\sum x_0f_1}{\sum f_1}-\frac{\sum x_0f_0}{\sum f_0}\right]$$

即：

平均指标变动额＝各组水平变动影响额＋结构变动影响额

【例 5—3—5】某厂对工人工资的变动进行因素分析，资料与计算结果如表 5—3—8 所示。

表 5—3—8　　某厂工人工资变动因素分析计算表

工人按岗位分组	平均工资（元）		人数（人）		工资总额（元）		
	x_0	x_1	f_0	f_1	x_0f_0	x_1f_1	x_0f_0
技术工人	1 200	1 200	700	700	840 000	854 000	840 000
普通工人	1 000	900	300	1 300	300 000	1 170 000	1 300 000
合计	—	—	1 000	2 000	1 140 000	2 024 000	2 140 000

计算分析过程如下：

$$该厂基期工人平均工资=\frac{\sum x_0f_0}{\sum f_0}=1\ 140\ 000/1\ 000=1\ 140\text{（元）}$$

$$该厂报告期工人平均工资=\frac{\sum x_1f_1}{\sum f_1}=2\ 024\ 000/2\ 000=1\ 012\text{（元）}$$

则该厂工人平均工资变动情况为：

$$可变构成指数=\frac{\frac{\sum x_1f_1}{\sum f_1}}{\frac{\sum x_0f_0}{\sum f_0}}=1\ 012/1\ 140\times100\%=88.8\%$$

$$工人平均工资的变化=\frac{\sum x_1f_1}{\sum f_1}-\frac{\sum x_0f_0}{\sum f_0}=1\ 012-1\ 140=-128（元）$$

即该厂工人总平均工资报告期比基期下降了128元。

其中，技术工人、普通工人平均工资变动的影响为：

$$固定构成指数=\frac{\frac{\sum x_1f_1}{\sum f_1}}{\frac{\sum x_0f_1}{\sum f_1}}=1\ 012/1\ 070\times100\%=94.6\%$$

$$工人结构变动使总厂总平均工资变化=\frac{\sum x_1f_1}{\sum f_1}-\frac{\sum x_0f_1}{\sum f_1}$$

$$=1\ 012-1\ 070=-58（元）$$

工人结构变动的影响为：

$$结构影响指数=\frac{\frac{\sum x_0f_1}{\sum f_1}}{\frac{\sum x_0f_0}{\sum f_0}}=1\ 070/1\ 140\times100\%=93.9\%$$

$$工人结构变动使总厂总平均工资变动的增（减）额=\frac{\sum x_0f_1}{\sum f_1}-\frac{\sum x_0f_0}{\sum f_0}$$

$$=1\ 070-1\ 140=-70（元）$$

两因素综合影响为：

88.8%=94.6%×93.9%

（−128）元=（−58）元+（−70）元

从计算结果可知，由于两岗位工人工资平均下降5.4%，因此总厂工人总平均工资降低58元；又由于工人结构变动，总厂工人总平均工资下降6.1%，降低额为70元。两者综合影响使得总厂工人平均工资下降11.2%，绝对下降额为128元。

用Excel进行指数与因素分析

一、用Excel计算综合指数并进行因素分析

【例5—3—6】某食品厂生产甲、乙、丙三种食品的产量和出厂价格资料见表5—3—9。

要求计算产量综合指数和价格综合指数，并分析在增加的总产值中由于产量变动而影响的总产值及由于价格变动而影响的总产值各是多少。

表 5—3—9　　某食品厂三种食品的产量和出厂价格资料

产品名称	出厂价格（元/包）		产量（包）	
	基期 p_0	报告期 p_1	基期 q_0	报告期 q_1
甲	20	23	16 000	17 600
乙	16	18	4 000	5 000
丙	12	13	20 000	21 000
合计	—	—	—	—

操作步骤：

(1) 新建一个工作簿，将已知原始数据输入工作表，如图 5—3—1 所示。

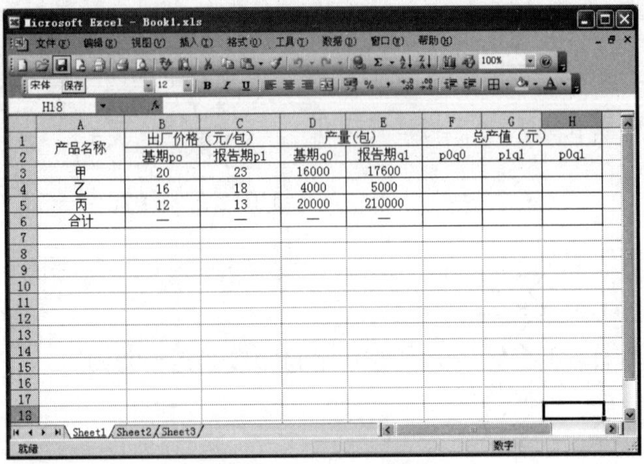

	A	B	C	D	E	F	G	H
1	产品名称	出厂价格（元/包）		产量(包)		总产值（元）		
2		基期po	报告期p1	基期q0	报告期q1	p0q0	p1q1	p0q1
3	甲	20	23	16000	17600			
4	乙	16	18	4000	5000			
5	丙	12	13	20000	210000			
6	合计	—	—	—	—			

图 5—3—1　原始数据输入

(2) 首先计算各个 p_0q_0。在 F3 中输入 "=B3 * D3"，回车后即可得到第一组的数值。其他组利用"填充"功能，按住鼠标拖至 F5 单元格后放开鼠标，即可得到 F4～F5 单元格的数值。然后计算各个 p_1q_1 和各个 p_0q_1，即在 G3 中输入 "=C3 * E3"，在 H3 中输入 "=B3 * E3"，重复前面方法。计算结果如图 5—3—2 所示。

(3) 计算 $\sum p_0q_0$、$\sum p_1q_1$ 和 $\sum p_0q_1$。选定"F3：F5"区域，单击工具栏上的"Σ"按钮，在 F6 出现该列的求和值 $\sum p_0q_0$。按此方法求出 $\sum p_1q_1$ 和 $\sum p_0q_1$ 的值。计算结果如图 5—3—3 所示。

(4) 计算产量综合指数 $\overline{K_q}=\sum p_0q_1/\sum p_0q_0$，在 D10 中输入 "=H6/F6" 便可得到产量综合指数；计算价格综合指数 $\overline{K_p}=\sum p_1q_1/\sum p_0q_1$，在 D15 中输入 "=G6/H6" 便可得到价格综合指数。计算结果如图 5—3—4 所示。

(5) 分析绝对值：在 J15 中输入 "=G6−F6"，即可得三种产品总产值共增加的值 $\sum p_1q_1-\sum p_0q_0$；在 J9 中输入 "=H6−F6"，即可得由于产量变动而影响的总产值 $\sum p_0q_1-\sum p_0q_0$；在 J11 中输入 "=G6−H6"，即可得由于价格变动而影响的总产值 $\sum p_1q_1-\sum p_0q_1$。分析相对值：在 C15 中输入 "=G6/F6"，即可得到总产值指数。这样就可以进行总产值的绝对值与相对值的因素分析。计算结果如图 5—3—5 所示。

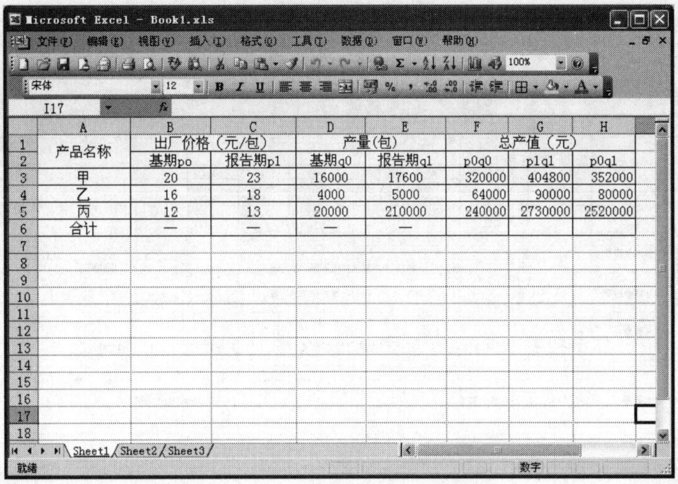

	A	B	C	D	E	F	G	H
1	产品名称	出厂价格（元/包）		产量(包)		总产值（元）		
2		基期po	报告期p1	基期q0	报告期q1	p0q0	p1q1	p0q1
3	甲	20	23	16000	17600	320000	404800	352000
4	乙	16	18	4000	5000	64000	90000	80000
5	丙	12	13	20000	210000	240000	2730000	2520000
6	合计	—	—	—	—			

图 5—3—2　计算三种食品总产值

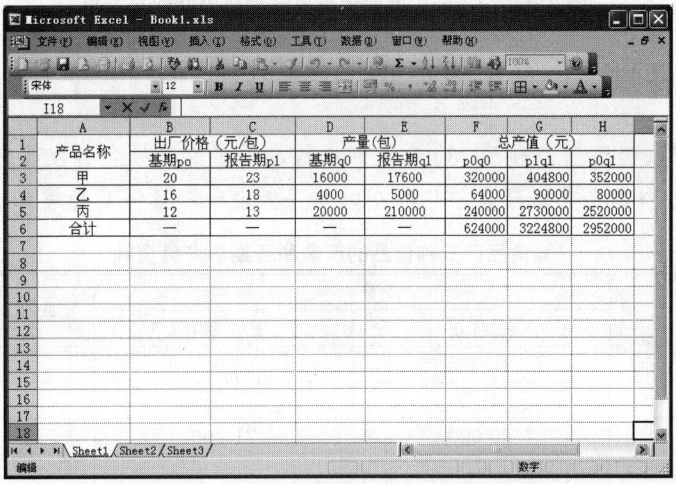

	A	B	C	D	E	F	G	H
1	产品名称	出厂价格（元/包）		产量(包)		总产值（元）		
2		基期po	报告期p1	基期q0	报告期q1	p0q0	p1q1	p0q1
3	甲	20	23	16000	17600	320000	404800	352000
4	乙	16	18	4000	5000	64000	90000	80000
5	丙	12	13	20000	210000	240000	2730000	2520000
6	合计	—	—	—	—	624000	3224800	2952000

图 5—3—3　计算食品厂总产值指标

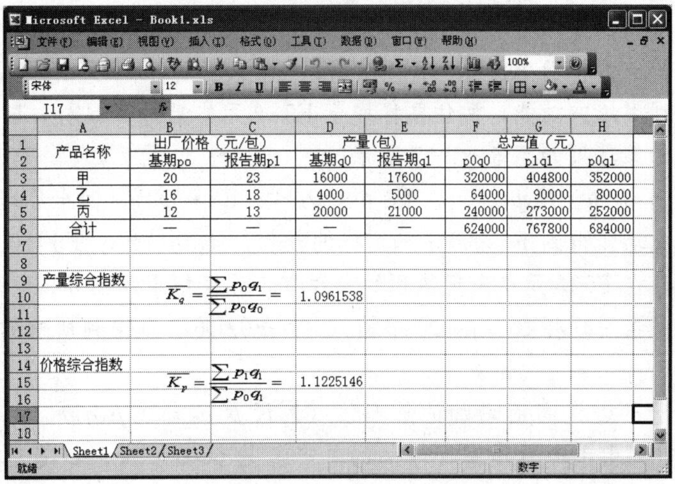

	A	B	C	D	E	F	G	H
1	产品名称	出厂价格（元/包）		产量(包)		总产值（元）		
2		基期po	报告期p1	基期q0	报告期q1	p0q0	p1q1	p0q1
3	甲	20	23	16000	17600	320000	404800	352000
4	乙	16	18	4000	5000	64000	90000	80000
5	丙	12	13	20000	21000	240000	273000	252000
6	合计	—	—	—	—	624000	767800	684000

产量综合指数　$\overline{K_q}=\frac{\sum p_0q_1}{\sum p_0q_0}=$ 1.0961538

价格综合指数　$\overline{K_p}=\frac{\sum p_1q_1}{\sum p_0q_1}=$ 1.1225146

图 5—3—4　计算综合指数

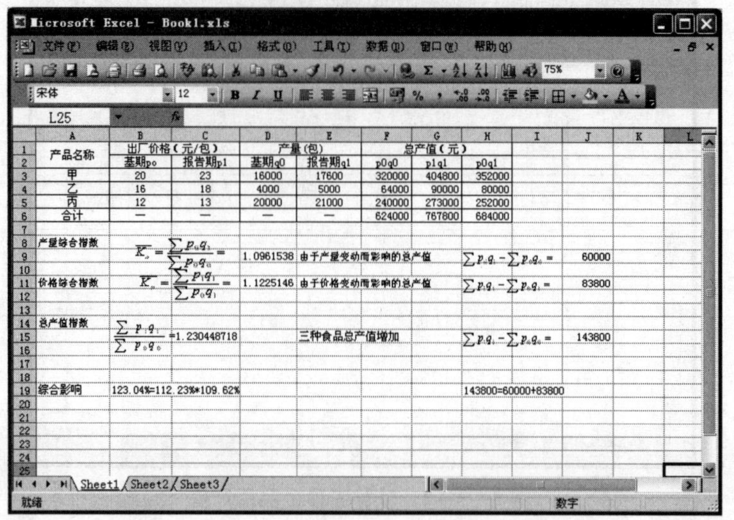

图 5—3—5 总产值的绝对值与相对值的因素分析

二、用 Excel 计算平均数指数并进行因素分析

【例 5—3—7】 仍用上面表 5—3—9 中的资料，这时的已知条件发生了变化，见表 5—3—10。计算产量个体指数、产量平均数指数并分析由于产量提高而增加的总产值是多少。

表 5—3—10　　　某食品厂三种食品的产量和基期总产值资料

产品名称	产量（件）		基期总产值 p_0q_0（元）
	基期 q_0	报告期 q_1	
甲	16 000	17 600	320 000
乙	4 000	5 000	64 000
丙	20 000	21 000	240 000
合计	—	—	624 000

操作步骤：

(1) 新建一个工作簿，将已知原始数据输入工作表，如图 5—3—6 所示。

(2) 计算产量个体指数 $K_q=q_1/q_0$。在 E3 中输入“=C3/B3”，回车后即可得到第一组数值。其他组利用填充功能，按住鼠标拖至 E5 单元格后放开鼠标，即可得到 E4 和 E5 单元格的数值。计算结果如图 5—3—7 所示。

(3) 计算 $K_qp_0q_0$ 和 $\sum K_qp_0q_0$。在 F3 中输入“=E3＊D3”，回车后即可得到第一组数值，然后利用填充功能得到 F4 和 F5 单元格的数值。选定“F3：F5”区域，单击工具栏上的“$\sum$”按钮，在 F6 单元格出现该列的求和值。计算结果如图 5—3—8 所示。

(4) 计算生产量平均指数。在 D9 中输入“=F6/D6”即得到所求的值。计算结果如图 5—3—9 所示。

(5) 分析由于产量提高而增加的总产值（$\sum K_qp_0q_0-\sum p_0q_0$）。在 F12 中输入“=F6−D6”，即可得到由于产量提高而增加的总产值是 60 000 元。计算结果如图 5—3—10 所示。

	A	B	C	D	E	F
1	产品名称	产量（件）		基期总产值（元）	产量个体指数 Kq=q1/q0	$k_q p_0 q_0$
2		基期q0	报告期q1	p0q0		
3	甲	16000	17600	320000		
4	乙	4000	5000	64000		
5	丙	20000	21000	240000		
6	合计	—	—	624000		

图 5—3—6 原始数据输入

	A	B	C	D	E	F
1	产品名称	产量（件）		基期总产值（元）	产量个体指数 Kq=q1/q0	$k_q p_0 q_0$
2		基期q0	报告期q1	p0q0		
3	甲	16000	17600	320000	1.1	
4	乙	4000	5000	64000	1.25	
5	丙	20000	21000	240000	1.05	
6	合计	—	—	624000		

图 5—3—7 计算产量个体指数

	A	B	C	D	E	F
1	产品名称	产量（件）		基期总产值（元）	产量个体指数 Kq=q1/q0	$k_q p_0 q_0$
2		基期q0	报告期q1	p0q0		
3	甲	16000	17600	320000	1.1	352000
4	乙	4000	5000	64000	1.25	80000
5	丙	20000	21000	240000	1.05	252000
6	合计	—	—	624000		684000

图 5—3—8 计算 $K_q p_0 q_0$ 和 $\sum K_q p_0 q_0$

产品名称	产量（件）		基期总产值（元）	产量个体指数	$k_q p_0 q_0$
	基期q0	报告期q1	p0q0	Kq=q1/q0	
甲	16000	17600	320000	1.1	352000
乙	4000	5000	64000	1.25	80000
丙	20000	21000	240000	1.05	252000
合计	—	—	624000		684000
产量平均指数	$\overline{K_q}=\frac{\sum k_q p_0 q_0}{\sum p_0 q_0}=$		1.096153846		

图 5—3—9 计算平均指数的结果

产品名称	产量（件）		基期总产值（元）	产量个体指数	$k_q p_0 q_0$
	基期q0	报告期q1	p0q0	Kq=q1/q0	
甲	16000	17600	320000	1.1	352000
乙	4000	5000	64000	1.25	80000
丙	20000	21000	240000	1.05	252000
合计	—	—	624000		684000
产量平均指数	$\overline{K_q}=\frac{\sum k_q p_0 q_0}{\sum p_0 q_0}=$		1.096153846		
由于产量提高而增加的总产值			$\sum k_q p_0 q_0-\sum p_0 q_0=$		60000

图 5—3—10 指数的因素分析

项目总结

1. 广义指数是指一切反映社会经济现象数量变动的相对数，狭义指数是指反映复杂现象总体某种数量的综合变化的特殊相对数。统计指数按照其反映对象的范围不同，分为个体指数和总指数；按照说明现象的性质不同，分为数量指标指数和质量指标指数；按照编制方法的不同，分为综合指数和平均数指数等。

2. 综合指数是编制和计算总指数的一种基本形式，它是根据研究目的，确定同度量因素，把不能同度量现象过渡为可以同度量现象，计算出分子、分母两个总量指标后对比而形成的指数。即在所研究的总量指标中，包含两个或两个以上的因素，将其中一个或一个以上的因素固定下来，仅观察其中一个因素的变动，这样编制出来的总指数叫综合指数。

3. 编制数量指标指数的一般原则是：用质量指标作同度量因素，并且这个同度量因素固定在基期。拉氏物量指数公式符合上述原则。编制质量指标指数的一般原则是：用数量指标作同度量因素，并且把这个同度量因素固定在报告期。派氏价格指数公式符合上述原则。

4. 平均数指数是总指数计算的另一种重要形式，它的特点是从个体指数出发，通过对个体指数进行加权平均而得到总指数。平均数指数常用的基本形式有两种：加权算术平均数指数和加权调和平均数指数。计算时根据掌握资料的不同决定采用哪种方法。

5. 居民消费价格指数和零售商品价格指数等，都是固定权数的平均数指数。在编制的方法上两者没有本质区别，但反映了两种不同领域；居民消费价格指数属于消费领域的价格指数，商品零售价格指数属于流通领域的价格指数。它们的编制目的是不相同的。

6. 指数体系是指一系列相互联系的指数所形成的整体。利用指数体系可以进行估计推算，也可以进行因素分析。因素分析只能在具有乘积关系的指数体系中进行。

7. 因素分析是从数量方面研究现象动态变动中受各种因素变动的影响程度。主要包括：利用综合指数体系，分析现象总体总量指标变动受各种因素变动的影响程度；通过平均指标指数体系，分析社会经济现象总体平均指标变动受各种因素变动的影响程度。因素分析的内容包括相对数分析和绝对数分析。

8. 总量指标变动的因素分析应分别按简单现象总体和复杂现象总体来进行。

9. 对于平均指标变动的因素分析，必须首先编制三种平均指标指数，即可变构成指数、固定构成指数和结构影响指数，并组成一个乘积关系的指数体系来分析。

房屋价格为什么没有纳入 CPI 的计算

作为居民，不管是花钱买房子还是买粮食都是用来消费的，以此来思量买房子应该纳入 CPI，应该说这种想法是没有错的。

但从价格统计工作来讲，计算 CPI 不能把房屋价格归入进来，理由有下述三点。(1) 国际标准不把房屋价格归纳进来。其中，统计的国际标准就是各个国家统计界统一遵循的做法。目前的统计国际标准是联合国统计局向各个成员国推荐的 93SNA，其中把住房列入固定资本形成范畴（也就是列为投资范畴），因此目前我国及国外统计部门计算 CPI 时都没有把房屋价格归纳进来。(2) 居民买房子花费巨大，少则几十万多则上百万。想想看，购买的房子是要逐年逐月地消费使用，现在的房屋可以使用 70 年。也就是说，房子购买与消费在时间上是严重脱节的，而 CPI 是按月调查当月消费的商品和服务项目的价格变化。(3) 目前还没有无所不包的价格指数，即使编制出这样一个万能的价格指数，也很难说明问题，现实中也不好用。

国家统计局没有把购买房子价格纳入进来，不等于CPI没考虑城乡居民居住类的消费。目前我国CPI居住类调查的项目不少，包括：(1) 建房及装修材料，比如木材、水泥、砖瓦灰砂石、电料、漆等；(2) 租房，主要是公房房租、私房房租；(3) 水、电、天然气、液化石油气、煤炭的花费；(4) 自有住房，如购房贷款利率、物业费、各种房屋维修费等。

另外，目前我国统计部门和一些宏观管理部门也编制了一些价格指数，这些价格指数用途明确，反映经济情况准确明了，对于不同的研究问题，可以分门别类地利用这些价格指数。这些价格指数是：生产者价格指数（PPI），用来反映农业生产者、工业生产者、建筑业生产者提供的产品的价格变动情况；商品零售价格指数（WPI），用来反映商品零售价格的变动情况；农业生产资料价格指数，用来反映农民购买农业生产资料的价格变动情况；城乡居民消费价格指数，也就是CPI；房地产价格指数，用来反映全国70个大中城市各类房屋销售、租赁以及土地交易的价格的变动情况；进出口价格指数（MPI、XPI），用来反映各种进出口产品的价格变动情况。

资料来源：http：//www.stats.gov.cn/tjzs/CPI/t20090219_402557359.htm.

复习思考题

1. 什么是指数？它可分为哪几种？
2. 什么是同度量因素？试述同度量因素的作用并确定同度量因素所属时期的原则和方法。
3. 什么是综合指数？为什么综合指数是总指数的基本形式？
4. 怎样理解平均数指数与综合指数之间的变形关系？
5. 居民消费价格指数属于何种指数？
6. 什么叫指数体系？它有哪些作用？
7. 试述综合指数体系和平均指标指数体系的一般表述式。
8. 你听说过“企业景气指数”和“企业家信心指数”吗？上网搜索背景资料，弄清楚其各自的含义。

子项目四 概率与抽样推断分析

导入案例

“免费抽奖”!?

目前，社会上流行一些“有奖酬宾”、“有奖销售”活动，从市场营销角度看，它们是商家营销策略的一种手段，但其中却包含着有趣的概率问题。曾有这样一家公司，它推出的促销，项目极具吸引力，名曰“免费抽奖，有奖酬宾”。怎么回事呢？请看该公司发给行人的传单：

> 中奖方式：袋中 20 个球，10 个 10 分，10 个 5 分。从袋中摸出 10 个球，分数相加即为中奖分数。中奖分数如下，一等奖到九等奖白白赠送。
>
> 一等奖：100 分　彩电一台，价值 2 800 元；
>
> 二等奖：50 分　洗衣机一台，价值 800 元；
>
> 三等奖：95 分　洗发精华素 8 瓶；
>
> 四等奖：55 分　洗发精华素 4 瓶；
>
> 五等奖：60 分　洗发精华素 2 瓶；
>
> 六等奖：65 分　牙膏一盒；
>
> 七等奖：70 分　梳子一把；
>
> 八等奖：85 分　香皂一块；
>
> 九等奖：90 分　洗衣粉一袋；
>
> 十等奖：75 分与 80 分为优惠奖，只收成本 25 元，你将得到洗发精华素一瓶。

许多人看到“免费”，看到头奖，不假思索地拿着传单涌向抽奖台，争先恐后地享受“免费”的机会，似乎巨奖非他莫属。结果怎样呢？十之七八的抽奖者只得到了优惠奖，偶尔有人得个小奖品，便被销售人员大肆宣传了一番，结果煽动了更多的人趋之若鹜。

问题思考与讨论：

“免费抽奖”的面纱后一定大有文章，为什么十之七八的抽奖者只得到了优惠奖？

项目描述

本任务在学习概率基础知识的基础上，学会抽样方法，进行抽样推断，并运用于经营管理决策。

项目目标

能力（技能）目标	知识目标
1. 掌握概率、期望值的简单计算方法。 2. 掌握抽样平均误差和抽样极限误差的计算方法。 3. 能够利用样本资料对总体指标值进行区间估计和计算样本单位数。 4. 掌握风险型决策、完全不确定决策等的基本思想及方法。 5. 掌握控制图的诊断。	1. 了解概率、期望值的概念。 2. 掌握抽样推断的概念、特点和作用。 3. 熟悉参数估计的概念及其作用。 4. 掌握点估计和区间估计的概念。 5. 熟悉四种抽样方法的区别和联系。 6. 熟悉经营管理统计决策的要素和类型。 7. 理解产品质量控制图制作的原理。

项目实施

任务一 抽样推断

一、概率

(一) 概率概述

无论是在自然界还是人类社会，发生在我们周围的种种现象，按其发生的可能性来说，可分为确定性现象和随机现象。确定性现象是指在一定条件下必然发生或必然不发生的现象。例如，太阳总是从东方升起，是必然发生的现象；从含有一件次品的十件商品中任取三件均为次品，是不可能发生的现象。随机现象是指在一定的条件下可能发生也可能不发生的现象。例如，一批新产品投放市场是畅销还是滞销，某市场每天的销售额，掷一颗骰子出现的点数等，都是随机现象。随机现象就个别的试验或观察而言，出现的结果呈不确定性，但在大量的重复的试验或观察下，其结果呈某种规律性，这种规律性称为统计规律性，概率论就是研究随机现象的统计规律性的一门学科。有关概率的问题在日常生活中和统计课中经常出现。

1. 概率的含义

概率是用数学度量一个事件发生的可能性的大小，概率的取值范围在 0 和 1 之间，其中 0 表示事件不可能发生，1 表示事件一定发生。根据定义，0.5 表示事件发生的概率为 50%。小概率事件（接近 0）的事件很少发生，而大概率事件（接近 1）的事件则经常发生。例如，飞机失事的概率就很小，但是飞机失事后机毁人亡的概率就很大。

统计的应用是与概率紧密结合在一起的。每当从部分样本中对全部总体作出推断时，就必须用概率语言来表达。例如，购买某品牌的电视机，我们很想知道它是次品的可能性有多大；欲在河流上建筑一座防洪水坝，为了确定水坝的高度，我们很想知道该河流在水坝地段每年最大洪水达到某高度的可能性的大小；等等。

概率通常用 P 表示。例如："一批样品中出现 5 个次品的概率是多少?"可以简单地表示为："$P(x=5)=?$"（这里 x 被用来表示次品的数目）。与此相类似，若用 S 表示"成功"，则市场开发成功的概率可以表示为：$P(S)$。

确定概率的值的方法有三种：古典概率方法、相对频数方法和主观方法。由此也得到了三种概率：先验概率、后验概率和主观概率。

先验概率是通过古典概率模型加以定义的，故又称为古典概率。古典概率模型要求满足两个条件：一是试验的结果是有限的，二是每一种可能结果出现的可能性（概率）相等。若所有可能结果总数为 n，随机事件 A 包括 m 个可能结果，则事件 A 的概率为 $P(A)=m/n$。例如：对于掷骰子的问题，出现一面的次数 $m=1$，则出现某一面的概率是

1/6。对于一副扑克牌，有 $m=13$ 个梅花及 $n=52$ 张牌，则抽出梅花或其他某一花色的概率是 13/52=1/4=0.25。

又如，将一枚硬币抛 3 次，观察正面（H）、反面（T）出现的情况，则所有可能结果有 8 种：HHH，HHT，HTH，THH，HTT，THT，TTH，TTT，即 $n=8$。若一次正面朝上为事件 A，那么事件 A 包括 3 种可能结果：HTT，THT，TTH，即 $m=3$。于是抛 3 次硬币恰有一次正面朝上的概率为：$P(A)=m/n=3/8$。

再如，某产品共 30 件，内含正品 23 件，次品 7 件，从中随机抽取 1 件产品，被抽到的所有可能结果为 $n=30$，每件产品被抽到的可能性相等，均为 1/30，正品被抽到（事件 A 发生）的可能结果为 $m=23$，所以正品被抽到的概率为 23/30。

下面我们利用先验概率来解决导入案例的问题。其实导入案例就是一个不返回抽样的先验概率问题。我们经过认真分析，摸出 10 个球所得的分数确实只有 11 种情况。我们可以把它们看成 11 个基本事件，分别设为 $A_i(n,10-n)(i=1,2,\cdots,11$；$n$ 为抽出 10 分球的个数；$10-n$ 为抽出 5 分球的个数)，代表分数为 $10n+5(10-n)$（即 $50+5n$）的事件。每次取 10 个球，基本事件总数为 C_{20}^{10}，而每一个事件发生的概率，根据公式有：$P(A_i)=C_{10}^{n}C_{10}^{10-n}/C_{20}^{10}$($n$，$10-n$ 定义同上)，可求得各事件发生的概率，如表 5—4—1 所示。

表 5—4—1　　各种奖项发生的概率

事件	$A_1(10,0)$	$A_2(0,10)$	$A_3(9,1)$	$A_4(1,9)$	$A_5(2,8)$	$A_6(8,2)$
分数（奖项）	100（一）	50（二）	95（三）	55（四）	60（五）	90（九）
概率 $P(A_i)$	0.000 005	0.000 005	0.000 541	0.000 541	0.010 96	0.010 96
事件	$A_7(3,7)$	$A_8(7,3)$	$A_9(4,6)$	$A_{10}(6,4)$	$A_{11}(5,5)$	
分数（奖项）	65（六）	85（八）	70（七）	80（十）	75（十）	
概率 $P(A_i)$	0.077 941	0.077 941	0.238 693	0.238 693	0.343 718	

通过上表可以看出，在多次摸球中，事件 $A_{10}(6,4)$ 与 $A_{11}(5,5)$ 发生的概率和为 58.24%，事件 $A_9(4,6)$ 发生的概率为 23.87%，说明 100 次摸球中，约有 58 次将中十等奖，约有 23 次或 24 次中七等奖，这二者占总数的 82.11%。而在一到八等奖中，除六、八等奖抽中概率为 7.8%，不足 8%，比 5%稍大外，其余各等奖抽中的概率均远远小于 5%，属小概率事件。从现实意义上讲，小概率事件相当于不发生事件，即在每一次摸奖中，您一定不会摸中这些小概率奖项的。

另外，此次“免费”抽奖给商家带来哪些好处呢？我们粗略估计了各项奖品的市场价格，见表 5—4—2。

表 5—4—2　　各项奖品的市场价格

奖项	一	二	三	四	五	六	七	八	九	十
估价（元）	2 800	800	200	100	50	3	2	1.5	1	25
概率 $P(A_i)$	0.000 005	0.000 005	0.000 541	0.000 541	0.010 96	0.010 96	0.077 941	0.077 941	0.238 639	0.582 411

采用加权平均数法计算出商家在平均一次抽奖中付出奖品的平均价格（即抽奖者在平均一次抽奖中得到的奖品的价值）和销售商品获得的平均价格（即抽奖者在平均一次抽奖中付出的货币金额），计算公式为：平均价格$=\sum$ 估价×概率。则计算一至九等奖的平

均价格为 1.27 元，十等奖的平均价格为 14.56 元。这两个数字告诉我们：在平均一次抽奖中，商家将以付出 1.27 元的代价换取 14.56 元的收益，即在无数次抽奖中，商家平均从每个抽奖者身上获利 13.29 元。而对平均每个抽奖者而言，您将花 13.29 元来享受这种“免费”抽奖，却没有机会抽到“大”奖。

由此可见，“免费抽奖”的面纱后大有文章，其中包含的道理是非常科学的。该商家开展的此次营销活动从某种意义上说是欺骗广大消费者的行为。

先验概率是在特定条件下直接计算出来的，是事件的真实概率。然而，有时我们不知道是否每一种结果出现的可能性都是相同的，例如在一场赛马比赛中，不是所有的马赢的概率都是相同的。有时可能的结果总数也是不确定的，例如在橄榄球投彩中赌某一数目的人数等。在这种情况下，用先验概率这种方法计算概率是行不通的。

寻找一个事件发生的概率的第二种方法（也是最常用的方法）是基于大量实验中一个事件出现次数的比例。事件 A 在 n 次试验中出现 m 次，m 与 n 的比值，就是事件 A 出现的相对频数。例如，100 个电池中，发现有 20 个的寿命不足 10 小时，这给出一个相对频数为 20/100=0.2。

随着试验次数 n 的无限增大，事件 A 的相对频数稳定于一个常数 P，这个常数 P 就是事件 A 出现概率的近似值，可表示为 $P(A)\approx m/n$。

这类建立在实际观察值基础上，以事件 A 在大量重复试验中出现的稳定的相对频数作为事件 A 概率的估计值，就是用相对频数的方法得到的概率，叫后验概率。

例如，抛一枚质地均匀的硬币，正面朝上（随机事件 A）可能出现，也可能不出现。但是随着抛掷次数的不断增加，正面朝上出现的相对频数就在 0.5 附近摆动，抛掷次数越多，摆动范围越小，越接近于 0.5。这一点已由表 5—4—3 中诸试验者的试验所验证。于是 0.5 这一相对频数就是正面朝上这一事件 A 概率的近似值或估计值。因此我们认为抛一枚质地均匀的硬币，正面朝上的概率应当为 0.5。

表 5—4—3　　抛掷硬币试验中正面朝上的频率

试验者	抛掷硬币次数	正面朝上次数	正面朝上频率
德摩根	2 048	1 061	0.518 1
薄　丰	4 040	2 048	0.506 9
皮尔逊	12 000	6 019	0.501 6
皮尔逊	24 000	12 012	0.500 5

又如婴儿的出生，每一次生产都会得到一个或多个男孩、女孩，但生男生女的概率是否一样我们就不知道了。在多年保留的记录中，新生儿中女孩的概率是 0.49。这个比例是通过女孩的个数除以所有婴儿的个数得到的。概率学家认为，当出生的婴儿的个数接近于无穷大时（即有很多个观察值时），观察到女孩的出生比率接近于女孩出生概率的真值。

在上述例子中，概率是一个长期的比率，是长期观察某一事件的结果。这种概率的准确的数值是永远得不到的，但是大量观察值使估计概率的数值无穷接近于真值。

用概率这个词来描述人们对某一事件出现机会的实际感觉也是合理的。主观方法（主观概率）就是凭人们的实际感觉对某一事件的可能性作出测定。毫无疑问，这种方法被用于上述两种方法不能适用的情况。例如，选举结果、足球比赛结果等，以及商务活动中产品开发成功的可能性、投资的结果或过去的记录不能提供任何帮助的其他许多未来发生的事件。

例如，一位投资顾问说，如果A国政府变更，那么石油价格将上涨的概率为90%，这不能算是一个精确的概率，只是主观感觉出来的，它只是用来表示该顾问相当确信石油会涨价。在据此作出任何行动之前，一定得对此话的风险表示接受。

2. 概率的计算

概率就是一个数字，因此可以进行加、减、乘、除。通过计算可以使我们用简单的事件的概率来得到更复杂事件的概率。例如，随机选择的一个新生婴儿是女孩的概率是0.49。那么给定这个简单事件的概率，所选的新生婴儿是男孩的概率是多少？我们用1减去0.49得到0.51，这个数就是所选的新生婴儿是男孩的概率，因为新生婴儿只有男孩和女孩两种。

(1) 概率的加法。当我们想得到不可能同时发生的两个事件之一发生的概率，也就是至少有一个事件发生的概率时，只要简单地对这两个事件的概率进行相加就可以了。

例如，掷一颗均匀的骰子，出现1点或6点的概率是多少？设A表示“出现1点”，B表示“出现6点”，所以$P(A)=P(B)=1/6$，我们知道不可能同时出现1点和6点，所以出现1点或6点的概率就是$1/6+1/6=1/3$。

我们把在一次试验中不可能同时发生的事件称为互斥事件。两个互斥事件和的概率，等于这两个事件概率之和。用公式表示为：

$$P(A+B)=P(A)+P(B)$$

两个非互斥事件A、B和的概率，意味着A发生或B发生，或者A和B同时发生，这时我们必须从它们的概率之和中减去A和B同时发生的概率以避免重复计算，即：

$$P(A+B)=P(A)+P(B)-P(AB)$$

式中，$P(AB)$表示A和B同时发生的概率。

注意：如果A和B是互斥的，那么$P(AB)$等于0。

【例5—4—1】 某公司雇用100名雇员在一个生产线上工作，每个雇员必须在规定的时间内完成一定的工作，而且其工作必须通过质量检查。不断有工人落在后面，而且生产的一些产品达不到标准。在一个工作周期结束后，记录表明9名工人不能按时完成工作，12名工人生产的产品达不到标准，而且在这21名工人中，4名工人的工作既不准时又达不到标准。如果我们用A表示工作不能准时完成，B表示达不到标准，那么：

$$P(A)=\frac{9}{100}=0.09$$

$$P(B)=\frac{12}{100}=0.12$$

$$P(AB)=\frac{4}{100}=0.04$$

假设不能按时完成工作或不能通过质量标准检查的工人不能得到奖金。随机选取一名工人，他不能得到奖金的概率是：

$$\begin{aligned}P(A+B)&=P(A)+P(B)-P(AB)\\&=0.09+0.12-0.04\end{aligned}$$

$= 0.17$

这就是说，随机选取一名工人没资格获得奖金的概率是17%。

(2) 概率的乘法。为了寻找某一事件与另外一个事件同时发生的概率，我们需要将这两个概率相乘。两个事件同时发生的概率比其中任何一个事件单独发生的概率要小。这种常识产生于一个数学知识：两个0到1之间的数相乘的积小于任何一个数。例如，0.3乘以0.4等于0.12，0.12既小于0.3也小于0.4。

如果事件A发生与否对于事件B发生没有影响，我们称这两个事件为独立事件。两个独立事件同时发生的概率，等于这两个事件发生概率的乘积。用公式可表示为：

$$P(AB) = P(A)P(B)$$

有限个独立事件同时发生的概率，等于这些事件发生概率的乘积。用公式可表示为：

$$P(A_1 \cdot A_2 \cdots A_n) = P(A_1)P(A_2)\cdots P(A_n)$$

【例5—4—2】 一个石油勘探公司估计在甲地钻探成功的概率是0.6，而在乙地和丙地成功的概率分别是0.4。如果该公司在三地各钻探了一口井，那么甲、乙两口井都钻探出石油的概率是多少？

很显然，所求概率为$0.6\times0.4=0.24$。

若问题是："三地都钻出石油的概率是多少？"则所求概率为$0.6\times0.4\times0.4=0.096$。

有的情况下概率不能直接相乘，为了做乘法，我们不得不引进条件概率的概念。先来考虑下面三种说法：

1）由于滥用药物，W公司某位雇员最终被解雇的概率为10%；

2）由于滥用药物，W公司某位男雇员最终被解雇的概率为12%；

3）由于滥用药物，W公司某位女雇员最终被解雇的概率为3%。

在这种情况下，其总体是W公司全体雇员。上述的第二种和第三种说法描述了总体的一些特定部分。当概率是指某一特定部分时，就叫做条件概率。用数学语言可对条件概率作出更加正规的表述："在已知雇员是男性的条件下，由于他滥用药物而最终被W公司解雇的概率为12%。"我们用$P(B \mid A)$表示已知事件A发生的条件下事件B发生的概率。

两个非独立事件同时发生的概率，用公式可表示为：

$$P(AB) = P(A)P(B \mid A)$$

公式变形后，又可得：

$$P(B \mid A) = \frac{P(AB)}{P(A)} \quad (P(A) > 0)$$

或

$$P(A \mid B) = \frac{P(AB)}{P(B)} \quad (P(B) > 0)$$

【例5—4—3】 100名学生中，有80名男生，20名女生，通过英语六级考试的有30人，其中有女生12人。现在从这100名学生的学生名册中任意指定一个名字，计算：

(1) 被指定的学生通过英语六级考试的概率$P(A)$；

(2) 被指定的学生是女生的概率$P(B)$；

(3) 被指定的学生既是女生，又是通过英语六级考试的概率p；

(4) 如果发现被指定的是女生，其通过英语六级考试的概率q。

容易看出，$P(A)=30/100=0.3$，$P(B)=20/100=0.2$，$p=P(AB)=12/100=0.12$。

那么

$$q = P(A \mid B) = \frac{P(AB)}{P(B)} = \frac{0.12}{0.2} = 0.6$$

（二）期望值（均值）

一个大豆品种的含油量为20%，测定一次可能是大于20%，再测定一次可能小于20%，大量反复测定后平均结果为20%，这时20%便可看作该大豆品种含油量的期望值。而每单独测定一次所获得的值只是一个随机变量。通俗地说，一个随机变量的期望值就是其长期的均值，常用E表示。

如果我们说一项投资的期望值是50 000美元，那么这就是说在长期投资中，其平均利润是50 000美元。期望值可用于比较几种选择的风险。要计算期望值，可以把各自的概率乘上每种可能的结果，然后把这些乘积加起来。

【例5—4—4】 某企业初步投资25 000美元的一项商业冒险，有可能获得400 000美元的收益。但是，这个冒险带有一定的风险性，可能会失败，损失25 000美元的概率为0.2，求该项投资的期望值。

商业投资的期望值可计算如下：

E＝成功的概率×成功的利润值＋失败的概率×失败的亏损值

$= 0.8 \times (400\,000 - 25\,000) + 0.2 \times (0 - 25\,000)$

$= 0.8 \times 375\,000 + 0.2 \times (-25\,000)$

$= 300\,000 - 5\,000$

$= 295\,000$(美元)

即该商业冒险投资的期望值为295 000美元。

就是说，如果许多投资冒险家这样开始，那么有80%的概率将盈利375 000美元，有20%的概率将损失25 000美元，所有这些＋375 000美元和－25 000美元的平均数将是＋295 000美元。

期望值的一般公式为：

期望值＝（概率1×数值1）＋（概率2×数值2）＋…（概率的总和等于1）

【例5—4—5】 某商场从一批商品中抽一箱，共100件，其中等外品5件，二等品25件，一等品70件，已知等外品、二等品、一等品的单位售价分别为10元、16元、20元。试求该箱商品的平均售价。

$$\text{商品的平均售价} = 10 \times \frac{5}{100} + 16 \times \frac{25}{100} + 20 \times \frac{70}{100}$$

$$= 10 \times 0.05 + 16 \times 0.25 + 20 \times 0.7 = 18.5 \text{（元）}$$

【例5—4—6】 一组工人装配某产品，过了一段时间后发现工人们用70%的时间装配一个产品花了4天，用20%的时间花了5天，用10%的时间花了6天，试计算期望装配时间，并估计这组工人在90天内能完成多少个产品的装配。

这组工人完成一个产品的装配需要的天数为：

$E = 0.70 \times 4 + 0.20 \times 5 + 0.10 \times 6 = 4.4$（天）

从平均意义上讲，这组工人需要花4.4天完成一个产品的装配。因此，他们在90天

内能完成 $\frac{90}{4.4} \approx 20$ 个产品的装配。

另外，期望值虽然反映了变量取值的平均水平，但在许多实际问题中，只知道变量 X 的期望是不够的，还要知道 X 的取值偏离期望的程度。例如，甲公司生产某种零件，其长度的期望值为 10，而实测产品的长度在 10 ± 0.01 的范围内；乙公司生产同样的零件，其长度的期望值同样是 10，而实测产品的长度在 10 ± 0.1 的范围内。不难看出，尽管两公司生产的零件长度的期望值相同，但甲公司生产零件的长度偏差较小，即甲公司产品的质量比乙公司好。这种反映变量对均值的偏离程度，常用方差 D 表示，并将 $\sqrt{D}$ 称为变量的标准差。

二、抽样误差

（一）抽样推断的概念

抽样推断又称抽样调查，是指依据随机原则，从被研究现象的总体中抽取一部分单位进行调查，并根据调查结果对所研究现象总体的数量特征做出具有一定可靠性的估计和推断，从而认识现象总体相应数量特征的一种统计分析方法。抽样调查是一种科学的非全面调查方法。例如，在某地区城镇居民中，通过随机抽样，抽取部分居民进行调查，计算出人均收入，以此来推断该地区全部城镇居民的人均收入，还可以用人均收入乘以全部人口数，进一步推断出该地区城镇居民的总收入。根据部分产品的质量来推断全部产品的质量，根据部分职工的家庭收支状况的数值资料来推断全部职工家庭的收支状况，根据部分种籽进行催芽试验的资料来推断该批种籽的发芽率等，都是最简单的抽样调查或推断。可见，抽样调查既是搜集统计资料的方法，也是对调查对象进行科学的估计和推断的方法，具有调查速度快，耗费人力、物力少，调查结果可靠性高等优点。这种方法可以应用到社会经济生活的各个方面，具有普遍的适应性。因此，抽样调查是与我们日常生活关系最密切的一种调查。

（二）抽样误差的概念

抽样推断的意义是用样本的指标来推断相应的总体指标，这两者之间必然存在差距，我们就把这个差距叫做抽样误差。抽样误差是指由于随机抽样的偶然因素，使样本各单位的结构不足以代表总体各单位的结构，而引起的样本指标和总体指标之间数量上的差别，如抽样平均数与总体平均数的绝对离差，抽样成数与总体成数之间的绝对离差。因为总体指标是未知的，所以在抽样调查中我们只能意识到这个误差的存在，而不能准确地将其计算出来。抽样误差是不可避免的，但是当误差超过一定的允许范围时，抽样调查也就失去了价值，因此有必要对抽样误差加以控制。

误差的产生是多方面的，但大体上可以归纳为两类，即调查误差和抽样误差。调查误差一般也称为登记性误差，它是指在调查过程中，由于工作不准确而引起的误差，登记性误差是运用所有统计调查方式时都可能发生的。抽样误差也叫代表性误差，它是抽样调查工作本身所固有的一种误差。而这种误差的产生，是在遵循抽样的随机性原则的前提下，由于被抽选的样本各种各样，只要被抽中的样本其内部各单位被研究标志的构成比例和总体有出入，即使是没有登记性误差，也会出现或大或小的偶然性的代表性误差。而这种偶然性的代表性误差是无法消除的，只要用样本的指标来推断总体的指标都会存在抽样误差，所以这是抽样调查中所特有的一种误差。

根据大数定律可知，随着样本容量 n 的增大，抽样误差会减小，但不会为零，这样抽样误差就可以在抽样程序上加以控制，所以它也叫作控制性误差。在全面调查中有登记性误差，没有代表性误差；而在抽样调查中这两种误差都存在。抽样误差是抽样调查所固有的，是无法避免与消除的，但可以运用数学方法计算其数量界限，并通过抽样设计程序控制其范围。

（三）影响抽样误差的因素

抽样误差在抽样推断中虽然不可避免，但是可以根据需要对其加以控制，以便使之达到要求的精确程度。为了有针对性地解决问题，达到预期的目的，首先应了解哪些因素会引起抽样误差。

首先是总体被研究标志变异程度的大小。在其他条件不变的情况下，所研究总体的标志变异程度越小，说明总体各单位标志值之间的差异越小，这样抽样指标与总体指标之间的误差也就越小。假如总体各单位标志值之间没有差异，则抽样指标和总体指标就会相等，因而也就不存在抽样误差了。

其次是样本单位数的多少。根据大数定律和抽样推断的一致性要求，抽样误差的大小与样本容量成反方向变化。抽样单位数越多，则抽样误差就越小；抽样单位数越少，则抽样误差就越大。这是因为随着样本单位数的扩大，样本的结构就越能反映总体的结构，样本指标就越能代替总体相应的数量特征。如果进一步把抽样单位数扩大到接近于总体，那么，此时的抽样调查也就近于全面调查了，抽样误差就会缩小到几乎完全消失的程度。

再次是抽样方式。在同一总体和相同样本容量的要求下，不重复抽样比重复抽样所产生的误差要小些。这是因为在不重复抽样时，避免了总体单位的重复选中，所以更能反映总体结构，因此抽样误差会较小些。

最后是抽样调查方法。抽样调查的方法不同，所抽出的样本对于总体的代表性也不相同，因此抽样调查方法也影响抽样误差的大小。

（四）抽样平均误差

抽样平均误差是反映抽样误差一般水平的指标，它是指所有可能出现的样本指标的标准差。

按相同的抽样单位数对同一总体进行抽样调查时，可以抽出很多个不同的样本，而每一个样本都可以计算抽样的平均数和成数。这样，样本的平均数与总体的平均数，样本的成数与总体的成数之间的误差也是多种多样的。这些抽样误差带有偶然性，有的可能是正差，有的可能是负差。进行抽样时，说不定会抽到哪个样本，说不定抽样误差是正是负、或大或小。为了从总体上衡量样本代表性的高低，就需要衡量抽样误差的一般水平。这就很自然地引出一个抽样的平均误差概念，以反映抽样误差的一般水平。

所以，我们定义抽样的平均误差为抽样平均数（或抽样成数）对总体平均数（或总体成数）的标准差。为了区别于通常的标准差，我们分别用 $\mu_{\bar{x}}$ 表示抽样平均数的平均误差，用 μ_p 表示抽样成数的平均误差，用 M 表示样本的可能数目。则有：

$$\mu_{\bar{x}}=\sqrt{\frac{\sum(\bar{x}-\bar{X})^2}{M}}$$

$$\mu_p=\sqrt{\frac{\sum(p-P)^2}{M}}$$

上面我们讨论的是抽样平均误差的理论公式，在实际抽样调查过程中，总体平均数 $\bar{X}$ 和总体成数 P 是未知的，同时，也不可能把所有样本的平均数和成数都计算出来，所以，按照上述计算抽样平均误差的方法，实际上也是办不到的。

1. 样本平均数的抽样平均误差

抽样平均误差是所有样本指标（样本平均数和样本成数）的标准差，也就是一系列抽样指标的平均差，通常用符号 $\mu_{\bar{x}}$ 来表示。

$$\mu_{\bar{x}}=\sqrt{\frac{\sum(\bar{X}-\bar{x})^2}{K}}$$

式中，$\bar{x}$ 为抽样平均指标；$\bar{X}$ 为全及总体平均指标；K 为抽样平均指标或抽样成数的个数。

上述公式只是为了说明抽样平均误差的实质，实际计算一般不用这个公式。这是因为，首先，在实际工作中从全及总体一般只抽取一个抽样总体，不可能抽取所有可能的抽样总体，并计算它们的抽样平均数；其次，在进行抽样调查的全过程中，全及平均数 $\bar{X}$ 是未知的，因而上述抽样平均误差的公式是无法计算的。

抽样平均数的抽样平均误差分为重复抽样和不重复抽样两种情况计算：

（1）重复抽样条件下，样本平均数的抽样平均误差为：

$$\mu_{\bar{x}}=\sqrt{\frac{\sigma^2}{n}}=\frac{\sigma}{\sqrt{n}}$$

（2）不重复抽样条件下，样本平均数的抽样平均误差为：

$$\mu_{\bar{x}}=\sqrt{\frac{\sigma^2}{n}(1-\frac{n}{N})}$$

【例 5—4—7】 某地对 2 800 户农户的年收入进行调查，抽取 5%的农户作样本，调查显示：2006 年每人年平均收入为 5 965 元，其年收入的标准差为 104.80 元。试计算重复抽样和不重复抽样的抽样平均误差。

已知：$N=2\,800$ 户，$n=2\,800$ 户$\times 5\%=140$ 户，$\sigma=104.80$ 元。

重复抽样的抽样平均数的抽样平均误差为：

$$\mu_{\bar{x}}=\frac{\sigma}{\sqrt{n}}=\frac{104.80}{\sqrt{140}}=8.86(\text{元})$$

不重复抽样的抽样平均数的抽样平均误差为：

$$\mu_{\bar{x}}=\sqrt{\frac{\sigma^2}{n}\left(1-\frac{n}{N}\right)}=\sqrt{\frac{104.8^2}{140}\left(1-\frac{140}{2\,800}\right)}=8.63(\text{元})$$

2. 抽样成数的抽样平均误差

对于属性总体，由于各单位的标志不可以用数量来表示，只能用一定的文字加以描述，这类社会经济现象的标志具体表现为两种情况，就是我们曾经学习过的交替标志。

(1) 重复抽样条件下，抽样成数的平均误差为：

$$\mu_p=\sqrt{\frac{P(1-P)}{n}}$$

(2) 不重复抽样条件下，抽样成数的平均误差为：

$$\mu_p=\sqrt{\frac{P(1-P)}{n}(1-\frac{n}{N})}$$

从上述公式可以看出，在重复抽样和不重复抽样两种条件下，抽样平均误差的计算仅相差一个修正因子 $\left(1-\frac{n}{N}\right)$，且这个因子总是小于 1。因此，不重复抽样误差总是小于重复抽样误差。当总体单位数 N 足够大时，$\frac{n}{N}$ 就很小，$\left(1-\frac{n}{N}\right)$ 近似等于 1，因而两种误差就相差无几。所以，在实际工作中，从无限总体中抽样时，都采用不重复抽样公式计算抽样平均误差。从有限总体中抽样，当抽样比例很小（一般认为小于 5%）时，不重复抽样的抽样误差也可采用简便的重复抽样公式来计算。

【例 5—4—8】 某玻璃器皿厂某日生产 15 000 只印花玻璃杯，现按重复抽样方式从中抽取 150 只进行质量检验，结果有 147 只合格，其余 3 只为不合格品，试求这批印花玻璃杯合格率（成数）的抽样平均误差。

因为 $N=15\ 000$，$n=150$，$p=147/150=98\%$。

所以重复抽样的抽样平均误差为：

$$\mu_p=\sqrt{\frac{P(1-P)}{n}}=\sqrt{\frac{0.98\times(1-0.98)}{150}}=1.14\%$$

不重复抽样的抽样平均误差为：

$$\mu_p=\sqrt{\frac{P(1-P)}{n}\left(1-\frac{n}{N}\right)}=\sqrt{\frac{0.98\times(1-0.98)}{150}\times\left(1-\frac{150}{15\ 000}\right)}=1.137\ 4\%$$

三、参数估计

推断统计的主要应用之一就是根据有限的样本信息对总体参数作出估计。当调查全及总体，如普查时，将得到确切的总体特征值，这时就不存在任何估计问题。当只调查其中一部分时，我们所作出的任何估计都会伴随着某种可能的误差。接下来，我们将讨论普遍使用的估计方法，以及这些方法所依据的初步理论。

（一）样本统计量和总体参数

样本统计量是从样本数据中计算出来的，最常用的样本统计量是样本均值 $\overline{x}$、样本成数 $\overline{P}$ 和样本标准差 s。在总体中，性质类似的量被称为总体参数。一般总体均值用小写的希腊字母 μ 表示、总体成数用 P 表示、总体标准差用小写的 σ 表示等。

样本均值反映总体的平均状态，样本方差和样本标准差反映总体波动的大小。样本均值、样本方差和样本标准差的计算公式如下：

$$样本均值：\overline{x}=\frac{1}{n}\sum_{i=1}^{n}x_i$$

$$样本方差：s^2=\frac{1}{n-1}\sum_{i=1}^{n}(x_i-\overline{x})^2$$

$$样本标准差：s=\sqrt{\frac{1}{n-1}\sum_{i=1}^{n}(x_i-\overline{x})^2}$$

值得注意的是，总体可以分为两类：有限总体和无限总体。有限总体是由具体的、大量的、有限的元素组成。假如某国的总统选举中，投票者有一亿人，这些人就是投票的总体。无限总体是总体的一个假设集合，如所有的已做好的和将要被某些机器做出来的电灯泡集合，用于检验出现正面和反面概率的某硬币的所有投掷的集合。显然，机器能制造的所有灯泡和用一枚硬币能做的所有的投掷都是不可能真正计数的。

（二）参数估计的概念及其作用

参数估计是指从所要研究对象的全部单位中，按随机原则抽取一部分单位进行调查，然后根据这一部分单位的指标数值去估计总体的参数。依据估计形式的不同，参数估计分为点估计和区间估计。例如，研究上海市 25 岁到 35 岁年龄组的成年人收听某一电台广播的情况，若报告研究的结果有以下两种，即“25%”或者“21%和 29%之间的某个数值”，则“25%”作为单个数值给出的就是个点估计，而“21%和 29%之间的某个数值”就是区间估计。

参数估计作为一种科学的统计调查方法，其作用是十分广泛的，大体可归纳为三个方面：

（1）用于对无限总体的调查研究，如江河、湖泊、海洋中的水产品数量，大森林中的木材积蓄量和工业废气的污染程度的数量估计等；

（2）用于观察那些不可能或没有必要进行全面调查而又要了解其全面情况的事物，如消费结构分析、商品需求调查和破坏性或易耗产品质量检查的调查、产品寿命检验等；

（3）对全面报表或普查资料进行检查、修正和补充。

（三）点估计的概念及其优良性准则

1. 点估计的概念

用某一样本统计量的值来估计相应总体参数的值叫总体参数的点估计。例如，估计一个地区的人均居住面积，可以从该地区人口总体中抽取一个样本，并计算这个样本居民人均居住面积，以此估计该地区居民人均居住面积。假定根据样本得到人均居住面积为 30 平方米，用这个数值去估计该地区人均居住面积，就是点估计。在应用上常用的点估计主要有如下三种。

（1）用样本均值 $\overline{x}$ 估计总体 X 的均值 μ，即总体 X 的均值的点估计为 $\frac{1}{n}\sum_{i=1}^{n}x_i$，其中 x_1，x_2，x_3，…，x_n 为样本值。特别地，对于正态分布总体 $N(\mu,\sigma^2)$，总体均值 μ 的点估

计值$\mu = \frac{1}{n}\sum_{i=1}^{n} x_i$。

(2) 用样本的方差 S^2 估计总体方差的值，取总体方差的点估计为 $\frac{1}{n-1}\sum_{i=1}^{n}(x_i-\overline{x})^2$，其中 x_1，x_2，x_3，…，x_n 为样本值。特别地，对于正态分布总体 $N(\mu,\sigma^2)$，总体方差的点估计值 $\sigma^2 = \frac{1}{n-1}\sum_{i=1}^{n}(x_i-\overline{x})^2$。

(3) 用样本成数 $\overline{P}$ 估计总体成数 P 的值，即总体成数的点估计值 $P=\overline{P}$。在日常生活中，常常要估计总体中具有某种特征的单位占全部单位的百分比。例如，估计一种品牌商品的市场占有率、一批商品的合格率等。

2. 估计量的优良性准则

(1) 无偏性。当用某一个样本统计量的值估计总体参数值时，总会有所偏差，有的大于总体参数，有的小于总体参数。如果一切可能个体样本统计量的值与总体参数值偏差的平均值为 0，这种统计量就是总体参数的无偏估计量；如果一切可能个体样本统计量的值与总体参数值偏差的平均值大于或小于 0，这种统计量就是总体参数的有偏估计量。例如，样本平均数 $\overline{x}$ 就是总体平均数 μ 的无偏估计量，而样本标准差 s 就是总体标准差 σ 的有偏估计量。

(2) 有效性。当总体参数不止有一种无偏估计量时，某一种估计量的一切可能样本值的方差小者为有效性高，方差大者为有效性低。例如，$\overline{x}$、中位数、众数都是总体 μ 的无偏估计量，但只有 $\overline{x}$ 的一切可能样本值的方差最小，故 $\overline{x}$ 是总体 μ 最有效的估计量。

(3) 一致性。当样本容量无限增大时，估计量的值能越来越接近它所估计的总体参数值，这种估计量是总体参数的一致性估计量。例如，样本平均数 $\overline{x}$ 就是总体平均数 μ 的一致性估计量，样本标准差 s 是总体标准差 σ 的一致性估计量。

即使是具备上述条件的点估计，也是以误差存在为前提，而且它不能指出正确估计的概率有多大。也就是说，点估计没有给出这种近似的精确程度和可信程度，这就使它在实际应用中受到很大限制，接下来要讨论的区间估计可以弥补这一不足。

(四) 区间估计

1. 抽样极限误差

用抽样指标来估计总体指标，总是有误差的，抽样平均误差是说明抽样方案总的误差情况。但是在进行抽样推断时，实际上只抽取一个样本，因此实际的抽样误差可能大于抽样平均误差，也可能小于抽样平均误差。但对于某一项调查来说，根据客观要求一般应有一个允许的误差范围，也就是说若抽样误差在这个范围之内就认为是可行的。这一允许的误差范围就称作抽样的极限误差。

用抽样指标来估计总体指标，要达到完全准确、毫无误差，一般来说是不可能的，所以在估计总体指标的同时，必须考虑估计误差的大小。当然我们希望误差要小一些，因为误差越大，样本资料的价值就越小，误差超过了一定范围，样本资料就毫无价值了。但也并不是误差越小越好，因为减少抽样误差势必增加许多费用。所以在进行抽样估计时，应该根据所研究对象的差异程度和分析任务的需要确定可允许的误差范围，在这个范围内的估计数字都算是有效的。我们把这种可允许的误差范围称为抽样极限误差，它等于样本指标可允许变动的上限或下限与总体指标之差的绝对值。

设 $\Delta_{\bar{x}}$ 与 Δ_p 分别表示抽样平均数与抽样成数的极限误差，则有：

$$\Delta_{\bar{x}} \geqslant |\bar{x}-\bar{X}|$$

$$\Delta_p \geqslant |p-P|$$

将上面不等式经过变换，可以得到下列不等式：

$$\bar{x}-\Delta_{\bar{x}} \leqslant \bar{X} \leqslant \bar{x}+\Delta_{\bar{x}}$$

$$p-\Delta_p \leqslant P \leqslant p+\Delta_p$$

可见，抽样误差范围是以 $\bar{X}$ 或 P 为中心的两个 Δ 的距离。

【例 5—4—9】 某村 5 000（N）亩耕地种植粮食，用不重复抽样方法抽取 50 亩，求得其平均亩产为 400 千克。若确定抽样误差为 10 千克，请估计 5 000 亩耕地亩产量和总产量水平。

解：(1) 估计亩产量为：

$$\bar{x}-\Delta_{\bar{x}} \leqslant \bar{X} \leqslant \bar{x}+\Delta_{\bar{x}}$$

$$400-10 \leqslant \bar{X} \leqslant 400+10$$

$$390 \leqslant \bar{X} \leqslant 410$$

(2) 估计总产量为：

$$390\times 5\,000 \leqslant \bar{X}N \leqslant 410\times 5\,000$$

$$1\,950\,000 \leqslant \bar{X}N \leqslant 2\,050\,000$$

所以该村耕地亩产量在 390 千克到 410 千克之间，总产量在 1 950 000 千克到 2 050 000千克之间。

【例 5—4—10】 从某品种农作物播种地块随机抽取秧苗 1 000（N）棵，其中死苗 80（n）棵。若确定抽样极限误差为 3%，试估计该农作物秧苗的成活率（P）的区间。

解：该农作物秧苗的成活率区间为：

$$p-\Delta_p \leqslant P \leqslant p+\Delta_p$$

$$\frac{1\,000-80}{1\,000}-3\% \leqslant P \leqslant \frac{1\,000-80}{1\,000}+3\%$$

$$89\% \leqslant P \leqslant 95\%$$

2. 参数的区间估计

参数的区间估计就是根据一定的概率保证程度，选定概率度 t，以及极限误差 $\Delta_{\bar{x}}=t\mu_{\bar{x}}$（或 $\Delta_p=t\mu_p$），再利用抽样调查取得的抽样平均数 $\bar{x}$（或成数 p），定出估计上限 $\bar{x}+\Delta_{\bar{x}}$ 或 $p+\Delta_p$，估计下限 $\bar{x}-\Delta_{\bar{x}}$ 或 $p-\Delta_p$。像区间 $[\bar{x}-\Delta_{\bar{x}}, \bar{x}+\Delta_{\bar{x}}]$ 称为置信区间，估计可靠程度为置信度。区间估计就是根据抽样指标定出置信区间和置信度。

在同样的概率保证程度下（t 一定），平均误差 μ 越小，则误差的可能范围也就越小；平均误差 μ 越大，则误差的可能范围也就越大。当抽样平均误差 μ 一定时，极限误差的大小就随着 t 的变化而变化：t 值减小，则误差范围也就减小，估计的精确度提高，而概率上的保证程度（置信度）降低；t 值增大，则误差范围也就增大，估计的精确度降低，而概率上的保证程度（置信度）提高。抽样推断的精确度和置信度是一对矛盾。科学的抽样推断要在二者之间慎重地选择。选择精确度和置信度，常有两种考虑方法：一是对于一项估计值先提出估计的可靠性要求，然后利用概率表查出这个概率保证程度（即置信度）所对应的概率度 t，再用 t 和抽样的平均误差 $\mu_{\bar{x}}$ 相乘，求出抽样误差的可能范围（极限误差）Δ；二是对一项估计值，先提出误差范围，然后将极限误差 Δ 除以平均误差 μ，求出概率度 t 值，再从概率表中查出有关 t 值所对应的置信度 $F(t)$。用公式表示为：

$$t=\frac{\Delta_p}{\mu_p}$$

常用 t 值及相应的概率保证程度见表 5—4—4。

表 5—4—4　　常用 t 值及相应的概率保证程度

t 值	概率保证程度
1.00	0.682 7
1.28	0.799 5
1.96	0.950 0
2.00	0.954 5
3.00	0.997 3

抽样估计的置信度和抽样的极限误差有着密切联系。根据中心极限定理，当抽样误差范围增大时，抽样估计的置信度也增大，但抽样估计的精确度降低；反之亦然。实质上，抽样估计的精确度与置信度是一对反方向运动的矛盾。科学的调查方法要合理地协调它们之间的矛盾。

(1) 总体平均数的区间估计。总体平均数的区间估计就是用抽样样本的平均数来推断总体的平均数，并指明置信区间或置信度。其具体计算步骤如下：

第一，抽取样本，计算抽样指标：

计算样本的平均数：

$$\bar{x}=\frac{\sum xf}{\sum f}$$

计算样本的标准差：

$$\sigma=\sqrt{\frac{\sum (x-\bar{x})^2 f}{\sum f}}$$

第二，计算抽样的平均误差：

$$\mu_{\bar{x}}=\sqrt{\frac{\sigma^2}{n}}=\frac{\sigma}{\sqrt{n}},\ \mu_{\bar{x}}=\sqrt{\frac{\sigma^2}{n}\left(1-\frac{n}{N}\right)}$$

第三，推断。

【例 5—4—11】 某企业对某批电子元件进行检验，随机抽取 100 只，测得平均耐用时间为 1 000 小时，标准差为 50 小时，合格率为 94%，求：

(1) 以耐用时间的允许误差范围 $\Delta_{\bar{x}}=10$ 小时，估计该批产品平均耐用时间的区间及其概率保证程度。

(2) 以合格率估计的误差范围不超过2.45%，估计该批产品合格率的区间及其概率保证程度。

(3) 试以95%的概率保证程度，对该批产品的平均耐用时间做出区间估计。

(4) 试以95%的概率保证程度，对该批产品的合格率做出区间估计。

解：(1) 该批产品平均耐用时间的区间及其概率保证程度的计算步骤为：

1) 求样本指标：

$$\bar{x}=1\,000\text{ 小时}，\sigma=50\text{ 小时}，n=100，\mu_{\bar{x}}=\frac{\sigma}{\sqrt{n}}=\frac{50}{\sqrt{100}}=5\text{（小时）}$$

2) 根据给定的 $\Delta_{\bar{x}}=10$ 小时，计算总体平均数的上、下限：

$\bar{x}-\Delta_x=1\,000-10=990$（小时）

$\bar{x}+\Delta_x=1\,000+10=1\,010$（小时）

3) 根据 $t=\Delta_{\bar{x}}/\mu_{\bar{x}}=10/5=2$，查概率表（见附录的附表“正态分布概率表”），得 $F(t)=95.45\%$。

由以上计算结果，估计该批产品的平均耐用时间在990～1 010小时之间，有95.45%的概率保证程度。

(2) 该批产品合格率的区间及其概率保证程度的计算步骤为：

1) 求样本指标：

$p=94\%$

$\sigma_p^2=p(1-p)=0.94\times0.06=0.056\,4$

$$\mu_p=\sqrt{\frac{p(1-p)}{n}}=\sqrt{\frac{0.056\,4}{100}}=2.37\%$$

2) 根据给定的 $\Delta_p=2.45\%$，求总体合格率的上、下限：

$p-\Delta_p=94\%-2.45\%=91.55\%$

$p+\Delta_p=94\%+2.45\%=96.45\%$

3) 根据 $t=\Delta_p/\mu_p=2.45\%/2.37\%=1.03$，查概率表得 $F(t)=69.70\%$。

由以上计算结果，估计该批产品的合格率在91.55%～96.45%之间，有69.70%的概率保证程度。

(3) 对该批产品的平均耐用时间做出区间估计的计算步骤为：

1) 求样本指标：

$$\bar{x}=1\,000\text{ 小时}，\sigma=50\text{ 小时}，n=100，\mu_{\bar{x}}=\frac{\sigma}{\sqrt{n}}=\frac{50}{\sqrt{100}}=5\text{（小时）}$$

2) 根据给定的 $F(t)=95\%$，查概率表得 $t=1.96$。

3) 根据 $t=\Delta_{\bar{x}}/\mu_{\bar{x}}$ 得，$\Delta_{\bar{x}}=t\mu_{\bar{x}}=1.96\times5=9.8$，计算总体平均耐用时间的上、下限：

$\bar{x}-\Delta_{\bar{x}}=1\,000-9.8=990.2$（小时）

$\bar{x}+\Delta_{\bar{x}}=1\,000+9.8=1\,009.8$（小时）

所以，以95%的概率保证程度估计该批产品的平均耐用时间在990.2～1 009.8小时之间。

（4）对该批产品的合格率做出区间估计的计算步骤为：

1）求样本指标：

$p=94\%$

$\sigma_p^2=p\ (1-p)\ =0.94\times0.06=0.0564$

$\mu_p=\sqrt{\frac{p\ (1-p)}{n}}=2.37\%$

$\Delta_p=t\cdot\mu_p=1.96\times2.37\%=0.046$

2）根据 $\Delta_p=0.046$，求总体合格率的上、下限：

$p-\Delta p=94\%-4.6\%=89.4\%$

$p+\Delta p=94\%+4.6\%=98.6\%$

所以，以 95%的概率保证程度估计该批产品的合格率在 89.4%～98.6%之间。

在一定全及总体中，当抽样方式和样本容量确定后，抽样的平均误差就是一个定值，而抽样的极限误差则可以根据研究目的不同，由抽样部门规定。

（2）总体成数的区间估计。总体成数的区间估计就是要用样本的成数去推断总体的成数，其具体计算步骤如下。

第一，抽取样本，计算抽样指标。

计算样本的成数：

$$p=\frac{n_1}{n}$$

计算抽样成数的标准差或方差：

$$\sigma=\sqrt{p(1-p)}$$

第二，计算成数的抽样平均误差：

$$\mu_p=\sqrt{\frac{p(1-p)}{n}},\mu_p=\sqrt{\frac{p(1-p)}{n}\left(1-\frac{n}{N}\right)}$$

第三，推断。

【例 5—4—12】 为了研究新式时装的销路，在市场上随机对 900 名成年人进行调查，结果有 540 名喜欢该新式时装。要求：以 90%的概率保证程度估计该市成年人喜欢该新式时装的比率。

解：计算样本成数：

$$p=\frac{n_1}{n}=\frac{540}{900}=60\%$$

$$\sigma=\sqrt{p(1-p)}=\sqrt{0.6\times(1-0.6)}=\sqrt{0.24}=0.49$$

$$\mu_p=\sqrt{\frac{p(1-p)}{n}}=\sqrt{\frac{0.24}{900}}=1.63\%$$

根据给定的置信度 $F(t)\ =0.90$，查概率表，求得概率度 $t=1.64$。

极限误差 $\Delta_p=t\mu_p=1.64\times1.63\%=2.67\%$，则总体比率的上、下限为：

$p-\Delta_p=60\%-2.67\%=57.33\%$

$p+\Delta_p=60\%+2.67\%=62.67\%$

所以，以 90%的概率保证程度估计该市成年人对此时装的喜爱率在 57.33%～62.67%之间。

四、必要抽样数目的确定

根据大数定律，在抽样调查中样本容量越多，样本对总体的代表性越大，抽样误差越小。但同时，抽样数目越多，抽样调查费用也就越高，而且会影响抽样调查的时效性。因为样本容量的大小直接影响总体估计值的准确性和概率把握程度，影响调查费用和完成调查所需的时间等限制条件，所以，样本容量的确定是对估计值要求的精度与现有的经费、资源和时间等限制条件之间的协调与平衡。

在确定样本容量时，应在保证满足抽样调查对资料的估计精度和概率把握程度的前提下，尽量缩小抽样数目。

（一）影响样本容量的因素

一是总体各单位间的标志变异程度。如果总体被研究标志的变异程度大，则应抽取较多的样本单位；如果总体被研究标志的变异程度小，则应抽取较少的样本单位。

二是允许的误差范围。这是要求的估计精度。如果允许的误差范围小，即要求的精度高，则应抽取较多的样本单位；如果允许的误差范围大，即要求的精度低，则应抽取较少的样本单位。

三是调查结果的概率保证程度。抽样推断要求的可靠程度越高，则应抽取的样本单位数就越多；要求的可靠程度越低，则应抽取的样本单位数就越少。

四是抽样调查的方式和方法。同一对象要求有同样的精确度和保证程度，用等距抽样和类型抽样方法，抽样数目可确定得少些；用重复抽样和不重复抽样方法，后者的抽样数目可确定得少些。

五是人力、物力和财力的允许条件。在考虑以上因素的基础上，还应结合调查的人力、物力和财力的具体情况作适当的调整，然后作最终的确定。

（二）必要样本容量的计算

确定必要的样本容量也是抽样调查方案中的一个重要问题，影响样本容量的因素可以从样本容量计算公式的结果加以印证。这里我们只介绍简单随机抽样的必要样本容量的计算公式。

1. 重复抽样条件下必要样本容量的计算

（1）平均数的必要样本容量：

$$\Delta_{\bar{x}} = t\mu_{\bar{x}} = t\sqrt{\frac{\sigma^2}{n}}$$

对上式进行恒等变换后得：

$$n = \frac{t^2\sigma^2}{\Delta_{\bar{x}}^2}$$

实际应用：

$$n = \frac{t^2 s^2}{\Delta_{\bar{x}}^2}\ (s\ 为样本方差)$$

(2) 成数的必要样本容量：

$$\Delta_p = t\mu_p = t\sqrt{\frac{p(1-p)}{n}}$$

对上式进行恒等变换后得：

$$n = \frac{t^2 p(1-p)}{\Delta_p^2}$$

实际应用：

$$n = \frac{t^2 p(1-p)}{\Delta_p^2}\text{（}p\text{（}1-p\text{）为样本方差）}$$

【例 5—4—13】 对某县农户进行经济收入调查，设已知抽样农户平均年收入的标准差为 30 元，要求可靠程度为 95%，允许抽样误差为 5 元，试求应抽取的农户数量。

解：已知 $s=30$ 元，$\Delta_{\bar{x}}=5$ 元，$F(t)=95\%$，$t=1.96$，则：

$$n = \frac{t^2 s^2}{\Delta_{\bar{x}}^2} = \frac{1.96^2 \times 30^2}{5^2} = 138.3 \approx 139(\text{户})$$

【例 5—4—14】 抽查一批某产品的合格率，设过去抽查的合格率为 95%，现要求允许误差不超过 1.5%，可靠程度为 95.45%，试求应抽取的产品数量。

解：已知 $p=0.95$，$\Delta_p=0.015$，$F(t)=95.45\%$，$t=2$，则：

$$n = \frac{t^2 p(1-p)}{\Delta_p^2} = \frac{2^2 \times 0.95 \times 0.05}{0.015^2} = 844.4 \approx 845(\text{个})$$

2. 不重复抽样条件下必要样本容量的计算

(1) 平均数的必要样本容量：

$$\Delta_{\bar{x}} = t\mu_{\bar{x}} = t\sqrt{\frac{\sigma^2}{n}\left(1-\frac{n}{N}\right)}$$

对上式进行恒等变换后得：

$$n = \frac{Nt^2\sigma^2}{N\Delta_{\bar{x}}^2 + t^2\sigma^2}$$

实际应用：

$$n = \frac{Nt^2 s^2}{N\Delta_{\bar{x}}{}^2 + t^2 s^2}$$

(2) 成数的必要样本容量：

$$\Delta_p = t\mu_p = t\sqrt{\frac{P(1-P)}{n}\left(1-\frac{n}{N}\right)}$$

对上式进行恒等变换后得：

$$n = \frac{Nt^2 P(1-P)}{N\Delta_p^2 + t^2 P(1-P)}$$

实际应用：

$$n = \frac{Nt^2 p(1-p)}{N\Delta_p^2 + t^2 p(1-p)}$$

【例 5—4—15】 对 4 000 件出口产品进行质量抽样检验，按不重复随机抽样 $\frac{1}{16}$ 的产品进行检查，发现有 10 件是废品，要求以 95%的概率保证，推断出这批产品废品率是否超过 5%。

解：已知 $N=4\ 000$ 件，$n=4\ 000$ 件 $\times\frac{1}{16}=250$ 件，$F(t)\ =95\%$，$t=1.96$，废品率 $p=\frac{10}{250}\times100\%=4\%$，则：

$$\mu_p=\sqrt{\frac{p(1-p)}{n}\left(1-\frac{n}{N}\right)}=\sqrt{\frac{0.04\times(1-0.04)}{250}\times\left(1-\frac{250}{4\ 000}\right)}=1.2\%$$

$$p\pm\Delta_p=p\pm t\cdot\mu_p=4\%\pm1.96\times1.2\%=4\%\pm2.35\%=1.65\%\sim6.35\%$$

由计算结果可知，这批产品的废品率会超过 5%。

（三）计算必要样本容量时应注意的问题

在应用上面公式时应注意：计算的样本容量是最低的，也是最必要的样本容量。因此，如果进行一次抽样调查，同时对总体平均数和成数进行区间估计，在运用上面公式计算两个样本容量时，一般情况下，为了同时满足两个推断的要求，要在两个样本容量中选择较大的一个；上面公式计算的样本容量不一定是整数，如果带小数，一般采取进位，即通过只入不舍的办法化成整数。另外，运用上面公式计算样本容量时，一般总体方差是未知的，在实际计算时往往利用有关资料代替，如可以用样本指标代替，用已知的全面调查数据、试验样本的方差等代替。应该注意的是，如有几个方差资料，要注意选最大的。如果成数方差在完全缺乏资料的情况下，可用成数方差极大值 0.25 来代替。

由样本容量 n 的计算公式可知，重复抽样的样本容量 n 受到总体方差、概率度和允许误差的影响。在其他条件不变的情况下，总体方差越大，即总体单位的差异大，样本的代表性较小，则所需的样本容量越大；总体方差越小，则所需的样本容量越小。概率度越大，即要求估计的概率保证程度越大，估计参数的可靠性强，则所需的样本容量越大；概率度越小，则所需的样本容量越小。抽样允许误差范围越大，即估计参数的精确度要求越低，则样本容量越小；允许误差范围越小，则样本容量越大。若允许误差 Δ 缩小一半，则 n 要增加到原来的 4 倍；若允许误差 Δ 增大 1 倍，则 n 只需要减小到原来的 1/4。不重复抽样的样本容量大小还要受到总体单位数 N 的影响。

五、抽样方法

在实际问题研究中，无论是调查还是实验，都面临着一个如何抽取调查和实验对象的问题。在实际工作中不可能也没必要将总体中所有个体一一加以观察或测试，一般是从中抽取一部分个体作为样本，根据对样本观察或测试结果所提供的信息，在一定概率上，对总体的相应特征进行统计推断。常用的抽样方法有：单纯随机抽样、机械抽样、分层抽样、整群抽样。

（一）单纯随机抽样

如果总体中每个个体被抽到的机会是均等的（即抽样的随机性），并且在抽取一个个体之后总体内成分不变（抽样的独立性），则这种抽样方法称为单纯随机抽样。

抽样随机性原则可通过计算机、摇号机、抽签、随机数目表、随机数骰子、计算器等来实现，下面介绍三种方法。

1. 抽签法

先将总体中每个个体都编上号码，再将每个号码写在签上，将签充分混合后，从中抽取 n 个（样本的容量）签，与被抽到的签号相对应的个体就进入样本。

2. 随机数骰子法

随机数骰子是我国科研工作者于 1990 年研制成功的，由国家技术监督局质量监督司监制，由盒体、盒盖、泡沫塑料垫及 6 种不同颜色的骰子组成。每个骰子均是由均匀材料制成的正二十面体，每面刻有 0～9 的数字各一个，二十面共刻有 0～9 的数字各 20 个。现将随机数骰子法介绍如下。

首先根据总体内个体数（N），按表 5—4—5 选取骰子数（m），并规定所选取的各种颜色的骰子所代表的位数。例如，若需选取红、黄、蓝三种骰子，可规定红色骰子上出现的数字表示百位数，黄色表示十位数，蓝色表示个位数。m 个骰子上的数字均为零表示 10^m。因为骰子只有 6 个，当 $m>6$ 时，可重复使用骰子，比如，用 1 个骰子摇 m 次来代替 m 个骰子摇一次，并规定每摇一次所代表的位数。

表 5—4—5 骰子数的选取

N 的范围	$1\leqslant N\leqslant 10$	$11\leqslant N\leqslant 100$	$101\leqslant N\leqslant 1\,000$	$1\,001\leqslant N\leqslant 10\,000$	$10\,001\leqslant N\leqslant 100\,000$	$100\,001\leqslant N\leqslant 1\,000\,000$
骰子数 m	1	2	3	4	5	6

骰子数确定之后，将选好的骰子放入盒内，去掉泡沫塑料垫，把盒盖向下，上下左右摇动，使骰子充分转动。打开盒子读出骰子表示的随机数。

对骰子上出现的随机数有三种读数的方法，现介绍其中两种比较简单的方法。

（1）第一种方法：若骰子出现的随机数 R_0 小于或者等于总体内个体数 N，即 $R_0\leqslant N$，则被编为随机数号码的个体就进入样本；若随机数 R_0 大于 N，即 $R_0>N$，则舍弃重摇。

（2）第二种方法：若随机数 R_0 小于或者等于 N，即 $R_0\leqslant N$，被编为随机号码的个体就进入样本；若随机数 R_0 大于 N，这里又有两种情况：

1）第一种情况：若 $(K+1)N>10^m$（式中，K 表示随机数是 N 的倍数），则舍弃重摇，例如，总体内个体数 $N=324$，随机数 $R_0=978$，选取骰子数 $m=3$，$K=\left[\frac{R_0}{N}\right]=\left[\frac{978}{324}\right]=3$（取整数），$(K+1)N=(3+1)\times 324>10^3$，在此情况下则舍弃重摇。

2）第二种情况：若随机数 R_0 大于 N，而 $(K+1)N<10^m$，则可将随机数减去 KN 所得之差（正数）作为随机数。例如，若上例随机数 $R_0=754$，则 $754-324\times 2=106$，因为 $K=\left[\frac{754}{324}\right]=2$（取整数），$(K+1)N=(2+1)\times 324<10^3$，于是被编为 106 号者进入样本。若随机数减去 KN 其差为零，那么号码被编为 N 者进入样本。例如，若 $R_0=648$，$648-324\times 2=0$，则 324 号进入样本。

3. 计算器随机数法

有的计算器具有产生随机数的功能，如卡西欧 $fx-3\,600p$ 计算器，只要按 INVRAN#

键，就会出现 0.000 至 0.999 之间的随机数。现以此为例来说明具体操作方法。

当总体内个体数大于 1 000 时，有两种方法可以实现随机抽样。

第一种方法是将总体内的个体每 1 000 个分为一组，并在每组内从 1 开始给个体编号，然后根据所确定的样本容量与总体的比率，分别依次在每个组内用计算器的随机数进行抽样。其抽样的方法就是确定在某组内抽多少个个体，就按多少次 INVRAN＃。每按一次 INVRAN＃，就会出现一个带有三位小数的随机数，将这个随机数乘以 1 000，就变成一个整数，于是被编为这个号码的个体就进入样本。如果出现的随机数是 0.000，则被编为 1 000 号的个体就进入样本。例如，总体内的个体数 $N=3\ 300$，每 1 000 为一组，共分成 4 组，前三组的编号均为 1～1 000，最后一组为 1～300，若从总体中抽出 1/20 作为样本，可从前三组各抽 50 个，从最后一组抽 15 个个体，共计 165 个个体。在对第一组抽样时，若从机器中按出了 0.342，0.000，0.983，0.024 等 50 个随机数，除了 0.000 意味着被编为 1 000 号者进入样本外，其他随机数都要乘以 1 000，于是被编为 342，983，24 等号者，都成为样本中的一员。第二组及第三组的抽样方法，以此类推。当对最后一组抽样时，可能会出现随机数乘以 1 000 之后，该组内并无此号码现象，这时可舍弃重按随机数，或者在随机数乘以 1 000 的数字上减去该组个体数及其倍数的乘积。假如最后一组的随机数乘以 1 000 为 865，可舍弃重按，也可以减去 $300\times2=600$，那么被编为 $865-600=265$ 号者进入样本。

第二种方法与第一种方法基本相同，其区别有两点：一是对总体内的个数进行连续编号；二是对第一组之后的各组抽样时，除了在随机数上乘以 1 000 外，还要加上前一组最后一个号码。如在对第二组抽样时，要将随机数 0.726 乘以 1 000，再加上 1 000，因为前一组最后一个号码是 1 000，于是被编为 $0.726\times1\ 000+1\ 000=1\ 726$ 号者进入样本；在对第三组抽样时，要将随机数 0.576 乘以 1 000，再加上 2 000，因为前一组最后一个号码是2 000，于是被编为 $0.576\times1\ 000+2\ 000=2\ 576$ 号者进入样本。

用计算机的随机数实现随机抽样的方法，既简便易行、省时省力，又能保证样本中的个体在总体分布中的均匀性。

简单随机抽样虽然最符合随机原则，是最基本的一种抽样方式，但它不能保证所取得的样本在总体中有较均匀的分布，所抽取的样本可能缺乏代表性，抽样误差就会较大。为减少抽样误差，保证抽样结果的精确程度，就需要抽取较多的样本单位数，所以，简单随机抽样只适用于总体单位标志变异度较小的情况。另外，这种方法在实践中也有很大的局限性，因为这种抽样方式是直接从总体中随机抽取样本，需先将各单位编号，只能是在总体单位数较少而又集中时方能实行，如果总体单位面广，抽取单位数较多，则应采取其他适当方式。

（二）机械抽样

机械抽样又称等距抽样或系统抽样，其方法是把总体中的所有个体按一定顺序编号，然后依固定的间隔取样（间隔的大小视所需样本容量与总体中个体数目的比率而定）。设总体共有 N 个单位，现在需要抽选容量为 n 的样本，将总体 N 个单位除以样本单位数 n，求得 $k=\dfrac{N}{n}$个单位，再每隔 k 单位抽一个，直到抽满 n 个单位为止，这种相邻样本单位的间隔相等的机械抽样方法称为等距抽样法。例如：为了了解某校大学一年级学生英语学习情况，拟从 1 500 个大一学生中抽取 1/10 作为样本，先将这1 500个学生的英语测验分数由低到高排列，并从 1 至 1 500 编号，然后按 1，11，21，…号码的顺序和间隔抽取分数，并组成一个样本。

机械抽样的优点是，抽取方式简单，容易实施，所以这种方式在实际工作中常被采用。由于机械抽样能使抽出的样本均匀地分布在总体中，因此调查的精度高于简单随机抽样。

机械抽样按照排队时所依据的标志不同，可分为按无关标志排队和按有关标志排队。其中，按无关标志排队是指用来排队的标志与调查研究的标志无关，例如，研究工人的平均收入水平时，将工人按照姓氏笔画顺序排列；按有关标志排队是指用来排队的标志与调查研究的目的有关，例如研究职工工资收入时按职工平均工资排队。

不论是按无关标志排队还是按有关标志排队的机械抽样，都是不重复抽样。按无关标志排队的机械抽样，其性质接近于简单随机抽样，而按有关标志排队的机械抽样，已具有类似抽样的性质，所抽取的样本单位已经不是随机任意抽取的，而是将总体划分为相等的层，从每层中抽取一个单位，抽样构成的样本将优于按无关标志排队的机械抽样。

机械抽样比单纯随机抽样能够保证抽到的个体在总体中的分布比较均匀，而单纯随机抽样比机械抽样的随机性强，因为单纯随机抽样可以由总体内所有的个体组成任何可能的样本，而机械抽样对上例来说，只有 10 个可能样本，即由第 1，11，…号分数所组成的样本，由第 2，12，…号分数组成的样本，直至最后由第 10，20，…号分数组成的样本。至于从中取哪一个作为样本可以随机确定。

机械抽样和单纯随机抽样，两者也可以结合使用。如上述所举例子，先按机械抽样原则，在第 1，2，…，10 号分数中抽取一个，至于抽哪一个，可以用单纯随机抽样的办法确定，再在第 11，12，…，20 号分数中也随机抽取一个，如此抽下去，所组成的样本既可保持分布的均匀，又扩大了各个个体随机组合的可能性。

但需要注意的是，机械抽样的第一个样本单位位置确定以后，其余样本单位的位置也就确定了。因此，要避免由抽样间隔和现象本身的周期性节奏相重合而引起的系统性影响。例如，对农作物产量进行调查时，农作物的抽样间隔不宜和垄的长度相等；对工业产品质量进行检查时，产品的抽取时间不要和上下班的时间相一致，以防止发生系统性误差。

（三）分层抽样

分层抽样又叫类型抽样或分类抽样，它将总体各单位按照某个标志分成若干组，然后在各组中采用简单随机抽样或等距抽样，抽取样本单位。例如，在企业利润调查中，先按经济类型分类，分为公有和非公有，然后在公有中分为国有和集体等，最后按所需研究的问题，抽选样本单位；在农作物产量调查中，先可按地形条件的不同，将调查单位分为平原、丘陵、山区三种类型，然后抽取样本单位。

分层抽样实际上是分组法和抽样原理的结合。通过分组把性质比较接近的各个单位归入同一组内，使各组内调查变量的标志值差异缩小，从而减少抽样误差，提高抽样结果的代表性。特别是当总体各单位标志值差异悬殊时，在划分类型后，缩小了各类型组内的方差。另外，在各类型组内，都有一定的单位选入样本，可以取得较好的抽样效果，能用较少的抽样单位数获得较精确的推断结果。

经过划类分组后，确定各类型组抽样单位数，一般有两种方法：

第一，各类型组所抽选单位数，按各类型组标志变动程度来确定，变动程度大的多抽一些，变动程度小的少抽一些，没有统一规定的比例关系。这种方法称为类型适宜抽样或一般类型抽样，也叫做不等比例抽样。

第二，不考虑各类型组标志变动程度，按统一的比例确定各类型组应抽选的单位数。这种方法称为类型比例抽样。

（四）整群抽样

整群抽样就是将总体各单位按一定的标志或要求，分成若干群，然后以群为单位，随机抽取几个群，对被抽中的群进行全面调查。这种抽样方式称为整群抽样。例如，要了解某市各商场职工工资情况，可以以商场为单位进行抽样。

进行整群抽样时，可以按随机抽样方式进行抽选，也可以按等距抽样方式进行抽选。由于整群抽样是在各群之间进行抽样调查，而被抽中群的内部是全面调查，因此整群抽样的误差大小取决于群间方差的大小和抽样数目的多少，各群间的平均变异程度越小，则抽样结果就越趋精确。而群内方差是不会影响整群抽样的误差的。进行整群抽样将总体进行分解时，必须遵循以下原则：同一群体内的各单位，其统计特征值相差大一些；群与群之间，其统计特征值相差小一些。这两点刚好和类型抽样相反。

整群抽样的优点是抽选的单位比较集中，调查较为方便，可以节省人力、物力和财力，尤其是当总体中包括的单位数很多，且缺乏可靠的登记资料时，直接对这些单位进行抽样调查将有很大困难。例如对农民的人均收入进行调查，不容易获得可靠的登记资料，在这种情况下，可以将总体按某种标志分为许多群，如农村的乡、村、户等，然后进行整群抽样。所以整群抽样一般适宜在总体单位缺少可以利用的表册和名单的场合，有的虽然可以编造名册，但是由于费用太高或不宜编出名册的场合，以及有一些小的抽样单位，因界限不易区分而容易造成偏误推算的场合应用。

为了增强样本对总体的代表性，弥补整群抽样的不均匀性，可以与分层抽样相结合，先按一定的标准把全市所有商场分成几个部分。例如，可以把全市所有的商场按大型商场、中型商场和小型商场分成三类，然后根据样本容量与总体中个体的比率，从三类商场中抽取若干商场，组成整群样本。

概率与抽样在经营管理中的应用

一、经营管理统计决策

（一）经营管理统计决策的要素及类型

1. 经营管理统计决策的要素

决策是人们为达到某一目标，从若干可能的方案（或措施、途径、行动等）中经过分析，选出最优方案的行为。在我们的日常生活和工作中，处处离不开决策。例如，遇到阴天出门是带雨伞还是不带雨伞，在商店中遇到某种商品是买还是不买，一种新股上市是购买还是不购买，从北京站到天安门广场是乘地铁还是乘公共汽车等。要了解和研究决策问题，首先要明确构成决策问题的三个基本要素：策略集、自然状态集、损失函数。

（1）策略集。策略集是指决策者全部可供选择策略的集合，也称为决策者的行动集或行动空间。先来看两个例子：

【例 5—4—16】 某厂生产出 10 000 件产品，按规定次品率必须不高于 5%才能出厂。现从该批产品中随机地抽取了 50 件产品进行检验，发现其中有 4 件次品。试问该批产品能否出厂。

该例的策略集可取为 $A=\{a_1,a_2\}$，其中 A 表示策略集，a_1 表示接受该批产品，a_2 表示拒绝该批产品，a_1 和 a_2 表示可选的策略。

【例 5—4—17】 某家具公司要对是否生产一种新型组合家具做出决策，影响决策的不确定性因素是本市居民购买这种家具的户数占全市居民总户数的比例 θ。根据过去与这种家具类似的销售资料可得到 θ 的取值和先验概率（见表 5—4—6）。

表 5—4—6　某家具公司某种家具的销售资料

购买率 θ	$\theta_1=0.01$	$\theta_2=0.02$	$\theta_3=0.03$	$\theta_4=0.04$
θ 的概率 $P(\theta)$	0.2	0.4	0.3	0.1

假定本市有 2 万户居民，这种新型组合家具销售后每套可净盈利 20 元。投产时的生产准备费用为 1 万元，试问该厂是否应投产。

该例中，公司经营者也只有两种策略，即 a_1 表示投产，a_2 表示不投产，策略集为 $A=\{a_1, a_2\}$。

以上两个例子的策略集都是 2 个点。对于其他决策问题，也可以是 3 个点、n 个点，甚至可以取某一实数区间或整个实数轴。

（2）自然状态集。自然状态集是指决策问题所有自然状态（即决策所面对的客观条件）的集合，表示为 $H=\{\theta\}$。其中 H 表示自然状态集，θ 表示自然状态。在进行统计推断时，θ 一般表示未知的总体参数，则 H 相应地被称为参数集或参数空间。在例 5—4—16 中，参数就是这批产品的次品率，即 $\theta=P$(次品)，则 $H=\{\theta: 0\leqslant\theta\leqslant 1\}$，即次品率可在 $[0, 1]$ 内取值；例 5—4—17 的自然状态集为 $H=\{\theta_1, \theta_2, \theta_3, \theta_4\}$，即共有四种自然状态（四种购买率）。其他的统计推断和决策问题我们也都可按此方法找到自然状态集。

（3）损失函数。任何一个决策问题，当面对某种自然状态 θ 而采取某种行动 a 时，总会产生一定的行动结果。损失函数是对决策行动结果的计量表达式，用 $L(\theta, a)$ 表示，其含义是当自然状态为 θ 的某一个值时采取某一行动所遭受到的损失。这种决策行动结果的计量是以面对某一自然状态 θ 而采取的最理想策略作为目标来比较的。显然，最理想的策略（最优行动）的损失为 0，其他各种策略多多少少都会有一定的损失。在对决策结果进行计量和分析时，还有一种与损失函数作用相同的表示方法，即收益或收益表。这是一种以实际收益（盈利或亏损）来衡量决策结果的方法，本书主要应用收益表来进行决策分析。

在例 5—4—16 中，若用损失函数表示决策结果，最简单的是用 0—1 损失函数，当我们判断正确时，损失为 0，而当我们判断错误时，损失为 1。如果要用收益表来表示判断结果，则需要知道每件次品的损失费用及其他数据，并应用前面方法计算平均检验件数和平均出厂不合格品率来算出收益值。

对于例 5—4—17，由策略集和自然状态集所构成的收益表见表 5—4—7。

表 5—4—7 某家具公司的决策收益表 单位：元

策略	自然状态（购买率 θ）			
	$\theta_1=0.01$	$\theta_2=0.02$	$\theta_3=0.03$	$\theta_4=0.04$
a_1（投产）	−6 000	−2 000	2 000	6 000
a_2（不投产）	0	0	0	0

在表 5—4—7 中，当不投产时，不论购买率如何变化，收益表中的数值均为 0，既没有收入也没有损失。而当选择投产的策略时，则随着购买率的变化收益值也有显著变化，其收益值是这样计算的：

$$\text{投产时的收益值}=20\ 000\times\theta_i\times 20-10\ 000$$

当 $\theta_1=0.01$ 时，收益值是 −6 000 元；当 $\theta_2=0.02$ 时，收益值是 −2 000 元；当 $\theta_3=0.03$ 时，收益值是 2 000 元；当 $\theta_4=0.04$ 时，收益值是 6 000 元。显然，购买率 $\theta_i=0.025$ 是该厂的盈亏点，低于该购买率企业会亏损，高于该购买率企业则盈利。

2. 经营管理统计决策的类型

生活中有些决策很简单，如出门时要决定是否带伞；有些则较复杂，复杂到关系国计民生的政策是否应出台、如何执行，如我国计划生育政策的确立、改革开放政策和措施的制定、三峡工程的决定等。从决策应用的范围、领域讲，几乎所有的科学研究和生产实际问题都离不开决策，特别是在社会、经济和政治生活中，科学决策的问题就更普遍，也更重要了。对于多种多样的决策问题，可以从不同的角度、用不同的方法进行多种分类。按照决策三要素及其决策方法的不同，可将决策分为确定型决策、不确定型决策两种。

确定型决策是指自然状态及其发生的状态都是已知的，需要决策者根据自然状态的变化及其约束条件从策略集中挑选出最优策略或行动。例如，某人想买一台彩色电视机，商店中有不同价格不同型号的若干种，是买质量好价格贵的，还是买质量稍差但价格便宜的呢？是买 29 英寸甚至更大屏幕的，还是买 21 英寸一般屏幕的呢？假定购买者已知各种型号彩电的质量，这时他需要根据他可支付的货币量、各种彩电的质量和价格、自己对彩电的其他要求从中做出决策和选择。这类决策问题通常用运筹学中的数学规划方法求一定约束条件下某一方程组的最大值或最小值，不需要运用统计方法。

不确定型决策是指自然状态及其发生都是不确定的，根据其不确定的程度不同又可以分为两种。一种是各自然状态发生的概率是已知的，我们在决策时可以应用这些概率来进行分析判断。如例 5—4—17 中，虽然我们并不清楚新型组合家具投产后的实际购买率，但我们可根据历史资料得到几种可能的购买率及其发生的概率，这些信息对我们的决策无疑是很有帮助的。当然，由于各种自然状态或多或少都有可能发生，而我们仅能根据概率做出某一种决策选择，因此任一决策都带有一定风险，即可能会犯决策错误，因而这种不确定型决策又称风险型决策。另一种是各自然状态的发生完全未知时，即无任何概率或先验信息可供参考时的决策，也称为完全不确定决策。显然，在不确定型决策中，由于自然状态及其发生的可能性是未知的，势必要应用已知概率或已知信息或者应用其他方法对其发生的可能性进行推断，这无疑要应用统计方法，因而统计决策主要是讨论解决不确定型决策问题，也是经营管理决策的主要类型。

（二）风险型决策

风险型决策是指当自然状态发生的可能性不确定，但根据经验或理论又有若干信息可以利用时的决策。这种信息通常表现为自然状态发生的概率。例如商厦要进一批羽绒服在冬季销售，需要提前向供应商订货。羽绒服的销路主要取决于冬天的气温：如果天气寒冷，羽绒服的销量就大，需要多进一些货；如果天气暖和，销售量减少，应该少进货。显然，如果进货多，卖不出去，会造成资金积压，商厦将会受到损失；如果进货少，供不应求，则既给顾客带来损失也使自己应得的收益减少。这就要求商厦根据已往年份的气温和气象预测来决定进货量。即使我们有气象预报，也要冒预测不准的风险。对于风险型决策，最常用的决策方法是应用期望值准则、最大可能性准则和效用标准来进行决策。

1. 期望值准则

利用各种自然状态出现的概率，分别求出每个方案的期望损益值（损失或收益值），再从这些值中选出最佳者，与其对应的行动方案就是决策方案。若决策目标是收入或效益，则选择收益期望值最高的方案；若决策目标是机会损失、投资或成本，则选择亏损或投资期望值最低的方案。各个方案的期望值由下面的式子计算得到：

$$E(A_i)=\sum_{j=1}^{m}P_{ij}V_{ij}$$

式中，m 是 i 方案可能产生的结果数目；P_{ij} 是 i 方案产生 j 结果的概率；V_{ij} 是 i 方案产生 j 结果所带来的损益值。

【例 5—4—18】 某石油冶炼厂对是否从油母页岩中提取石油制品的研究进行决策，决策目标是收益最大。

原油价格发生波动的四种自然状态是：低于现行价格（简称低价）；高于现行价格（简称高价）；现行价格不变（简称现价）；发生禁运，价格暴涨（简称禁运）。冶炼厂准备采取的行动方案是：方案 I 是全力以赴开展油母页岩的提炼研究，以 A1 表示；方案 II 是研究与开发相结合，以 A2 表示；方案 III 是全力发展生产，不作任何研究，以 A3 表示。不同备选方案在不同价格状态下相应的收益值、各自然状态发生的可能性根据以往经验，可以给出一定的概率，见表 5—4—8。按照期望值准则，选出通过何种方案可使得收益最大。

表 5—4—8 各状态的概率及收益值 单位：百万元

状态		低价（Q1）	现价（Q2）	高价（Q3）	禁运（Q4）
概率		0.1	0.3	0.4	0.2
方案	A1	−50	0	50	55
	A2	−150	−50	100	150
	A3	−500	−200	0	500

解：计算各方案的收益期望值：

$$E(A1) = 0.1 \times (-50) + 0.3 \times 0 + 0.4 \times 50 + 0.2 \times 55 = 26$$

$$E(A2) = 0.1 \times (-150) + 0.3 \times (-50) + 0.4 \times 100 + 0.2 \times 150 = 40$$

$$E(A3) = 0.1 \times (-500) + 0.3 \times (-200) + 0.4 \times 0 + 0.2 \times 500 = -10$$

按照期望值准则，选取收益期望值最大者：

$$\max\{26, 40, -10\} = 40$$

与其相对应的方案 A2 就作为决策中选方案，即企业应采取研究与开发生产相结合的方案。

利用期望值准则进行的简单决策，可以将整个过程在表上直接完成。例 5—4—18 的决策过程见表 5—4—9。

表 5—4—9　期望值准则的决策　单位：百万元

状态		低价	现价	高价	禁运	收益期望值
概率		0.1	0.3	0.4	0.2	
方案	A1	−50 / −5	0 / 0	50 / 20	55 / 11	26
	A2	−150 / −15	−50 / −15	100 / 40	150 / 30	40 中选
	A3	−500 / −50	−200 / −60	0 / 0	500 / 100	−10

表中带有斜线的单元格，上方半格为每种方案在各自然状态下的收益值，下方半格为该收益值与自然状态出现概率的乘积，表示在这种概率下将获得的收益值。最右边一列的收益期望值是各个下方半格数值之和。通过这一列数值的大小，可以判断中选方案。

2. 最大可能性准则

当各种自然状态出现的概率相差较大，且有一种状态出现的概率明显地高于其他自然状态的概率时，可以在决策中只选择这个概率最大的自然状态，而将其他概率较小的自然状态予以忽略，然后比较各备选方案在这种概率最大的自然状态下的收益值或损失值，从而作出决策。

【例 5—4—19】某企业根据以往的经验并通过市场调查和预测，得知某种产品销路好、中等、不好的可能性分别为 0.15，0.75，0.10，产品的生产可以按大、中、小批量进行组织，所获得的收益见表 5—4—10。问：企业在确定下一年的产品生产批量时应按何种批量制定计划？

表 5—4—10　各状态的概率及收益值　单位：万元

状态		销路好	销路中等	销路不好
概率		0.15	0.75	0.10
方案	大批量	23	12	8
	中批量	18	18	9
	小批量	10	10	10

从表 5—4—10 可知，销路中等这一状态出现概率最大，为 0.75，这表明未来市场出

现销路中等的可能性最大。按照最大可能性准则，决策就是在这一状态下比较各方案的收益值，选取其中获利最大者，即：

max {12，18，10} =18

与这一数值相对应的方案为中选方案，即该企业应按中批量生产制定计划。

3. 效用标准

效用是指某人对某事物价值的一种主观测度，在经济学与管理学中效用都有较广泛的应用。在决策问题中，效用值表示不同的决策者对同一策略结果的不同偏好程度。在某些情况下，即使是同样的货币价值量，不同的决策者对此评价也不一样，他们个人的效用值不尽相同。因此通常用比较效用值或效用期望值来进行决策。

【例 5—4—20】在某一地区打一口油井需投资 100 万元。投资后有两种可能：一是可能有油，可获利润 200 万元，出油的概率为 0.75；二是可能没油，100 万元投资就损失了，没油的概率为 0.25。我们根据以上条件可计算出投资的期望利润为：

E(A) =200×0.75+ (−100) ×0.25=125 (万元)

对于投资者来说还有另一种无风险的投资，即投入 100 万元可获利润 20 万元。如果只用期望报偿值进行决策，显然投资者应选择投资打油井的策略。但这同样的投资和利润额，对于不同的投资者来说，其效用值是不同的。假设投资者甲有 100 万元资本，投资者乙有 2 000 万元资本。投资者甲会较谨慎地进行策略的选择，即他不会轻易地将全部资本都投在油井上，因为如果不出油，他就会破产。一般地讲，投资者甲会更倾向于不冒风险的投资。而对投资者乙来说，可能更倾向于油井的投资，因为出油的概率较大，可获利 200 万元。即使没有油，损失 100 万元对投资者乙关系也不太大。由这个例子可以看出，同样的报偿值对不同的投资者来说效用值是不同的，即投资者甲认为无风险投资的效用值较大，而投资者乙则认为带有风险但可能获取较大利润的油井投资效用值更大。对于这类较复杂的决策问题，可由决策者对不同策略的不同结果按其效用值排序或给分，然后按效用值顺序进行决策。

（三）完全不确定决策

完全不确定决策是指决策者对未来情况虽有一定程度的了解，但又无法确定各种情况可能发生的概率而需要作出的决策。譬如某企业开发一种新产品，有三种推销方案，未来的市场可能有畅销、一般、滞销三种情况。在每种推销方案下尽管可估算出在三种不同情况下的盈利或亏损的数字，但未能肯定属于何种情况，也未能判明各种情况下发生的概率。

对于这类不确定型决策问题，选优的标准取决于决策者所持的是乐观还是悲观的态度。不同的态度选用的决策分析方法是不相同的，但大多数是先把不确定型化为确定型或风险型，估计出各种方案的预期收益或预期成本，然后以预期收益最大或预期成本最小作为最优方案。下面介绍四种常用决策分析方法。

1. 大中取大法

这是一种持乐观态度的选优标准，是在不确定型的几种随机事件中，选择最有利情况下具有最大收益值的方案，亦称“最大的最大收益值法”。这里的收益值，在短期经营决策中是指贡献毛益总额，或已减除专属固定成本后的剩余贡献毛益总额，或税前净利；在长期投资决策中则指的是净现值、内含报酬率，或现值指数。

【例 5—4—21】 假定某公司决定开发新产品甲，根据销售部门市场调查，提出三种不同的产量方案，即 20 000 件、25 000 件和 30 000 件，在销路好坏不同的情况下，三种产量方案估计可能获得的贡献毛益总额的不同数据如表 5—4—11 所示，试问以哪种产量方案为最优？

表 5—4—11　　各种状态的贡献毛益总额　　金额单位：元

销售情况 产量方案（件）	畅销	一般	滞销	最大的收益值
20 000	40 000	36 000	12 000	40 000
25 000	50 000	34 000	16 000	50 000
30 000	56 000	33 000	9 000	56 000

由于三个方案的最大收益值均集中在“畅销”栏，而最大收益值中最大的是 30 000 件产量，其贡献毛益总额为 56 000 元，故以此作为开发新产品甲的最优产量方案。

2. 小中取大法

这是一种持悲观态度的选优标准，是在不确定型的几种随机事件中，选择最不利情况下具有最大收益值的方案，亦称“最大的最小收益值法”。

【例 5—4—22】 仍以例 5—4—21 的资料为根据，现采用小中取大法来分析研究以哪种产量方案为最优方案。根据上述资料，每个方案的最小收益值如表 5—4—12 所示。

表 5—4—12　　各状态的最小收益值　　金额单位：元

销售情况 产量方案（件）	畅销	一般	滞销	最小的收益值
20 000	40 000	36 000	12 000	12 000
25 000	50 000	34 000	16 000	16 000
30 000	56 000	33 000	9 000	9 000

由于三个方案的最小收益值均在“滞销”栏，而最小收益值中最大的是 25 000 件产量，其贡献毛益总额为 16 000 元，故应以此作为开发新产品甲的最优产量方案。

与大中取小法相比，小中取大法的基本点是选择最不利情况下的最大收益值作为最优方案，一般说来是比较稳健的选优标准。

3. 大中取小法

这也是一种持悲观态度的选优标准，是在不确定型的几种随机事件中，选择最不利情况下损失额最小的方案。这里的损失额是指当出现某种随机事件时，各方案中的最大收益值超过本方案收益值的差额，又称“后悔值”。很明显，出现几种随机事件，每个方案就会相应地有几个后悔值，然后把各个方案的最大后悔值集中起来作一比较，选取其中的后悔值最小的那个方案作为最优方案。

【例 5—4—23】 仍以例 5—4—21 的资料为例，现采用大中取小法来分析研究选取哪种产量方案为最优。

先根据上例资料，就三种不同的销售情况分别确定其最大的收益值：

畅销情况的最大收益值为 56 000 元；

一般情况的最大收益值为 36 000 元；

滞销情况的最大收益值为 16 000 元。

畅销情况下的后悔值：

20 000 件产量的后悔值＝56 000－40 000＝16 000（元）

25 000 件产量的后悔值＝56 000－50 000＝6 000（元）

30 000 件产量的后悔值＝56 000－56 000＝0（元）

一般情况下的后悔值：

20 000 件产量的后悔值＝36 000－36 000＝0（元）

25 000 件产量的后悔值＝36 000－34 000＝2 000（元）

30 000 件产量的后悔值＝36 000－33 000＝3 000（元）

滞销情况下的后悔值：

20 000 件产量的后悔值＝16 000－12 000＝4 000（元）

25 000 件产量的后悔值＝16 000－16 000＝0（元）

30 000 件产量的后悔值＝16 000－9 000＝7 000（元）

将各种销售情况下不同产量的后悔值列表，如表 5—4—13 所示。

表 5—4—13 **各状态的后悔值** 金额单位：元

销售情况 / 产量方案（件）	畅销	一般	滞销	最小收益值
20 000	16 000	0	4 000	16 000
25 000	6 000	2 000	0	6 000
30 000	0	3 000	7 000	7 000

最大后悔值一栏中最小收益值是 6 000 元，即应以产量 25 000 件的方案为最优。

由此可见，大中取小法的基本点也是以各个方案的最不利情况为基础，即在总体上从几种不同方案的最大损失中选择最小的损失作为最优方案，故仍不失为一种比较稳健的选优标准。

4. 折中决策法

其基本点要求决策者对未来的情况持一定的乐观态度，但不要盲目乐观，即应采取一种现实主义的折中标准。具体做法是：首先，要求决策人根据实际情况和自己的经验确定一个乐观系数 a，a 的值要大于 0，小于 1（即 $0<a<1$），若 a 值接近 1 则比较乐观，若接近 0 则比较悲观；其次，为每个备选方案按照下列公式计算出它们的预期价值：

$$预期价值＝（最高收益值\times a）＋[最低收益值\times（1-a）]$$

最后，从几个备选方案的预期价值中选择最大的作为最优方案。

【例 5—4—24】 仍以例 5—4—21 的资料为根据，若该公司决策人对开发新产品甲比较乐观，并把 a 的值定为 0.7，现要求采用折中决策法来分析研究以哪种产量方案为最优。

根据上述公式分别计算三个备选方案的预期价值：

20 000 件方案的预期价值＝（40 000×0.7）＋（12 000×0.3）＝31 600（元）

25 000 件方案的预期价值＝（50 000×0.7）＋（16 000×0.3）＝39 800（元）

30 000 件方案的预期价值＝（56 000×0.7）＋（9 000×0.3）＝41 900（元）

从以上计算结果可见，应以 30 000 件的产量方案为最优。

二、产品质量控制图制作

运用统计方法来控制生产过程中的产品质量和工作质量，就是质量控制。由于它强调了在生产过程中及时发现故障及隐患，减少了废品，节约了费用，提高了质量，因此国外大多数企业都聘请统计专家和质量管理者来执行质量控制。

（一）控制图的统计原理

现代工业产品的质量特征都有一定的规格和标准要求。例如灯泡、电池要有一定的使用寿命，钢丝绳、化学纤维要有一定的拉力强度，袋装食品如奶粉、糖果等要达到规定的重量，零部件的尺寸要有一定的技术要求等。但在生产过程中，产品之间的差异总是客观存在的。即使同一个工人，使用同一台机器，应用同样的原材料加工同样的产品，生产出的产品也不可能完全一样。因此，在制定产品质量标准时，一般都在规定一个质量标准时给出允许的误差范围。例如奶粉自动装袋机要求每袋装足 500 克，但允许有±2克的误差，通常将允许误差称为公差。

先来分析影响产品质量的因素。影响产品质量的因素很多，大致可归结为 5M1E 共 6 个方面，即人员（Man）、机器设备（Machine）、原材料（Material）、生产加工的方法（Method）、测量工具（Measurement）和环境（Environment）。从统计的角度，我们可将影响产品质量的众多因素分为系统性原因和随机性原因两大类。

系统性原因是某种特定的原因，往往造成产品与质量标准发生较大的整体偏差（如质量加工实际均值 $\bar{x}$ 与标准值 μ 间的误差）。例如，加工机器未按质量标准调试好、原材料质量不合格、加工方法不对等。由系统性原因产生的误差，一经查明都是可以纠正的，若是机器的问题要重新调试，若是原材料的问题可以更换，若是加工方法的问题应予以改进等。

随机性原因是由众多无法排除的偶然因素产生的，是客观存在并且不可避免的。例如机器的微小振动、原材料质量的细微差别、生产环境中温度的变化等都会对产品质量产生影响，会给产品带来质量差异。这类随机性原因产生的质量差异虽然不可避免，但由于这类原因众多，差异有正有负，在互相抵消后会围绕着某一平均水平上下波动。

再来剖析一下控制图的统计原理。在介绍了影响产品质量的两类原因之后，由其两类不同原因的性质可知，我们进行产品质量控制的主要目的是控制系统性原因的出现。这是因为系统性原因通常是影响产品质量的主要矛盾，同时系统性原因也是应该避免而且是可以避免的。而随机性原因不但难以避免，而且一般来说其波动对产品质量影响也不大。那么，如何区别产品质量特征的波动是系统性原因还是随机性原因呢？产品质量控制图就是通过区别是系统性原因还是随机性原因来达到控制不合格品出现的目的的。

假定某一产品质量标准为 μ，生产过程按这一标准进行，由于存在并且只存在不可避免的随机性原因的影响，实际产品质量值 $\bar{x}_i$ 会以 μ 为中心，围绕着 μ 形成一个两头小、中间大的误差的正态分布。用数学符号表示为：

$$x_i=\mu+e_i, e_i \sim N(0,\sigma^2)$$

则 $$x_i \sim N(\mu,\sigma^2)$$

由正态分布的原理，我们知道 $x_i \leqslant \mu \pm 3\sigma$ 的概率为 99.73%，即观察质量值 x_i 落在标准值 μ 正负 3 个标准差之内的概率为 99.73%。换句话说，如果产品的生产过程是按标准值进行的并且只存在随机性原因的影响，产品实际质量值超过标准值 3 个标准差范围之外的概率还不到 1%，这个不到 1%的概率在统计学上称为小概率事件。对于这类不到 1%的小概率事件，在单独的一两次试验中，由于其发生的概率太小，小到可以忽略其出现的地步，因此我们通常认为它不会发生。例如乘飞机、火车或汽车旅行，发生意外事件都是可能的，但这种可能性太小，因而在我们某次旅行时，认为这个出现意外的小概率事件不会发生，一般不会因为害怕小概率的意外事件发生而不去出差或旅行。在产品质量控制中，当实际产品质量特征值超出以 μ 为中心的正负 3 个标准差的控制范围时，我们就认为产品质量出现了问题，即出现了系统性的质量原因。

在对生产过程进行产品质量控制之前，还需要了解工程能力是否满足产品质量的要求，这就需要进行工程能力分析（process capability analysis）。工程能力分析通常要计算工程能力指数 C_p，其计算公式为：

$$C_p=\frac{\text{公差上限}-\text{公差下限}}{6\sigma}=\frac{T}{6\sigma}$$

式中，C_p 表示工程能力指数；T 表示公差范围，是产品质量标准允许的最大误差范围，例如，奶粉自动装袋机的重量标准是 500 克±2 克，公差上限是 502 克，公差下限是 498 克，公差范围是 4 克；6σ 是实际产品质量特征的 6 个标准差，即正态分布控制图的最大范围。我们不难看出，工程能力指数反映的是质量要求的范围与实际产品质量变动范围之间的比较数值。换句话说，C_p 是衡量实际生产过程能否满足公差要求的一个相对数。显然，C_p 值如果大，则表明实际误差范围小于公差要求范围，产品加工过程的质量是好的；反之，C_p 值如果小，则表明实际误差范围大于公差要求范围，产品加工过程的能力已经不能满足产品质量的要求，工程质量有问题。在实际应用时要注意，σ 的数值一定要在生产过程稳定的前提下取得，否则计算出的 C_p 不可靠。在计算出 C_p 后，不同的 C_p 反映不同的工程能力，详见表 5—4—14。

表 5—4—14　　工程能力指数分析表

C_p 值	加工等级	能力分析
$C_p>1.67$	特级加工	加工精度很高，要考虑加工成本是否浪费
$1.67 \geqslant C_p>1.33$	A 级加工	加工精度足够，对产品质量检验可大大简化
$1.33 \geqslant C_p>1.00$	B 级加工	加工精度恰好，对产品质量进行抽样检验
$1.00 \geqslant C_p>0.67$	C 级加工	加工精度不够，对产品质量进行全面检验
$0.67 \geqslant C_p$	D 级加工	必须改进工程能力

需要注意的是，前面所介绍的工程能力指数是在公差中心值与实际产品质量特征均值相同的条件下应用的。如果公差中心值与产品均值不同，要设法调整加工过程，使其均值与公差中心（即规格标准要求）相同，这是因为工程能力指数是在产品质量均值无偏的情

况下用以反映实际方差大小的一个比较指标。同时，如果实际产品质量均值与公差中心值有差异，这个差异一定是系统性的质量影响因素，应去除。我们在下面所介绍的产品质量控制方法，主要是针对实际加工过程中绝大多数的B级加工过程而应用的。其他的加工等级应考虑其他改进或调整措施来改进产品质量。

（二）产品质量控制图的制作方法

对于产品质量的控制，依产品质量特征的不同特点，可分为计量控制、计件控制和计点控制。这三种产品质量特征分别服从正态分布、二项分布和泊松分布，但当样本容量充分大及其他条件满足时，二项分布与泊松分布都以正态分布为其极限分布，因而正态分布的 3σ 原理对这些控制图都是适用的。

1. 计量控制图

计量控制图应用于质量特征可以直接用物理的度量单位来加以计量的产品质量控制过程，如机器零件的尺寸，食品装袋机装袋的重量，砖与水泥等建筑材料的抗压强度，电子元器件的电流、电压和耐用时间等。这些变量都是连续型的变量，在生产过程正常的条件下，产品的质量特征服从正态分布。

计量控制图的种类很多，主要有均值与极差（$\bar{x}-R$）控制图、中位数与极差（$M-R$）控制图、均值与标准差（$\bar{x}-a$）控制图、两极（$G-H$）控制图、单个值控制图等，其中应用最广的是均值与极差控制图。下面，我们就通过关于控制图的一个实例介绍计量控制图的作法。

【例 5—4—25】 某厂电解工序每日分三班工作，选取了30天的电解效率（%）数据（见表5—4—15），试应用这些数据作出 $\bar{x}-R$ 控制图。

表 5—4—15 **$x-R$ 控制图的数据与计算表**

日	样组编号	早班	中班	晚班	$\bar{x}$	R	日	样组编号	早班	中班	晚班	$\bar{x}$	R
1	1	92.2	91.7	96.8	93.57	5.1	16	16	92.6	97.8	92.5	94.30	5.3
2	2	96.5	98.4	96.8	97.23	1.9	17	17	94.7	94.7	98.9	96.10	4.2
3	3	99.5	92.4	99.2	97.00	7.2	18	18	91.1	96.2	97.6	94.97	6.5
4	4	93.5	98.7	90.2	94.13	8.5	19	19	99.4	96.2	90.9	95.50	8.5
5	5	92.2	95.7	95.1	94.33	3.5	20	20	96.5	97.1	93.9	95.83	3.2
6	6	96.1	90.9	94.3	93.77	5.2	21	21	95.6	90.5	93.6	93.23	5.1
7	7	99.5	90.6	95.8	95.30	8.9	22	22	93.6	98.3	91.8	94.57	6.5
8	8	92.4	98.25	90.3	93.63	7.9	23	23	92.0	92.7	98.5	94.40	6.5
9	9	94.7	91.0	92.7	92.80	3.7	24	24	96.4	98.8	96.1	97.10	2.7
10	10	95.3	99.6	92.3	95.73	7.3	25	25	95.0	94.1	92.8	93.97	2.2
11	11	97.1	95.0	95.4	95.83	2.1	26	26	97.4	96.2	95.1	96.20	2.3
12	12	93.6	92.3	95.4	93.77	3.1	27	27	98.3	94.7	96.25	96.40	3.6
13	13	93.1	90.4	98.2	93.90	7.8	28	28	93.0	90.5	95.2	92.90	4.7
14	14	99.8	90.4	91.4	93.87	9.4	29	29	98.5	90.9	97.7	95.70	7.6
15	15	91.2	91.5	90.9	91.20	0.6	30	30	93.2	97.7	93.9	94.93	4.5

控制图的作法如下：

(1) 收集数据。绘制控制图的数据要尽可能得多，最好能在100个以上。同时注意在生产过程稳定正常的条件下搜集数据，否则利用获取的该数据绘制的控制图难以达到区别系统性原因和随机性原因，以及及时发现系统性原因影响的目的。

(2) 妥善分组。一般情况下可按同一天、同一个班次、同一台机器设备进行数据抽取和分组，每组样本容量3～5个为宜。本例以天分组，每组中$n=3$。

(3) 计算各组的均值$\bar{x}$。如第一组6月1日：

$$\bar{x}=\frac{92.2+91.7+96.8}{3}=93.57$$

(4) 计算总平均值$\bar{\bar{x}}$：

$$\bar{\bar{x}}=\frac{93.57+97.23+\cdots+95.70+94.93}{30}=\frac{2\,842}{30}=94.70$$

(5) 计算各组的极差R。如第一组6月1日：

$R=96.8-91.7=5.1$

(6) 计算平均极差：

$$\bar{R}=\frac{5.1+1.9+\cdots+9.7+4.5}{30}=\frac{155.6}{30}=5.187$$

(7) 计算控制图的控制限：

$\bar{x}$图的中心线（CL）$=\bar{\bar{x}}=94.70$

上控制限（UCL）$=\bar{\bar{x}}+3\sigma\bar{x}=\bar{\bar{x}}+\mathrm{A2}\bar{R}=94.70+1.023\times5.187=100.006$

下控制限（LCL）$=\bar{\bar{x}}-3\sigma\bar{x}=\bar{\bar{x}}-\mathrm{A2}\bar{R}=94.70-1.023\times5.187=89.394$

R图的中心线（CL）$=\bar{R}=5.187$

上控制限（UCL）$=\bar{R}+3\sigma\bar{x}=\mathrm{D4}\bar{R}=2.575\times5.187=13.357$

下控制限（LCL）$=\bar{R}-3\sigma\bar{x}=\mathrm{D3}\bar{R}=$不予考虑

其中A2、D3和D4是样本容量n的函数，其系数值见表5—4—16。

表5—4—16　上下控制限系数表

n	A2	D3	D4
2	1.880	—	3.267
3	1.023	—	2.575
4	0.729	—	2.282
5	0.577	—	2.115
6	0.483	—	2.004
7	0.419	0.076	1.924
8	0.373	0.136	1.864

其中，当$n\leqslant6$时D3系数值接近于0，故下控制限可不予考虑。

(8) 画出$\bar{x}$-R控制图，并将$\bar{x}$和R控制点描在图内。在画控制图时，中心线画实线，上下控制限画虚线，最终画出的$\bar{x}$-R控制图见图5—4—1。

在描点绘图时，要注意：第一，$\bar{x}$图的点用点表示，R图的点用叉表示；第二，越出上下控制限的点用红色的“◎”画出，以引起警惕，因为此时要停止加工，检查生产过程是否异常及异常的原因；第三，用折线将图中的点连起来以观察点的流动特点。

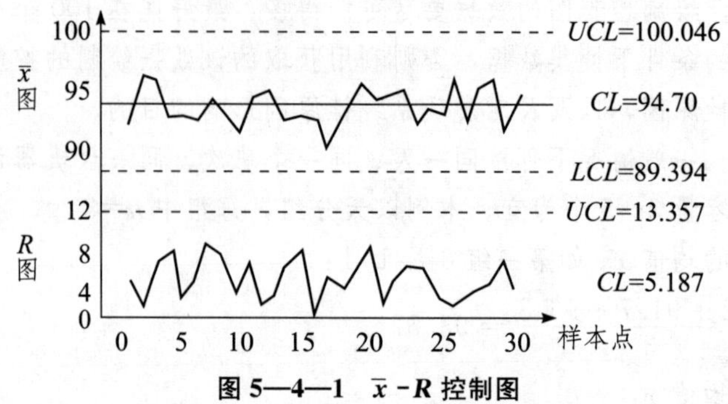

图 5—4—1 $\bar{x}-R$ 控制图

(9) 根据正态分布的特点判断制图期间的生产过程是否正常和稳定。如果不正常或不稳定，则要采取措施，改进不正常状态，然后重新抽样绘图；如果已进入正常和稳定状态，则可延长 $\bar{x}-R$ 控制图的控制限，对生产过程进行控制和管理。对于比例，我们由图 5—4—1 观察，生产过程是正常和稳定的，因此可以延长控制图来对 7 月份的生产进行控制。

以上我们重点介绍了 $\bar{x}-R$ 控制图的作法，其他计量控制图与 $\bar{x}-R$ 控制图大同小异，其制图过程与控制原理都是相同的，故不再一一介绍了。

2. 计件控制图

对于某些产品的质量特征难以用数量来表示或者虽然可以用数量表示，但由于数量特征太多，对每一个数量特征都进行控制费用太高，这种情况下均采用计件控制方法。计件控制时，人们常用合格与不合格表示产品质量，故也称为属性控制图。通常情况下，人们是从一批产品中抽取 n 件进行检验，观察其中的不合格品率并对其不合格品率进行控制。这种控制图称为不合格品率控制图，或简称 P 图。

【例 5—4—26】 某车间生产某种型号的零件，每天从其产品中抽出一个样本，容量在 740 件左右。现连续抽取 25 天的样本，各天的次品件数和次品率见表 5—4—17。

表 5—4—17　　某种零件的次品数据表

样本编号	样本容量 (n_i)	次品件数 (K_i)	次品率 (p_i)	样本编号	样本容量 (n_i)	次品件数 (K_i)	次品率 (p_i)
1	724	48	0.066	14	748	57	0.076
2	763	63	0.083	15	770	51	0.066
3	748	70	0.094	16	756	71	0.094
4	748	65	0.087	17	719	53	0.074
5	724	45	0.062	18	757	34	0.045
6	727	56	0.077	19	760	39	0.051
7	726	48	0.066	20	737	49	0.066
8	719	67	0.093	21	750	61	0.081
9	759	37	0.049	22	752	39	0.052
10	745	52	0.070	23	726	50	0.069
11	736	47	0.064	24	730	58	0.079
12	739	50	0.068	25	747	61	0.082
13	723	47	0.065	总计	18 533	1 318	0.071

不合格品率 (P) 控制图的作法如下：

(1) 搜集数据。在稳定的生产过程中取 20～25 组数据。每组数据样本容量 n 的确定要视产品次品率 P 的大小而定。一般而言，当 P 很小时 n 要取得大一些，当 P 较大时 n 可取得稍小些。但 n 一般不得小于 50，nP 约为 5 较适宜。本例中 nP 都约为 50，说明样本容量 n 取得较大，如从检验费用节约的角度考虑，可以取得稍小些，平均取 70 个左右即可。

(2) 计算各组的次品率 p。如第一组：

$$p=\frac{48}{724}=0.066$$

(3) 计算平均次品率 $\bar{p}$ 和平均样本容量 $\bar{n}$：

$$\bar{p}=\frac{1\,318}{18\,533}=0.071$$

$$\bar{n}=\frac{18\,533}{25}=741$$

(4) 计算控制限：

中心线（CL）$=\bar{p}=0.071$

上控制限（UCL）$=\bar{p}+3\sqrt{\bar{p}(1-\bar{p})/\bar{n}}=0.071+3\times(0.009\,4)\approx 0.099$

下控制限（LCL）$=\bar{p}-3\sqrt{\bar{p}(1-\bar{p})/\bar{n}}=0.071-3\times(0.009\,4)\approx 0.043$

(5) 画出控制图并描点，画法与图 5—4—1 相同。

需要说明的是，在 P 图中由于每组样本容量 n_i 不完全相同，严格来说，在计算上下控制限时要用公式：

$$UCL_i=\bar{p}+3\sqrt{\bar{p}(1-\bar{p})/n_i}$$

$$LCL_i=\bar{p}-3\sqrt{\bar{p}(1-\bar{p})/n_i}$$

这样，严格的控制限要随各组样本容量的变化而变化。通常，在各组样本容量相差不太大时，可用其均值 $\bar{n}$ 代入作为近似方法。

3. 计点控制图

有些产品的质量特征是用单位面积上有多少缺陷数来表示的，如一匹棉布上有多少疵点，一个铸件上有多少气孔、砂眼等。计点控制图就是用来控制产品的缺陷数是否超过规定的界限的方法。在生产情况正常时，单位面积上的缺陷数服从泊松分布，而泊松分布的均值和方差都是参数 λ，标准差为$\sqrt{\lambda}$。泊松分布也可用正态分布来近似计算。

(1) 计算出中心线：

$$中心线(CL)=\bar{c}=\frac{\sum c}{k}=\frac{40}{10}=4$$

(2) 计算上下控制限：

上控制限（UCL）$=\bar{c}+3\sqrt{\bar{c}}=4+3\sqrt{4}=10$

下控制限（LCL）$=\bar{c}-3\sqrt{\bar{c}}=4-3\sqrt{4}\approx 0$

(3) 画出控制图并描点。其画图方法与图 5—4—1 相同。

在应用控制图时需要注意以下问题：生产过程发生了变化，如换了新原料或新工艺流程时，需要重新作图；对于加工同一产品的不同机器应分别绘制控制图；$\bar{x}-R$ 控制图的 $\bar{x}$ 图与 R 图要结合起来进行判断并根据经验，灵活应用。例如在机械行业中，某次检查发现

x 越出控制下限，但 R 图正常，经检查是车床机油太少，齿轮旋转不灵所致。以后再发现此种情况时，就不必将机器全部拆开检修，而是着重检查机油和齿轮的情况，这样可以节约人力与物力。控制图的作用是及时发现系统性原因，当问题刚刚出现时就加以纠正，这样可以减少不合格品，提高生产过程中的产品质量。

（三）产品质量控制图的诊断与分析

如何应用控制图及时发现生产过程出现了异常呢？主要有两条诊断标准：一是点越出了控制限；二是点虽然没有越出控制限，但点的排列不是随机的，也应诊断为异常（点在中心线一侧连续出现 7 次以上；点在中心线一侧多次出现，如连续 11 点中至少有 10 点、连续 14 点中至少有 12 点、连续 17 点中至少有 14 点、连续 20 点中至少有 16 点等；点是周期性排列；连续 7 点以上的点上升或下降）。以上这些生产异常的种种情况，判断的标准都是出现的概率很小，小到不可能出现，因而根据小概率原理诊断为生产过程中产品质量特征的分布已不再是原来正常状态下的正态分布，为生产异常。例如点在控制限附近出现中“连续 3 点中有 2 点出现在控制界限附近”的情况就是一个小概率事件。这里所说的“在控制界限附近”是指点落在正态分布（控制限内）第二个标准差和第三个标准差（控制限上）之间的区域。根据正态分布的概率得知，点落在这个区域的概率为 0.997 3－0.954 5＝0.042 8，则任意 3 点中有 2 点落在该区域的概率为：

$$P\text{（任意 3 点中 2 点落在 }2\sigma\text{ 至 }3\sigma\text{ 之间）}=C_3^2\,(0.042\,8)^2\,(0.954\,5)^1 \approx 0.005\,2=0.52\%$$

其他诊断为异常的各种情况也都是类似的小概率事件。

当通过控制图诊断出生产过程出现了异常后，需要对质量问题的原因进行分析，其中行之有效的方法是鱼刺图和排列图。

(1) 鱼刺图。鱼刺图又称为因果分析图，在分析质量原因时，将出现的质量问题放在鱼头的位置，然后将主要原因列出，再依次分析影响主要原因的次要原因，影响次要原因的再次要原因等。例如，我们对切削刀出现裂缝的质量问题应用鱼刺图进行分析，经分析发现，切削刀质量问题主要是机器设备和人员两方面的问题，则着重从这两方面查找原因。分析过程见图 5—4—2。

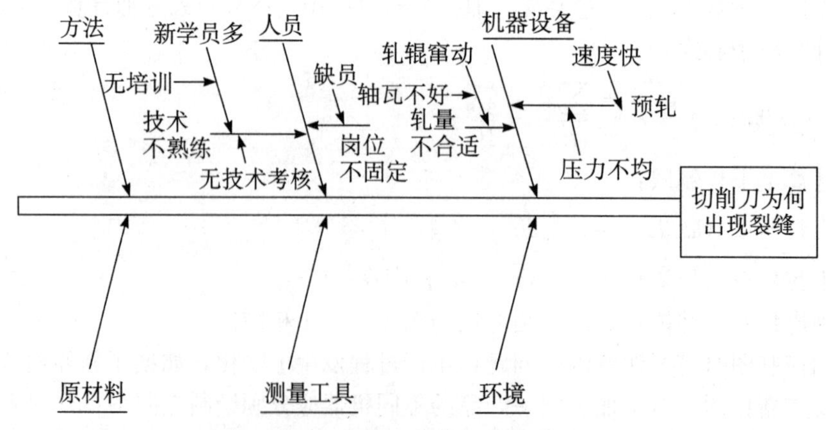

图 5—4—2 切削刀裂缝问题鱼刺分析图

在利用鱼刺图对众多原因进行分析后，应从其中挑出主要原因来重点加以分析，这样就解决了主要矛盾。在从众多原因中抓主要原因时，可以应用排列图。

（2）排列图。排列图是美国质量管理专家朱兰（Juran）应用了意大利经济学家帕累托（Pareto）在研究社会财富的分配时发现的极少数人占有多数社会财富，而多数人仅占有少量社会财富的原理，提出质量问题中极其重要的少数与无关紧要的多数的研究方法。例如，某厂切削刀质量问题表现为表 5—4—18 的不合格品项目和不合格品件数。

表 5—4—18　　某厂切削刀质量排列表

不合格品项目	不合格品件数	占百分比（%）
1. 料短	42	47
2. 裂缝	28	32
3. 刃口	7	8
4. 硬度	4	4
5. 光洁度	2	2
6. 其他	6	7
合　计	89	100

将这些不合格品项目的件数或所占百分比画成直方图，即不合格品项目的排列图，见图 5—4—3。

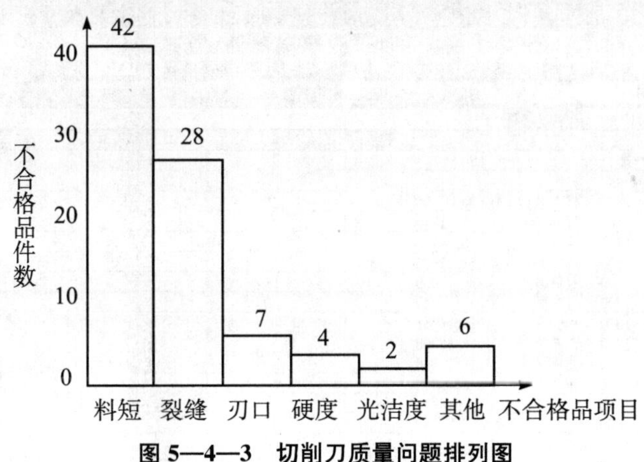

图 5—4—3　切削刀质量问题排列图

由表 5—4—18 与图 5—4—3 不难看出，在众多的不合格品项目中，从不合格品件数看，料短是最主要的质量问题，裂缝问题其次，这两类问题导致的不合格品件数占全部不合格品的 79%。

任务三 用 Excel 进行抽样推断分析

一、总体参数估计

【例 5—4—27】 对某机械企业机加工车间的 50 个计件工人 6 月份产量进行登记，获得以下原始资料（单位：件）：

900	2 500	1 100	1 700	1 800	2 000	1 200	1 300	1 400	1 500
1 900	1 600	1 800	1 800	1 300	2 200	1 600	2 100	2 000	1 700
1 700	2 500	1 700	1 700	1 800	1 800	1 600	1 700	1 800	1 800
2 200	1 800	1 900	1 600	1 900	1 900	2 200	2 000	1 700	2 100
1 500	1 200	2 100	1 500	1 700	1 000	2 300	2 300	2 400	1 700

求在概率90%的保证下，工人6月份平均产量的估计区间。

操作步骤如下：

(1) 在新建工作表上将50个计件工人6月份产量数据输入“A2：A51”单元格。

(2) 在C3中输入公式“=COUNT（A2：A51）”回车，C4中输入“=AVERAGE（A2：A51）”回车，在C5中输入“=STDEV（A2：A51）”回车，在C6中输入“=C5/SQRT（C3）”回车，在C7中输入0.90，在C8中输入“=C3−1”回车，在C9中输入“=TINV（1−C7，C8）”回车，在C10中输入“=C9＊C6”回车，在C11中输入“=C4−C10”回车，在C12中输入“=C4+C10”回车，便可得到计算结果，如图5—4—4所示。从结果我们可以知道，工人6月份平均产量的置信下限为1 683.346，置信上限为1 856.654。

	A	B	C
1	产量		
2	900		
3	2500	样本数据个数	50
4	1100	样本均值	1770
5	1700	样本标准差	365.4743
6	1800	抽样平均误差	51.68586
7	2000	置信区间	0.9
8	1200	自由度	49
9	1300	t值	1.676551
10	1400	误差范围	86.65398
11	1500	置信下限	1683.346
12	1900	置信上限	1856.654
13	1600		
14	1800		
15	1800		
16	1300		
17	2200		
18	1600		

图5—4—4　参数估计结果

关于总体方差的估计、总体比例的估计等可按类似方法进行。

二、总体成数区间估计

【例5—4—28】某市电视台为了了解观众对某电视栏目的喜爱程度，在该市随机对900名居民进行调查，结果显示有540名喜欢该电视栏目。要求：以90%的概率保证度，估计该市居民喜欢该电视栏目的比率范围。

在Excel中分别输入数据：在B1中输入样本容量900；在B2中输入样本比率60%

(0.6)，在 B3 中输入计算样本比率的标准差公式“＝SQRT（B2＊（1－B2))”，在 B4 中输入α为 10％（0.1），在 B5 中输入表达式“＝CONFIDENCE（B4，B3，B1)”，即得到$\Delta_{\bar{x}}$等于 0.026 86（2.686％）。CONFIDENCE 函数的应用如图 5—4—5 所示。

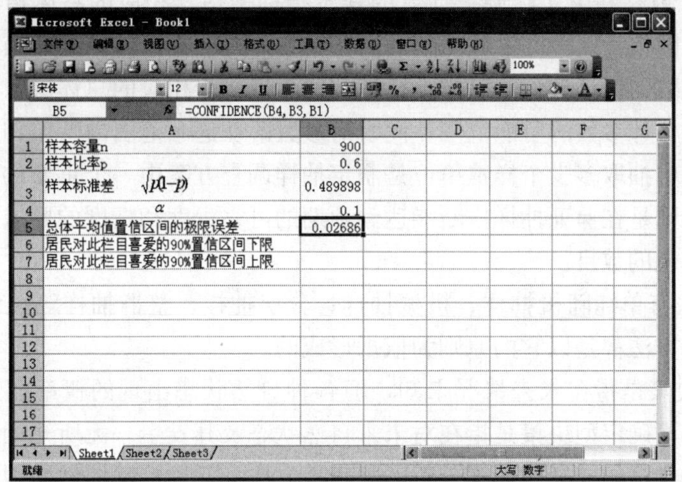

图 5—4—5　CONFIDENCE 函数

以 90％的概率保证度，估计该市居民喜欢该电视栏目的比率范围，区间下限“＝B2－B5”，区间上限“＝B2＋B5”，如图 5—4—6 所示。

Microsoft Excel - Book1

G17

	A	B	C	D	E	F	G
1	样本容量n	900					
2	样本比率p	0.6					
3	样本标准差 $\sqrt{p(1-p)}$	0.489898					
4	α	0.1					
5	总体平均值置信区间的极限误差	0.02686					
6	居民对此栏目喜爱的90%置信区间下限	0.57314					
7	居民对此栏目喜爱的90%置信区间上限	0.62686					

图 5—4—6　居民喜欢该电视栏目的比率范围

项目总结

1. 概率是用数学度量一个事件发生的可能性的大小。概率包括先验概率、后验概率和主观概率。期望值是指随机变量的均值。

2. 抽样误差是指由于随机抽样的偶然因素，使样本各单位的结构不足以代表总体各单位的结构，而引起抽样指标和全及指标之间的绝对离差。

3. 参数估计就是利用实际调查计算的样本指标来估计相应的总体指标数值，参数估计有点估计和区间估计两种。参数点估计的基本特点是根据总体指标的结构形式设计样本指标作为总体参数的估计量，并以样本指标的实际值作为相应的总体参数的估计值；参数区间估计是指被估计参数的可能范围，同时对参数落在这一范围内给定相应的概率保证程度。确定从总体中抽取多少个样本单位是制定抽样调查方案中一个重要的问题。抽样单位数要适度，其原则是在保证抽样推断能达到预期的可靠程度和精度的要求下，确定一个恰当的抽取样本单位的数目。

4. 抽样方法有单纯随机抽样、机械抽样、分层抽样、整群抽样等。单纯随机抽样是基础，其他抽样方法都是以它的原则为依据形成的。

5. 风险型决策是指在未来情况未知，但各种自然状态出现的概率能预计出来的条件下作出的决策。不确定型决策是指在对未来自然状态及其发生一无所知的条件下作出的决策。质量控制是指运用抽样、因素分析、图表等方法，通过控制偶然性因素以达到工序稳定、保障产品（服务）质量和工作质量的目的。

德军有多少坦克?

关于利用样本中的数据来估计总体参数，一个不寻常的例子是盟军估计第二次世界大战期间德军制造的坦克总数。

由于许多战略上的需要，盟军非常想知道第二次世界大战期间德军总共制造了多少辆坦克。德国人在制造坦克时是墨守成规的，他们把坦克从 1 开始进行了连续编号。在战争进行过程中，盟军缴获了一些德军坦克，并记录了它们的生产编号。那么德军有多少坦克呢？可利用点估计来解决此问题。

总体参数是生产的坦克总数 N，这是未知的，而缴获坦克的编号则是样本。假设我们是盟军手下负责这个问题的统计人员，我们可推知制造出来的坦克总数一定大于等于记录中的最大编号。为了找到它比最大编号大多少，我们先找到被缴获坦克编号的平均值，并认为这个值是全部编号的中点，因此样本均值乘以 2 就是总数的一个估计（当然特别要假设缴获的坦克代表了所有坦克的一个随机样本）。这种估计 N 的缺点是不能保证均值的两倍一定大于记录中的最大编号。

N 的另一个点估计方法是用观测到的最大编号乘以因子 $(1+1/n)$，其中 n 是被俘坦克数。假如俘获了 10 辆坦克，其中最大编号是 50，那么坦克总数的一个估计是 $(1+1/10)\times 50=55$。此处我们认为坦克的实际数略大于最大编号。

以上方法的各种变形的确用于第二次世界大战之中。从战后发现的德军记录来看，盟军的估计值非常接近所生产的坦克的真实值。记录还表明统计估计比通过其他情报方式做出的估计要大大接近于真实数目，统计学家做得比间谍更漂亮。

复习思考题

1. 什么是概率？什么是期望值？
2. 抽样调查的作用是什么？
3. 什么是总体？什么是样本？二者有何异同？
4. 试述影响抽样误差的因素有哪些。
5. 什么叫抽样平均误差？它的大小受哪些因素影响？
6. 试比较各种抽样方法的不同特点。
7. 影响必要样本容量的因素有哪些？
8. 经营管理统计决策的构成要素有哪些？
9. 如何制作产品质量控制图？

子项目五　相关与回归分析

导入案例

1. 为探索吸烟与患肺癌二者之间是否有关联，我们调查了一大批人，按是否吸烟和是否患肺癌分成四类：不吸烟也不患肺癌的，吸烟患肺癌的，不吸烟患肺癌的，吸烟不患肺癌的。根据这些数据，作出“吸烟与患肺癌二者有显著关联”之类的结论。例如，计算出在抽选出的这批人中，不吸烟者患肺癌和吸烟者患肺癌的比率分别为3/10万与10/12万，于是得出结论：吸烟者患肺癌的危险性是不吸烟者患肺癌的 4 倍。这类报道及其他性质类似的医学报道，常见于各种报纸杂志。

2. 在进行农作物试验时，如果其他试验条件相对固定，我们会发现某种粮食作物的产量会随某种施肥量的增加而增加。当开始增加施肥量时，产量增加较快；以后增加同样的施肥量，粮食产量的增加量逐渐减少；当施肥量增加到一定数值时，产量不再增加，甚至减少。这一施肥量与粮食产量的数量关系就是我们要探索的数量规律性。

3. 在一般情况下，数学成绩比较好的学生，物理学得也比较好；数学成绩很差的学生，要想学好物理也是比较困难的。所以，数学与物理两门课之间有相关的关系。有经验的物理老师都知道，在学习物理的过程中要用到许多数学公式和数学运算，数学基础的好坏直接影响物理学习成绩。但是，这并不是说凡是数学成绩好的学生物理课就一定学得好，或者数学成绩不好的学生物理课的成绩就一定很差。我们只能说，从总体上看，数学成绩的好坏与物理成绩的好坏有密切相关的关系。但是，这种相关程度有多大呢？

问题思考与讨论：

(1) 以上现象说明客观现象之间有怎样的关系？

(2) 上述现象的相关程度有多大？如何测量？

(3) 请列举一些发生在你周围的类似现象。

项目描述

本任务学习相关关系的概念、类型和测定，掌握判断社会经济现象之间相关方向和相关程度的技能。理解相关分析与回归分析之间的关系，掌握利用简单直线回归方程对经济数据进行分析和预测的技能。

项目目标

能力（技能）目标	知识目标
1. 掌握判断社会经济现象之间相关方向和相关程度的技能。 2. 掌握相关系数的计算方法。 3. 掌握简单线性回归方程的拟合。 4. 掌握利用简单直线回归方程对经济数据进行分析和预测的技能。	1. 理解相关关系的概念和类型，以及相关系数取值的含义。 2. 掌握回归分析的类型及简单直线回归。 3. 理解回归分析与相关分析的区别和联系。

项目实施

现实生活中的许多现象之间都存在相互联系、相互依存的关系，如销售量与广告收入、利润与价格、缺席人数与天气、身高与体重等。相关和回归分析就是测定事物之间联系的紧密程度，研究事物的相互关系，揭示其变化的具体形式和规律性的统计方法，是构造各种经济模型，进行结构分析、政策评价、预测和控制的重要工具。当我们只考虑两个变量的关系时，就称为简单的相关和回归分析；当我们讨论一个变量与另外两个或多个其他变量的关系时，就称为多元的相关和回归分析。本任务讨论的就是简单的相关和回归分析。

任务一 相关分析

一、相关关系的概念和特点

（一）相关关系的概念

现象间的依存关系大致可以分成两种类型：一类是函数关系，另一类是相关关系。

1. 函数关系

函数是指现象之间是一种严格的确定性的依存关系，表现为某一现象发生变化另一现象也随之发生变化，而且有确定的值与之相对应。例如，银行的1年期存款利率为1.98%，存入的本金用 x 表示，到期本息用 y 表示，则 $y=x+1.98\%x$（不考虑利息税）；再如，某种股票的成交额 Y 与该股票的成交量 X、成交价格 P 之间的关系可以用 $Y=PX$ 来表示，这都是函数关系。

2. 相关关系

相关关系是指客观现象之间的联系确实存在，但数量上不是严格对应的依存关系。在这种关系中，对于某一现象的每一数值，可以有另一现象的若干数值与之相对应。例如成本的高低与利润的多少有密切关系，但某一确定的成本与相对应的利润却是不确定的，这是因为影响利润的因素除了成本，还有价格、供求平衡、消费嗜好等因素以及其他偶然因素；再如，生育率与人均GDP的关系也属于典型的相关关系，人均GDP高的国家，生育率往往较低，但二者没有唯一确定的关系。事实上，变量之间的关系更多的是相关关系。

相关关系和函数关系既有区别，又有联系。有些函数关系往往因为有观察或测量误差以及各种随机因素的干扰等原因，实际上常常通过相关关系表现出来；而在研究相关关系时，对其数量间的规律性了解得越深刻，则相关关系就越有可能转化为函数关系或借助函数关系来表现。

（二）相关关系的特点

现象变量之间的相关关系具有以下两个特点：

1. 现象之间客观存在数量依存关系

当某一现象变量在数量上发生变化时，则另一现象变量也会受其影响相应地在数量上发生变化。例如，销售商品的广告费支出逐渐增加，商品的销售收入也会增加，商品的销售收入增加也会影响广告费的投入，在销售额与广告费之间就存在数量上的相关关系。

在研究现象变量之间的相关关系时，变量之间具有对等关系，确定变量 x 与变量 y 之间的关系，与确定变量 y 与变量 x 之间的关系是一样的，它们的关系不会发生变化。但我们在下一节会涉及回归分析，在回归分析中变量 x 与变量 y 之间的关系不是对等的关系，而是存在一定的因果关系，这时就要确定哪个变量是因，哪个变量是果。在回归分析时，一个变量被称为自变量，而另一个变量则被称为因变量。自变量与因变量的划分是按变量在研究现象中所起的作用不同而加以区别的。自变量是指由于自身原因而发生变化，在研究中起到主导、影响其他变量作用的变量，一般用 x 表示；因变量是指在研究中受其他自变量的影响而随之产生变化的变量，一般用 y 表示。形象地说，自变量就是条件，而因变量是结果，条件影响结果。

2. 现象之间客观存在的数量依存关系是不确定的

当研究现象中某一变量发生变化时，另一变量也会在数量上发生变化，但这种变化的结果是不确定的，不是唯一的。例如，在某块农田中做实验，粮食的单位面积产量 y 与施肥量 x 之间存在数量依存关系，但对于同一块田地，施相同的化肥量 x，单位面积产量 y

会产生许多不同的结果，也就是说给定施肥量 x，得到的单位面积产量 y 的结果不是唯一的。x 与 y 并不是一一对应的，它们在数量上的依存关系是不确定的，这是因为单位面积产量 y 不仅仅受施肥量 x 的影响，还会受到其他许多因素的影响，这就造成了给定一个变量 x 会有许多变量值 y 与其对应，变量值 y 并不是唯一的，而是不确定的。但变量 x 与变量值 y 依然存在数量上的依存关系，在一定范围内，变量 x 增加，变量值 y 也会相应地提高。

二、相关关系的类型

现象之间的相关关系从不同的角度可以划分为不同类型，各种相关关系如图 5—5—1 所示。

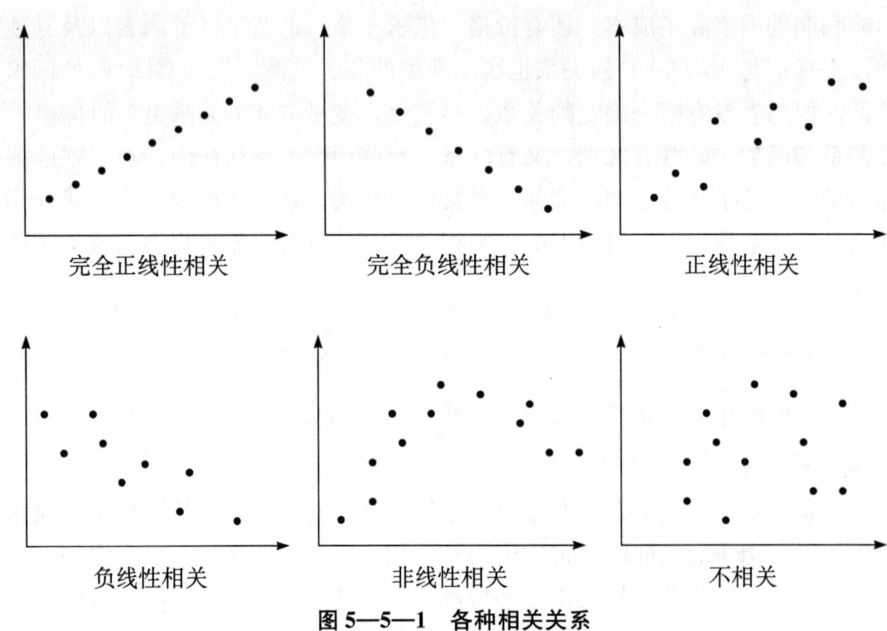

图 5—5—1　各种相关关系

(一) 单相关和复相关

按照相关关系涉及变量（或因素）的多少分为单相关和复相关。

单相关，又称一元相关，是指两个变量之间的相关关系，如广告费支出与产品销售量之间的相关关系。

复相关，又称多元相关，是指三个或三个以上变量之间的相关关系，如商品销售额与居民收入、商品价格之间的相关关系。

(二) 线性相关和非线性相关

按照相关表现形式不同分为线性相关和非线性相关。

线性相关，又称直线相关，是指当一个变量变动时，另一个变量随之发生大致均等的变动，从图形上看，其观察点的分布近似地表现为一条直线。如人均消费水平与人均收入水平通常呈线性关系。

非线性相关是指当一个变量变动时，另一个变量也随之发生变动，但这种变动不是均等的，从图形上看，其观察点的分布近似地表现为一条曲线，如抛物线、指数曲线等，因此也称曲线相关。例如，当工人加班加点在一定数量界限内时，产量增加，但一旦超过一定限度，产量反而可能下降，这就是一种非线性关系。

（三）正相关和负相关

按照相关现象变化的方向不同分为正相关和负相关。

正相关是指当一个变量的值增加或减少时，另一个变量的值也随之增加或减少。如工人劳动生产率提高，产品产量也随之增加；居民的消费水平随个人所支配收入的增加而增加。

负相关是指当一个变量的值增加或减少时，另一个变量的值反而减少或增加。如商品流转额越大，商品流通费用越低；利润随单位成本的降低而增加。

（四）完全相关、不相关和不完全相关

按照相关程度分为完全相关、不相关和不完全相关。

完全相关是指当一个变量的数量完全由另一个变量的数量变化所确定时，二者之间即为完全相关。例如，在价格不变的条件下，销售额与销售量之间的正比例函数关系即为完全相关，此时相关关系便成为函数关系，因此也可以说函数关系是相关关系的一个特例。

不相关，又称零相关，当变量之间彼此互不影响，其数量变化各自独立时，则变量之间为不相关。例如，股票价格的高低与气温的高低一般情况下是不相关的。

两个变量的关系如果介于完全相关和不相关之间，则称为不完全相关。由于完全相关和不相关的数量关系是确定的或相互独立的，因此统计学中相关分析的主要研究对象是不完全相关。

二、相关系数的测定

要判别现象之间有无相关关系，一是定性分析，二是定量分析。

（一）定性分析

定性分析是依据研究者的理论知识、专业知识和实践经验，对客观现象之间是否存在相关关系，以及有何种相关关系做出判断。同时可在定性认识的基础上，编制相关表、绘制相关图，以便直观地判断现象之间相关的方向、形态及大致的密切程度。

1. 相关表

相关表是根据所掌握的与具有相关关系的现象变量有关的原始数据资料所编制而成的统计表。利用相关表可以简明、清晰地表明变量之间的相关关系。把具有相关关系的变量资料进行平行排列，并按某一变量标志值的大小顺序将变量数组排列在一张表上，以观察它们之间的相关关系，这样的表称为简单相关表，如表 5—5—1 所示。如果总体资料较多，指标也较多，则在编制相关表时要对原始资料进行分组后才能编制，这样所形成的表

明多个变量之间关系的相关表称为分组相关表。分组相关表的编制方法与变量数列的编制方法相似，这里不再讲述。

表 5—5—1　　某地区 2004—2011 年人均收入与耐用消费品销售额相关表　　单位：万元

年份	人均收入	耐用消费品销售额
2004	3.1	75
2005	3.2	77
2006	3.3	80
2007	3.5	81
2008	3.6	86
2009	3.8	89
2010	3.9	90
2011	4.1	91

从表 5—5—1 中可以看出，随着当地人均收入的增加，耐用消费品销售额也有相应上升的趋势，这两个变量之间存在明显的正相关关系。

2. 相关图

相关图是将所掌握的具有相关关系的现象变量值组合以坐标点的形式在直角坐标系中绘制出的用以表明变量间相关关系的统计图形，又称为散点图。以横轴作为自变量轴，以纵轴作为因变量轴，将相关表中的每一对数组在坐标系中画出相关坐标点，由所有的相关点所构成的图就是相关图。如根据表 5—5—1 绘制的相关图如图 5—5—2 所示。

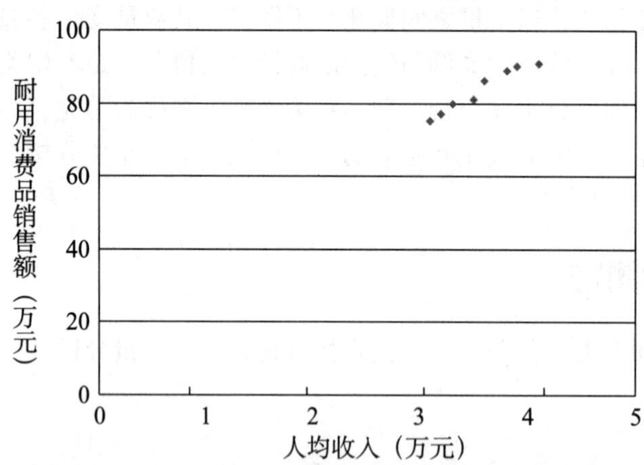

图 5—5—2　人均收入与耐用消费品销售额相关图

通过相关图中所有相关点的分布特点，可以直观地看出相关点近似在一条上升的直线上，由此可以判断出，两个现象之间存在正向线性相关关系。

（二）定量分析——相关系数

相关系数是用来描述两个变量相互之间变化方向及密切程度的数字特征量。一般用 r 表示，其值在-1至$+1$间，即 $|r|\leqslant 1$。“＋”、“－”号表示变化方向，“＋”号表示变化方向一致，即正相关；“－”号表示变化方向相反，即负相关。r 的绝对值表示两个变量

的密切程度（即强度），$r=1$ 时为完全正相关，$r=-1$ 时为完全负相关。绝对值越接近 1，表示两个变量之间的关系越密切；越接近 0，表示两个变量之间的关系越不密切。例如 $r_1=-0.8$，$r_2=0.24$，表明 r_1 为负相关，r_2 为正相关，r_1 的相关程度高于 r_2。又如，$r_1=-0.42$，$r_2=0.42$，虽然 r_1 为负相关，r_2 为正相关，但 r_1 与 r_2 的相关程度相同。计算相关系数的公式为：

$$r=\frac{\sum xy-(\sum x)(\sum y)/n}{\sqrt{\sum x^2-(\sum x)^2/n}\sqrt{\sum y^2-(\sum y)^2/n}} \tag{1}$$

式中，$\sum xy$ 表示 x 与 y 两个变量每对观测值的乘积之和；$\sum x$ 表示 x 变量的观测值的总和；$\sum y$ 表示 y 变量的观测值的总和；$\sum x^2$ 表示 x 变量的观测值平方之和；$\sum y^2$ 表示 y 变量的观测值平方之和；n 表示样本的容量。

为判断相关关系的紧密程度，需要对相关系数作出量的规定。通常对相关系数作出四级划分：$|r|$ 在 0.3 以内，称为无线性相关；$|r|$ 在 0.3 和 0.5 之间，称为低度线性相关；$|r|$ 在 0.5 和 0.8 之间，称为显著线性相关；$|r|$ 大于 0.8 并且小于 1，称为高度线性相关。计算相关系数时，必须保证两个变量具有对等关系。

【例 5—5—1】 根据表 5—5—2 的资料，测定两者之间的相关程度。

表 5—5—2　　某企业 1—12 月份产量和生产费用

月份	产量 x(千吨)	生产费用 y(元)	xy	x^2	y^2
1	1.2	62	74.4	1.44	3 844
2	2.8	86	240.8	7.84	7 396
3	2.6	80	208	6.76	6 400
4	3.8	110	418	14.44	12 100
5	5.0	115	575	25.0	13 225
6	6.0	132	792	36.0	17 424
7	7.2	135	972	51.84	18 225
8	8.0	160	1 280	64.0	25 600
9	8.5	164	1 394	72.25	26 896
10	9.8	175	1 715	96.04	30 625
11	11.4	186	2 120.4	129.96	34 596
12	13.7	198	2 712.6	187.69	39 204
合计	80	1 603	12 502.2	693.26	235 535

$$r=\frac{\sum xy-(\sum x)(\sum y)/n}{\sqrt{\sum x^2-(\sum x)^2/n}\sqrt{\sum y^2-(\sum y)^2/n}}$$

$$=\frac{12\ 502.2-80\times 1\ 603/12}{\sqrt{693.26-6\ 400/12}\sqrt{235\ 535-1\ 603^2/12}}=0.98>0.80$$

因此，某企业的月产量和生产费用之间存在高度线性相关关系。

【例 5—5—2】 从某车间抽出 10 名工人的工龄与劳动生产率资料见表 5—5—3，试问：工龄与劳动生产率之间是否有相关关系？如果有，存在什么样的关系，程度如何？

表 5—5—3　　某车间工人的工龄与劳动生产率之间的相关系数计算表

序号 n	工龄 x（年）	劳动生产率 y（件/日）	x^2	y^2	xy
1	9	1 000	81	1 000 000	9 000
2	12	1 050	144	1 102 500	12 600
3	14	1 500	196	2 250 000	21 000
4	15	1 200	225	1 440 000	18 000
5	17	1 600	289	2 560 000	27 200
6	18	1 500	324	2 250 000	27 000
7	18	1 800	324	3 240 000	32 400
8	20	1 750	400	3 062 500	35 000
9	21	1 850	441	3 422 500	38 850
10	22	1 950	484	3 802 500	42 900
合计	166	15 200	2 908	24 130 000	263 950

从表 5—5—3 中可知：$n=10$，$\sum x=166$，$\sum y=15\ 200$，$\sum x^2=2\ 908$，$\sum y^2=24\ 130\ 000$，$\sum xy=263\ 950$，将数据代入上述相关系数计算公式（1）得：

$$r=\frac{\sum xy-(\sum x)(\sum y)/n}{\sqrt{\sum x^2-(\sum x)^2/n}\cdot\sqrt{\sum y^2-(\sum y)^2/n}}$$

$$=\frac{263\ 950-166\times 15\ 200/10}{\sqrt{2\ 908-166^2/10}\sqrt{24\ 130\ 000-15\ 200^2/10}}$$

$$=0.930\ 066$$

由此可得相关系数 $r=0.930\ 066$，计算结果表明在工人的工龄与劳动生产率之间存在高度线性正相关关系。

四、相关分析中应注意的问题

1. 相关系数不能解释两变量间的因果关系

相关系数只是表明两个变量间互相影响的程度和方向，并不能说明两变量间是否有因果关系，以及何为因，何为果，即使是在相关系数非常大时，也并不意味着两变量间具有显著的因果关系。例如，根据一些人的研究，发现抽烟与学习成绩有负相关关系，但不能由此推断是抽烟导致了成绩差。

因与果在很多情况下是可以互换的。例如，研究发现收入水平与股票的持有额正相关，并且可以用收入水平作为解释股票持有额的因素，但是否存在这样的情况，你赚的钱越多，买的股票也越多，而买的股票越多，赚的钱也就越多，何为因？何为果？再如，众所周知，经济增长与人口增长相关，可是究竟是经济增长引起人口增长，还是人口增长引起经济增长呢？这些不能从相关系数中得出结论。

2. 警惕虚假相关导致的错误结论

有时两个变量之间并不存在相关关系，但却可能出现较高的相关系数。如存在另一个共同影响两变量的因素，在时间序列资料中往往就会出现这种情况。有人曾对教师薪金的提高和酒价的上涨作了相关分析，计算得到一个较大的相关系数，这是否表明教师薪金提高导致酒的消费量增加，从而导致酒价上涨呢？经分析，事实是由于经济繁荣导致教师薪金和酒价的上涨，而教师薪金增长和酒价之间并没有什么直接关系。

原因的混杂也可能导致错误的结论。如有人做过计算，发现在美国，经济学学位越高的人，收入越低，笼统地计算学位与收入之间的相关系数会得到负值。但分别对大学、政府机构、企业各类别计算学位与收入之间的相关系数得到的则是正值，即对同一行业而言，学位高，收入也高。

另外，正相关达到某个极限，就可能变成负相关。这个道理似乎人人都明白，但在分析问题时却容易忽视。例如，雨下得多，农作物就会长得好，在缺水地区，处于干旱季节时雨是一种福音，但雨量太大，却可能损坏庄稼。又如，广告投入多，销售额上涨，利润就会增加，但盲目加大广告投入，却未必使销售额再增长，利润还可能减少。

回归分析与预测

一、回归分析的概念

相关分析主要是分析变量间关系的紧密程度，而回归分析是在确定事物相关关系紧密程度的基础上，进一步用数学模型模拟它们间变动规律并进行预测的统计分析方法。相关分析的两个变量是对等关系，而回归分析的两个变量不是对等关系，必须根据研究目的，先确定其中哪一个是自变量，哪一个是因变量。相关分析是回归分析的基础和前提，如果缺少相关关系，没有从定性上说明现象间是否具有相关关系，没有对相关关系的密切程度作出判断，就不能进行回归分析，即便勉强进行了回归分析，也没有实际意义。当然，仅仅说明现象间具有相关关系也是不够的，需要通过回归分析作进一步深入分析。

回归分析的目的在于量化变量之间的关系。例如，我们可能感觉到销售收入与广告费用之间存在某种关系，或者沿湖度假用的房地产的市场价值取决于临湖地界的长度等。回归分析首先就要建立一个用来清楚表达这些关系的公式，这个公式就叫做用于研究的回归方程。因此，回归分析的主要内容就是找出变量 y 与 x 之间的回归方程，在对回归方程进行检验的基础上进行预测。

二、回归分析的类型

（一）线性回归分析和非线性回归分析

按研究的变量之间回归关系的表现形式分类，回归分析分为线性回归分析和非线性回归分析。对具有线性相关的变量之间进行回归分析，若回归方程的表现形式为一条直线，则称为线性回归分析；若回归方程的表现形式为一条曲线，则称为非线性回归分析。

（二）一元回归分析和多元回归分析

按回归分析中涉及变量的个数多少划分，回归分析可分为一元回归分析和多元回归分析。回归分析中只涉及两个变量的回归分析称为一元回归分析，一元回归分析研究的是一个因变量与一个自变量之间的回归；回归分析中涉及两个以上变量间的回归分析称为多元回归分析，多元回归分析研究的是一个因变量与多个自变量之间的回归。

在回归分析中可以将两种分类加以组合，进而形成一元线性回归分析、多元线性回归分析、一元非线性回归分析和多元非线性回归分析。本任务主要介绍简单直线回归（一元线性回归）分析。

三、回归线

【例 5—5—3】 为了估计山上积雪融化后对下游灌溉的影响，在山上建立了一个观测站，测量了最大积雪深度（x）与当年灌溉面积（y），得到连续 10 年的数据，见表 5—5—4。

表 5—5—4　　最大积雪深度与灌溉面积观测数据

年序	最大积雪深度 x（尺）	灌溉面积 y（千亩）
1	15.2	28.6
2	10.4	19.3
3	21.2	40.5
4	18.6	35.6
5	26.4	48.9
6	23.4	45.0
7	13.5	29.2
8	16.7	34.1
9	24.0	46.7
10	19.1	37.4

为了研究这些数据中所蕴含的规律性，我们把各年最大积雪深度作横坐标，相应的灌溉面积作纵坐标，将这些数据点标在平面直角坐标图上，如图 5—5—3 所示。图中的各点虽然是散乱的，但数据点大体上落在一条直线附近，由此判断变量 y 与 x 之间的关系大致可看作线性关系。从图 5—5—3 还可以看到，这些点又不都在一条直线上，这表明 y 与 x 的关系并没有确切到给定 x 就可以唯一地确定 y 的程度。事实上，还有许多其他因素对 y 产生影响，如当年的平均气温、当年的降雨量等，这些都是影响 y 取什么值的随机因素。但是如果散点的分布具有明确的直线趋势，我们就可以配制一条最能代表散点图上分布趋势的直线，这条最优拟合线即称为回归线。注意，回归线并不局限于这种线性关系，还有非线性关系，但原理是一样的。

四、简单直线回归分析

在回归分析中，简单直线回归分析是应用最广泛的回归分析方法。简单直线回归是对具有显著相关的两个变量之间数量变化的一般关系进行测定，根据实际测定的数据，拟合

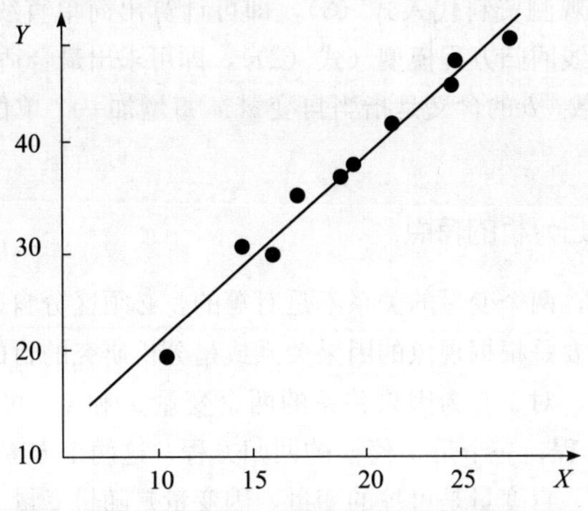

图 5—5—3　各年最大积雪深度与灌溉面积散点图

一条直线回归方程，用以估计或预测两个变量之间关系的统计方法。拟合的数学方程叫简单回归方程，它反映的是一个因变量和一个自变量之间的数量变动对应关系。

（一）简单直线回归方程

简单直线回归分析的前提条件是两个变量之间确实存在相关关系，而且相关程度必须是显著相关及以上。只有满足上述条件以后，才能对变量进行简单直线回归分析。

简单直线回归方程的基本形式为：

$$\hat{y}=a+bx \tag{2}$$

注意：$\hat{y}$ 是因变量 y 的估计值；a 是拟合直线在 y 轴上的截距；b 是拟合直线的斜率，也叫回归系数。a 与 b 都是简单直线回归方程的待定参数。要确定简单直线回归方程，必须首先确定回归参数 a 与 b。

在简单直线回归分析中，拟合一条什么样的直线来代表两个变量所有相关点的变动趋势，成为简单直线回归分析中最为关键的问题。

经验证明，符合“离差平方和最小”的直线最合适，所以回归参数 a 与 b 的确定采用最小二乘法来确定，即使 $\sum(\hat{y}-y)^2=$ 最小值。

设 $Q=\sum(\hat{y}-y)^2=$ 最小值，将 $\hat{y}=a+bx$ 代入可得：$Q=\sum(y-a-bx)^2=$ 最小值。

对其求偏导数可得：

$$\begin{cases}\sum y=na+b\sum x\\ \sum xy=a\sum x+b\sum x^2\end{cases}$$

经过整理可得：

$$\begin{cases}b=\dfrac{n\sum xy-\sum x\sum y}{n\sum x^2-\left(\sum x\right)^2}=\dfrac{\sum xy-n\bar{x}\bar{y}}{\sum x^2-n\bar{x}^2}\\ a=\dfrac{\sum y}{n}-b\dfrac{\sum x}{n}=\bar{y}-b\bar{x}\end{cases} \tag{3}$$

根据两变量的实际观测资料代入式（3），即可计算出简单直线回归待定参数 a 与 b，并将 a 与 b 代入简单直线回归方程模型（式（2）），即可求出最合适的拟合直线。

注意：b 是回归系数，b 的含义是指当自变量 x 每增加一个单位时，因变量 y 随之变动的平均值。

（二）简单直线回归分析的特点

（1）在回归分析中，两个变量的关系不是对等的，必须区分自变量和因变量，关于自变量与因变量的区分主要是根据现象的因果关系或是分析研究的目的。

（2）在回归分析中，对于互为因果关系的两个变量 x 和 y，可以建立两个回归方程，一个是 y 倚 x 的回归方程，一个是 x 倚 y 的回归方程，这两个方程是完全不同的。

（3）在回归分析中，自变量是可控的变量，因变量是随机变量。

（4）在回归分析中，回归系数 b 的前面有符号"+"、"−"之分，"+"表示两变量间变动的方向相同，即为正相关，"−"表示两变量间的变动方向相反，即为负相关。

（5）在回归分析中，可以根据拟合的回归方程在自变量与因变量之间进行互相推算，并可以对以前缺失的资料进行补充，对以后的资料进行预测。

（三）简单直线回归分析的应用

【例 5—5—4】有 10 个同类企业的产品销售额和利润额资料，见表 5—5—5。

表 5—5—5　　10 个企业产品销售额和利润额资料

企业编号	产品销售额（万元）	利润额（万元）
1	160	25
2	344	88
3	450	85
4	680	230
5	708	185
6	800	205
7	1 360	268
8	1 450	290
9	1 700	275
10	1 950	310

要求：（1）计算销售额与利润额之间的相关系数，说明其相关程度；

（2）求出产品销售额对利润额的回归方程；

（3）预测当销售额达到 2 000 万元时，利润额能达到什么水平？

解：（1）计算相关系数不必区分自变量与因变量，而在进行简单直线回归分析时要区分自变量与因变量，因此这里根据题意假设销售额为自变量 x，利润额为因变量 y，建立相关系数计算表，见表 5—5—6。

表 5—5—6　　10个企业产品销售额和利润额之间的相关系数计算表

企业编号	销售额 x（万元）	利润额 y（万元）	x^2	y^2	xy
1	160	25	25 600	625	4 000
2	344	88	118 336	7 744	30 272
3	450	85	202 500	7 225	38 250
4	680	230	462 400	52 900	156 400
5	708	185	501 264	34 225	130 980
6	800	205	640 000	42 025	164 000
7	1 360	268	1 849 600	71 824	364 480
8	1 450	290	2 102 500	84 100	420 500
9	1 700	275	2 890 000	75 625	467 500
10	1 950	310	3 802 500	96 100	604 500
合计	9 602	1 961	12 594 700	472 393	2 380 882

从表 5—5—6 中可知：$n=10$，$\sum x=9\ 602$，$\sum y=1\ 961$，$\sum x^2=12\ 594\ 700$，$\sum y^2=472\ 393$，$\sum xy=2\ 380\ 882$，将数据代入式（1）得：

$$r=\frac{\sum xy-\sum x\sum y/n}{\sqrt{\sum x^2-(\sum x)^2/n}\sqrt{\sum y^2-(\sum y)^2/n}}$$

$$=\frac{2\ 380\ 882-9\ 602\times 1\ 961/10}{\sqrt{12\ 594\ 700-9\ 602^2/10}\sqrt{472\ 393-1\ 961^2/10}}$$

$$=0.914\ 5$$

因为相关系数 $r=0.914\ 5$，说明企业产品销售额和利润额之间存在高度正相关关系。

（2）配合回归模型（式（3）），采用最小二乘法对待定参数进行估计得：

$$\begin{cases} b=\dfrac{n\sum xy-\sum x\sum y}{n\sum x^2-(\sum x)^2}=0.147\ 54 \\ a=\dfrac{\sum y}{n}-b\dfrac{\sum x}{n}=\bar{y}-b\bar{x}=54.431\ 2 \end{cases}$$

因此，回归直线方程为 $\hat{y}=a+bx=54.431\ 2+0.147\ 54x$。

（3）当销售额达到 2 000 万元时，即 $x=2\ 000$，代入回归方程得：

$$\hat{y}=54.431\ 2+0.147\ 54x=349.51(\text{万元})$$

即当销售额达到 2 000 万元时，利润额能达到 349.51 万元。

【例 5—5—5】 表 5—5—7 所列的数据是某公司 6 个月中每月销售额（千元）与广告费用（千元），求线性回归方程。

表 5—5—7　　某公司月销售额与广告费用

销售额 y_i	3	15	6	20	9	25
广告费用 x_i	1	2	3	4	5	6

解：为了估计 a、b，相关系数计算表如表 5—5—8 所示。

表 5—5—8 某公司月销售额与广告费用的相关系数计算表

x	y	x^2	y^2	xy
1	3	1	9	3
2	15	4	225	30
3	6	9	36	18
4	20	16	400	80
5	9	25	81	45
6	25	36	625	150
$\sum x=21$	$\sum y=78$	$\sum x^2=91$	$\sum y^2=1\,376$	$\sum xy=326$

因为 $\bar{x}=21/6=3.5$，$\bar{y}=78/6=13$，且

$$\hat{b}=\frac{\sum xy-n\bar{x}\bar{y}}{\sum x^2-n\bar{x}^2}=\frac{326-6\times3.5\times13}{91-6\times3.5^2}\approx3.03$$

$$\hat{a}=\bar{y}-b\bar{x}=13-3.03\times3.5\approx2.40$$

$$\sum y^2=1\,376$$

所以 $\hat{y}=2.40+3.03x$。

由这个方程可得，假定线性关系成立，那么广告费用每增加 1 000 元，平均来说，销售额预计将增长 3 030 元；如果没有广告费用，那么销售额就是 2 400 元。

(四) 回归误差及计算

根据回归方程，利用已知变量的数值，就可以推算出因变量的数值。但是，推算出来的数值并不是精确的数值，它是一个估计值，与实际值会有一定的误差，这一误差即为回归误差，又叫估计标准误差，回归误差是简单直线回归分析的因变量估计值 $\hat{y}$ 与实际观测值 y 之间的平均误差大小的指标，是一个标志变异指标，可以利用它来评价简单直线回归方程的代表性的大小，说明回归估计值的准确程度，以及两个自变量与因变量之间关系的密切程度。

回归误差是根据因变量估计值 $\hat{y}$ 与实际观测值 y 之间的离差计算的，其计算方法与标准差的计算方法基本一致，即：

$$S_{yx}=\sqrt{\frac{\sum(y-\hat{y})^2}{n-2}}$$

注意：S_{yx} 表示 y 倚 x 的回归误差；n 表示回归分析中相关点的个数；$n-2$ 表示自由度，因为在简单直线回归分析中，a 与 b 是两个待定参数，已经失去两个自由度。

回归误差 S_{yx} 与相关系数 r 是两个密切联系的指标。回归误差越小，相关点观测值就越接近回归直线，变量之间的相关程度也就越大，相关系数的绝对值也越大；反之，回归误差越大，相关点观测值就越远离回归直线，变量之间的相关程度也就越小。

用 Excel 进行相关与回归分析

一、利用 Excel 绘制散点图

【例 5—5—6】 某财务软件公司在全国有许多代理商，为研究它的财务软件产品的广告投入与销售额的关系，评估人员随机选择 10 家代理商进行观察，搜集到年广告投入费和月平均销售额的数据，并编制成相关表，见表 5—5—9。要求：根据资料绘制散点图。

表 5—5—9　　年广告投入费与月平均销售额相关表　　单位：万元

年份	年广告投入费	月平均销售额
2002	12.5	21.2
2003	15.3	23.9
2004	23.2	32.9
2005	26.4	34.1
2006	33.5	42.5
2007	34.4	43.2
2008	39.4	49.0
2009	45.2	52.8
2010	55.4	59.4
2011	60.9	63.5

操作步骤如下：

(1) 录入资料。利用上述资料建立 Excel 工作表，在“A1：C11”区域内输入数据资料，如图 5—5—4 所示。

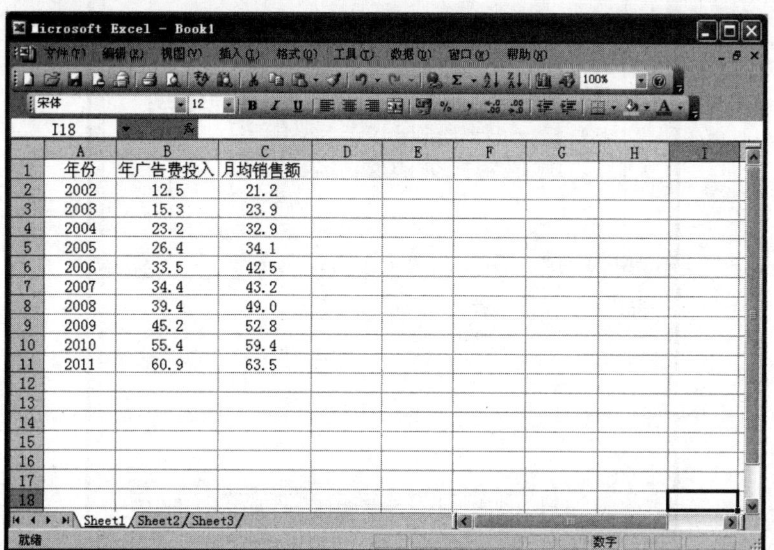

图 5—5—4　输入原始数据

(2) 选择图表。数据录入完成后，根据要求，用鼠标点击“插入”菜单，找到“图表”子菜单，在弹出“图表类型”对话框后，在“标准类型”中选择“XY 散点图”，并在右侧的“子图表类型”中选择一种图型（如第一个类型），如图 5—5—5 所示，点击“下一步”进入图表“源数据”设置界面。

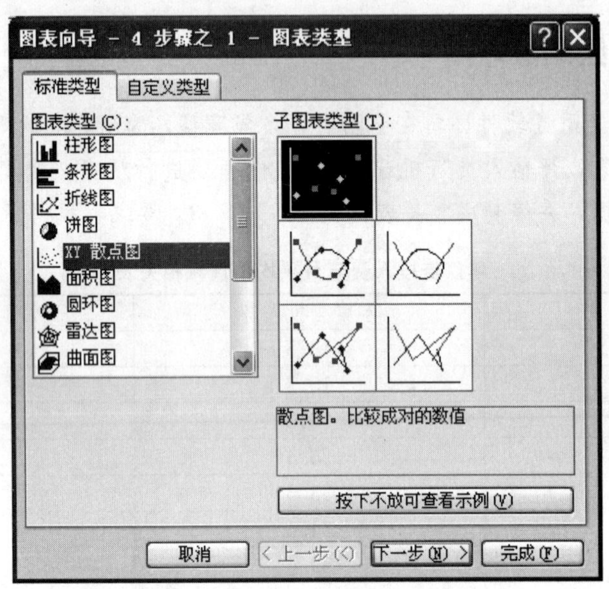

图 5—5—5 “图表类型”对话框

(3) 图表源数据设定。在“源数据”对话框中，确定“数据区域”系列产生在“行”还是“列”（通常我们选择“列”），选定数据区域，如图 5—5—6 所示。

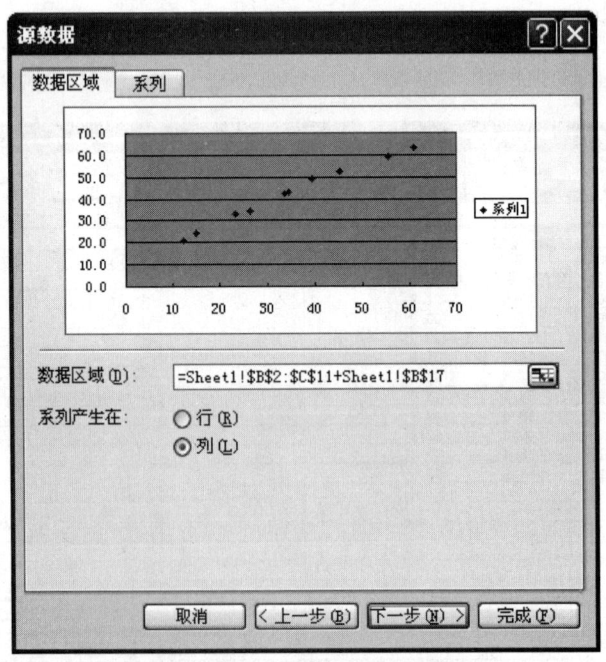

图 5—5—6 “源数据”对话框

(4) 图表设定。将数据源设置完成后，点击“下一步”进入图5—5—7所示的“图表选项”。在“图表选项”对话框中，在“图表标题”中输入“广告费与月平均销售额散点图”；在“数值(X)轴”中输入“年广告费投入”；在“数值(Y)轴”中输入“月均销售额”。设置完成后点击“下一步”进入“图表位置”设定对话框，根据需要设置绘制的图表插入的位置，并点击“完成”最后成图，如图5—5—8所示。

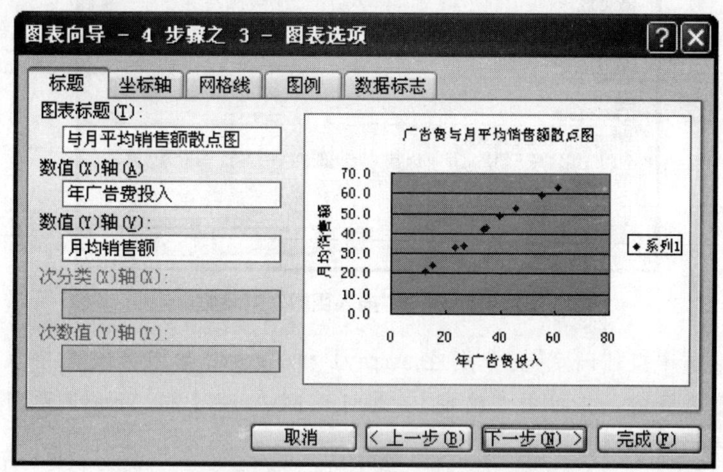

图5—5—7 “图表选项”对话框

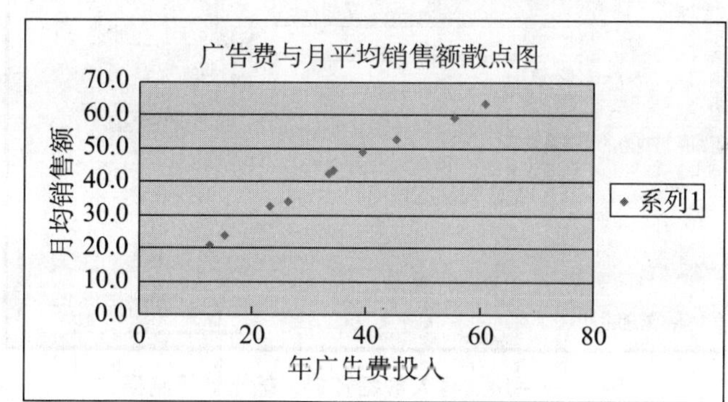

图5—5—8 图表输出

二、利用Excel计算相关系数

【例5—5—7】 以例5—5—6的资料为例，利用Excel的统计功能，计算广告费投入和月均销售额之间的相关系数。

操作步骤如下：

(1) 录入资料。资料的录入同前。

(2) 插入函数。数据录入完成后，在电子表格中选择一个位置存放相关系数的返回值。根据要求，用鼠标点击“插入”菜单，找到“函数”子菜单，点击“函数”，进入“插入函数”对话框。在“或选择类别”中选择“统计”，“选择函数”中选择“CORREL”，如图5—5—9所示。

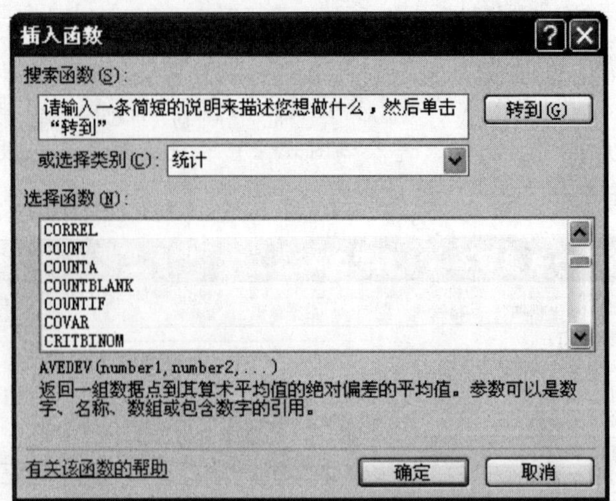
插入函数
搜索函数(S):
请输入一条简短的说明来描述您想做什么，然后单击“转到”
转到(G)
或选择类别(C): 统计
选择函数(N):
CORREL
COUNT
COUNTA
COUNTBLANK
COUNTIF
COVAR
CRITBINOM
AVEDEV(number1,number2,...)
返回一组数据点到其算术平均值的绝对偏差的平均值。参数可以是数字、名称、数组或包含数字的引用。
有关该函数的帮助
确定
取消

图 5—5—9 “插入函数”对话框

在上述对话框中按“确定”。分别在 Array1 和 Array2 数组区域内导入年广告费投入与月均销售额数据资料，并单击“确定”，即可返回 Array1 和 Array2 两组数值的相关系数，如图 5—5—10 所示。

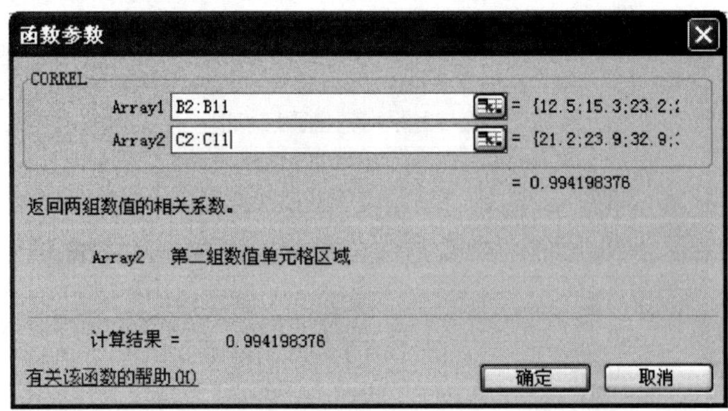
函数参数
CORREL
Array1 B2:B11 = {12.5;15.3;23.2;
Array2 C2:C11 = {21.2;23.9;32.9;
= 0.994198376
返回两组数值的相关系数。
Array2 第二组数值单元格区域
计算结果 = 0.994198376
有关该函数的帮助(H)
确定
取消

图 5—5—10 导入数据资料，输出计算结果

可以得到相关系数返回值为 0.994 198 376，则年广告费投入与月均销售额两变量间存在高度正相关关系。

三、简单直线回归分析

【例 5—5—8】 以例 5—5—4 的资料为例，利用 Excel 的统计功能，建立简单直线回归方程，并根据所给资料进行预测。

操作步骤如下：

(1) 相关关系的判定。先利用 Excel 计算相关系数，计算得到产品销售额与利润额之间的相关系数为 0.914 517，可知产品销售额与利润额之间存在高度正相关关系，如图 5—5—11 所示。

(2) 简单直线回归模型的确定。在简单直线回归分析中，y 为因变量，x 为自变量。

假定简单直线回归模型为 $\hat{y}=a+bx$，参数 a 为在 y 轴上的截距，b 是拟合直线的斜率。

（3）回归参数的确定。

a 的确定。选定存放截距 a 的单元格，点击“插入”菜单，选择“函数”，在“插入函数”对话框中找到“或选择类别”，选择“统计”函数，然后在“选择函数”部分中选择“求线性回归拟合线方程的截距”的函数“INTERCEPT”，然后单击“确定”按钮，如图5—5—12 所示。

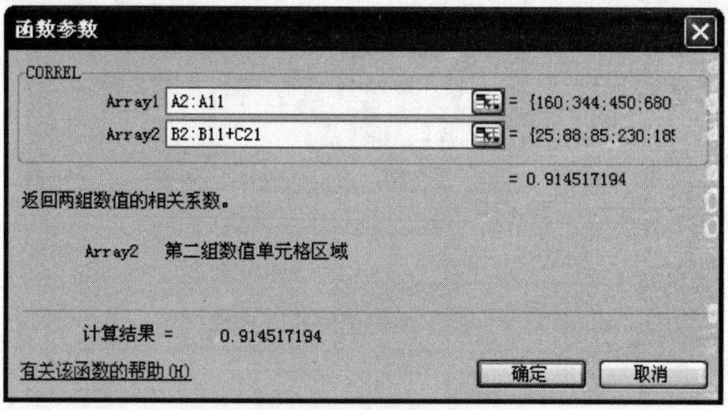

图 5—5—11　计算相关系数

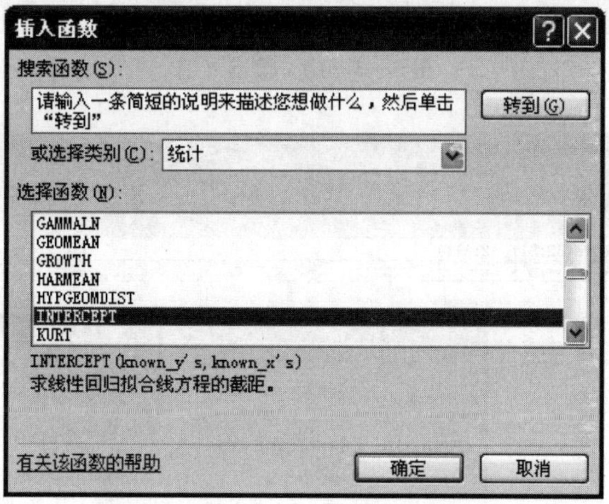

图 5—5—12　“插入函数”对话框

然后进入“函数参数”设置对话框。在 Known _ y′s 和 Known _ x′s 处分别导入因变量 y 和自变量 x 的取值范围，单击“确定”按钮后就在选定存放 a 处得到返回值 a=54.431 234 29，如图 5—5—13 所示。

b 的确定。确定方法同 a 的确定方法一样，只是应用的统计函数不同，在确定直线斜率时使用函数为“SLOPE”。导入因变量 y 和自变量 x 的取值范围，单击“确定”按钮后就在选定存放 b 处得到返回值 b=0.147 540 893，如图 5—5—14 所示。

（4）简单线性回归方程的确定。将 a 和 b 的值代入，得：

$$\hat{y}=a+bx=54.431\,234\,29+0.147\,540\,893x$$

即为得到的简单线性回归方程。

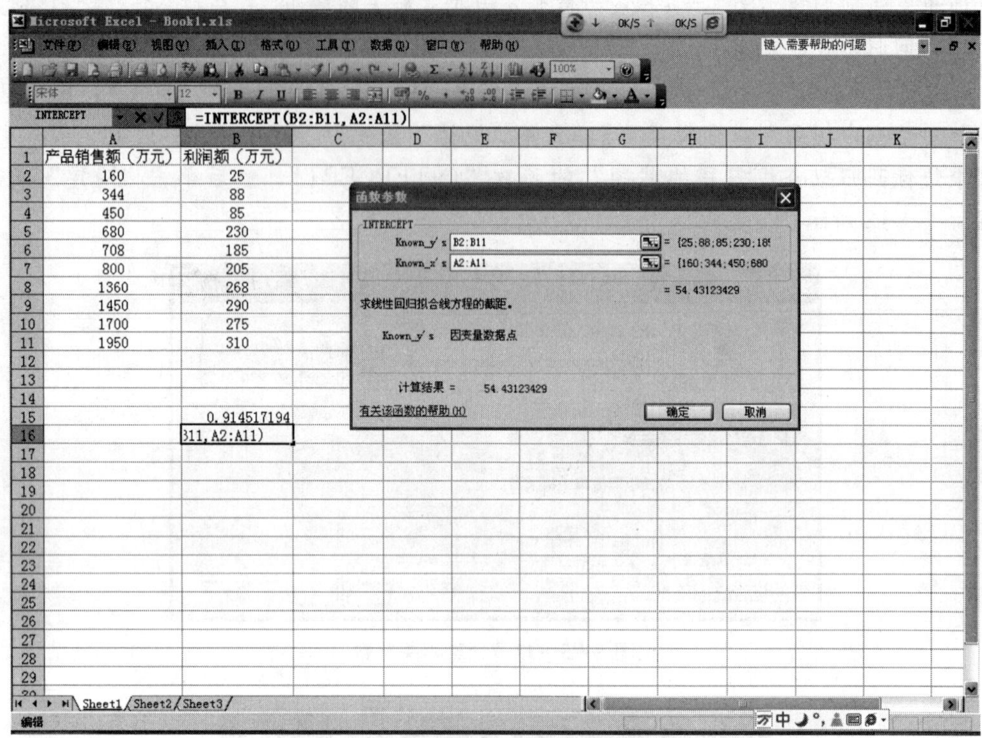

图 5—5—13　输出 *a* 值

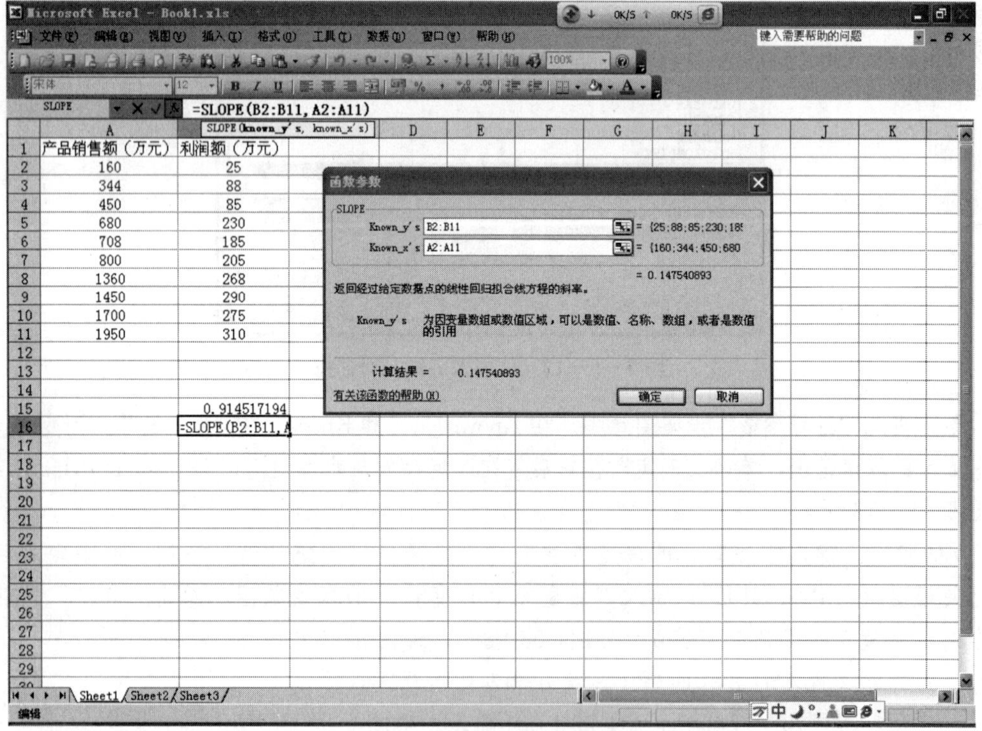

图 5—5—14　输出 *b* 值

(5) 预测。根据给定的变量 x 的值，可以利用统计函数“FORECAST”对因变量 y 值进行预测。方法同参数的估计，函数选择“FORECAST”，然后导入给定的自变量值如 $x=2\ 000$，导入因变量 y 的范围和自变量 x 的范围，这样即可得到因变量 y 值的预测值为 349.513 020 8，如图 5—5—15 所示。

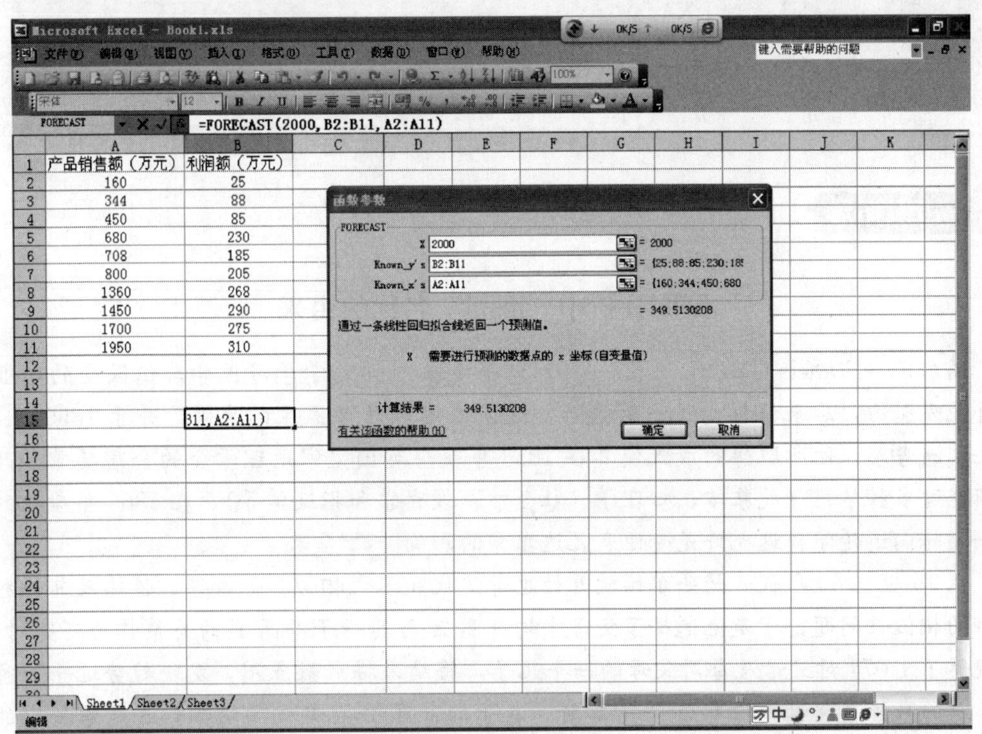

图 5—5—15 预测利润额

项目总结

1. 在客观世界里，相互依存关系表现为两种类型，一类是函数关系，一类是相关关系。相关关系具有两个特点：一是现象之间客观存在数量依存关系，二是现象之间客观存在的数量依存关系是不确定的。

2. 相关关系按所研究变量之间的相关程度的强弱，分为完全相关、不相关和不完全相关；按所研究现象变量间的相关关系表现形式，分为线性相关和非线性相关；按相关关系所涉及的变量个数的多少，分为单相关与复相关；按所研究变量间相关关系的方向，分为正相关和负相关。

3. 现象之间相关关系的判断方法主要分为定性分析和定量分析。定性分析主要有相关表和相关图，定量分析主要是相关系数。

相关系数的公式为：

$$r=\frac{\sum xy-\sum x\sum y/n}{\sqrt{\sum x^2-(\sum x)^2/n}\sqrt{\sum y^2-(\sum y)^2/n}}$$

4. 回归分析主要研究的是一元线性回归分析，简单线性回归模型为 $\hat{y}=a+bx$，其中，$\hat{y}$ 是因变量 y 的估计值，a 是拟合直线在 y 轴上的截距，b 是拟合直线的斜率，也叫回归系数。参数的确定公式为：

$$\begin{cases} b=\dfrac{n\sum xy-\sum x\sum y}{n\sum x^2-\left(\sum x\right)^2} \\ a=\dfrac{\sum y}{n}-b\dfrac{\sum x}{n}=\bar{y}-b\bar{x} \end{cases}$$

回归分析中“回归”名称的由来

高尔顿（Francis Galton，1822—1911）早年在剑桥大学学习医学，但医生的职业对他并无吸引力，后来他接受了一笔遗产，这使他可以放弃医生的生涯，并于1850—1852年去非洲考察，他所取得的成就使其在1853年获得英国皇家地理学会的金质奖章。此后他研究过多种学科（气象学、心理学、社会学、教育学和指纹学等），在1865年后他的主要兴趣转向遗传学，这也许是受他表兄达尔文的影响。

从19世纪80年代开始高尔顿就开始思考父代和子代相似，如身高、性格及其他种种特征的相似性问题，于是他选择了父母平均身高 X 与其一子身高 Y 的关系作为研究对象。他观察了1 074对父母及每对父母的一个儿子，将结果描成散点图，发现趋势近乎一条直线。总的来说是父母平均身高 X 增加时，其子的身高 Y 也倾向于增加，这是意料中的结果。但有意思的是，高尔顿发现这1 074对父母平均身高的平均值为68英寸（1英寸＝2.54厘米），1 074个儿子的平均身高为69英寸，比父母平均身高大1英寸。于是他推想：当父母的平均身高为64英寸时，他们儿子的平均身高应为65（＝64＋1）英寸；当父母的身高为72英寸时，他们儿子的平均身高应为73（＝72＋1）英寸。但观察结果却与此不符。高尔顿发现：前一种情况是儿子的平均身高为67英寸，高于父母平均身高达3英寸；后一种情况是儿子的平均身高为71英寸，比父母的平均身高低1英寸。

高尔顿对此研究后得出的解释是自然界有一种约束力，使人类身高在一定时期是相对稳定的。如果父母身高高了（或矮了），其子女比他们更高（矮），则人类身材将向高、矮两个极端分化。但实际上，自然界让身高有一种回归到中心的作用。例如，父母平均身高为72英寸，这超过了平均值68英寸，表明这些父母属于高的一类，其儿子也倾向属于高的一类（其平均身高71英寸，大于子代的平均数69英寸），但不像父母离子代那么远（71－69＜72－68）；反之，父母平均身高64英寸，属于矮的一类，其儿子也倾向属于矮的一类（其平均身高67英寸，小于子代的平均数69英寸），但不像父母离子代那么远（69－67＜68－64）。

因此，身高有回归于中心的趋势，由于这个性质，高尔顿就把“回归”这个词引进问题的讨论中，这就是“回归”名称的由来，逐渐被后人沿用成习。

资料来源：汪荣伟：《经济应用数学》，北京，高等教育出版社，2006。

复习思考题

1. 什么是相关关系？相关关系有哪些特点？
2. 简述相关关系的种类。
3. 相关系数有哪些特点？如何求相关系数？
4. 简述回归分析的概念和特点。
5. 相关分析与回归分析有哪些联系？
6. 构建直线回归模型应具备哪些条件？
7. 运用相关回归分析应注意哪些问题？

项目六 统计分析报告撰写

导入案例

生产稳定增长，经济效益下降

——2008年上半年65家企业集团生产经营简析

广州调查队

今年以来，面对冰雪、地震、美国次贷危机和石油价格节节攀升等国内国际环境双重压力，广州市企业集团以科学发展观为指导，有效整合资源，加快结构调整进程，加强经营管理，企业集团生产经营呈现稳健发展的态势，但由于受煤炭、石油、农产品价格升幅较大影响，我市企业集团实现利润同比明显下降。

一、基本情况

我市跟踪调查的65家企业集团，按主营行业分，制造业22家，占33.8%；电力生产和供应业5家，占7.7%；建筑业6家，占9.2%；交通运输业6家，占9.2%；批发和零售业8家，占12.3%；住宿餐饮业5家，占7.7%；房地产业5家，占7.7%；其他各行业8家，占12.4%。按母公司登记注册类型分，国有企业12家，占18.5%；国有独资企业44家，占67.7%；股份有限公司2家，占3.1%；其他有限责任公司6家，占9.2%；港澳台合资企业1家，占1.5%。

二、生产经营状况

(1) 综合实力不断提高。截止6月末，65家企业集团期末资产总额为11 239.4亿元，户均资产172.9亿元，同比增长10.5%。其中，资产总额超100亿元的企业集团有21家，资产总计为9 717.4亿元，占65家企业集团总资产的86.5%；资产总额在50亿至100亿元的企业集团有12家，资产总计为857.3亿元，占65家企业集团总资产的7.6 %；资产总额在10亿至50亿元的企业集团有24家，资产总计为609.4亿元，占65家企业集团总资产的5.4%；资产总额在10亿元以下的企业集团有8家，资产总计为55.2亿元，占65

家企业集团总资产的0.5%。

…………

三、存在问题

(1) 成本费用上涨过快影响企业经济效益。去年下半年以来，原油、煤炭、农产品价格上涨幅度较大，央行多次提高银行贷款利率，企业集团成本费用明显上升，与去年上半年相比，营业成本同比上升16.8%，销售费用同比上升23.9%，利息净支出同比上升21.3%，分别比营业收入增幅高出2.6个、9.7个和7.1个百分点。受成本费用上升较快影响，企业集团实现利润明显下降，经济效益下滑，各项效率指标有所降低。上半年，净资产收益率为3.8%，同比下降1.4个百分点；总资产报酬率为2.5%，同比下降0.7个百分点；销售利润率为5.2%，同比下降2.2个百分点；成本费用利润率为5.5%，同比下降2.6个百分点；资产负债率比去年同期上升0.7个百分点。

…………

四、建议

(1) 发挥资本纽带功能，发展壮大企业集团。一是按照市场法则，发挥资本纽带功能，实施购并重组，优化资产结构，实现资源和生产要素有效积聚，扩张集团规模，获取规模效能。二是利用我国资本市场逐步完善的时机，积极创造条件，让集团内部分优质资产上市，条件成熟时，要加快企业集团整体上市步伐，利用资本市场直接融资，不断提高经济实力和市场竞争力。

(2) 实现企业管理创新，实现跨越式发展。在深化内部改革过程中，积极采用网络技术应用所形成的新型生产经营模式，加速企业信息化建设和开展电子商务，在网络交易市场中缩小与发达国家和国内发达地区企业间的差距，以提高企业竞争力，积极适应经济全球化的新形势。

问题思考与讨论：

1. 统计分析报告包括哪些部分？
2. 如何撰写统计分析报告？

项目描述

根据统计调查项目所搜集的资料以及数据分析结果，撰写统计分析报告。

项目目标

能力（技能）目标	知识目标
1. 会拟定统计分析报告的标题。 2. 会确定统计分析报告的基本结构。 3. 能根据调查项目所搜集的资料、分析材料撰写统计分析报告。	1. 了解统计分析报告的特点与作用。 2. 掌握统计分析报告的基本结构。 3. 掌握统计分析报告的写作技巧。

任务一 了解统计分析报告基础知识

一、统计分析报告的含义与特点

统计分析报告是对研究过程进行表述的文章，是统计分析结果的最终形式。与一般的文章相比，它具有以下特点：

1. 以统计数据为语言

统计分析报告以统计数据为主要语言，并辅之以统计表和统计图来具体而明确地进行表述。统计分析报告所使用的数据不是个别的、简单的、杂乱无章的，而是相互联系的、具有逻辑关系的统计数据。

2. 具有简明的表达方式和结构

统计分析报告属于说明文，在表述时不使用夸张、虚构、想象等文学表达方式，也不使用华丽的语言和过多的描写去刻意渲染。它要求用尽可能少的文字去表达其丰富的内涵，做到言简意赅、精炼准确，并做到资料与基本观点相统一，论点和论据相一致。

统计分析报告具有相对确定的结构，其突出特点是层次分明、脉络清晰。一般是首先针对问题亮出观点，然后给出数据和事实进行证明，最后在进行科学分析的基础上提出对策和建议。

3. 是对研究过程的高度概括

统计分析报告是对研究过程的叙述，不是对整个研究过程的平铺直叙，而是选择其主要论点和论据对研究过程的高度概括。它省略了研究过程中运用多项指标、多种统计方法进行试算的过程，也不对方法的基本原理、特点、推导过程和运算步骤进行过细的讨论，而是通过论点和主要论据的联系直奔主题。

二、统计分析报告的作用

统计分析的功能只有通过统计分析报告才能得以体现。具体来说，统计分析报告的作用主要有以下几个方面。

1. 统计分析报告是表现统计分析成果最理想的形式之一

表现统计分析成果有文章、表格、图形等多种形式，在这些形式中，以文章来表现最为理想。这是因为：它能够综合、灵活地运用表格、图形等表现形式；它可以表现出表格和图形所不能充分表现的情况；它可以表现出表格和图形所不能表现的定性分析；它可以表现出研究过程中的条理性和逻辑性；它可以运用语言的表现力对重要问题加以强调，对一些细节进行提示，对数据表现出的规律性进行解释。

2. 统计分析报告是发挥统计整体功能的重要手段

统计分析报告把数据、情况、问题、建议等融为一体，既有定量分析，又有定性分析，可以比一般统计数据更集中、更系统、更鲜明地反映客观实际，又便于阅读理解，可以为科学决策提供客观依据，是发挥统计信息、咨询、监督功能的重要手段。

3. 统计分析报告有利于提高统计工作者的业务素质

要发挥统计整体功能，就要广泛开展统计分析活动，定期或适时向决策机构和社会各界提供有价值的统计分析报告。这是一项综合性、实用性很强的工作，也是成就统计人才的必由之路。只有积极地进行统计分析活动，认真撰写统计分析报告，才能不断增长才干，提高自身的理论水平、业务水平和分析问题的能力。

4. 统计分析报告是增进社会了解统计工作的窗口

统计分析报告可以综合表现和传播多种统计信息，是充分展示各种统计研究成果的窗口。这个窗口既可以向社会各界传递统计信息，也可以增进大家对统计工作的了解，使大家认识到统计工作对于促进经济社会发展的重要意义，从而扩大统计工作的社会影响，提高统计工作和统计工作者的社会地位。

自改革开放以来，我国各级统计部门大办开放式统计，积极向各级决策机构和社会各界提供各种形式的统计分析报告，发挥了参谋和助手的作用，使统计工作的地位得到了很大程度的提高。

三、统计分析报告的语言要求

统计分析报告多是陈述性和说理性相结合的文体，属应用文体裁，其专业性强、指标概念多、所用数据多，容易导致枯燥无味。要使读者明白、爱看，语言表达的技巧尤为重要。

统计分析报告的语言要力求准确、简练、通俗、生动。

1. 准确

准确是指语言一要符合实际，符合真理；二要合乎语法，合乎逻辑；三要恰如其分，把握分寸。要做到这三点，需要把握好三个方面：第一，要深刻地了解事物，准确地判断事物；第二，要精确选词，恰当用词；第三，语句要符合语法和逻辑。

2. 简练

简练是指言简意赅，用尽可能少的文字表达尽可能丰富的内容。导致分析报告语言不简练的原因，一是华而不实的文风，故作堆砌粉饰；二是思路不清，抓不住要点，翻来覆去，拖泥带水。当然，语言的简练不能妨碍意思的表达，为简而简，会导致语意不明。

3. 通俗

通俗是指容易被读者理解和接受。在写分析报告时，要心中有读者，以读者能够看懂为出发点。对于专业性太强的词句、指标，要做深入浅出的解释；对于公式中所用的符号，要说明其所表示的经济含义。

4. 生动

生动是指语言具有活力，能感动人。统计分析报告专业性强，容易使人感到枯燥单调，使用生动的语言，可以给读者留下深刻的印象，增强文章的实效。对于文中的统计数字，要尽量将其写活，将其化成读者能够理解、感到新鲜的材料，可以利用统计表和统计图对其进行清晰、形象的描述。

撰写统计分析报告

一、撰写统计分析报告的基本步骤

（一）确定统计分析报告的基本结构

统计分析报告的基本结构包括：标题、导语、正文和结束语等部分。撰写统计分析报告包括标题的拟定、导语的撰写、报告正文和结束语的撰写等，与撰写其他类型的文章有相似之处，但统计分析报告要突出其简明扼要的特点。

（二）拟定标题

标题也称为题目，它是作者向读者传递社会经济信息的第一个通道。有时，它是读者决定是否阅读这一报告的依据。人们阅读文章，首先要看标题。标题是对文章基本思想的浓缩，在文章中占有重要的地位。一篇统计分析报告有了好的标题，可以增强文章对读者的吸引力，给统计分析增色。相反，一篇统计分析报告也会因标题定得较差而逊色。例如，企业为了在市场竞争中争取主动，对消费者的购买动机进行调查，其调查分析报告的标题如果定为“××产品消费者购买动机调查”，则会显得比较平淡，而如果定为“××产品市场竞争探秘”，则会吸引读者将这一报告读下去。

1. 标题的基本要求

就统计分析而言，好的标题应做到确切、简洁、新颖。确切，是指标题要准确概括统计分析报告的内容，做到题文相符；简洁，是指标题要精练、扼要、通俗易懂，以尽可能少的文字来概括全文的内容；新颖，是指标题要不落俗套，具有鲜明的观点和独特的风格。

2. 几种常见的标题拟定方式

标题的拟定方式是多种多样的，常见的有以下几种：

（1）以分析目的为标题。这是统计分析标题最基本的形式，例如：“我国工业的现状、问题和对策”，“我省各市县乡镇企业经营状况比较”。

（2）以主要论点为标题。例如：“国有企业大有作为”，“我省工业经济效益不断滑坡”。这两个标题既点出了分析对象是国有企业和我省工业的经济效益状况，又说明了主要论点是“大有作为”和“不断滑坡”。这就比“国有企业调查”和“我省工业经济效益状况分析”这样的标题生动得多。

（3）以主要结论为标题。例如：“制度创新才是国有企业解困之路”，“盲目引进是我省工业经济效益下滑的根本原因”，“产品销售是关键”。

（4）以所提问题为标题。例如："我市发展高新技术产业路在何方？""亚洲金融危机告诉了我们什么？""六股泉汽水厂还办不办？"由标题提出问题能引起读者的疑问和悬念，使读者产生阅读的欲望。

除以上几种常用的方式外，统计分析报告标题的拟定还可以将以上方式结合一些修辞方法。如"效益一落千丈，企业进退两难"，这是运用夸张的手法将主要论点提出；又如"三叔不如二大爷"，这是利用谐音字表示"三熟"，意在说明我国南方一些地区一年三季庄稼不如种两季的效果好，但这样的标题往往需要再加一个副标题为好。

3. 标题拟定中存在的问题

近年来，统计分析报告的质量有了显著的提高，但在统计分析报告的写作中，有相当多的作者不重视标题，在标题的拟定中存在一些问题。

（1）缺乏新意。有些标题虽然如实反映了统计分析的内容，但缺乏新意，不能引起人们的兴趣。很多统计分析报告的标题都冠以"几点看法"、"几个问题"、"××调查"、"××分析"，这样的标题大家可用、年年可用、事事可用，显示不出特色，显得呆板和千篇一律。

（2）标题与内容不一致。一般文不对题的情况较少，但标题与内容不尽一致的情况则时有发生。有的题义过宽过大，如一篇题为"关于我市物价情况的分析"的报告，实际上只分析了蔬菜价格问题；有的题义过窄过小，如一篇题为"关于××市 2010 年经济形势分析"的报告，实际上不但写了 2010 年，而且用了较大篇幅对历史状况进行了分析，并对第二年的经济形势进行了预测。

（3）标题过长。有些分析者为了把分析报告的目的、意义说得清楚一些，而拟定了较为冗长的标题，如"只有进一步深化改革，依靠技术进步，充分发挥各级部门的积极性，才能扭转我省外贸出口的被动局面"，共用了 42 个字，标题过长。

（三）撰写导语

导语就是统计分析报告的开头。文章开头的好坏，是关系全篇成败的一个重要因素。要用寥寥数语，交代分析和论述问题的背景，指出分析的目的，揭示全文的中心内容，使读者对所要论述的全文有一个大致的了解。因此，对导语的基本要求，一是要能够抓住读者，引起读者的注意和兴趣；二是要为全文的展开理清脉络，牵出头绪，做好铺垫，确定格局；三是要短，要精，要新。

1. 导语的形式

统计分析报告中常见的导语形式有以下几种：

（1）开门见山。其特点是紧紧围绕文章的基本观点，简明扼要，直叙入题。这种开头方式是统计分析报告最基本的导语形式。

例如："目前我国有 3.9 亿农村劳动力，约占社会劳动者人数的 3/4。由于近年来一些地区学龄儿童入学率下降，失学严重，出现了一大批'小农民'劳动力后备军。这种劳动力后备军素质低，制约了农村经济的发展。"

再如："今年 1—2 月我省工业产值增幅比去年同期下降了 26 个百分点，这一信息引起各方面的关注。通过对今年首季工业生产形势的分析，我们认为，工业增长率下降问题确实值得注意，但从现在抓起，前景未必悲观。”

又如，一篇题为“物价上涨，在银行存钱会不会吃亏”的统计分析报告的导语为：“近年来，有些同志看到物价涨幅大，提出了‘在银行存钱会不会吃亏’的问题。我们根据银行利率变化和本市零售物价指数，按不同时期的三种口径，以一年定期储蓄的获利进行计算、对比、分析后得出结论：在银行存款是合算的。”这种开头方式把作者的观点“在银行存款是合算的”首先亮出来，使读者对所关心的“会不会吃亏”的问题，在文章的开头就得到了答案，心里踏实而明确。

以上开头都是直接揭示了文章的基本观点，把引起读者关心的问题点破，使之看了开头的话就能领悟到题旨，引起阅读兴趣，进而把全文看完。

(2) 造成悬念。这与前面谈到的以所提问题拟定标题是一个意思。在分析问题或阐述观点之前，先依据文章要旨提出问题，以引起读者的注意和思考，催人到文中去寻找答案。

例如：“今年上半年，在从中央到地方一片‘扩大内需’的呼声下，我省零售商品价格指数同比下降了 3 个百分点，消费品零售额同比下降了 2%，而银行存款与去年年末相比却增长了 3.3%，是什么原因造成了这种内需减少的状况呢？现对其进行分析。”

又如：“去年 5 月 10 日放开猪肉等副食品价格，迈出了价格体系改革的第一步。至今出台整一年，人们很想知道这一年城市居民生活水平，特别是食品消费水平是提高了，还是降低了?”

造成悬念式的开头与下文是密切关联的，它们之间形成呼应关系，例如：

“这是什么原因？……让我们来进行分析吧!”

“为什么会得出这种结果？……让我们讲给你听，你就会明白的。”

“今后的发展趋势如何？……让我们都来关心，共同探讨吧!”

这样，可以使文章在问与答中不断扩展深化，使读者在问与答中不断地了解和得到启迪。

(3) 交代动机。以交代统计分析动机的方式开头，也比较常见。这种开头的主要特点是：起因线索完整，时间、地点俱在，分析动机清楚。

例如：“为了了解我省青少年违法犯罪情况，剖析青少年违法犯罪的原因，以便采取对策，预防和减少青少年违法犯罪，今年 4 月至 7 月，省统计局和司法厅按照随机抽样的方法，从 14 岁至 25 岁的在押在教劳改劳教人员中，抽选出 3 991 人进行了问卷调查。同时走访了管教干警、学校师生和家长、青少年劳改劳教人员共 173 人，搜集整理出反映我省青少年违法犯罪原因、特点及基本状况的近 8 万个数据和青少年劳改劳教人员的近千条意见。现将调查了解的情况综述如下。”

这一导语将“时间”、“地点”、“人物”、“事件”四要素以及所采用的调查方法都作了交代，接着写调查结果会对读者产生一定的吸引力。

除以上三种比较典型的形式之外，统计分析报告的导语还可以有其他多种形式，甚至可以不写导语，直接进入主体部分。

2. 导语的语言

导语的语言要精练、新颖，避免用套话。“开卷之初，当以奇句夺目，使之一见而惊，不敢弃去。”“譬诸身到名山，未到菁华荟萃处，已有一股灵气，先来扑人。”当然，还要注意导语语言与全文的协调，杜绝脱离文章主题而一味求新。

3. 导语写作中常见的问题

导语写作中常见的问题有以下几种：

(1) 过于冗长。导语只应起到“引导”的作用，如果论述过多，往往会分散读者的注意力，特别是论述过多但又说不清楚，有可能使读者一开始就摸不着头脑，并产生一些错觉。有些统计分析报告的撰写者，为了使自己的观点更有说服力，一开场就摘录了许多领袖、名人或领导者的大段讲话，很容易引起读者的反感。统计分析报告要用数字说话，用数据说服人，一开头可不必过多引用领导人的指示作为论据。

(2) 与正文缺乏联系。导语要引导读者进入正文，需要与正文紧密联系。在有的分析报告中，导语与正文所述范围不一致，导致“人小帽大”或“人大帽小”。例如，导语提出一个全国性的问题，但正文的论点和论据却都出自某一地区。

(四) 拟写正文

1. 正文结构

统计分析报告的正文是它的主体。正文要围绕主题，层次分明、条理清晰地展开；要依据事物发展的客观规律，循序渐进地分析论述；要考虑到读者的认识程度，从先易后难、先简后繁的原则出发，循循善诱。这就需要从全局出发对内容的先后次序、展开的步骤以及论述的详略进行合理的组织，这就是正文结构的安排，包括整篇文章的结构和每一局部的结构。结构安排得如何，直接影响分析报告的质量。一般地，统计分析报告常见的结构有以下几种：

(1) 递进结构。递进结构是指文章各部分之间一层接一层，层层深入地衔接。这种结构通常用于整篇文章的结构安排。递进结构的常见形式有按照事物之间的因果关系展开、按照事物的逻辑关系展开及按照读者的理解顺序展开等。如按照“现状—原因”、“现状—对策—结果”、“现状—问题—对策”、“历史—现状—未来”、“简单—复杂”、“具体—抽象”等进行安排都是统计分析报告常见的整体结构。

(2) 序列结构。序列结构是指各层意思之间是并列关系。一般是将所要表述的情况，分成并列的几部分横向展开来表达主题。例如，在分析国民经济发展状况时，按照农业、工业、建筑业、商业及饮食业等一部分一部分地进行叙述；在分析企业经营状况时，按照企业偿债能力、企业获利能力、企业营运能力、企业发展能力等一方面一方面地进行叙述。

(3) 序时结构。序时结构是指按照事物的经过和时间的先后进行表述。统计分析的一个重要任务就是总结过去、把握现在、预测未来，这样才能更好地发挥统计信息、咨询和监督的作用。按照事物发展的经过和时间的先后进行表述，要注意精心取材，突出重点，切忌平铺直叙。这种结构多用于反映客观事物随着时间的变化而变化的统计分析。例如，在分析新中国成立以来经济发展状况时，可按“一五”时期、“二五”时期、三年调整时期等时间顺序进行叙述。

要合理安排分析报告的内容，使之具有适当的结构，不仅需要明了有什么样的结构，还要清楚地分析研究的成果适合于哪种结构。在文章结构确定后，还要注意各层次的内容怎样前后呼应、怎样突出分析的主题等一些问题。

2. 正文数字运用中常见的问题

统计分析报告质量的高低，在很大程度上取决于数字本身的准确性、数字使用的规范性以及数字表达的完整性。在数字运用方面存在以下一些问题：

(1) 数字罗列过多，缺乏重点。

例如："……去年我省所有制独立核算工业企业每百元资金实现利税平均为 16.6 元，比 2010 年的 22.6 元少 6.0 元；同全国平均 23.2 元比，低 6.6 元，列第 18 位。问题的关键是产品竞争力差，因而资金周转慢。以城市的情况为例，××市 3.02 次，××市 0.95 次，××市 1.11 次，××市 0.74 次，××市 0.89 次，××市 0.58 次，××市 0.92 次，××市 0.92 次，××市 0.95 次，××市 1.28 次。而全国 200 多个城市的平均周转次数为 3.4 次，绝大多数市都比我省的市要好。……"

又如："……某些重要轻工业品的净调入量占纯销量的比重是：棉布 5 887 万米，占 44.4%；呢绒、绸缎 880 米，占 60.4%；汗衫背心、棉毛衫裤 1 046 万件，占 38.0%；缝纫机 11 万台，占 68.8%；自行车 43.4 万辆，占 64.3%；手表 42 万只，占 55.9%；收音机 11.5 万台，占 30.7%；电视机 10 万台，占 40%。而调出的品种少、数量小。……"

以上两例数字罗列过多，缺乏重点。其实，在第一例中，用该省各市的平均资金周转次数与全国比较就能够说明问题了，第二例则可以用统计表的形式来进行调入、调出的比较。

(2) 作为论据的统计数字不能说明论点。

例如："……表 6—1 表明，我省一次能源生产在'十一五'时期以前自给自足而略有富余。"

表 6—1　　各时期一次能源年平均增长与工农业总产值平均增长情况

时期	一次能源年平均增长 (%)	工农业总产值平均增长 (%)
恢复时期	26.21	11.41
"五五"时期	38.08	7.14
"六五"时期	2.78	−1.63
"七五"时期	2.99	24.23
"八五"时期	16.16	10.41
"九五"时期	12.75	9.09
"十五"时期	2.19	2.06
"十一五"时期	1.11	3.81

其实，认真观察以上这段话的论点——"我省一次能源生产在'十一五'时期以前自给自足而略有富余"与表中所列的数据之间并不存在必然的联系。表中的数据只能表明一次能源年平均增长与工农业总产值平均增长之间的关系。

又如："2010 年，投资规模增长过猛的势头初步得到了控制。……比上年增长了 38.8%。"读者不禁要问，增长了 38.8%还说是初步得到了控制，那么多大的增长幅度才能算失控呢？对于这一例，或可给出此前的投资总额的增长幅度以作比较，来说明论点。

(3) 数字运用含义不清或表述不当。

例如："……总的来看，花费较大。按照他们的收入计算，每对新婚夫妇平均月标工资 2 585.84 元。……"其中"月标工资"就用得不是很规范，不如用"月标准工资"清楚。

在许多统计分析报告中常看到一些指标，不知道是如何计算出来的，例如在一篇论述某地区可持续发展问题的统计分析报告中，出现大量如"资金产出率"、"环境污染指数"、"重复建设率"等指标，也未进行必要的说明，让人看过之后仍不清楚这些指标是如何界定、如何计算的。

(4) 数字运用不准。在一些统计分析报告中，作者为了清楚地说明问题，引起读者的注意，会有意无意地采取夸大使用统计数据的方式。

(5) 数字搬家。统计分析报告中应用的统计数字应是经过处理的数字。如果将一些原始资料搬到统计分析报告中，通常被形象地比喻为"数字搬家"。例如："今年下半年以来，我市工业形势较上半年有所好转，7 月份全部独立核算工业总产值为 426 亿元，工业增加值为 204 亿元，产品销售收入为 192 亿元，其中出口 12 亿美元，实现利税 32 亿元……"其中，未对原始资料进行任何形式的评价，仅从这些数字的罗列反映不出该省的工业形势是否好转了。

3. 修辞、语法、语言逻辑方面常见的问题

统计分析报告虽然是用数字说话，但离不开语言。因此，在其他文章中常见的毛病，在统计分析报告中也常有出现，如语言啰嗦，语序混乱，词不达意，过度修饰，逻辑不清等。例如：

"吃的食品的构成质量正在发生变化。"这里的"食品"本来就是"吃的"，"构成"和"质量"也重复了，应改为"食品构成正在发生变化。"

"全年利税增长幅度恰好正达到上级主管部门下达的 10%的标准要求。""恰好"和"正"用词重叠，"标准"和"要求"也重复了，应改为"全年利税增长幅度恰好达到上级主管部门要求的 10%。"

"公司的生产计划，经过全体职工进行讨论，比原来开展得更活跃了。"这里将"计划"与"开展"相搭配是不合适的，违反了主语和谓语的搭配规则。

"今年第一季度，我厂基本上完成了全年生产计划的 35%。""基本上"是一个笼统的概念，而"35%"是确切的数字，两者不应搭配使用。

"我省自然条件复杂，有山区、丘陵区、平原区、林区、水稻区、杂粮区……"这里出现了概念外延划分上的错误，山区、丘陵区、平原区是按地形地貌划分的，而林区、水稻区、杂粮区是按种植作物的种类划分的，将它们并列在一起显然是错误的。

(五) 撰写结束语

结束语是分析报告的结尾。好的结尾可以帮助读者明确题旨、加深认识，又可引起读者的联想和思考，起到言虽尽而意无穷的效果。

1. 结束语的种类

统计分析报告结束语的写法是多种多样的，常见的有以下几种：

（1）总括全文。统计分析报告在分析事物发展变化的主客观原因、论证多层次观点后，在结束全文时予以归纳总结，强调基本观点，突出中心思想，这种结尾形式称为总括全文式。总括全文式结尾的文章一般都有明显的“总起—分说—总结”的结构特点，且结尾的开始多使用“综上所述”、“总之”、“总而言之”等概括性词语，然后把正文叙述的内容进行简要回顾概括，使读者进一步明确全文的中心思想。

（2）提出建议。统计分析报告以提出建议的方式来结束全篇的也十分常见，且形式各异。归纳起来主要有两类：一类是没有结尾段，以最后一个层次的若干建议来收笔；另一类是专门有个建议结尾段，用简练的语言把建议内容概括在终篇段内。例如：“鉴于上述存在的问题，建议有关部门对发展横向经济联合采取合理规划、正确引导、积极扶持、加强管理的方针，把我国商业、饮食业、服务业横向经济联合推向一个新的阶段。”

（3）首尾呼应。有的统计分析报告在导语中提出问题，通过分析归纳，结尾处给予回答，这种结尾形式称为首尾呼应式。这种形式的结束语为读者明确地揭开谜底，并使全文前后呼应，浑然一体。

（4）篇末点题。这种形式的统计分析报告在开头处不亮出基本观点，经过一系列分析、论证，最后才在文章的收尾处照应题旨，点明题意。所谓“点”，就是用笔极少，但却含义深邃，富有概括力和表现力。例如：“通过以上分析，我们认为：越是搞活经济，越是进一步贯彻按劳分配原则，人们的收入差距就会越大，就越是要加强和完善社会保障体系的建设。相反，如果我们只将注意力放在‘均贫富’上，对于发展社会主义市场经济体制而言，则无疑是南辕北辙。”在分析报告的结尾才亮出基本观点，使读者有豁然开朗的感觉。

统计分析报告的结尾除以上几种写法外，还可以有以下几种形式：一是以提问的形式结尾，意在引起人们进一步的思索；二是补充、强调导语和正文中未提到的问题，以使分析报告更加全面；三是通过展望未来，以饱满的热情、有力的语句来完成全篇分析报告。

2. 对结束语的要求

无论用哪种形式结尾，都需要注意以下几点：

（1）当止则止。在统计分析报告的结尾，只要把意思表达完整了，就应该收笔，避免画蛇添足。

（2）合情合理。结尾应是水到渠成，即从前文的分析论述自然形成，与前文内容相呼应、相一致，避免“尾”不对题。

（3）首尾呼应。结尾要在内容和形式上呼应开头，与开头相一致，避免有头无尾、虎头蛇尾。

（4）准确简洁。结尾对文中提出的问题或对策建议的归纳应准确，语言表述要简洁。

二、统计分析报告的逻辑

1. 统计分析报告应该概念明确，判断恰当，推理合乎逻辑

概念反映事物的特征和本质属性，概念明确是正确判断与推理的前提。我们在撰写统计分析报告时，首先要确切了解概念的内容和适用范围，弄清各个概念之间的关系，准确

地使用概念。

(1) 判断。判断是对事物有所判定的思维形式。我们在做统计分析时，只有在概念的基础上形成判断，才能把研究对象所具有的性质揭示出来，也才能通过推理达到认识客观规律的目的。统计分析中的判断应恰如其分地反映客观实际，在同一分析过程中不应前后矛盾，观点应明确，不致引起歧义。

例如："去年我县所有二轻企业增了产，只有个别企业产量略有下降。"在这里，既然有"个别企业产量略有下降"，怎么能说"所有二轻企业增了产"呢？这一判断是前后矛盾的。

再如："2010 年我市工业企业利润计划增加 2.3 亿元，但由于原材料调价、提高折旧率和银行贷款利率等外部因素的影响，利润减少 0.5 亿元。"这段分析中所说的"利润减少 0.5 亿元"表述不够明确，读者对此可能会有两种不同的理解，一种理解为利润比 2009 年实际减少 0.5 亿元，另一种理解是利润比 2010 年计划减少 0.5 亿元。

(2) 推理。推理是根据一个或几个相互联系的已知判断推出新判断，它是深入认识社会经济现象的重要手段。归纳和演绎，是人们认识过程中的两种推理方式。归纳是从许多个别事实中概括出一般概念、结论的思维方法，是从特殊到一般的思维活动；演绎是从一般原理、概念推出个别结论的思维方法，是从一般到特殊的思维活动。在统计分析中，正确运用推理方法，可以把主题思想组织得更加严密，从而提高统计分析的说服力。

例如："从 2005 年到 2011 年，××市城市居民的'基本生活消费'增长了 21.7%，而其在'生活消费'中的构成比重下降了 16.6%；'保障性消费'增长了 1.48 倍，在'生活消费'中的构成比重增长了 70.0%；'提高性消费'增长了 1.24 倍，在'生活消费'中的构成比重增长了 53.6%。这组数字表明，在短短 5 年的时间里，本市居民的消费结构发生了重大变化，居民的生活水平正向提高质量的阶段迈进。"

这段分析采用了归纳推理的形式，依据有关××市城市居民消费的一组数据，归纳出"在短短 5 年的时间里，本市居民的消费结构发生了重大变化，居民的生活水平正向提高质量的阶段迈进"这一结论。

再如："房地产开发虽然从盲目追求花园别墅、贪大求洋有所回归，但面积与房型仍然是供需双方的主要矛盾，不适应社会家庭日趋小型化的需求。现在的商品房，百平方米以内多为两室一厅，八十多平方米三室一厅者寥寥，不但浪费有限资源，也令资金不充裕者望而却步。居民不动产消费将是今后若干年内的热点，而其中的主力军是工薪阶层，购买力有一定限度。在商品房供大于求的市场形势下，商品房消费者将会变得更加理智与挑剔，需求更加多样化。因而，供应方仅从数量上满足供给是远远不够的，还必须从品种上满足需求。这就如同其他商品的多规格多花色，以适应不同的消费群体。"

这段分析采用了演绎推理的形式。其中第一句话："房地产开发虽然从盲目追求花园别墅、贪大求洋有所回归，但面积与房型仍然是供需双方的主要矛盾，不适应社会家庭日趋小型化的需求。"这是一般性的概念，其后通过事实进行论证，最后推导出："供应方仅从数量上满足供给是远远不够的，还必须从品种上满足需求。"

2. 统计分析报告中的观点和材料要统一

观点，是分析报告的灵魂，是材料的统帅。在统计分析报告中，如果罗列一大堆材料而没有观点，就会像一本流水账，阅读者弄不清报告要说明什么问题。材料，是观点的依托。如果在统计分析报告中只有观点而没有材料，就会变得空洞无物，没有说服力。

在统计分析报告中，观点和材料要有机地结合，要合情合理，而不能牵强附会。这就要求在使用材料时注意恰如其分，用之得当。

首先，观点应来自准确、丰富的材料，在材料的基础上形成观点。在分析研究过程中，要尽可能多地搜集一些材料，经过加工整理、分析对比，形成观点。观点形成之后，要对材料进行筛选，获取其中最能说明观点的统计数字和典型事例，在分析报告中加以叙述，而不要将所有材料一股脑地搬到文中。也就是说，在搜集材料时，要“以十当一”，材料越多越好。

其次，材料和观点不应脱节。材料应有助于帮助读者理解、接受分析报告中的观点，不应拼凑一些不相关的材料来做装饰。

三、统计分析报告的评价标准

评价统计分析报告，一般可以从两个方面来衡量：一是从分析报告的水平来评价；二是从分析报告在实际工作中发挥的作用即社会效益来评价。评价的具体标准如下：

1. 针对性

统计分析有着明显的目的性、实用性，它是为一定对象服务的。统计分析和其他产品一样，不能只求数量，不问质量，必须注意“适销对路”，不要“无的放矢”。

2. 科学性

科学性是统计分析报告是否具有使用价值的主要依据。科学性是指统计分析报告能够实事求是地反映情况，全面、辩证地分析问题，科学地运用统计分析方法，材料和观点相互统一。

3. 逻辑性

统计分析工作本身是一项逻辑思维活动。在写作统计分析报告时，必须运用判断、推理、归纳等一系列逻辑方法，分析报告的内容、结构形式、语言都要合乎逻辑。分析要合情合理，结论要有根有据。

4. 创新性

创新性是指在选题方面，能够开拓新的研究领域；在分析问题时，能够理论联系实际；有独到见解，而非人云亦云。

5. 时效性

时效性是指能够及时地提供统计分析报告，这是确保统计信息价值的重要条件。适时地提供统计分析报告，有利于充分发挥统计信息的作用，否则时过境迁，会降低统计分析报告的价值。

总之，一篇好的统计分析报告应做到：选题准确，中心突出；结构严谨，层次分明；观点正确，推断合理；观点明确，材料翔实；文字精练，通俗易懂。

1. 统计分析报告是统计分析结果的最终形式，统计分析报告的基本构成包括标题、导语、正文、结束语等部分。

2. 常见的标题拟定方式有：以分析目的为标题、以主要论点为标题、以主要结论为标题、以提问的方式为标题等。导语典型的形式有：开门见山、造成悬念、交代动机等。

3. 统计分析报告的结构有：递进结构、序列结构、序时结构。

4. 统计分析报告的语言要力求准确、简练、通俗、生动，概念明确，判断恰当，推理合乎逻辑，观点和材料相统一。

知识拓展

表达：统计写作的“美容师”

就统计写作的热爱和勤奋的话题，已经在“统计家常话”絮叨两篇了，这篇再说说关于统计写作的表达。

2010 年出了一本《统计如何表达统计》的书，书名取自其中一篇文章。今年又和《中国信息报》“潘璠视点”的专栏作者潘璠、“快乐写吧”的专栏作者邓力合出一本《统计连着我和你》的书，并以“统计可以这样表达”为序题。那么，为何如此高频使用“表达”呢?

表达能力是衡量一个人能力的重要指标，这个能力又可细分为文字表达能力、语言表达能力、即兴表达能力等。这些表达有时又是一种综合体现。如最近单位举行领导干部竞聘演讲活动，形式是每个演讲者要面对摄像机镜头说上 5 分钟，然后“原汁原味”地公示于众。这 5 分钟虽然很短，但表现如何，就完全看综合表达能力了。看这些演讲录像，每个人文字的、口头的、表情的种种表达融为一体，纤毫毕现，无可回避和掩饰，一切就看平时的锻炼、经验和实战的准备如何了。

什么是美容师? 应该说，一个人是否漂亮，并非只看脸蛋那么一块，内在、外在、体型、气质、装束等大概都在其中。所以，每个人都是自己的美容师。

回归统计写作，这个“美容师”就是作者自己。“为悦己者容”，作者要为读者着想，要扬长避短，要“表达”出自己最美好的一面。

很多人视统计枯燥、乏味，统计写作就要在扭转、改变或重塑统计形象上下工夫，力求通俗、形象、生动。中国统计正在奋力走向公开透明，走向百姓大众，这一大趋势需要统计产品以更加真实、准确、全面、鲜活、时效、形象、通俗的新面貌示人，这对统计是一大挑战，对统计宣传是一大机遇，对统计写作是一个很好的锻炼。

统计写作中常有赞美自己工作、事业、追求的种种抒情的表达，这是自信、自豪和激情的表现，是非常必要的。但是切忌空洞无物，煽情过头，滥抒情，抒滥情。否则，容易弄巧成拙，适得其反，甚至引发误解或歧义。曾在《南方人物周刊》读到这样一个统计小段，内容就一句话："我可以重新排列天上的星星，因为我有统计。"

这个小段，似乎是讽刺统计人可以随意摆布数据，显然这是一种误读。但为何区区一句话会引起如此误解呢？不能不说，抒情抒得有问题。试想：天上的星星怎么排列，完全是大自然的手笔，是客观存在的，人为地排列，怎么可能？而"因为我有统计"之语，尽管很自豪很牛，但谁能相信你能"重新排列天上的星星"？尽管这些星星，可能是你心中神圣的数据，但不真实的比喻和抒情，岂能换来读者的共鸣！

为了更好地表达统计，就要加强、修炼"美容"功夫，增强语言运用能力，同时提高学识、见识，写出有角度、有时效、有创新的文章。要达到这个目的，我觉得有三点很重要：一是见数见事更要见人，以人为本，写出统计人的性格、统计人的境界，甚至统计人的弱点；二是"读书为写作谋"，多读书，读好书，丰富自己，增加知识储备；三是"行万里路"，深入实际，深入生活，深入基层，去挖掘去寻找生活中的真善美。

资料来源：际平：《表达：统计写作的"美容师"》，载《中国信息报》，2011-09-02。

复习思考题

1. 什么是统计分析报告，统计分析报告具有哪些特点？
2. 统计分析报告具有哪些作用？
3. 一篇统计分析报告由哪些部分构成？
4. 统计分析报告结尾的写法有哪些类型？

附　　录

正态分布概率表

t	F (t)	t	F (t)	t	F (t)	t	F (t)
0.00	0.000 0	0.26	0.205 1	0.52	0.396 9	0.78	0.564 6
0.01	0.008 0	0.27	0.212 8	0.53	0.403 9	0.79	0.570 5
0.02	0.016 0	0.28	0.220 5	0.54	0.410 8	0.80	0.576 3
0.03	0.023 9	0.29	0.228 2	0.55	0.417 7	0.81	0.582 1
0.04	0.031 9	0.30	0.235 8	0.56	0.424 5	0.82	0.587 8
0.05	0.039 9	0.31	0.243 4	0.57	0.431 3	0.83	0.593 5
0.06	0.047 8	0.32	0.251 0	0.58	0.438 1	0.84	0.599 1
0.07	0.055 8	0.33	0.258 6	0.59	0.444 8	0.85	0.604 7
0.08	0.063 8	0.34	0.266 1	0.60	0.451 5	0.86	0.610 2
0.09	0.071 7	0.35	0.273 7	0.61	0.458 1	0.87	0.615 7
0.10	0.079 7	0.36	0.281 2	0.62	0.464 7	0.88	0.621 1
0.11	0.087 6	0.37	0.288 6	0.63	0.471 3	0.89	0.626 5
0.12	0.095 5	0.38	0.296 1	0.64	0.477 8	0.90	0.631 9
0.13	0.103 4	0.39	0.303 5	0.65	0.484 3	0.91	0.637 2
0.14	0.111 3	0.40	0.310 8	0.66	0.490 7	0.92	0.642 4
0.15	0.119 2	0.41	0.318 2	0.67	0.497 1	0.93	0.647 6
0.16	0.127 1	0.42	0.325 5	0.68	0.503 5	0.94	0.652 8
0.17	0.135 0	0.43	0.332 8	0.69	0.509 8	0.95	0.657 9
0.18	0.142 0	0.44	0.340 1	0.70	0.516 1	0.96	0.662 9
0.19	0.150 7	0.45	0.347 3	0.71	0.522 3	0.97	0.668 0
0.20	0.158 5	0.46	0.354 5	0.72	0.528 5	0.98	0.672 9
0.21	0.166 3	0.47	0.361 6	0.73	0.534 6	0.99	0.677 8
0.22	0.174 1	0.48	0.368 8	0.74	0.540 7	1.00	0.682 7
0.23	0.181 9	0.49	0.375 9	0.75	0.546 7	1.01	0.687 5
0.24	0.189 7	0.50	0.382 9	0.76	0.552 7	1.02	0.692 3
0.25	0.197 4	0.51	0.389 9	0.77	0.558 7	1.03	0.697 0

续前表

t	F (t)	t	F (t)	t	F (t)	t	F (t)
1.04	0.701 7	1.43	0.847 3	1.82	0.931 2	2.40	0.983 6
1.05	0.706 3	1.44	0.850 1	1.83	0.932 8	2.42	0.984 5
1.06	0.710 9	1.45	0.852 9	1.84	0.934 2	2.44	0.985 3
1.07	0.715 4	1.46	0.855 7	1.85	0.935 7	2.46	0.986 1
1.08	0.719 9	1.47	0.858 4	1.86	0.937 1	2.48	0.986 9
1.09	0.724 3	1.48	0.861 1	1.87	0.938 5	2.50	0.987 6
1.10	0.728 7	1.49	0.863 8	1.88	0.939 9	2.52	0.988 3
1.11	0.733 0	1.50	0.866 4	1.89	0.941 2	2.54	0.988 9
1.12	0.737 3	1.51	0.869 0	1.90	0.942 6	2.56	0.989 5
1.13	0.741 5	1.52	0.871 5	1.91	0.943 9	2.58	0.990 1
1.14	0.745 7	1.53	0.874 0	1.92	0.945 1	2.60	0.990 7
1.15	0.749 9	1.54	0.876 4	1.93	0.946 4	2.62	0.991 2
1.16	0.754 0	1.55	0.878 9	1.94	0.947 6	2.64	0.991 7
1.17	0.758 0	1.56	0.881 2	1.95	0.948 8	2.66	0.992 2
1.18	0.762 0	1.57	0.883 6	1.96	0.950 0	2.68	0.992 6
1.19	0.766 0	1.58	0.885 9	1.97	0.951 2	2.70	0.993 1
1.20	0.769 9	1.59	0.888 2	1.98	0.952 3	2.72	0.993 5
1.21	0.773 7	1.60	0.890 4	1.99	0.953 4	2.74	0.993 9
1.22	0.777 5	1.61	0.892 6	2.00	0.954 5	2.76	0.994 2
1.23	0.781 3	1.62	0.894 8	2.02	0.956 6	2.78	0.994 6
1.24	0.785 0	1.63	0.896 9	2.04	0.958 7	2.80	0.994 9
1.25	0.788 7	1.64	0.899 0	2.06	0.960 6	2.82	0.995 2
1.26	0.792 3	1.65	0.901 1	2.08	0.962 5	2.84	0.995 5
1.27	0.795 9	1.66	0.903 1	2.10	0.964 3	2.86	0.995 8
1.28	0.799 5	1.67	0.905 1	2.12	0.966 0	2.88	0.996 0
1.29	0.803 0	1.68	0.907 0	2.14	0.967 6	2.90	0.996 2
1.30	0.806 4	1.69	0.909 9	2.16	0.969 2	2.92	0.996 5
1.31	0.809 8	1.70	0.910 9	2.18	0.970 7	2.94	0.996 7
1.32	0.813 2	1.71	0.912 7	2.20	0.972 2	2.96	0.996 9
1.33	0.816 5	1.72	0.914 6	2.22	0.973 6	2.98	0.997 1
1.34	0.819 8	1.73	0.916 4	2.24	0.974 9	3.00	0.997 3
1.35	0.823 0	1.74	0.918 1	2.26	0.976 2	3.20	0.998 6
1.36	0.826 2	1.75	0.919 9	2.28	0.977 4	3.40	0.999 3
1.37	0.829 3	1.76	0.921 6	2.30	0.978 6	3.60	0.999 68
1.38	0.832 4	1.77	0.923 3	2.32	0.979 7	3.80	0.999 86
1.39	0.835 5	1.78	0.924 9	2.34	0.980 7	4.00	0.999 94
1.40	0.838 5	1.79	0.926 5	2.36	0.981 7	4.50	0.999 99
1.41	0.841 5	1.80	0.928 1	2.38	0.982 7	5.00	1.000 00
1.42	0.844 4	1.81	0.929 7				

参考文献

1. 王根良．实用统计学．北京：科学出版社，2011.
2. ［美］戴维·M·莱文等．商务统计学．北京：中国人民大学出版社，2010.
3. 宋文光．应用统计基础与实务．北京：科学出版社，2010.
4. 贾俊平．统计学．北京：中国人民大学出版社，2009.
5. 朱建平．应用统计学．北京：清华大学出版社，2009.
6. 延静．调查技能与分析．北京：清华大学出版社，2006.
7. 杜智敏．抽样调查与SPSS应用．北京：电子工业出版社，2010.
8. 隗斌贤．应用统计方法．杭州：浙江科学技术出版社，2006.

图书在版编目（CIP）数据

应用统计方法/张绪娥主编．—北京：中国人民大学出版社，2013.1
21世纪高职高专规划教材．通识课系列
ISBN 978-7-300-15599-9

Ⅰ.①应… Ⅱ.①张… Ⅲ.①应用统计学-高等职业教育-教材 Ⅳ.①C8

中国版本图书馆CIP数据核字（2012）第293331号

21世纪高职高专规划教材·通识课系列
省级精品课程配套教材
应用统计方法
主　编　张绪娥
副主编　金惠红
参　编　陈许红　杨丽萍　钱亚畅　孙　薇
Yingyong Tongji Fangfa

出版发行　中国人民大学出版社
社　　址　北京中关村大街31号　　**邮政编码**　100080
电　　话　010－62511242（总编室）　010－62511770（质管部）
010－82501766（邮购部）　010－62514148（门市部）
010－62515195（发行公司）　010－62515275（盗版举报）
网　　址　http://www.crup.com.cn
http://www.ttrnet.com(人大教研网)
经　　销　新华书店
印　　刷　北京玺诚印务有限公司
规　　格　185 mm×260 mm　16开本　　**版　　次**　2013年1月第1版
印　　张　18 插页1　　**印　　次**　2021年8月第6次印刷
字　　数　405 000　　**定　　价**　34.00元

信息反馈表

尊敬的老师，您好！

为了更好地为您的教学、科研服务，我们希望通过这张反馈表来获取您更多的建议和意见，以进一步完善我们的工作。

请您填好下表后以电子邮件、信件或传真的形式反馈给我们，十分感谢！

一、您使用的我社教材情况

<table>
<tr><td rowspan="2">您使用的我社教材名称</td><td colspan="3"></td></tr>
<tr><td colspan="3"></td></tr>
<tr><td rowspan="2">您所讲授的课程</td><td></td><td rowspan="2">学生人数</td><td></td></tr>
<tr><td></td><td></td></tr>
<tr><td>您希望获得哪些相关教学资源</td><td colspan="3"></td></tr>
<tr><td>您对本书有哪些建议</td><td colspan="3"></td></tr>
</table>

二、您目前使用的教材及计划编写的教材

<table>
<tr><td rowspan="3">您目前使用的教材</td><td>书名</td><td>作者</td><td>出版社</td></tr>
<tr><td></td><td></td><td></td></tr>
<tr><td></td><td></td><td></td></tr>
<tr><td rowspan="3">您计划编写的教材</td><td>书名</td><td>预计交稿时间</td><td>本校开课学生数量</td></tr>
<tr><td></td><td></td><td></td></tr>
<tr><td></td><td></td><td></td></tr>
</table>

三、请留下您的联系方式，以便我们为您赠送样书（限1本）

<table>
<tr><td>您的通讯地址</td><td colspan="3"></td></tr>
<tr><td>您的姓名</td><td></td><td>联系电话</td><td></td></tr>
<tr><td>电子邮件（必填）</td><td colspan="3"></td></tr>
</table>

我们的联系方式：

地　址：苏州工业园区仁爱路158号中国人民大学苏州校区修远楼

电　话：0512-68839319　　传　真：0512-68839316

E-mail：huadong@crup.com.cn　　邮　编：215123

微　博：http://weibo.com/cruphd　　QQ（华东分社教研服务群）：34573529

信息反馈表下载地址：http://www.crup.com.cn/hdfs